1989

HISTOIRE DE LA VILLE DE QUÉBEC

1608 - 1871

John Hare • Marc Lafrance • David-Thiery Ruddel

HISTOIRE DE LA VILLE DE QUÉBEC

1608 - 1871

Boréal/
Musée canadien des civilisations

Données de catalogage avant publication (Canada)

Hare, John, 1933-

Histoire de la ville de Québec, 1608-1871
Publ. en collab. avec: Musée canadien des civilisations.
Comprend un index.
Bibliographie
ISBN: 2-89052-194-X
1. Québec (Québec) — Histoire. I. Lafrance, Marc, 1946- . II. Ruddel, David-Thiery, 1943- . III. Musée canadien des civilisations. IV. Titre.

FC2946.4.H37 1987 971.4'471 C87-096144-6
F1054.5.Q3H37 1987

Photo de la couverture:
La place du marché à Québec, 1838.
Huile sur toile signée HB. (ROM:954.192.3)

Diffusion pour le Québec:
Dimedia, 539, boulevard Lebeau, Saint-Laurent (Québec), H4N 1S2.
Diffusion pour la France:
Distique, 17, rue Hoche, 92240 Malakoff.

Publié par Les Éditions du Boréal Express, 5450, chemin de la Côte-des-Neiges, bureau 212, Montréal, H3T 1Y6.

Dépôt légal: 2e trimestre 1987. Bibliothèque nationale du Québec.

AVANT-PROPOS

«Hauteur d'un aspect effrayant... éminence d'environ huit milles de longueur, qui s'élève au-dessus du niveau général comme une île au-dessus de la surface de l'océan[1]», c'est en ces termes que Joseph Bouchette décrit Québec. Et, en effet, Québec, c'est d'abord le cap qui domine le fleuve. Le haut plateau façonnera le paysage particulier de la ville et son escarpement, le Cap-aux-Diamants, surplombant le détroit du fleuve quelque cent mètres plus bas, assure à la ville sa fonction séculaire de place forte et de cité ecclésiastique. Magnifique par son escarpement, Québec l'est aussi par sa situation géographique à l'endroit où le fleuve se transforme en estuaire. Comme l'écrit Raoul Blanchard, «à l'aval, la navigation est permise à tous les genres de navires, y compris les plus gigantesques, tout comme en pleine mer; à l'amont, il s'agit d'une navigation de fleuve, plus délicate, et qui est impossible aux bateaux les plus puissants[2]». La plupart des voiliers préfèrent s'y arrêter plutôt que de remonter le fleuve où un chenal tortueux et des courants violents multiplient les difficultés. Ainsi, pendant deux siècles et demi, Québec est le grand port du Canada, la porte d'accès du bassin du Saint-Laurent.

Ville romantique, Québec attire voyageurs, touristes, et curieux. La bibliographie des récits anecdotiques, pittoresques, voire légendaires sur la vieille capitale compte des centaines de titres. Peu d'observateurs cependant se sont penchés sur les grands courants socio-économiques qui ont influé sur le développement d'un centre urbain à l'endroit où la rivière Saint-Charles se jette dans le Saint-Laurent. Certes, on ne peut oublier l'étude marquante du géographe français Raoul Blanchard, mais depuis sa parution (1935) l'histoire urbaine a franchi d'autres étapes. Par ailleurs, bien qu'elles soient très valables, les histoires de Québec publiées par la Société historique de Québec, se limitent aux aspects proprement municipaux de la ville.

Notre ouvrage s'inscrit dans une collection de biographies urbaines parrainée par le Musée canadien des civilisations (Ottawa). C'est ainsi qu'il devient désormais possible de comparer le développement de Québec — le centre urbain le plus important de la Nouvelle-France d'abord et de l'Amérique du Nord britannique jusqu'aux premières décennies du XIXe siècle, et le deuxième en importance jusqu'aux années 1880 — à celui des autres villes du Canada. Dans ce premier tome, nous examinons la période qui, des origines, en 1608, jusqu'en 1871, a vu la fondation, la montée, et l'apogée de ce grand port de mer intérieur.

La connaissance des forces économiques et démographiques qui ont faconné la ville est essentielle pour comprendre le développement du paysage, de la communauté et des institutions de Québec. Dans ce sens, l'étude des réponses aux problèmes sociaux posés par la concentration d'une population de plusieurs milliers dans un espace restreint est un élément clé de l'histoire de Québec. Nous croyons que l'étude de ces éléments, autant que celle des sièges et des batailles dont Québec fut le théâtre, intéresseront tous ceux qui aiment cette ville unique.

Ce volume repose en partie sur l'exploitation de statistiques. Or, avant les dernières décennies du XIXe siècle, il est souvent difficile de prêter plus qu'une valeur relative aux chiffres ainsi obtenus. Il reste que les données d'époque évaluant à la fois la population stable de la ville et le développement économique (exportations, importations, main-d'œuvre, etc.) demeurent les seuls indices qui nous soient parvenus. Nous n'avons pas voulu livrer une série aride de chiffres, mais avons tenté simplement de discerner parmi ces fils enchevêtrés des lignes de développement, que les graphiques, cartes et illustrations servent à concrétiser.

Remerciements

Pour la rédaction de cet ouvrage, nous avons profité des conseils de plusieurs collègues qui ont lu des parties du manuscrit — Rémi Chénier, Yvon Desloges, Jean-Pierre Hardy, Jacques Mathieu, Jean-Claude Robert, Sigmund Rukalski, Marc Vallières et Jean-Pierre Wallot — et surtout du travail considérable de Paul-André Linteau, responsable des éditions françaises de l'histoire des villes canadiennes. Nous remercions tout particulièrement le Musée canadien des civilisations et Environnement Canada, Parcs, qui ont permis à deux d'entre nous de travailler sur ce projet. Nous savons gré aux institutions et personnes suivantes de nous avoir donné accès à leur documentation: les Archives publiques du Canada (Lilly Koltun), les Archives nationales du Québec, les Archives de la ville de Québec, le Séminaire de Québec, le Royal Ontario Museum (Département des Canadiana, Karen Smith), le Musée McCord de l'Université McGill, le Musée canadien des civilisations (Diane Lalande et Elizabeth White), ainsi qu'à Tom Devecseri, photographe. Nos remerciements s'adressent également à Noëlla Gauthier et Céline Larochelle qui ont effectué le traitement du texte. Enfin, nous tenons à souligner l'appui et l'encouragement de nos compagnes: Jeannine, Mary et Nancy.

Les auteurs assument conjointement toute responsabilité quant au contenu de cet ouvrage qui est le fruit d'une collaboration assidue d'une dizaine d'années.

John Hare, Université d'Ottawa
Marc Lafrance, Environnement Canada, Parcs
David-Thiery Ruddel, Musée canadien des civilisations

Le Musée canadien des civilisations tient à remercier
la Direction des études canadiennes
du Secrétariat d'État pour l'aide reçue
dans la réalisation de cette publication.

Chapitre premier

L'ÉTABLISSEMENT DE LA VILLE, 1608-1759

De l'isle d'Orléans jusques a Quebecq y a une lieue, j'y arrivay le 3. Juillet: où estant, je cherchay lieu propre pour nostre habitation, mais je n'en peu trouver de plus commode, ny mieux situé que la pointe de Quebecq, ainsi appelé des sauvages, laquelle estoit remplie de noyers. Aussitost j'emploiay une partie de nos ouvriers à les abatre pour y faire nostre habitation…

Champlain, Voyages, *1613.*

LES ORIGINES

Le site de la future ville de Québec avait été reconnu par les Amérindiens bien avant l'arrivée des Européens. En 1535, lorsque Jacques Cartier remonte le fleuve Saint-Laurent, il trouve un village iroquoien nommé Stadaconé, établi sur une large pointe de terre dominée par une montagne (Cap-aux-Diamants), à l'intersection du fleuve et d'une rivière (Saint-Charles) et dont la population cultive le maïs et exploite les ressources maritimes. Le site, abandonné entre-temps par les Iroquoiens, est remarqué en 1603 par Samuel de Champlain lorsqu'il pénètre dans le Saint-Laurent. Cinq ans plus tard, Pierre du Gua de Monts, détenteur du monopole de commerce en Nouvelle-France, choisit Québec pour établir un comptoir de traite à l'abri de la concurrence. Son lieutenant Champlain et un groupe d'ouvriers engagés y érigent «l'Abitation». C'est une structure temporaire en bois, à la fois logement, entrepôt pour les vivres et les marchandises de traite et réduit défensif. Pendant près d'un quart de siècle, l'histoire de la colonie laurentienne se déroule essentiellement à partir de cette Abitation, point de pénétration du continent pour les Français[1].

L'Abitation ou le comptoir de Québec

De Monts perd son monopole à peine trois mois après la fondation de Québec. La liberté de commerce qui s'ensuit engendre une concurrence acharnée entre les marchands; De Monts et ses associés, toujours propriétaires de l'Abitation, craignent même de devoir abandonner Québec. Mais en 1613, grâce aux démarches de Champlain et de De Monts, l'Abitation de Québec passe sous la protection d'un vice-roi qui réinstaure les compagnies à monopole. Québec est alors désignée comme le lieu «propre et commode pour habiter[2]». La traite y demeure l'activité principale: dès 1616 la compagnie de Rouen et Saint-Malo installe un commis général. Mais Québec devient aussi un point de ralliement missionnaire. Les Récollets de Rouen arrivent en 1615 et construisent une maison et une chapelle. Le peuplement fait cependant peu de progrès; les conditions offertes par les compagnies aux premiers colons, comme Louis Hébert qui arrive en 1617, sont très dures, car celles-ci ne se préoccupent que de traite des fourrures et se montrent peu intéressées à promouvoir l'effort missionnaire et le peuplement de la colonie.

C'est au magasin de Québec que sont entreposés les vivres et les marchandises de traite expédiés chaque année de la France. Si Tadoussac demeure encore pendant trente ans le port océanique de la colonie, la part la plus importante des marchandises est acheminée par barque à Québec. De là, des voyages d'exploration vers l'intérieur du continent sont organisés et le

---

Québec vu de la Saint-Charles. Richard Short, 1761. (APC: C359)

L'Abitation de Champlain, construite en 1608, sert à la fois de logement, d'entrepôt et de réduit de défense. (C.H. Laverdière, *Œuvres de Champlain)*

réseau de traite et d'alliances est mis en place. Très tôt, les lieux de troc se déplacent vers Trois-Rivières, le Richelieu ou le Sault-Saint-Louis. Les agents du comptoir de Québec voient au transport des pelleteries vers ce poste pour leur entreposage et à leur expédition annuelle en France[3].

Pour stimuler le peuplement, Champlain et les Récollets proposent, vers 1617, un programme de colonisation imposant, dans lequel ils projettent

Samuel de Champlain (1570-1635), fondateur de Québec. (ANQQ: coll. initiale GH370.191)

de fonder une ville, «Ludovica», qui serait située dans la vallée de la Saint-Charles et non à la pointe de Québec. Même si le programme reçoit l'appui du roi, les résultats sont fort minces: Champlain réserve l'espace d'une commune, puis les Récollets, et plus tard les Jésuites, s'installent le long de la Saint-Charles pour y construire leurs missions. Québec demeure néanmoins le siège administratif de la colonie. Champlain, lieutenant du vice-roi, y réside; il fait construire en 1620 un petit fort sur une hauteur dominant l'Abitation, au grand déplaisir de la compagnie. Il y passe aussi ses premières ordonnances et voit à la mise en place d'une organisation judiciaire qui comprend un procureur du roi, Louis Hébert, un lieutenant de prévôt et un greffier du tribunal. Il veille aussi aux intérêts des habitants. C'est autour de Champlain, des membres de l'organisation judiciaire et des Récollets que s'organise une «assemblée générale des habitants» pour rédiger un «cahier du païs» contenant leurs doléances et revendications.

Québec représente cependant très peu de chose en ce premier tiers du XVIIe siècle. La berge du fleuve demeure un comptoir de commerce et le plateau semble être destiné à une vocation agricole. Louis Hébert et sa famille sont installés depuis 1617 sur le plateau; en 1626, le vice-roi leur ratifie une

Vue fantaisiste de la prise de Québec en 1629 par les frères Kirke. (Collection privée)

vaste concession en fief et seigneurie. Il n'est donc pas encore question d'édifier une ville à Québec[4]. Vingt ans après sa fondation, on y dénombre seulement environ 70 «hivernants». La survie du poste est toujours précaire: moins de 20 arpents sont défrichés et pour vivre, la majorité de la population dépend toujours de l'Abitation et de l'approvisionnement annuel des navires de la compagnie. Le scorbut, qui a décimé les premiers hivernants de 1608, est vaincu, mais la population risque toujours la famine et envisage d'abandonner les lieux dès qu'il y a retard indu des navires de ravitaillement. Souvent, le printemps et l'été, on est réduit à fouiller la forêt pour trouver des racines et des champignons. L'état du pays donne lieu à cette description satirique de Québec en 1626: «Le tout gist en une vieille maison pour marchands voirement encore une forteresse et ne scay si ce n'est point en dérision qu'il l'a fait garder par deux pauvres femmes qui, pour sentinelles, n'y laissent que deux poulles[5]».

En plus, la population est souvent sur le qui-vive. Les alliés amérindiens ne sont pas sûrs et la compétition entre Malouins, Normands, Rochelois, Basques, Hollandais et Anglais dans le golfe et le bas Saint-Laurent est dure et parfois violente. En 1629, Champlain doit rendre le comptoir à la petite flotte anglaise des Kirke à cause du manque de vivres. Les Kirke n'auront pas plus de chance: l'épidémie et la disette leur prennent 14 soldats lors de leur premier hivernement[6].

La fondation de la ville

Déjà en 1628, alors que le comptoir de Québec ne subsiste que de peine et de misère, l'avenir de la colonie s'annonce plus prometteur. La Compagnie de la Nouvelle-France ou des Cent-Associés, mise sur pied par Richelieu et vouée à la colonisation du pays, prépare alors une expédition de quelque 200 à 300 colons pour la Nouvelle-France. On connaît les désastres qui s'ensuivent: perte de deux flottilles d'immigrants, prise et occupation de Québec pendant trois ans par les frères Kirke. Ce n'est donc qu'en 1632 que débarque à Québec un premier contingent de 40 personnes qui viennent réclamer le poste à l'Angleterre. La reconstruction du poste et le peuplement de la vallée laurentienne débutent. Entre 1633 et 1636, une quinzaine de navires transportent à Québec des ouvriers engagés pour la reconstruction et le défrichement et un premier noyau de peuplement de quelque 300 à 500 personnes[7].

Quand le nouveau gouverneur Montmagny arrive à Québec en 1636, chargé par la compagnie de fonder une ville, le petit poste se dégage enfin de la forêt. Sur la grève, près de l'Abitation ou Vieux Magasin reconstruit et refortifié depuis 1632, Montmagny trouve quelques bâtiments. Sur le promontoire, le fort et la maison de la famille Hébert-Couillard ne sont plus seuls. Champlain a fait ériger une petite église, Notre-Dame-de-la-Recouvrance, avec son presbytère où les Jésuites entreprennent déjà l'enseignement des jeunes Français du poste. Par ailleurs, quelques habitants se sont installés sur le plateau et y cultivent des champs[8].

Montmagny trace les alignements de la ville et entreprend de construire un nouveau fort. Il établit les limites de la ville et de sa banlieue et ouvre les premières artères dont le grand chemin du cap Rouge ou chemin Saint-

Louis. Son plan de ville, qui ressemble à un éventail avec des rues rayonnant à partir du fort et de sa place ou «esplanade», s'attache de près à la topographie du plateau[9]. Mais pour le réaliser, le gouverneur doit s'assurer que l'assiette de la ville soit libre de toute contrainte et suffisamment étendue pour permettre l'expansion. Entre 1636 et 1645, il procède donc à la récupération des terrains déjà concédés pour l'agriculture. Il réclame notamment 42 des quelque 100 arpents concédés en fief à la famille Hébert en échange de terres hors des limites de la ville. Il retranche aussi environ la moitié des concessions respectives des Jésuites, des Ursulines et des Hospitalières. Le gouverneur adopte comme politique de ne concéder que des emplacements en roture à l'intérieur des limites de la ville et de refuser de former des fiefs dans la banlieue. Par contre, Montmagny ne se préoccupe pas outre mesure de la grève, qui demeure propriété de la compagnie et sert surtout de port et de centre d'activités à ses agents. Tout au plus consent-il à concéder un terrain aux Jésuites pour y ériger un entrepôt[10].

L'activité de construction et de défrichement, l'arrivée d'immigrants (de 200 à 300 personnes par année), la présence de soldats et leur rituel rassurant de la garde, sèment l'enthousiasme dans le poste pendant quelques années. Les arrivages de colons sont réguliers, les défrichements progressent dans la banlieue immédiate de Québec, la traite est généralement bonne et, en 1639, des institutions bien dotées par des bienfaiteurs s'installent, notamment des Ursulines détachées du couvent de Tours, pour l'enseignement des jeunes filles, et des Augustines hospitalières de Dieppe, pour fonder un Hôtel-Dieu à Québec. Mais à part des agents de la Compagnie, des soldats du fort, des membres des communautés religieuses et de l'entourage du gouverneur, la nouvelle ville n'attire pas de résidants. Les engagés libérés par la compagnie et les nouveaux immigrants n'y demeurent pas. Ils se dirigent plutôt vers la campagne environnante et, à partir de 1642 vers Montréal, afin de s'établir sur une terre pour pouvoir subsister et constituer un héritage. Même les Hospitalières abandonnent pendant quelque temps Québec pour Sillery. Québec se présente donc toujours comme une ville en devenir, dotée d'une organisation spatiale définie et de certaines institutions, mais privée de la structure démographique nécessaire à son épanouissement urbain. Conservant son allure de poste, elle se consacre surtout à la traite, à l'entreposage, aux missions et à l'accueil de nouveaux arrivants. D'ailleurs, la banlieue de Québec connaît un rythme de concessions plus important que la ville même; déjà en 1645, à part des concessions aux communautés religieuses, elle compte une vingtaine de terres concédées à des particuliers[11].

Québec représente donc bien peu. Le père Ragueneau, en 1650, dénigre son titre de ville; aux dires du jésuite, elle n'est qu'un misérable bourg d'une trentaine de maisons dispersées sans aucun ordre[12]. Marguerite Bourgeoys renchérit en 1653: «Tout était si pauvre que cela faisait pitié[13]». En effet, la vie à Québec demeure précaire. L'incendie de l'église et du presbytère en 1640 prend l'ampleur d'une catastrophe; l'état de la colonie ne permet pas de reconstruire avant 1647. Par ailleurs, le moindre retard, comme en 1639, de la flotte annuelle de la Compagnie, fait toujours craindre la famine. Encore en 1643 et en 1649, on doit procéder sur l'ordre du gouverneur à l'inventaire des blés et au contrôle de leur consommation. Puis, à partir de 1642, les Iroquois commencent leurs incursions et, après la destruction de la Huronie, rôdent même autour de la ville. Le gouverneur doit désormais se consacrer de plus en plus à sa fonction militaire pour assurer la sécurité du commerce et de la population[14].

Mais à cette même époque, des événements permettent à Québec de renforcer ses assises urbaines. Les Cent-Associés cèdent leur monopole de commerce à une société coloniale: la Communauté des habitants. Puis, en 1647, avec l'établissement d'un conseil pour réglementer le commerce des fourrures, Québec compte désormais un syndic, élu chaque année au scrutin, pour représenter sa communauté. Le commerce de gros et de détail est en outre libéré des contraintes du monopole; des petits marchands peuvent désormais tenir boutique. Par ailleurs, en 1651, Québec devient le siège d'une sénéchaussée, composée d'un lieutenant général, d'un lieutenant particulier et d'un procureur fiscal. C'est la relève du tribunal, établi auparavant par Champlain, pour rendre la justice civile et criminelle[15].

Ces établissements favorisent la croissance de Québec. À partir de 1647, la ville commence à attirer des gens; des anciens habitants de la colonie, des anciens engagés, mais aussi des nouveaux venus qui espèrent vivre d'un métier et surtout du travail de la construction, car en même temps, la distribution du parcellaire urbain est amorcée. Entre 1655 et 1658, environ 80% de la superficie de la Basse-Ville est divisée en lots. En 1663, on y compte 98 emplacements, presque le double de ceux de la Haute-Ville. La Basse-Ville a désormais acquis son titre non seulement de quartier d'affaires mais aussi de secteur résidentiel le plus peuplé de la ville[16].

L'activité de construction est intense. Il faut ériger maisons, entrepôts et dépendances diverses, en bois, en pierre, mais surtout en colombage, type de construction le plus répandu. C'est aussi l'époque de grands chantiers. Dès 1647, on travaille au bastion du fort Saint-Louis et on jette les fondations d'un «corps de logis» le futur château Saint-Louis. On commence aussi la construction de l'église paroissiale avec son presbytère ainsi que du collège et de l'église des Jésuites. La Communauté des habitants fait construire son grand magasin en 1648; les Hospitalières, de retour à Québec en 1644, terminent leur monastère et érigent une salle des malades à partir de 1654. Enfin, les Ursulines aussi doivent reconstruire leur couvent, incendié en 1650. Dans ce contexte, on comprend bien le commentaire de Marie de l'Incarnation signalant que les métiers de la construction sont rares et que la main-d'œuvre se fait chère[17].

La prospérité de la ville comme celle de la colonie est toujours reliée de près à l'abondance des pelleteries. Or, les approvisionnements sont sérieusement perturbés dès 1650-1651 par la guérilla amérindienne. En 1655,

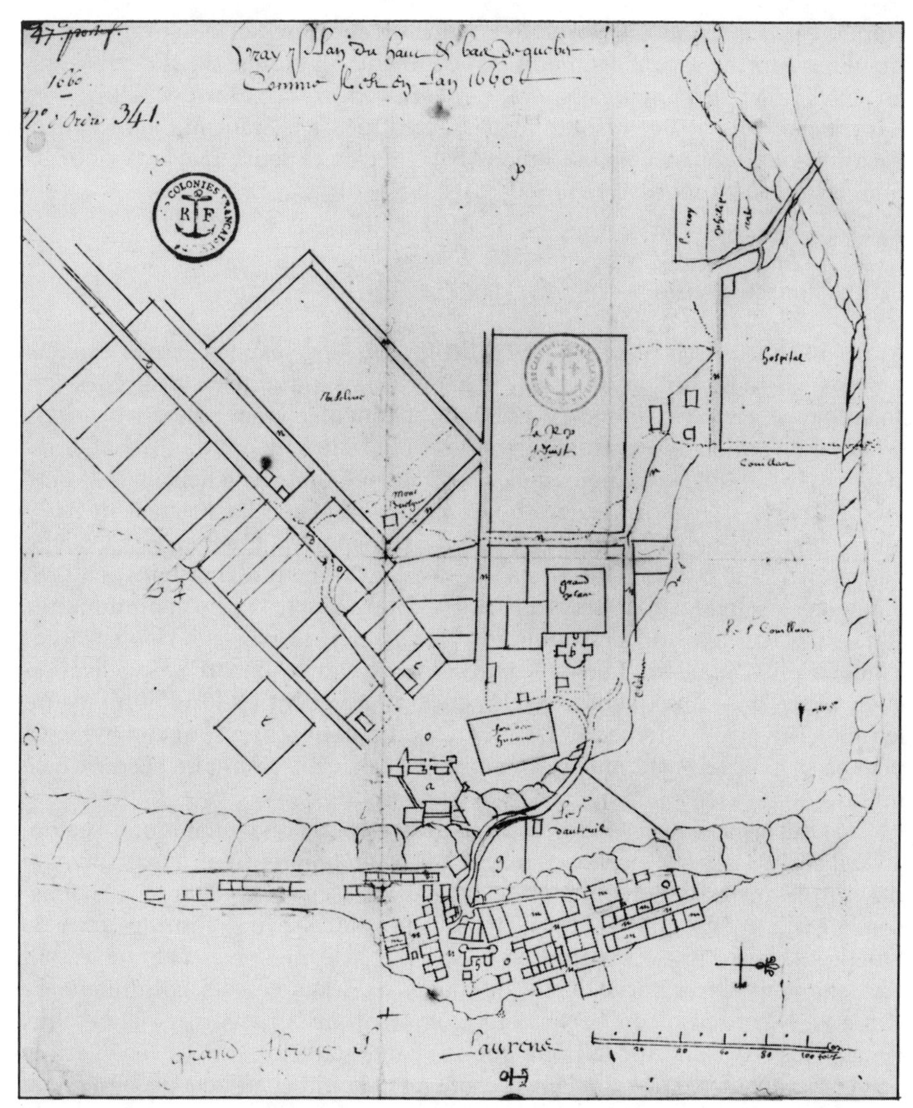

Plan de Québec en 1660 par Jean Bourdon. La ville est déjà divisée en deux quartiers distincts: la Basse-Ville et la Haute-Ville. (APC: C15801)

la Communauté des habitants est au bord de la faillite, et des réformes en 1656 et 1657 ramènent les Cent-Associés dans l'administration de la traite. Mais une deuxième guerre iroquoise se déclenche en 1658; au désarroi économique et aux difficultés financières, s'ajoute une menace de destruction des établissements français. En effet, les Iroquois rôdent autour de Québec et suscitent de nombreuses alertes; la petite ville, sans enceinte, est bien vulnérable. La menace se prolonge sur cinq semaines et oblige même les Ursulines à fortifier leurs bâtiments et à entretenir un groupe de 24 défenseurs. En 1660, c'est la panique générale; la nouvelle qu'une armée d'Iroquois s'approche de la ville, résolue à massacrer tous les Français, jette l'effroi partout. Les habitants abandonnent leurs terres et leurs maisons pour se réfugier dans les réduits de la ville[18].

La mission et la ville

Avant 1632, la mission est séparée du comptoir. Les Jésuites et les Récollets sont installés à la petite rivière Saint-Charles. Mais à la suite de la rétrocession de la colonie par l'Angleterre, les Jésuites obtiennent le monopole des missions canadiennes, s'établissent définitivement à Québec et prennent charge de la paroisse. Le «fief» religieux de Québec, fondé sur le mysticisme et le zèle missionnaire, va désormais croître considérablement. La *Relation* de 1639 nous apprend que la flotte de cette année transporte à Québec «un Collège de Jésuites, une maison d'Hospitalières et un Couvent d'Ursulines»; douze religieux et religieuses y débarquent[19]. À partir de 1645, les communautés sont en place; les clochers dominent dorénavant le paysage de la Haute-Ville. De plus, la destruction de la Huronie restreint l'espace d'évangélisation et les incursions subséquentes des Iroquois contraignent les Jésuites à rabattre leurs missions sur Québec et ses environs. Le petit bourg, qui commence à peine à se peupler, est donc très marqué par la vie missionnaire et spirituelle intense qui se déroule dans ses monastères.

Selon les annalistes des communautés, il règne un climat moral austère à Québec; les fêtes et processions religieuses sont nombreuses et la participation du peuple aux dévotions et manifestations pieuses est constante. L'établissement d'une fabrique, en 1645, dotée d'un parcellaire urbain au cœur de Québec, sépare d'une certaine façon la paroisse de la mission en l'affranchissant partiellement de la surveillance des Jésuites. Mais ceux-ci continuent de desservir la cure jusqu'en 1659 et leur action marque la vie paroissiale urbaine. En effet, la croissance de la population urbaine dans les années 1650 permet aux communautés d'étendre leur rayonnement spirituel au-delà de la mission. Entre 1656 et 1658, les Jésuites fondent coup sur coup une confrérie du Rosaire, une confrérie du Scapulaire, une confrérie de Sainte-Anne et une congrégation de la Sainte-Vierge[20].

La présence amérindienne stimule encore plus l'autorité religieuse dans sa volonté d'influer sur les mœurs[21]. Les Amérindiens participent activement aux fêtes et sont incorporés aux processions religieuses. Pour donner l'exemple, il faut surveiller de près la moralité publique. L'autorité judiciaire est particulièrement sévère pour les personnes coupables de délits contre les mœurs. Dès 1636, un carcan et un chevalet sont installés devant l'église paroissiale pour punir expressément les coupables «de blasphèmes, de s'enivrer, de

Paul Le Jeune, supérieur des Jésuites de Québec de 1632 à 1639. (APC: C21404)

perdre la Messe et service divin aux jours de Feste». Entre 1645 et 1647, dix habitants sont condamnés au cheval de bois pour de tels crimes. En 1654, deux «vilaines» y sont fustigées publiquement puis rembarquées pour la France[22]. Par ailleurs, les Jésuites s'empressent de poursuivre la conversion des quelques Huguenots qui arrêtent à Québec. Ils veillent aux célébrations mondaines qui s'y déroulent et surveillent de près les représentations théâtrales[23].

Alors que les incursions iroquoises et le désarroi économique et administratif s'abattent sur la colonie, des conflits au sein de l'Église et entre celle-ci et l'État se déclenchent à Québec. L'arrivée du vicaire apostolique Laval, en 1659, crée un conflit de juridiction et de pouvoir avec l'abbé Queylus, nommé depuis 1657 vicaire général au Canada de l'archevêque de Rouen[24]. Laval s'en prend aussi au pouvoir civil et dispute même l'emplacement du banc du gouverneur à l'église. La question de la préséance qui s'insinue déjà partout dégénère au point que des querelles se multiplient et rangent bientôt la population en deux camps adverses, selon leur allégeance au pouvoir ecclésiastique ou au civil. Le conflit entre le vicaire apostolique et le gouverneur D'Avaugour devient très acerbe avec la question de la vente de l'eau-de-vie aux Amérindiens. Le prélat réussit même à faire déchoir le gouverneur et à faire nommer un dévot, Saffray de Mézy, à sa place. À ces problèmes viennent s'ajouter ceux que crée l'enquête sur l'administration de la traite, confiée par les Cent-Associés à Jean Peronne Dumesnil. Ses démarches froissent beaucoup de Québécois et entraînent la violence lorsque son fils est assassiné en 1661[25].

Dans cet état de malaise et de conflits, il n'y a qu'un pas à franchir pour interpréter les descentes iroquoises comme une punition du ciel et voir se propager à Québec une atmosphère de crainte et de superstition. Il faut croire que des incidents comme la torture et l'exécution au bûcher de six Amérindiens à Québec en 1660, la conviction qu'il y a, selon Marie de l'Incarnation, «des Sorciers & Magiciens en ce païs» et qu'une jeune fille de Beauport est possédée de démons, les sessions d'exorcisme qui s'ensuivent et l'exécution à Québec d'un meunier de Beauport pour sorcellerie en 1661, excitent encore plus les esprits. C'est aussi l'époque des tribulations de l'hospitalière Catherine de Saint-Augustin, obsédée par des démons. Selon les annalistes religieux de l'époque, ses visions de bêtes diaboliques qui la tourmentent et qui se vouent à la perdition de Québec, conjuguées à des phénomènes atmosphériques mystérieux et surtout à un violent tremblement de terre en 1663, attisent la frayeur générale et la croyance dans une punition divine[26]. À quel point la population est-elle entraînée dans la panique et la peur du surnaturel? Il faut dire que l'intervention diabolique est déjà bien ancrée dans les croyances de l'époque et même si on est encore loin de pouvoir apprécier l'univers mental des habitants de Québec, les craintes et superstitions des religieux s'étendent probablement à la population. En 1663, les religieux représentent une proportion élevée (9%) de la population urbaine et les immigrants reliés directement ou indirectement à la mystique missionnaire sont probablement majoritaires dans la colonie[27].

Ainsi, dans la période de formation de ses structures urbaines, Québec traverse une crise qui touche profondément ses habitants. On comprend alors que l'annonce, en 1663, de la prise en main de la colonie par le roi et de l'envoi de secours soit accueillie avec joie et soulagement. Il reste aussi que, malgré les malaises de la colonie, des progrès considérables ont été accomplis depuis une décennie. Le petit poste compte maintenant quelque 550 habitants et on y dénombre environ 70 maisons. L'arrière-pays agricole est déjà peuplé de plus de 1400 habitants et plusieurs de ceux-ci gardent un pied-à-terre en ville, car plus d'un tiers y tiennent un emplacement. La population urbaine est jeune (l'âge moyen dans la région de Québec en 1663 est de 21 ans) et majoritairement célibataire car il y a un manque de femmes nubiles. On retrouve un excédent masculin significatif: le besoin de bras dans la colonie y a surtout attiré des hommes dans la force de l'âge qui sont venus travailler, puis s'établir. Les caractéristiques socio-professionnelles de la population dénotent cependant la transformation qui s'est opérée, du comptoir et de la mission à la ville. Même si les engagés et domestiques de toutes catégories sont toujours nombreux (18,6% de la population recensée en 1666) et si l'Église et l'État, le commerce, la navigation et la construction accaparent la majorité des effectifs urbains, les métiers de l'habillement, de l'alimentation et de l'outillage sont déjà représentés[28]. Pour Marie de l'Incarnation, il y a eu un tournant: à partir de 1663 Québec est officiellement une ville[29].

L'ÉVOLUTION ÉCONOMIQUE, 1663-1759

Autant le commerce des fourrures permet de prendre le pouls économique de Montréal, autant l'essor de Québec doit être sondé à partir du commerce maritime, des activités qui en dépendent et de son rôle de capitale coloniale. En effet, de comptoir d'échanges entre Amérindiens et Européens, Québec se transforme, dans la deuxième moitié du XVIIe siècle, en un centre commercial et en un entrepôt reposant sur le port et sur l'activité maritime. Il est vrai que pendant tout le Régime français, les pelleteries constituent en valeur la principale exportation du port. L'essor de ce commerce influe donc sur le bien-être économique de Québec, surtout à la fin du XVIIe siècle quand les marchands québécois y investissent des sommes importantes. Au XVIIIe siècle, il sert probablement d'agent stabilisateur de l'économie urbaine, mais le stimulant de croissance provient du commerce maritime et des déboursés de l'État.

La structure de l'économie urbaine

C'est à Québec, terminus des voies de communications océaniques, que se rendent les navires de haute mer transportant les nouveaux arrivants et les produits français nécessaires à la vie coloniale. Les marchands de Montréal, des Trois-Rivières et des côtes de la colonie viennent aussi y effectuer leurs affaires. Plusieurs y construisent leurs propres magasins car les marchandises doivent être entreposées un mois avant d'être acheminées ailleurs dans la colonie[30]. Ville entrepôt, Québec abrite les magasins du roi, de la compagnie des Indes, des communautés religieuses et des principaux marchands. Par ailleurs, des représentants de compagnies maritimes et commerciales françaises y élisent résidence[31]. Québec est non seulement le centre de réception des importations mais aussi le lieu de dépôt et d'exportation du surplus de production de la colonie.

De la fin juillet jusqu'à la fin octobre, la ville connaît des moments d'activités intenses; c'est «le temps des vaisseaux qui est une espèce de foire à Québec», rapporte un observateur[32]. Tous s'y plient, ce que fait remarquer la supérieure de l'Hôtel-Dieu: «... l'automne en Canada est une saison accablante parce que toutes les affaires se font, on reçoit les lettres de France, on y répond promptement, on fait ses provisions, on paye ses dettes[33]...» Même les cours de justice interrompent leurs sessions pendant quinze jours à l'arrivée et au départ des vaisseaux du roi. L'activité maritime et commerciale fait naître une foule d'auberges, de cabarets et de petites boutiques. L'intendant Hocquart compte une centaine de petits magasins de vente au détail en 1741;

Vue de Québec vers 1730 d'après laquelle on peut apprécier l'importance du commerce maritime. (APC: C42)

il juge qu'il y en a trop, une cinquantaine suffiraient! Quant aux cabarets, le gouverneur Denonville, dès 1685, dénonce leur multiplication rapide. On réglemente subséquemment toutes leurs activités[34].

L'activité portuaire fait vivre un nombre élevé de journaliers ou ouvriers de port, de navigateurs, d'artisans et de fonctionnaires. Les cargaisons des navires ancrés au large sont déchargées par une petite flottille de chaloupes et de barques. Des journaliers s'occupent des manœuvres et mouvements sur les quais. Les charretiers transportent les marchandises aux différents magasins et entrepôts. Les officiers du Domaine d'Occident et une cinquantaine de gardes organisés en un corps veillent à la conservation des droits d'entrée et de sortie. Des caboteurs transportent les produits destinés à l'intérieur de la colonie et ceux qui en proviennent. C'est sans compter les relâches qui parfois peuvent se prolonger pour raison de radoub ou afin de compléter une cargaison, ce qui engendre des dépenses importantes dont profite la ville[35].

Centre maritime principal de la colonie, Québec devient aussi tout naturellement un centre de construction navale. Cette industrie, la plus importante à Québec sous le Régime français, assure un gagne-pain à plusieurs artisans et ouvriers. Concurremment au travail de radoub, de carénage et de renouvellement de l'équipement de navires (cordages, poulies, agrès divers), elle favorise aussi, avec plus ou moins de succès, le développement à Québec et dans les environs de quelques petites industries de transformation telles que les goudronneries, les corderies, les moulins à scie et les forges.

À la faveur de l'accumulation dans le port des matières premières de la colonie destinées à l'exportation, d'autres activités de production apparaissent. Les tonneliers s'affairent à fabriquer des contenants nécessaires au transport et préparent des douves et des cercles pour le marché extérieur. Les bouchers apprêtent des salaisons pour les équipages et pour le marché des Antilles. Les moulins de Québec et des environs transforment une partie du surplus de blé en farine en vue de l'exportation, et les boulangers préparent des biscuits pour les équipages et pour le marché extérieur. Les cuirs trouvent aussi un marché, et les tanneries se répandent autour de Québec. Enfin, on peut mentionner d'autres petites industries souvent éphémères comme les brasseries, les tuileries, les briqueteries et un bureau de tabac, produisant autant pour la consommation locale que pour l'exportation[36].

Québec représente aussi le seul marché régional d'un territoire qui compte plus de la moitié de la population coloniale. Le marché s'y tient deux fois la semaine, les mardis et vendredis. Les habitants de la campagne, et surtout de la banlieue, s'y rendent pour écouler les produits de leur terre et se procurer des biens manufacturés comme les outils, ustensiles, armes et tissus. C'est aussi à Québec que marchands et colporteurs se procurent des produits manufacturés qu'ils vendent à la campagne[37].

Mais ce portrait d'une économie urbaine dynamique s'estompe en partie quand on considère les problèmes et l'exiguïté du marché colonial et local. En effet, la commercialisation des grains et la croissance du trafic maritime sont significatives seulement après la fondation de Louisbourg. Quant au marché intérieur que représente la ville, il ne devient important qu'à partir du deuxième quart du XVIIIe siècle. Les besoins d'approvisionnement de Québec sont relativement faibles, d'autant plus que la ville conserve un caractère champêtre fortement marqué. Les communautés religieuses se suffisent largement, et les approvisionnements des troupes de la garnison sont souvent importés de France[38].

Quant au marché du travail, la gamme des métiers ne sera jamais très diversifiée. Les principaux métiers subviennent néanmoins aux besoins essentiels de la vie urbaine (logement, alimentation, vêtement) et de l'activité commerciale et maritime locale. En ces domaines, il n'y a pas lieu de parler de pénurie de main-d'œuvre; un système d'apprentissage vigoureux, du moins à partir du XVIIIe siècle, permet de suppléer au faible apport de l'immigration française. Les plaintes des administrateurs contre la rareté et le coût élevé de la main-d'œuvre spécialisée sont surtout le fait du XVIIe siècle[39]. La situation qu'on retrouve en 1715, alors que l'intendant interdit aux habitants de Québec d'employer des maçons, afin qu'ils puissent travailler aux fortifications et aux travaux publics, ne se répète pas en 1745, même si le nouveau chantier des fortifications est de loin le plus important du Régime français[40]. Par ailleurs, le problème de la main-d'œuvre n'est qu'un facteur parmi plusieurs, et non le plus important, qui explique l'insuccès des chantiers royaux de construction navale[41].

Le développement industriel demeure cependant toujours embryonnaire. À part certains secteurs comme la construction navale où s'établissent des monopoles familiaux, les tanneries, qui empiètent sur le marché des cordonniers, et peut-être aussi les tonnelleries et les forges, fortement axées sur l'activité maritime, la concentration dans les ateliers est faible. Enfin, il faut signaler que le commerce maritime comme le secteur de la construction, qui rassemblent la majorité des effectifs, demeurent des activités saisonnières défavorisées par le long hiver canadien. Il en résulte que le travail de plusieurs est suspendu et que le chômage règne pendant une bonne partie de l'année[42].

La fonction administrative de Québec, peut-être autant que l'activité maritime, lui assure une certaine stabilité économique et, par moment, devient un facteur de croissance. Elle donne lieu à l'établissement d'un personnel administratif, attire les institutions culturelles et religieuses, les hommes d'affaires et les entrepreneurs qui veulent s'approcher du centre de décision de la colonie. La ville devient donc le lieu où vit la grande majorité de l'élite dirigeante du Canada. Celle-ci y accumule, dans une proportion probablement plus importante qu'ailleurs, les richesses de la colonie. Elle constitue donc une clientèle intéressante pour les petits métiers et les commerçants de luxe.

Siège du gouvernement colonial, la ville en est aussi son centre financier. Les fonds du roi sont reçus et distribués à Québec. La monnaie de carte y est mise en circulation et c'est là que s'effectue le remboursement des lettres de change. La ville attire donc les marchands de la colonie et les représentants des marchands français engagés dans le commerce colonial. On y brasse les affaires entre coloniaux et métropolitains et surtout celles qui exigent des fonds du gouvernement car, phénomène notoire, les projets de développement économique coloniaux exigent presque toujours un appui financier ou des privilèges de l'État. Les représentants de compagnies maritimes françaises à Québec, comme Havy et Lefebvre, représentent aussi une source de crédit importante pour les commerçants et les entrepreneurs du pays[43].

Enfin, Québec est non seulement le siège du gouvernement, mais aussi le centre religieux et la principale place forte de la colonie. Cette distinction lui garantit une part très importante du budget colonial par le truchement des appointements des officiers civils et militaires, des soldes et de l'entretien de la garnison, des pensions et gratifications pour les communautés religieuses, des achats de marchandises pour les magasins du roi, des contrats d'affrètements et de travaux maritimes, et des dépenses pour les travaux publics et ouvrages de défense[44]. Ces dernières notamment sont assez constantes dans la capitale et viennent parfois à la rescousse de l'industrie de la construction. Somme toute, les dépenses du gouvernement à Québec représentent des injections massives de capital, sans doute indispensables à la croissance économique de la ville.

Ce portrait sommaire de l'économie urbaine ne saurait uniformément valoir pour toute la période. À l'avènement du gouvernement royal, Québec n'est qu'un hameau de quelque 500 habitants alors que pendant la guerre de Sept-Ans, sa population atteint probablement plus de 8000 personnes. Aussi, pendant cette période, la vie économique de Québec est continuellement marquée par la fortune du capitalisme marchand dans la colonie et par l'intervention de l'État qui crée sa capitale coloniale et l'exploite ou la délaisse dans sa grande stratégie.

Québec dans le plan de développement économique de Colbert

L'avènement du gouvernement royal et la mise en application d'un programme de développement économique et de peuplement systématique de la colonie ont des répercussions immédiates et profondes sur la ville. Entre 1665 et 1673, Québec bourdonne comme une véritable ruche. Son port accueille la masse la plus importante de colons et de soldats depuis les débuts de la colonie[45]. Les sommes injectées dans l'économie de la petite ville sont relativement importantes, non seulement par les dépenses pour l'accueil et l'établissement des nouveaux colons, pour l'entretien des troupes et les préparatifs des expéditions militaires, mais aussi par les subsides accordés pour mettre sur pied de petites industries.

Sous l'intendance de Talon, la structure de l'économie urbaine prend forme. La clef de voûte en est le chantier de construction navale qu'il y établit. L'intendant fait aussi démarrer quelques petites industries à Québec. Au recensement de 1671, on compte une brasserie, une potasserie, une tannerie, une chapellerie, deux briqueteries, un moulin à scie et trois moulins à farine.

Sur l'initiative de l'intendant, des marchands de Québec réactivent les pêcheries sédentaires. Il encourage aussi le commerce des Antilles afin d'y exporter des salaisons, du bois, des légumes et du poisson. En cela il est tôt secondé par le marchand le plus important de Québec, Charles Aubert de la Chesnaye, et par les commerçants rochelois qui s'associent aux marchands locaux pour exploiter le commerce qui s'amorce à partir de Québec[46].

Le départ de Talon, en 1672, et surtout le début de la guerre de Hollande portent de rudes coups au développement commercial et industriel de Québec. La guerre taxe tellement la France qu'elle réduit considérablement son effort de développement colonial. Le marasme économique engendre le départ pour La Rochelle de certains marchands de Québec dont Auger Grignon et Aubert de la Chesnaye, ce qui représente une fuite importante du maigre capital de la petite ville. La Rochelle remplace désormais Québec comme point de départ du commerce triangulaire avec les Antilles. Les chantiers royaux cessent de fonctionner et la construction privée subit un sérieux recul; les autres petites industries de Québec périclitent également. Même la brasserie de Talon ferme ses portes en 1673, les coûts de production étant trop élevés[47].

Charles Aubert de La Chesnaye, premier homme d'affaires de la Nouvelle-France au XVIIe siècle. (ANQQ: coll. initiale G370.40)

À la merci de la traite et de la guerre (1672-1713)

Québec se trouve bientôt dans un genre de vacuum économique, abandonnée par ses hommes d'affaires et par plusieurs de ses habitants qui se dirigent vers l'ouest et se consacrent à la traite. La signature de la paix en Europe permet d'entrevoir une reprise. Mais la traite des fourrures a conquis la colonie et elle draine presque tous les capitaux jusqu'au début du XVIIIe siècle. Ce bouleversement de la structure commerciale favorise surtout le développement de Montréal, centre d'échange des pelleteries. Les négociants importateurs de Québec tournent tous leurs efforts vers ce commerce qui leur échappe, mouvement qui fait dire à La Hontan: «Presque tous les Marchands qui sont établis en cette ville [Montréal] ne travaillent que pour ceux de Québec dont ils sont Commissionnaires.» Les marchands de Québec prennent même l'initiative, en 1682, d'établir la Compagnie du Nord pour exploiter la baie d'Hudson par voie de mer[48].

Dans d'autres secteurs de l'économie, comme les pêcheries et l'exploitation forestière, les marchands de Québec connaissent peu de succès. À l'exception de quelques grands négociants, les Québécois ne disposent pas de capitaux suffisants pour investir dans le commerce maritime.

Si les initiatives des commerçants de Québec sont peu reluisantes, l'activité portuaire et les dépenses du gouvernement maintiennent une certaine prospérité. À partir de 1683, les arrivages, de La Rochelle surtout mais aussi de Bordeaux, augmentent considérablement. Le volume du tonnage annuel à Québec dans cette décennie touche un niveau qui ne sera pas égalé avant un demi-siècle. Malgré la reprise des hostilités sur mer, en 1689, le trafic maritime se maintient car la métropole décide de garantir la sécurité de la colonie. Près de 2500 soldats débarquent à Québec avant la fin du siècle. Leur entretien et leur logement sont d'abord assurés à Québec; puis les dépenses en vue des expéditions militaires et des travaux de fortifications sont considérables. Entre 1690 et 1697, le roi débourse près de 180 000 livres au seul titre des fortifications. L'industrie de la construction devient une activité économique très importante. L'incendie de la Basse-Ville en 1682 suscite un foisonnement d'activité, suivi immédiatement par de grands chantiers civils et religieux. C'est l'époque des premiers grands entrepreneurs en construction[49].

Malgré les subsides de l'État et l'accroissement des dépenses militaires, ainsi que les privilèges accordés à la nouvelle Compagnie de la colonie, dont la majorité des actionnaires et la part la plus importante du capital souscrit viennent de Québec, les premières années du XVIIIe siècle ne sont pas prometteuses[50]. L'exploitation outrancière des pelleteries provoque, dès la fin du XVIIe siècle, une saturation du marché européen. Le prix du castor s'effondre, puis la guerre maritime ferme les débouchés. Les stocks s'accumulent dans les entrepôts. Par ailleurs, la guerre de succession d'Espagne, beaucoup plus que le dernier conflit, isole la colonie. La protection française du trafic maritime est inadéquate et les conditions économiques dans la colonie aliènent les commerçants français qui se tournent de plus en plus vers les Antilles. Le trafic vers Québec décline radicalement et les produits d'exportation s'entassent sur les quais[51].

Pendant ce temps, les dépenses de l'État sont considérables. Entre 1701 et 1713, les travaux aux fortifications représentent à eux seuls près de 335 000 livres et constituent, certaines années, jusqu'à 13% des déboursés totaux de l'État dans la colonie[52]. Bien qu'elles constituent un facteur de stimulation économique locale et procurent du travail aux citadins, ces dépenses ne réussissent pas à relancer l'économie. En effet, la multiplication des émissions de monnaie de carte, alors que les coffres de l'État se vident, sème le désarroi financier: faillite de la Compagnie de la colonie, avilissement de la monnaie de carte, dévaluation des biens fonciers et immobiliers, coût des marchandises qui quadruple. Plusieurs se ruinent; des grands négociants comme Aubert et Hazeur meurent insolvables ou presque[53]. L'aventure de nombreux Québécois dans le commerce des pelleteries est terminée. Le monopole des équipeurs de Montréal dans l'achat de congés et dans l'expédition de canotées, déjà amorcé au XVIIe siècle, n'est plus disputé.

Les Québécois se tournent vers d'autres avenues économiques. Pendant quelques années, la course devient une entreprise commerciale pour certains d'entre eux comme Denis Riverin, Guillaume Gaillard et Louis Prat, qui arment des navires pour les côtes de Terre-Neuve et de l'Acadie. Les cargaisons des prises viennent même combler les approvisionnements si déficients dans la colonie. Le petit commerce entre Québec et Plaisance, amorcé en 1695, prend de l'extension pendant la guerre. Dès 1706, Plaisance dépend presque complètement de Québec pour ses approvisionnements en nourriture et en munitions. Les envois de Québec augmentent continuellement jusqu'en 1713, bien que les plus grosses expéditions ne dépassent jamais sept ou huit bâtiments[54]. Les chantiers de construction navale sont réactivés. Le tonnage des navires construits grimpe rapidement jusqu'à 150 et même 300 tonneaux. Les autres petites industries de l'époque de Talon (corderie, brasserie...) connaissent aussi un regain de vie mais leur existence demeure précaire. La tannerie par contre est florissante. En 1706, l'intendant doit même intervenir pour limiter le nombre de tanneries à Québec afin d'assurer la qualité des cuirs[55]. Ces quelques succès n'assurent pas une grande prospérité mais on peut croire qu'ils aident à estomper un peu le désarroi général qui s'est emparé de la ville et de la colonie pendant la première décennie du XVIIIe siècle.

Le commerce maritime et l'essor de Québec (1714-1743)

À la suite de la paix d'Utrecht, l'État retire la monnaie de carte de la circulation, mais en la rachetant à la moitié des valeurs nominales. Malgré cela, les Québécois espèrent profiter de la paix et de l'assainissement des finances. C'est ce que souhaite la métropole, lorsqu'elle ébauche, en 1716, un programme de redressement économique basé sur la diversification de l'économie coloniale par les produits de l'agriculture et de l'industrie[56]. Mais la nouvelle ère de prospérité tant attendue ne se matérialise pas immédiatement. Entre 1716 et 1724 le commerce des îles, si prometteur en 1714, demeure limité et occupe peu de gens. D'ailleurs, pendant cette période la production de blé chute et la colonie répond à peine à ses propres besoins. L'activité portuaire de Québec est donc limitée, le nombre de navires y atteint rarement la vingtaine. L'industrie de la construction navale connaît également un ralentissement[57].

La dévaluation du numéraire en 1720 désavantage aussi les Québécois. La métropole se montre plus avare de ses subsides. Le projet de fortification de Chaussegros de Léry, prévoyant des dépenses se chiffrant à quelque 378 000 livres, accepté en 1718 et amorcé en 1720, est abandonné la même année. Si l'on exclut les travaux qui se réalisent au palais de l'intendant, incendié de nouveau en 1727, l'époque des grands chantiers de construction est révolue. Déjà plusieurs artisans et manœuvres ont déménagé à Montréal, afin de profiter des travaux publics et d'une vague d'investissements immobiliers depuis 1710.On peut croire que la mise en chantier de la nouvelle enceinte de Montréal, la perte du chantier de fortifications à Québec et la reconstruction de Montréal après l'incendie de 1721 contribuent à accentuer ce mouvement[58].

Mais dès 1723 on entrevoit un changement issu d'une conjoncture économique favorable. La stabilité du secteur de la fourrure et la croissance

Faïences françaises de style Rouen, Moustiers et Nevers, importées à Québec sous le Régime français. Collection archéologique de Place Royale. (MAC: 1979 R29.22)

des surplus agricoles et des produits des pêcheries assurent un commerce croissant qui connaît ses meilleures années entre 1727 et 1743[59]. Cette expansion est aussi reliée au développement de Louisbourg et à une meilleure appréciation des besoins antillais. Déjà en 1727, trente-deux marchands québécois affirment qu'ils sont engagés dans le commerce avec l'île Royale. Ces liens se renforcent en 1728 lorsque le roi accorde aux Québécois la tâche d'approvisionner la garnison de Louisbourg. La croissance du commerce est assurée; entre 1727 et 1739, un total de 375 bâtiments chargés de farine, biscuits, légumes, tabac, salaisons et munitions, sont expédiés de Québec à l'île Royale. Les commerçants de Québec dominent ce trafic, basé sur l'exportation des surplus de blé canadien. Plusieurs s'enrichissent sans doute en s'emparant des récoltes et en les stockant pour les revendre ensuite pour l'exportation ou pour le marché urbain. Le trafic vers les îles se ranime également; le nombre de bâtiments atteint parfois une douzaine et jusqu'à 1500 tonneaux annuellement dans les années 1730[60].

Les incidences économiques pour la ville sont considérables. En 1735, Hocquart estime que le radoub des bâtiments, venus en rade de Québec, a apporté des dépenses variant entre 10 et 15 000 livres. Par ailleurs, selon Hocquart, les équipages des bâtiments en rade consomment au moins 30 à 40 000 livres chaque année et parfois jusqu'à 60 000 livres. Quant au cabotage à l'intérieur de la colonie, une activité dominée par les Québécois, il entraîne des déboursés annuels supérieurs à 160 000 livres[61].

La croissance des échanges commerciaux relance l'industrie navale. Chaque année des brigantins, bateaux, goélettes et parfois même des navires et frégates de 200 à 300 tonneaux sortent des chantiers de Québec. Entre 1722 et 1742, l'entreprise privée produit pour le commerce 115 bâtiments jaugeant au total 11 500 tonneaux. On évalue à 100 000 livres les investissements annuels dans cette industrie[62]. L'essor du commerce ranime aussi les petites entreprises de transformation. Au recensement de 1739, on compte dans la région de Québec vingt-deux moulins à farine, onze moulins à scie, six tanneries, deux briqueteries, une tuilerie et une corderie. Les boulangers et les bouchers sont très actifs dans la production de biscuits et salaisons pour les équipages et le marché d'exportation. Les tonneliers connaissent un essor remarquable: en 1737 par exemple, ils produisent 53 000 douves et 35 000 cercles de tonneaux pour l'exportation. Somme toute, à peu près tous les secteurs de l'économie urbaine profitent de l'essor du commerce maritime[63].

Mais ces années de prospérité ne sont pas sans quelques nuages qui annoncent les heures difficiles à venir. Bien que le commerce des pelleteries, principal produit d'exportation, serve d'agent stabilisateur, celui du blé est sujet à des fluctuations. En 1736 et en 1737, les récoltes sont désastreuses. L'intendant Hocquart estime que pendant ces deux années de disette, le commerce d'exportation subit une perte de 500 000 livres. Les récoltes de 1742 et de 1743 sont si mauvaises que la colonie se trouve presque en famine et doit demander des secours de l'extérieur. C'est le début du déclin de Québec dans le commerce intercolonial. La guerre en 1744 et la prise de Louisbourg en 1745 provoquent l'arrêt du trafic[64].

Les enjeux impériaux et l'économie de Québec (1744-1759)

De 1744 à la chute de Québec, l'évolution économique de la ville, comme celle de la colonie, est dominée par les enjeux impériaux et la guerre. Mais si la guerre arrête temporairement le commerce intercolonial, elle réactive cependant les expéditions de la métropole. Entre 1744 et 1755, le volume du trafic au port de Québec, en provenance de Bordeaux et de La Rochelle, atteint 43 622 tonneaux, soit le triple de la décennie précédente[65]. L'entre-deux-guerres permet la reprise du commerce intercolonial. En 1748, une trentaine de navires quittent le port chargés de provisions pour les Antilles. Mais ce commerce est tôt saboté par les mauvaises récoltes canadiennes. À partir de 1752, il n'y a plus de surplus agricole. Le commerce de l'île Royale disparaît et les exportations aux îles se limitent surtout aux produits de la forêt et des pêcheries. Cette même conjoncture stimule les expéditions au Canada de blé et de farine à partir de Bordeaux; elles atteignent 13 000 barils de farine et de blé entre 1751 et 1754[66].

Le début de la guerre de Sept-Ans accentue le mouvement amorcé puisqu'il faut nourrir et entretenir les soldats français expédiés au Canada

Vue du chantier naval du Cul-de-Sac en 1760 montrant *Le Québec*, frégate de 30 canons inachevée. Richard Short, 1761. (APC: C355)

et les alliés amérindiens mobilisés pour la guerre[67]. En 1755, environ cinquante navires entrent au port, transportant soldats, armes, munitions, marchandises et vivres des ports français. En 1757 et 1758, grâce aux efforts du munitionnaire Cadet, plus de 110 navires quittent les ports français pour Québec. Ces expéditions représentent le volume de trafic (25 000 tonneaux en 1757) le plus important de l'histoire de la Nouvelle-France[68].

Si cette croissance a des incidences importantes sur l'économie portuaire et urbaine, elle ne représente pas par contre un stimulant pour la construction navale. Celle-ci demeure importante, mais à partir de 1744, l'entreprise privée disparaît, car l'industrie royale retient la grande majorité des charpentiers de navires. Le commerce colonial s'en ressent: même le cabotage en souffre à cause du manque de barques. Néanmoins, la construction royale permet une entrée massive de fonds qui fait vivre une partie importante de la population urbaine. Les sommes affectées à cette industrie, entre 1739 et 1747, dépassent un million de livres. Dans les deux dernières décennies du Régime français, quelque 80 000 livres sont versées en salaires pour les ouvriers de la construction navale[69].

La métropole débourse aussi de grosses sommes pour ériger de nouvelles fortifications. Entre 1744 et 1751, plus d'un million de livres y sont consacrées;

Vue fantaisiste du port de Québec au XVIIIe siècle attribuant à la ville un caractère cosmopolite. (ROM: 75 Can 960)

les travaux se poursuivent après 1751. La ville devient donc un énorme chantier de construction. Les habitants des campagnes y affluent pour se trouver du travail et profiter de l'activité grouillante[70].

Mais les dépenses les plus importantes vont aux affrètements et aux achats de marchandises à des fins militaires. Même en 1751, année de paix, près de deux des trois millions déboursés sont affectés à l'achat de marchandises et munitions. Québec tire momentanément avantage de ces dépenses qui se répandent en grande partie dans le commerce[71]. Mais les grands bénéficiaires sont liés de près à l'administration de la capitale: toute la coterie de Bigot et de la «Grande Société», les complices du magasin de Pierre Claverie, qu'on nomme la Friponne, les intéressés de la société du munitionnaire Cadet, qui monopolisent les produits les plus nécessaires à l'armée mais aussi à la vie de la population[72].

POPULATION ET SOCIÉTÉ

Si l'on s'en tient seulement aux témoignages des visiteurs de marque et aux autres voyageurs, sous le Régime français, Québec prend de l'importance surtout du point de vue démographique. Le jésuite Charlevoix surévalue en 1720 la population de Québec par quelques milliers d'habitants en lui attribuant «sept mille âmes». Montcalm se trompe autant en 1756 quand il y compte 12 000 habitants[73]. S'ils se méprennent, c'est que la ville les impressionne; son site, son architecture, son activité, sa fonction de capitale et surtout sa société, qu'on penserait plus rustre, sont autant de facteurs qui émerveillent ces visiteurs de la colonie. Mais au-delà de ces témoignages impressionnés, la réalité humaine est tout autre.

Croissance et composition de la population

La lecture des données des recensements indique que les conjonctures économiques, souvent très brèves, influent considérablement sur le mouvement démographique urbain. Le petit bourg légué en 1663 par la compagnie des Cent-Associés n'attirait réellement des habitants que depuis une dizaine d'années. Mais ce mouvement migratoire est stimulé par l'avènement du gouvernement royal. Entre 1666 et 1683, la population de Québec et de sa banlieue passe de 747 à 1354 habitants ce qui représente un taux de croissance annuelle de 3,4%. La ville en est la principale bénéficiaire. La banlieue ne compte que 208 habitants en 1666 et n'en aura que 60 de plus au milieu du XVIIIe siècle[74].

Québec retient donc une part des quelque 2500 immigrants, engagés, soldats et filles à marier provenant surtout de la Normandie, de l'Île-de-France et des provinces de l'ouest qui, entre 1661 et 1673 surtout, font souche au Canada[75]. Malheureusement, l'état actuel des recherches ne permet pas de faire la part entre l'accroissement naturel et l'accroissement migratoire à cette époque[76]. D'ailleurs, la grande mobilité de la population coloniale obscurcit encore le portrait démographique de la ville. Même si la majorité des immigrants se dirigent surtout vers les campagnes, Québec les retient momentanément, pour attendre un époux, pour apprendre un métier ou encore pour préparer une campagne militaire, ce qui gonfle la population urbaine et lui donne une certaine instabilité. Ainsi, la majorité des filles du roi demeurent à Québec avant leur mariage, environ la moitié s'y marient puis, après une naissance, vont s'installer ailleurs dans la colonie[77].

L'arrivée des filles du roi réduit le déséquilibre entre les sexes si évident au recensement de 1666. Toutefois, les hommes forment toujours 57% de la population urbaine en 1681 et le nombre de célibataires chez les hommes demeure donc élevé (78%). Les femmes par contre, encouragées par l'État, se marient très vite et très jeunes. On remarque aussi une forte concentration de la population dans deux groupes d'âge: les enfants de moins de 10 ans et les adultes âgés de 21 à 40 ans comptent chacun pour 30% des effectifs urbains. Cette structure reflète donc l'importance de l'immigration de gens dans la force de l'âge, la forte fécondité des femmes et l'encouragement au mariage par l'État[78].

Après un ralentissement causé par la guerre de Hollande (1672-1679), le rythme de croissance de la population reprend. Même si l'immigration se fait plus parcimonieuse, que les engagés disparaissent du paysage et que les principales recrues sont des soldats qui viennent aux secours de la colonie en détresse face aux Iroquois, le taux de croissance de Québec s'établit à 3,1% entre 1683 et 1692. La ville absorbe son excédent de naissances et recrute des habitants des côtes, notamment des apprentis. Alors que dans la colonie c'est l'indigence générale, à Québec l'activité du port et la prospérité du secteur de la construction se présentent comme de puissants attraits, non seulement pour les gens en quête de travail, mais aussi pour bon nombre de mendiants qui, malgré le fait que la ville «soit dans un très grand besoin de domestiques», préfèrent «gueuser» et ériger leurs «cahuttes» autour de Québec[79].

Cette période de croissance s'estompe avec la crise économique qui sévit du début du XVIIIe siècle et le déclenchement de la guerre de succession d'Espagne. Le fléchissement du taux de croissance est significatif (1,2% entre 1692 et 1726), et ce malgré une reprise à la fin de la guerre que signale l'ingénieur Morville par le nombre élevé de concessions de terrains à la Haute-Ville[80]. Québec vivote néanmoins jusque dans la deuxième décennie du siècle. Pour bon nombre de Québécois, cette période est marquée par le deuil et l'expatriation. Les épidémies font des ravages en 1699 (petite vérole), en 1700-1701 (grippe), en 1702-1703 (petite vérole), en 1710-1711 (maladie de Siam), en 1714 (rougeole), et en 1717 (fièvres malignes)[81]. Deux de ces crises de mortalité assombrissent particulièrement le tableau démographique urbain. En trois mois, pendant l'hiver 1702-1703, la petite vérole réclame quelque 260 victimes, soit environ 13% de la population. Douze ans plus tard, les maladies emportent, entre juillet 1714 et juillet 1715, 302 victimes, soit 11% des habitants.

Malgré ces pointes de mortalité, la ville n'absorbe même pas la moitié de son excédent de naissances entre 1692 et 1725[82]. Par ailleurs, les soldats démobilisés, qui représentent l'essentiel de l'immigration française, s'établissent surtout en amont. Plusieurs Québécois les suivent, surtout à Montréal dont la croissance, pendant cette période, semble se faire au détriment de Québec. Cette saignée explique en partie les plaintes des autorités sur le manque de main-d'œuvre et la régression dans le recrutement d'apprentis à Québec[83]. Aussi, elle n'est peut-être pas étrangère au fait qu'il y ait rajeunissement de la population, malgré une mortalité infantile élevée (29% des enfants nés à Québec n'atteignent pas l'âge de 15 ans entre 1690 et 1729) et que l'équilibre entre les deux sexes soit atteint au début du XVIIIe siècle[84].

À partir du deuxième quart du XVIIIe siècle, la croissance des échanges commerciaux avec Louisbourg et les Antilles et la relance de l'industrie navale favorisent le développement urbain. Déjà en 1732, les autorités coloniales signalent au ministre de la Marine que «la ville s'est bien agrandie» depuis dix ans, notamment dans le quartier du Palais près des chantiers navals et dans le «quartier des Remparts» près du Séminaire[85]. Entre 1726 et 1737, années où le commerce intercolonial est florissant, Québec connaît son taux de croissance annuel le plus élevé (4,9%): sa population passe de 2700 à 4720 habitants. Cette croissance s'appuie d'abord sur l'excédent des naissances. Au recensement de 1739, 43% de la population urbaine a moins de 14 ans et, en 1744, 60% des habitants ont moins de 21 ans. L'apport de l'extérieur est tout de même significatif. Il faut croire que la ville retient une part des quelque mille immigrants, surtout des soldats, braconniers et faux-sauniers envoyés par le roi, qui débarquent au port entre 1720 et 1740, mais aussi des gens de la campagne qui s'y rendent pour profiter de l'essor commercial. Les gens dont les métiers sont associés à l'activité portuaire et maritime, comme les tonneliers, les charpentiers de navires, les navigateurs et les charretiers, sont plus nombreux. Aussi, avec une demande de main-d'œuvre plus élevée, l'apprentissage connaît une nouvelle vigueur[86]. La conjoncture favorable et le marché du travail ont aussi des incidences sur le mouvement des mariages. Même si la tendance amorcée au début du XVIIIe siècle vers l'équilibre entre les deux sexes se maintient, une plus grande disponibilité d'hommes en mesure de se marier transforme le mouvement de la nuptialité. En 1739, la proportion d'hommes mariés dépasse celle des femmes.

Mais déjà en 1733, une disette et une crise de mortalité assombrissent ce tableau de croissance et de prospérité. En 1732, une mauvaise récolte compromet le commerce de la colonie et bien sûr l'activité portuaire et maritime de Québec. L'année suivante le chômage sévit et la petite vérole, qui ravage la colonie, atteint durement Québec. Il s'agit d'une forte crise de mortalité dévastant environ 7% de la population urbaine en quelques mois. Cette crise préfigure les années difficiles de chômage, de disette et d'épidémie à venir. Entre 1736 et 1744 la ville stagne; son taux de croissance atteint à peine 1,4% par année et elle n'absorbe plus son excédent de naissances[87].

La guerre de 1744 renverse à nouveau ce mouvement, stimule la croissance démographique de Québec et donne une impulsion au lotissement urbain du faubourg Saint-Roch. Selon l'intendant Bigot, plusieurs habitants de la campagne abandonnent leurs terres pour se rendre en ville «soit pour se mettre charretiers, soit pour travailler à la journée ou même pour y tenir cabaret[88]». Nombreuses aussi sont les filles d'habitants défavorisés qui se rendent en ville pour s'engager comme domestique au service des commerçants et des artisans plus aisés[89].

Québec atteint entre 7000 et 8000 habitants dans la dernière décennie du Régime français. Mais à ce nombre, il faut ajouter une population flottante qui s'accroît chaque année à tel point que, déjà en 1752, à la suite d'une mauvaise récolte, l'intendant Bigot demande en France un surplus de vivres spécifiquement pour la ville de Québec qui ne peut subsister «à cause du grand nombre d'étrangers qui y viennent dans l'été[90]». Au nombre élevé de matelots et de marchands qui séjournent dans le port s'ajoutent les cor-

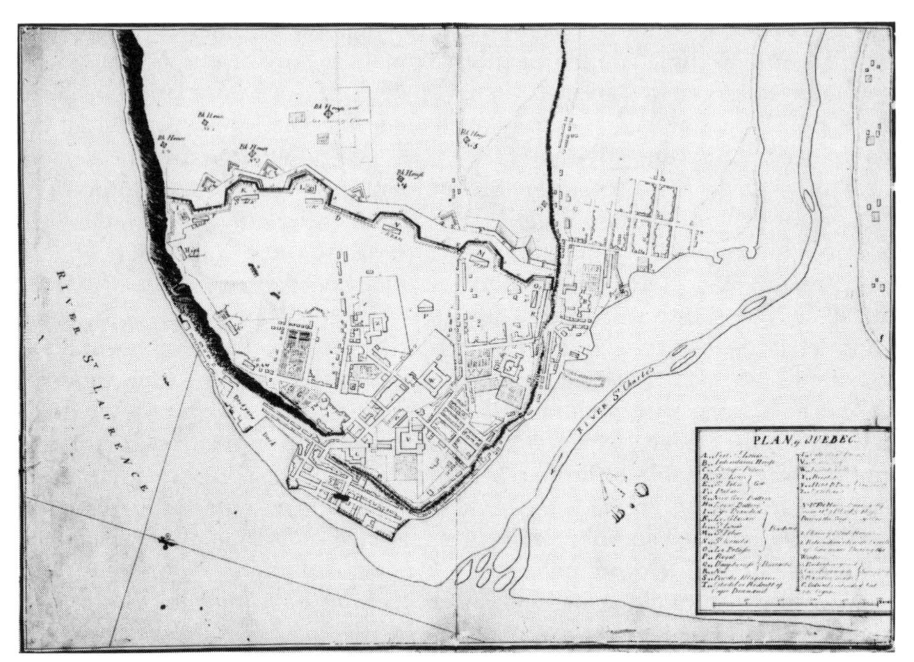

Ce plan de Québec en 1760 illustre la croissance importante de la ville dans la dernière décennie du Régime français, notamment par le développement du faubourg Saint-Roch. On y voit aussi la fortification érigée entre 1745 et 1754 selon les plans de Chaussegros de Léry. (APC: C21859)

véables de la campagne, mobilisés entre 1745 et 1754 aux transports de terre et aux terrassements des fortifications. Par ailleurs, la garnison, qui ne compte que 169 soldats en 1748, se trouve majorée à partir de 1750 avec l'arrivée de 1000 recrues pour les troupes de la colonie. Dorénavant, 13 compagnies de 50 hommes chacune sont affectées à la garnison de Québec et, à partir de 1752, ces soldats logent dans un secteur de casernes récemment créé[91].

La guerre de Sept-Ans accroît considérablement la population flottante et déclenche des transferts de population d'une ampleur inconnue auparavant. Entre 1755 et 1757, plus de 4000 soldats des troupes de terre débarquent à Québec. On expédie les soldats sur les différents fronts de guerre de la colonie mais bon nombre d'entre eux, des régiments de Béarn, de Languedoc, de Guyenne et de la Reine, intègrent leurs quartiers d'hiver à Québec chaque année. À partir de 1756, la ville sert aussi de refuge aux Acadiens. Le curé Récher en dénombre 1300 en 1757, et Bigot en signale entre 1500 et 1600 l'année suivante. Par ailleurs, des prisonniers anglais sont conduits à la capitale avant d'être embarqués pour l'Europe. On retrouve 1700 prisonniers de Chouaguen en 1756 et, de ce groupe, il en reste encore 700 à expédier en 1757, alors qu'un autre contingent de 300 à 400 arrivent après la prise du fort William Henry[92]. L'apport de cette population flottante à l'essor démographique urbain demeure limité. Tout au plus, peut-on signaler quelque 85 mariages de soldats à Québec et une croissance dans le nombre de naissances illégitimes à cette époque[93].

Enfin, la campagne de 1759 fait accourir en ville la majorité des troupes, miliciens et alliés amérindiens de la colonie. Mais, pendant le siège et le bombardement, la ville est abandonnée par tous, sauf les canonniers qui s'occupent des batteries. Lors de la bataille des hauteurs d'Abraham, une population hétéroclite y trouve refuge. Celle-ci, composée de 1300 combattants, de 2600 femmes et enfants et de 1200 malades ou blessés, capitule le 18 septembre 1759. En 1761, il ne reste que 3500 civils, soit moins de la moitié de la population urbaine de 1755, gardés par une garnison britannique deux fois plus nombreuse[94].

Une société d'Ancien Régime

Ville fortement marquée par l'environnement nord-américain, Québec demeure néanmoins, et cela peut-être plus que Montréal, une ville française modelée par et sur des institutions françaises. L'élite sociale, menée par le clergé, par la noblesse et par l'administration civile et militaire, bénéficie d'un ressourcement et d'un recrutement constants à partir de la métropole. Cette élite cherche à reproduire les structures sociales françaises dans la colonie. Mais les privilèges de la société d'ordre, déjà entamés en France, subissent par surcroît l'influence du Nouveau Monde. À Québec, notamment au XVIIe siècle, la réussite sociale peut aussi découler du succès financier ou de la profession d'un individu. Au XVIIIe siècle cependant, une concurrence économique de plus en plus acharnée et des conjonctures très dures portent de rudes coups à la population urbaine. Les structures sociales ont tendance à devenir plus rigides, peu de gens s'enrichissent, une bonne partie des citoyens a de la peine à subsister.

Le clergé

Ville épiscopale, centre d'organisation paroissiale et missionnaire, Québec jouit, sous le Régime français, de la présence d'un contingent élevé de religieux et de religieuses qu'on peut surtout observer dans ce quartier de clochers qu'est la Haute-Ville. En 1666, sur un total de 737 habitants dans la ville et banlieue, on dénombre 18 prêtres séculiers, 31 Jésuites, 19 Ursulines et 23 Hospitalières, soit un ecclésiastique pour 8,2 habitants. Le nombre de prêtres varie beaucoup par la suite, selon les besoins des cures et des missions de la colonie, mais dans l'ensemble ils sont plus nombreux, en chiffres absolus, au XVIIe siècle qu'au XVIIIe siècle. En effet, malgré les efforts du Séminaire de Québec pour former des prêtres, les effectifs sacerdotaux de la colonie sont en régression. À un XVIIe siècle animé d'un zèle pour les missions et caractérisé par le grand nombre de religieux envoyés au Canada, succède un siècle de recrutement pénible à partir de la France. Les Jésuites et le séminaire des Missions étrangères de Paris réussissent mal à fournir des recrues pour la colonie, alors que les besoins du culte s'y accroissent.

Par contre, le nombre de religieuses dans la ville augmente continuellement. Elles sont déjà plus nombreuses que les prêtres en 1692, le double de leur nombre en 1716 et le triple en 1737, moment où l'on compte 156 nonnes. Cette croissance est d'autant plus remarquable que l'État cherche à restreindre non seulement le nombre de communautés au Canada, mais même le nombre des entrées aux couvents, jugeant déjà les établissements conventuels trop «à charge au Roy et aux habitants», alors que le ministère paroissial est déficient[95]. En 1716, on ne compte plus qu'un ecclésiastique pour 16 habitants en ville et en 1737 le rapport est de 1 pour 23. À cette dernière date par contre, une femme sur 14 est religieuse alors que seulement un homme sur 44 est religieux[96].

Même au Canada, le clergé considère qu'il se situe au sommet de la société car «la noblesse spirituelle transcende celle du sang[97]». Cette attitude est maintenue par le rôle dominant du clergé français. Les Jésuites et les Récollets se renouvellent essentiellement en France et les quelques Canadiens qui accèdent à ces ordres ne demeurent pas à Québec. Les Jésuites, en particulier, affichent un air de supériorité et n'acceptent qu'en maugréant qu'un prêtre séculier du Séminaire entre dans leur ordre. Le clergé paroissial de la colonie se «canadianise», mais à Québec, où se rassemble l'élite ecclésiastique, les prêtres sont toujours majoritairement français au XVIIIe siècle. Le clergé canadien, même s'il incorpore des membres des grandes familles de la colonie, est souvent négligé au profit des Français et relégué aux charges inférieures. Ce n'est que dans les communautés de femmes que la «canadianisation» prend le pas. Déjà au début du XVIIIe siècle, on n'emprunte plus aux maisons de France car le recrutement au pays est suffisant[98].

C'est surtout à Québec que les représentants de l'État et ceux de l'Église se disputent pouvoir politique et ascendant sur la société, et que les luttes intestines opposant évêque et chapitre, réguliers et séculiers, ou diverses factions sont les plus intenses. Au XVIIe siècle, le clergé s'oppose aux autorités civiles dans des questions aussi variées que l'élection d'un syndic, la préséance dans les processions et le commerce de l'eau-de-vie. Des directives précises de Versailles aux gouverneurs et intendants demandent de limiter le pouvoir du clergé et surtout les activités de l'évêque et des Jésuites dans les domaines autres que spirituel. La retraite de Mgr de Laval, en 1689, signale la fin de cette lutte politique si active. Dorénavant, le clergé se soumet à l'autorité civile et subit même de plus en plus son intervention dans les affaires ecclésiastiques aussi fondamentales que l'imposition des dîmes, l'établissement des cures et le recrutement dans les communautés religieuses, et aussi banales que l'heure de la messe à l'église de la Basse-Ville.

François de Laval, premier évêque de Québec.
(ANQQ: coll. initiale GH872.121)

Mais alors que le clergé est écarté de l'arène politique, les contestations se multiplient au sein de l'Église de Québec. Les relations entre l'évêque et les Jésuites deviennent si tendues que le supérieur Bouvart s'en prend même au *Catéchisme* et au *Rituel* de Saint-Vallier, doutant de leur orthodoxie et les soupçonnant d'une inspiration janséniste. Par ailleurs, l'union créée par Mgr de Laval entre le Séminaire et la paroisse de Québec et l'érection subséquente de l'évêché de Québec, en 1674, qui semble rattacher la paroisse au chapitre de la cathédrale, sont à la source de nombreuses disputes opposant tantôt les évêques au Séminaire, tantôt les chanoines au Séminaire, au sujet de la possession de la cure ou de l'indépendance du Séminaire. Les prétentions et la conduite des membres du chapitre accentuent la division dans le clergé[99].

Les nombreuses querelles intestines, le problème de la direction de l'Église pendant les longues absences de son primat spirituel, et enfin une certaine détérioration du recrutement contribuent probablement à miner l'influence du clergé. D'ailleurs, la croissance de Québec au XVIIIe siècle, la grande mobilité des effectifs urbains, le recrutement et le ressourcement constant d'une partie de l'élite dans la métropole renforcent les comportements plus mondains. La morale et la piété austère de la première moitié du XVIIe siècle s'affaissent; au XVIIIe siècle, la population manifeste moins d'enthousiasme pour la religion. Aussi, comme le démontre l'évolution des effectifs ecclésiastiques dans la ville ainsi que le recrutement dans les confréries

Sous le Régime français, l'influence du clergé à Québec s'illustre par l'essor de l'art religieux. Statue de la Vierge et de l'enfant Jésus attribuée à Jacques Leblond de la Tour, *c.*1710. (MQ: A-58.358.S)

religieuses, la dévotion se féminise. La présence d'effectifs militaires plus importants contribue aussi à un relâchement des mœurs. Les emportements des évêques contre l'immodestie, la vanité, la luxure, l'abus d'alcool et le jeu ne sont pas sans fondement, mais ils ont peu d'effet. Le clergé québécois au XVIIIe siècle perd de son prestige et de son emprise sur la société urbaine[100].

La noblesse

Québec, par l'importance de son administration civile et militaire, retient et attire un bon nombre de nobles. Plusieurs sont aussi issus des sept Québécois

Louis de Buade de Frontenac et de Palluau, gouverneur de la Nouvelle-France de 1672 à 1682 et de 1689 à 1698. Bronze de Louis-Philippe Hébert, 1890. Hôtel du Parlement. (ANQQ: coll. initiale GH670.66)

qui obtiennent au XVIIe siècle des lettres d'anoblissement en reconnaissance de leurs services dans la colonie[101]. Des familles nobles de Québec celles des Denys, Aubert, Robinau de Bécancour, Couillard, Ruette d'Auteuil, Legardeur de Tilly et Chartier de Lotbinière marquent d'une façon soutenue la société québécoise pendant un siècle.

Les alliances entre ces familles et avec celles d'autres nobles de la ville et de la colonie témoignent d'une volonté traditionnelle des nobles de serrer les rangs. S'il y a ouverture vers le bas, l'alliance est le plus souvent le résultat de considérations économiques; le noble sans bien cherche un mariage avantageux avec une veuve ou la fille d'un marchand ou d'un négociant à l'aise. D'ailleurs, l'État suit de près les alliances des gentilshommes et surtout des officiers militaires. Les officiers qui se marient sans la permission du gouvernement peuvent être cassés. Il faut à tout prix conserver les titres et privilèges de la noblesse[102].

La noblesse est à la remorque de l'État, pourvoyeur de charges et de grades. Les postes de l'état-major des troupes, du génie et de l'artillerie à

Québec sont comblés par des nobles. Aussi, depuis la fin du XVIIe siècle, le corps des officiers dans les troupes de la colonie s'ouvre aux gentilshommes canadiens. Ceux-ci sont majoritaires au XVIIIe siècle et forment bientôt une «caste» courtisant le gouverneur, aspirant à une gratification, à une promotion ou au commandement d'un poste lucratif. Presque toutes les familles nobles de Québec sont associées à l'armée et, même si les officiers s'éloignent pendant des années, en service sur mer, en Acadie, en Louisiane ou aux Pays-d'en-haut, ils gardent souvent un domicile en ville et y laissent leurs familles. Par ailleurs, l'état-major de Québec et la présence du gouverneur attirent les gentilshommes de la colonie. Pour eux, la reconnaissance et le prestige ultime est l'obtention d'une croix de Saint-Louis après 28 ans de service. Elle est décernée par le gouverneur lors d'une cérémonie d'investiture au château Saint-Louis[103].

La noblesse imprègne aussi l'administration civile et la justice. On la retrouve aux postes de directeur du domaine du roi, receveur de l'amirauté, agent du trésorier de la marine, commissaire et contrôleur de la Marine, subdélégué de l'intendant, grand voyer, capitaine de port et garde-magasin du roi. Mais elle est encore plus importante dans le monde de la justice. Au XVIIe siècle particulièrement, alors que les rangs de l'armée s'ouvrent à peine aux Canadiens, les nobles et anoblis contrôlent les postes les plus prestigieux: procureur général au Conseil souverain et lieutenant général à la prévôté. Par ailleurs, le prévôt de la maréchaussée est toujours un représentant de la noblesse. Quant au Conseil souverain, au moins 65% des nominations faites avant 1700 privilégient des gentilshommes. Même entre 1702 et 1735, 46% des nominations les favorisent. Ce n'est que dans les vingt-cinq dernières années du Régime français que la carrière judiciaire perd son attrait pour les gentilshommes québécois, qui se dirigent alors vers l'armée[104]. Dans une certaine mesure, la noblesse, avec son emprise sur l'armée et la maréchaussée, demeure le bras droit de l'État et se porte garante de sa sécurité et de l'ordre dans la ville et dans la colonie.

Presque tous les nobles de Québec sont seigneurs[105]. Mais la terre, à quelques exceptions près, ne produit pas suffisamment de rentes pour entretenir le genre de vie noble dans la capitale; aussi, les gentilshommes se tournent constamment vers le commerce ou l'entreprise. Ils préfèrent le commerce des fourrures et l'exploitation des pêcheries du Saint-Laurent jusqu'au Labrador, mais ils se lancent aussi dans d'autres domaines comme le commerce intercolonial, le grand commerce maritime, la construction navale, l'approvisionnement de l'État, le commerce d'articles de mercerie, les forges du Saint-Maurice, la production de tuiles, l'entreprise de construction de fortifications[106].

Les officiers du roi

À une noblesse déjà bien fixée à la tête de la société québécoise à la fin du XVIIe siècle, la bourgeoisie urbaine aspire à s'allier, et cela par différents moyens dont l'éclat des armes dans la milice, le mariage, l'acquisition d'un fief, symbole de la noblesse, le succès dans les affaires et surtout l'exercice d'offices donnant accès à des dignités.

Les gens de robe, de finance et de police dans les couches supérieures de l'administration ont un statut social reconnu qui les place au-dessus de la bourgeoisie marchande. Comme les nobles et le clergé, ils jouissent de privilèges lors de levées de corvées militaires; ils sont exemptés du logement de gens de guerre et des différentes impositions pour la construction d'ouvrages militaires. Par ailleurs, les officiers du roi assistent en corps aux cérémonies et fêtes officielles comme la naissance d'un prince, et les gens de robe occupent une place d'honneur aux cérémonies religieuses[107].

La majorité des gens de robe jouissent d'un statut social déjà acquis à la naissance et ont tendance à s'allier entre familles d'officiers du roi. Ils font donc partie d'un corps assez fermé et frayent de près avec la haute administration et la noblesse. Pour bon nombre de bourgeois, l'accès à une charge judiciaire, et notamment au Conseil souverain, est une reconnaissance officielle après une carrière bien remplie.

Les officiers du roi imitent le train de vie noble, autre moyen de s'approcher de cette élite, ce qui les conduit souvent à s'endetter, d'autant plus que leurs traitements sont proportionnellement plus bas que ceux des officiers militaires[108]. Cela ne les empêche nullement de s'aventurer, comme les nobles, dans diverses entreprises et commerces ou de poursuivre leurs négoces une fois qu'ils ont eu accès à la robe[109].

Mais ce sont les officiers du roi qui peuvent profiter le plus de leurs charges administratives pour promouvoir leurs affaires et se maintenir ou se hisser aux paliers supérieurs de la société. On connaît bien les carrières des intendants Bégon et Bigot, accusés de malversations dans l'exercice de leurs charges. Mais d'autres profitent aussi de leurs fonctions pour tenter de réaliser des bénéfices personnels. C'est une pratique assez courante de l'Ancien Régime et les «hauts fonctionnaires» de Québec imitent les intendants, car il y a aussi du prestige dans l'argent[110]. Les directeurs du Domaine comme Charles Bazire au XVIIe siècle et François Étienne Cugnet au XVIIIe siècle, les agents des trésoriers généraux de la Marine comme Nicolas Lanouiller de Boisclerc et Jacques Imbert et les contrôleurs de la Marine comme Jacques Michel Bréard, souvent protégés par les hautes autorités, sont tous de grands brasseurs d'affaires[111].

Enfin, sous cette couche d'officiers privilégiés, vivote un groupe assez important de petits «fonctionnaires», comme les écrivains employés dans les différents bureaux de la Marine, les commis et brigadiers du Domaine du roi ou encore les greffiers et huissiers des tribunaux. Ces petits officiers,

Michel Bégon de la Picardière, intendant de la Nouvelle-France de 1710 à 1726. (ANQQ: coll. initiale N474.13)

Gilles Hocquart, intendant de la Nouvelle-France de 1729 à 1748. (ANQQ: coll. initiale N574.24)

dont la qualité essentielle est souvent de savoir écrire, cherchent constamment à cumuler des charges officielles, à obtenir une commission, comme celle de notaire ou d'arpenteur, ou à jouer un rôle de praticien ou de procureur fiscal afin d'augmenter leurs revenus. Mais ces charges, comme l'exercice du notariat, ou leurs incursions dans le commerce permettent à peu d'entre eux de s'enrichir et plusieurs peuvent à peine soutenir leur famille[112].

Marchands et négociants

L'étude des marchands et négociants à Québec fait ressortir leur nombre relativement élevé, surtout au XVIIIe siècle, et la concurrence féroce à laquelle ils sont assujettis. De tout temps, les négociants et armateurs métropolitains contrôlent le grand commerce maritime et l'approvisionnement de la colonie. On y retrouve des marchands forains, des commerçants saisonniers qui arrivent à Québec dans le courant de l'été avec leurs cargaisons de marchandises. Ils approvisionnent les marchands domiciliés, mais se lancent aussi dans la traite des fourrures et vendent même au détail aux habitants de Québec et de la colonie avant de retourner en France à l'automne. D'autres viennent à Québec pour quelques années avant de retourner en France, fortune faite. C'est une compétition que les marchands domiciliés ne peuvent supporter et, sur leurs requêtes, les autorités coloniales imposent en 1676 et en 1683 diverses restrictions au commerce des forains, et par ailleurs définissent le statut du «marchand domicilié». Au XVIIIe siècle, les domiciliés reviennent sans cesse avec leurs doléances contre les forains, mais devant l'effort de libéralisation du commerce favorisé par la politique mercantiliste française, les privilèges des domiciliés à Québec disparaissent[113].

Malgré la multiplicité de forains indépendants qui séjournent à Québec, les grands négociants armateurs de La Rochelle, de Bordeaux et de Rouen, avec leurs agents à Québec, accaparent la plus large part du commerce de la colonie. Ces agents, ou facteurs, ne s'intègrent pas tous de la même façon ni dans la même mesure dans la société québécoise. Certains d'entre eux sont des domiciliés, comme Charles Guillimin, représentant de la maison de commerce Pascaud de La Rochelle, qui a des liens étroits avec la colonie, ou Joseph Fleury de la Gorgendière, représentant son frère Fleury D'Eschambault, canadien de naissance, immigré à La Rochelle. D'autres agents ou facteurs comme Denis Goguet et Jean André Lamaletie établissent des liens sociaux et économiques étroits à Québec mais, fortune faite, retournent en France[114].

Un autre groupe de commerçants de la métropole, les négociants huguenots, s'intègrent moins facilement à la société québécoise, mais, dans les deux dernières décennies du Régime français, deviennent une force majeure à Québec. Depuis l'époque de Richelieu, les protestants, en théorie, n'ont pas accès à la colonie. La révocation de l'édit de Nantes porte même des coups à leurs séjours de commerce. Malgré tout, avec la croissance du commerce maritime après 1727, ils réapparaissent à Québec. Leur présence éveille tôt l'inquiétude du clergé. Des accusations qu'ils s'assemblent pour leurs prières, qu'ils introduisent des «mauvais livres», qu'ils inspirent des sentiments «contraires à la religion» et qu'ils sont sympathiques à leurs coreligionnaires des colonies anglaises se font entendre à Versailles. L'intendant Bigot vient cependant à leur défense, et leur nombre augmente sans cesse; une liste en en dénombre en 1754 une trentaine, chiffre probablement en deçà de la réalité et qui exprime mal leur importance[115]. Bien qu'ils ne puissent amener leurs familles dans la colonie, ni s'y marier et qu'ils ne puissent pratiquer ouvertement leur religion, certains d'entre eux demeurent à Québec pendant plusieurs années et s'intègrent dans une certaine mesure à la société québécoise. Ils établissent non seulement des relations d'affaires mais aussi des liens d'amitié avec des membres de la communauté marchande coloniale[116].

Devant la concurrence des grosses maisons de commerce françaises et des nombreux forains qui séjournent à Québec, les marchands et négociants domiciliés ont de la difficulté à se maintenir, comme l'attestent les nombreuses remarques des intendants sur leur peu de fortune[117]. Dans l'ensemble, malgré les difficultés économiques et financières, ils semblent réussir mieux à la fin du XVIIe et au début du XVIIIe siècle, alors qu'ils profitent de la guerre, de la réglementation contre les forains et du retrait de bon nombre d'armateurs français de la colonie.

À mesure qu'on avance dans le XVIIIe siècle, le nombre de petits marchands, pour la majorité des locataires qui meurent endettés ou dont la fortune n'atteint pas 5000 livres, augmente en proportion. Malgré les efforts de Hocquart pour créer une bourgeoisie riche et entreprenante dans la colonie, et malgré l'essor du commerce maritime entre 1723 et 1743, peu de marchands érigent de grandes fortunes. Au succès des Jean Crespin, Yves Arguin et François Perrault contraste un nombre croissant de marchands qui ne réussissent pas à laisser des héritages de plus de 10 000 livres. Seul le cabotage permet à certains de subsister et de freiner un peu le glissement. Dans les dernières décennies du Régime français, l'écart entre les grandes fortunes et les petits marchands s'élargit[118].

Malgré le déclin d'ensemble dans les fortunes des marchands au XVIIIe siècle, leur conscience de groupe social devient de plus en plus évidente à mesure que le siècle avance, comme en témoigne leur degré d'endogamie au mariage. Aussi, les négociants du XVIIIe siècle semblent vouloir se démarquer des simples détaillants. Depuis 1717, ils ont obtenu le droit de s'assembler quotidiennement dans un lieu qu'on nomme la «Bourse» pour discuter de leurs affaires et élire un syndic pour les représenter auprès des autorités[119]. Déjà dans les années 1720, ils démontrent fréquemment une volonté d'action commune en présentant leurs doléances contre les forains, en se plaignant de la disette du numéraire dans la colonie ou des restrictions sur le commerce des vivres[120]. Mais l'émergence de ce groupe, lié de près au commerce des Antilles et de l'île Royale, est bientôt minée par les mauvaises récoltes qui se succèdent après 1743 et par le retour en force des négociants huguenots à Québec. Ceux qui réussissent malgré la concurrence et les obstacles doivent leur succès à la diversification de leurs entreprises, à des contrats alléchants de l'État et à des associations et alliances fructueuses comme les liens établis entre les Desauniers, les Charest et les Martel de Brouage[121].

Artisans et gens de métier

Il faut d'abord souligner l'importance numérique des artisans. En 1681, ils comptent pour 33% de la population active. Ils sont plus nombreux au XVIIIe siècle: en 1744, ils atteignent 40% de la population active. À ce groupe d'artisans qui se concentrent dans les secteurs de la construction domiciliaire et navale, du fer, de l'alimentation, du vêtement et du cuir, il faut ajouter un groupe de gens de métier et de petit commerce comme les cabaretiers, les navigateurs et les charretiers, peu important au XVIIe siècle, mais déjà nombreux au tournant du siècle[122].

Charretiers et tonneliers profitent de l'essor du commerce maritime dans les années 1730-1750. Richard Short, 1761. (MQ: A54 160E)

La gamme des métiers devient plus variée avec le développement urbain au XVIIIe siècle, mais cela ne s'accompagne pas pour autant d'une réduction de liberté de pratique. En effet, devant l'absence de lettres de maîtrise et de jurandes, la pratique de métiers demeure plus libre dans la colonie que dans la métropole[123]. Vu l'absence ou le nombre restreint de plusieurs métiers relevant d'une plus grande spécialisation des tâches, l'artisan à Québec ne porte pas toujours le titre exclusif de son métier. Le cumul des spécialisations et la mobilité à l'intérieur de certains métiers demeurent donc assez communs même au XVIIIe siècle. La grande souplesse dans la désignation des métiers est encore compliquée par le fait que plusieurs s'affublent du titre de marchand[124]. Pour l'artisan, le métier de cabaretier est aussi un complément, souvent transitoire, un commerce qui peut être mené par l'épouse qui, devenue veuve, le poursuit. Sur 40 cabaretiers énumérés au recensement de 1744, 33% exercent également un autre métier. Le même phénomène, mais à un moindre degré, s'observe chez les navigateurs. On y relève notamment des charpentiers-navigateurs et même un boulanger-navigateur, gens qui achètent une part dans une barque, ont quelques talents pour la navigation et s'occupent de cabotage. Le transport terrestre, par contre, attire moins les artisans et on soupçonne que bon nombre des charretiers sont des gens de la campagne qui possèdent des attelages et sont attirés par le marché urbain devant les difficultés de l'agriculture[125].

L'absence de lettres de maîtrise et de jurandes a aussi comme résultat un chambardement des conditions d'exercice d'un métier. Le statut de compagnon comme étape obligatoire avant la maîtrise disparaît, et le titre de maître est conféré à tout artisan qui tient boutique ou engage des apprentis. Seul l'apprentissage subsiste, mais il s'agit d'un système de formation dépouillé de la réglementation contraignante des corps de métiers français. La transmission des métiers de père en fils est assez élevée quand on considère la liberté de pratique et les possibilités de mobilité dans la colonie. Les charpentiers de navire, par exemple, mettent en pratique une véritable statégie professionnelle qui débouche sur des monopoles familiaux. Les métiers de la construction domiciliaire se transmettent aussi de génération en génération, notamment dans certaines familles qui renforcent les liens du métier par les liens du mariage. Certains entrepreneurs maçons créent de véritables dynasties familiales et professionnelles s'étendant sur quatre, cinq et même six générations[126].

La plupart des ateliers d'artisans se composent d'un maître et d'un apprenti et parfois d'un domestique. Une plus grande concentration est assez exceptionnelle, mais dans certains métiers, notamment chez les tonneliers et les cordonniers, un maître peut employer plus d'un apprenti à la fois. Si ses affaires prennent de l'expansion, il peut aussi engager des compagnons ou ouvriers à contrat, mais il préfère généralement les apprentis, une main-d'œuvre moins chère et plus stable. Certains artisans, comme les tonneliers, intègrent parfois des boutiques à leurs ateliers et vendent non seulement les produits de leur travail, mais aussi des produits du commerce[127].

Il existe, à côté des ateliers et boutiques de métiers, des activités qui se rapprochent plus de l'entreprise et de la manufacture que de l'artisanat. La tannerie de François Bissot à la Pointe-Lévy, établie dès le XVIIe siècle, peut être considérée comme une manufacture par la dimension de l'atelier et le nombre d'ouvriers engagés. Au XVIIIe siècle, subsiste le maître tanneur, artisan propriétaire de ses moyens de production et de son atelier, mais son métier est voué au service de particuliers; la majorité (60%) des tanneurs sont des employés de grandes tanneries. Leur statut se rapproche plus de celui de l'ouvrier dans son sens moderne que de celui d'un artisan[128].

Le secteur du bâtiment se distingue aussi de l'artisanat traditionnel par la montée de l'entrepreneur maçon, qui accapare une bonne part des marchés domiciliaires et signe plusieurs marchés de travaux publics[129]. Dans la construction navale, l'entreprise ne fait vraiment surface qu'au XVIIIe siècle, avec la construction de vaisseaux de plus fort tonnage. Le constructeur se distingue alors du maître charpentier de navires par des connaissances plus poussées de la charpenterie navale, par un fonds de capital plus important et par l'envergure de ses contrats. Il fournit le bois nécessaire à la construction, engage les maîtres charpentiers, compagnons, apprentis et autres ouvriers et voit à l'exécution du devis en supervisant les travaux sur le chantier[130].

Malgré leur mobilité, que révèle la structure des spécialisations, les gens de métier ne constituent pas un groupe social monolithique. La liberté de pratique et l'absence d'assises juridiques les regroupant et les hiérarchisant ne conduisent pas à une refonte sociale intégrale à l'intérieur des métiers. La hiérarchie pointilleuse des métiers en France, établie par les juristes selon des critères de fonction et de prestige, mais aussi les prérogatives de rang dans les métiers, si imprégnées dans les mœurs urbaines françaises, font partie de la culture des immigrants. Cette ordonnance socio-juridique persiste donc dans les mœurs coloniales. Les artisans, notamment, sont très conscients de leur rang et du prestige social que leur confère leur métier. À Québec, les métiers de chirurgien, d'orfèvre, d'arquebusier-armurier, de maître de barque et d'entrepreneur maçon sont considérés comme les plus prestigieux. Le métier de ramoneur, «profession qu'aucun Canadien ne veut faire», est sans doute le moins prisé[131].

Le niveau social chez les gens de métier se détermine aussi par leur situation financière. Au XVIIe siècle, peu d'entre eux (15%) réussissent à amasser plus de 5000 livres. Seuls les artisans du fer démontrent quelques réussites financières grâce à la demande constante en armes et en outils. Au début du XVIIIe siècle, profitant d'une légère relance du commerce intercolonial, quelques tonneliers de Québec connaissent aussi du succès.

À partir de la deuxième décennie du XVIIIe siècle, le nombre de gens de métiers qui réussissent à amasser plus de 5000 livres augmente (24%). L'essor du commerce maritime et les contrats de fournitures pour l'État permettent à des représentants des métiers de l'alimentation et du transport maritime d'améliorer leur sort. Souvent leur succès est dû au fait qu'ils font aussi le commerce, ne se limitant pas à leur métier. Mais ce sont les métiers de la construction qui permettent d'ériger les plus grosses fortunes grâce aux contrats de l'État. L'entrepreneur Jean Maillou dit Desmoulins réalise déjà des bénéfices importants aux fortifications entre 1705 et 1720. Il investit considérablement dans l'immobilier et poursuit probablement l'entreprise de construction la plus florissante à Québec, qui lui permet d'ériger une fortune de plus de 100 000 livres à son décès en 1753.

Mais ces succès et quelques autres sont le fait d'une infime minorité. Pendant toute la période, 80% des gens de métier laissent des fortunes de moins de 5000 livres. L'écart est énorme entre ceux-ci et les marchands, dont 67% laissent des montants supérieurs à 5000 livres. Bien que la majorité des gens de métier soient propriétaires (seuls les navigateurs et peut-être les tailleurs sont plus souvent locataires), leur situation n'en est pas moins précaire car la propriété peut engloutir le gros de leurs avoirs. Leurs possibilités d'enrichissement demeurent limitées et la majorité vivote d'année en année[132].

Le menu peuple

Il reste à décrire les couches les plus modestes de la société, celles qui possèdent peu ou qui sont franchement dans la misère. Pour les classes dirigeantes, le peuple fait souvent l'objet de mépris. On se plaint de la vanité des femmes et de la débauche des hommes, de leur abus de l'eau-de-vie, de leur oisiveté et de leur insolence; on proteste au sujet des filles de familles trop nombreuses qui se laissent débaucher et des journaliers qui se conduisent comme des infirmes; les gens qui forment le bas peuple ne pensent qu'à s'amuser[133]! Même l'évêque de Québec partage ces préjugés car, dit-il, «c'est sous mes fenêtres que s'assemble Le bas peuple des deux sexes après leur souper, ils chantent et tiennent des discours libres que j'entends comme s'ils étoient chez moi je ne parle pas de leurs actions indécentes, c'est ou les personnes ivres viennent cuver leur vin et des personnes malignes Les ont plusieurs fois découvertes avec La dernière indécence[134].» Par contre, le récollet Sixte Le Tac affirme que «les ouvriers qui ne sont pas débauchés vivent aisément et peuvent amasser du bien[135]». Mais ce jugement, comme d'autres, n'est valable que pour un moment donné, pour une bonne année et pour une portion restreinte du peuple. En effet, Québec a aussi sa marche de la misère et alors les remarques désobligeantes sur le peuple se taisent et on s'apitoie sur son sort; le «bas peuple» devient «les pauvres gens de Québec».

Au XVIIe siècle, la misère populaire semble généralement envahissante et le peuple a souvent de la difficulté à subsister. Le recrutement urbain des années 1656 à 1673 comprend plusieurs arrivages de pauvres qui chargent déjà les œuvres de charité[136]. En 1673, les mendiants sont nombreux et bientôt tous déplorent la pauvreté des habitants de Québec. Les guerres iroquoises, l'arrivée massive de troupes, les épidémies et la disette, surtout entre 1687 et 1690, contribuent encore à augmenter le fonds de misère[137]. Le Bureau des pauvres, établi en 1688 pour fournir la subsistance aux mendiants et aux chômeurs, dissout en 1692 avec la fondation de l'Hôpital Général, doit être rétabli en 1698 à cause de l'indigence de la population et de la croissance du nombre de mendiants[138].

Le XVIIIe siècle présente aussi plusieurs années difficiles pour les gens qui ont peu; d'ailleurs les années de disette sont plus sévères pour une population croissante. L'État a souvent de la difficulté à assurer les approvisionnements urbains et pendant certaines années, craint des émeutes et des soulèvements[139]. Pendant la disette de 1700-1701, plusieurs se trouvent «exposé à périr de faim» et les magistrats du Conseil souverain organisent la distribution du blé et du pain. Les mauvaises récoltes, entre 1714 et 1718, et un pouvoir d'achat complètement avili portent de rudes coups aux plus démunis dont les conditions d'existence se détériorent[140]. La cherté des vivres les expose encore à des privations en 1721, 1724 et 1729. À la fin de l'hiver 1733, la disette du blé, l'épidémie et le chômage achèvent «les modiques ressources des ouvriers et journaliers de cette ville» et les mettent «hors d'état de subsister[141]». Le même scénario se répète en 1737-1738; en plus, les vagabonds et les mendiants accourent vers la ville. Hocquart précise que «Les habitants des villes, particulièrement Les Journaliers et artisans sont dans une situation aussi fâcheuse manquant tous de travail». L'intendant doit fournir régulièrement les provisions aux plus démunis, de crainte qu'ils ne meurent de faim[142]. Entre 1742 et 1743 et entre 1751 et 1752, la ville est de nouveau affligée par la famine et les mendiants prolifèrent. Les autorités craignant l'émeute doivent fournir la farine aux boulangers et même fabriquer du pain dans les magasins du roi[143]. Ces années préfigurent les privations de la guerre de Sept-Ans alors qu'une population, gonflée de soldats, de réfugiés et de prisonniers, subit tous les contrecoups de la disette et de l'épidémie. Québec présente un triste portrait en 1758, «les artisans étoient si faibles qu'il ne pouvoient pas travailler, plusieurs sont morts d'inanition parce qu'ils se privoient de manger pour nourir leurs enfants[144]».

Sabots de bois, chaussures du menu peuple.
(McCord: APPM 169-35)

Voilà les aléas des conjonctures, la marche de la misère: quelques bonnes années au XVIIe siècle mais généralement une détresse envahissante comme en témoigne le problème de la mendicité; au XVIIIe siècle, malgré l'essor du commerce, presque une année sur deux est pénible; aussi les disettes frappent plus dur, sont plus douloureuses et le problème de subsistance du menu peuple, plus aigu.

Mais qui compose cette frange la plus dépourvue de la société? Québec compte d'abord ses pauvres laborieux, nécessiteux car ils n'ont que leur travail pour subsister. Ils vivent au jour le jour, chôment fréquemment et la moindre cherté rend ardue leur recherche du pain quotidien. La tâche de les identifier dépasse de beaucoup nos moyens; nous tenterons seulement de les cerner à un moment, en 1755, alors qu'une source fiscale, bien qu'imparfaite, donne des indices de hiérarchisation des fortunes[145]. Par des recoupements avec des inventaires après décès de la même époque (1755-

1759), nous espérons au moins pouvoir connaître ceux qui sont susceptibles de paupérisation.

L'indigence des gens de métier à Québec aux XVIIe et XVIIIe siècles est frappante quand on considère que près de la moitié (46%) d'entre eux ont des bilans de fortune inférieurs à 1000 livres. C'est parmi ce groupe peu fortuné qu'on retrouve la majorité des 391 foyers cotisés au taux le plus bas de trois livres pour l'entretien des casernes de Québec en 1755. L'étude de leurs inventaires après décès[146] démontre qu'ils n'ont guère de biens; les bilans des plus fortunés atteignent à peine 1000 livres et les propriétaires parmi eux sont fortement hypothéqués. Marié depuis sept ans, Papie Lafleur laisse son épouse et ses deux enfants mineurs avec une créance de 2500 livres due sur le capital d'une maison achetée avant son décès (1755). Sa maison démontre le plus grand dénuement; ses biens meubles ne sont prisés qu'à 150 livres. Alexis Charlant, locataire chez le boucher Pierre Dorion, rue Sainte-Ursule, meurt en 1756. Il laisse son épouse et ses deux enfants, âgés de huit et dix ans, avec une succession nette de 198 livres. Bonnet Giraudet meurt dans le plus grand dénuement en 1758; sa veuve, qui demeure dans une chambre en Basse-Ville, ne compte pour survivre que sur des biens meubles évalués à 65 livres et 22 livres de gages dus à son défunt mari.

La situation de ces gens de métier ne nous paraît guère meilleure que celle de la grande majorité des manœuvres de Québec qui, en 1755, sont cotisés, à 78%, au taux le plus bas de 3 livres. Nous possédons peu d'inventaires après décès de journaliers mais ceux qu'on a pu consulter témoignent d'endettement et de pauvreté. Jean-Baptiste Thibault, journalier, décède en 1759. Il logeait avec sa femme dans une chambre haute chez son beau-frère, rue Saint-Denis. Sa succession est grevée, ses biens meubles sont évalués à 55 livres et il doit 150 livres à son beau-frère[147].

Si l'on considère comme pauvres seulement ceux qui ne peuvent pas payer l'impôt, la pauvreté est marginale à Québec. Au rôle de cotisation de 1755, sept ménages sont désignés «pauvres» et exemptés de l'impôt. Mais la réalité nous paraît tout autre. Si les cas décrits ci-dessus sont représentatifs des fortunes des ménages cotisés à trois livres, voilà une large part de la population, jusqu'à 27% des ménages ou près de 2000 habitants, au seuil de la pauvreté ou au-dessous en 1755[148]. Une cherté et la moindre diminution de leur pouvoir d'achat, comme pendant les années d'inflation accélérée après 1755, grugent rapidement les réserves de ces manœuvres et petits artisans. Et alors le nombre de personnes sous le seuil de la pauvreté se multiplie et l'État doit leur venir en aide pour assurer leur subsistance. À la fin de 1757, les autorités doivent subventionner le prix du bœuf pour 3000 «pauvres gens de Québec[149]».Pour ceux-ci, l'accident de travail prend l'allure d'une catastrophe car ils n'ont pas de réserves et ne peuvent plus vendre leurs bras. De même le décès de l'époux signifie la disparition des revenus de son travail et engendre la détresse pour la veuve et ses enfants.

Enfin, la description du menu peuple doit comprendre celle des domestiques et des soldats, de tout temps nombreux à Québec. Logés et nourris, ils sont en quelque sorte à l'abri des conjonctures, mais leur situation socio-économique permet à peu d'entre eux d'économiser et ils demeurent toujours des défavorisés. Le soldat a souvent mauvaise presse au Canada et surtout en ville. Au XVIIe siècle, il est essentiellement un étranger car le recrutement se fait exclusivement en France. Son arrivée coïncide souvent avec celle de fièvres et d'épidémies à Québec; il en est souvent porteur et il accable les services hospitaliers urbains. Sa réputation, en partie méritée, n'est pas des meilleures. Il passe ses heures libres aux cabarets, souvent tenus par des sergents, cabaretiers invétérés de Québec. C'est une occasion de se divertir, de manger, de danser, de jouer aux cartes ou au billard et bien sûr, de s'enivrer, ce qui dégénère souvent en querelles. Ils se mêlent aux vagabonds, escrocs et filous, habitués des cabarets, et contribuent largement au taux de criminalité urbaine.

Le visiteur à Québec au XVIIIe siècle nous peint un portrait attrayant de la vie du soldat, à l'abri des conjonctures. En effet, le soldat est nourri, habillé et logé par l'État et il peut travailler pendant ses heures libres afin d'augmenter ses revenus. Mais son régime alimentaire est frugal et il doit y suppléer notamment par l'achat de fruits, légumes et boissons. Logé chez l'habitant avant 1748, il peut profiter de la table de son hôte et de conditions de logement supérieures. Mais en caserne par la suite, il vit en commun dans des conditions hygiéniques lamentables. Par ailleurs, le soldat paie sa ration, du moins juqu'en 1730, et le coût de ses hardes est déduit de sa solde. Celle-ci ne lui permet jamais d'économiser; après la déduction pour l'habillement et l'achat de sa ration, il ne lui reste qu'environ 18 livres à la fin de l'année. On comprend alors qu'il veuille travailler. Mais comme ouvrier, il touche moins que son équivalent civil et d'ailleurs ce qu'il gagne est largement dépensé à améliorer son régime alimentaire et à se divertir dans les cabarets. Il acquiert donc peu de biens et fait rarement l'objet d'un inventaire après décès[150].

Les engagés, les domestiques et les esclaves se rangent aussi parmi les défavorisés. L'engagé du XVIIe siècle s'élève peu au-dessus de l'esclave, à la différence qu'il est lié par un contrat qui définit ses conditions de servitude pour une période délimitée, alors que l'esclave ne s'élève jamais au-dessus du statut de bien meuble. Les conditions de servage de l'engagé sont lourdes. En plus de devoir une obéissance absolue à son maître, il ne peut posséder de titre de propriété dans la colonie, il ne peut y faire du commerce, ni se marier, ni fréquenter les cabarets. Ses gages, en sus du logement et de la nourriture, sont infimes et il réussit mal à économiser en vue d'acquérir sa liberté. S'il brise son contrat ou déserte son maître, il s'expose à des sanctions sévères, du châtiment corporel à la prolongation de sa servitude[151].

Les engagés de France ne sont plus aussi nombreux au XVIIIe siècle, bien que parmi les domestiques masculins de Québec ils soient probablement

Soldat des Compagnies franches de la Marine, *c.*1725. Aquarelle de Michel Pétard. (Parcs Canada, photo: Rudy Van Der Ham)

toujours majoritaires. Leurs conditions de servitude sont par contre meilleures qu'au XVIIe siècle. Mais c'est plutôt l'engagement local de domestiques féminines qui devient la norme au XVIIIe siècle et ce phénomène à Québec se situe plutôt dans le monde de l'assistance sociale que dans celui du marché du travail. Bien qu'il y ait quelques veuves qui s'engagent elles-mêmes comme domestiques, la domesticité féminine englobe beaucoup de filles de 4 à 13 ans provenant surtout de familles d'habitants démunis. Les jeunes filles sont logées, nourries et vêtues mais non rémunérées. En plus, les maîtres sont tenus de les élever dans la religion catholique et de les traiter comme leurs propres enfants. Les maîtres sont autant les gardiens que les employeurs de ces jeunes filles[152]. Quoi qu'il en soit, ceux et celles qui travaillent dans le service domestique se rangent parmi les défavorisés. À moins d'un legs important d'un maître bienfaisant, ils ne réussissent à accumuler qu'un bien faible héritage; à leur décès, toute leur fortune réside en quelques cents livres de biens meubles[153].

LE PAYSAGE URBAIN

«Québec est placé vis-à-vis la pointe de Lévy un peu au dessus, Il est divisé en haulte et basse Ville qui n'ont Communication ensemble que par Un seul chemin assez escarpé, Les Eglises et Touttes les Communautez Sont à la haulte Ville. Le fort Sur La Crouppe de La Montagne et Commande La Basse Ville ou Sont les plus belles maisons et ou demeurent tous Les marchands» (Monseignat, 1690). Voilà une description bien typique de Québec sous le Régime français. La dichotomie ville haute et ville basse, façonnée par la topographie des lieux mais aussi par les fonctions urbaines, captive l'attention. C'est donc un paysage urbain familier pour l'Européen. Il trouve, d'une part, une cité ecclésiastique et un château juchés sur une élévation au territoire plus aéré, au parcellaire urbain souple, parsemé de jardins et de vergers et, d'autre part, en bordure du fleuve, le port et le marché, un site plus exigu et un parcellaire serré avec des rues bien délimitées, un espace caractérisé par les activités plus fébriles de la vie urbaine. Plus à l'écart, dans un paysage encore champêtre, notre voyageur observe que la ville s'apprête à donner naissance à des faubourgs. Mais à ce paysage se greffe une structure de développement urbain imposée par les conceptions de l'ingénieur militaire français. Avant d'examiner la formation des quartiers de la ville, il importe d'analyser l'œuvre primordiale de l'ingénieur à Québec: les fortifications.

Les fortifications

La fortification est le symbole même de l'urbanité sous l'Ancien Régime et est indissociable du concept de ville. En plus de dominer les paysages urbains, les fortifications en définissent les limites et imposent d'importantes servitudes. Elles isolent notamment la ville de la campagne et y restreignent les espaces libres. Qui plus est, aux XVIIe et XVIIIe siècles, la ville devient l'objet premier de la stratégie et l'ingénieur militaire tente de la façonner en fonction de l'art de la guerre[154]. Les interventions militaires à Québec sont perceptibles dans tous les quartiers et même dans les faubourgs. Ainsi, la création du faubourg Saint-Roch est fortement encouragée par les militaires qui y voient un exutoire pour la population ouvrière de la Haute-Ville. Ce faubourg fait par ailleurs l'objet des travaux de défense, surtout des retranchements, pendant les deux dernières guerres du Régime français. L'intervention des militaires dans les faubourgs du promontoire (Saint-Jean et Saint-Louis) est différente, car ceux-ci sont vus comme une menace au bon fonctionnement de la fortification et font l'objet d'expropriations et de démolitions de maisons en vue de consolider le système de défense. Mais dans l'ensemble, pour des raisons stratégiques — notamment l'importance du secteur à défendre et l'adaptation à la topographie — l'action des militaires se concentre dans les vieux quartiers, la Basse et la Haute-Ville.

Les projets des ingénieurs en Basse-Ville visent la sécurité du port. Étant donné l'exiguïté des lieux, ils prennent l'allure d'extensions urbaines. Sous le Régime français, les ingénieurs en poste à Québec expédient au moins une dizaine de projets en France. Ceux-ci s'apparentent généralement aux vastes réaménagements de villes portuaires françaises de l'époque, cherchant à doubler ou tripler l'étendue du territoire urbain par le remplissage et la construction de digues mais ayant comme objet primordial le perfectionnement du système défensif. Aucun de ces projets grandioses n'a de suite, mais toutes les extensions du territoire de la Basse-Ville réalisées sous le Régime français doivent se plier aux impératifs de défense.

Dès 1682-1684, des comblements permettent de déplacer l'ancienne batterie de l'Abitation vers la Pointe-aux-Roches à l'extrémité de la rue Sous-le-Fort, ouvrage remplacé en 1691 par la batterie Royale. Les travaux de remplissage précèdent aussi la construction d'une deuxième batterie sur les terrains du marchand Hazeur, en 1692-1693, et d'une troisième, vers 1710 (la Dauphine) sur les terrains plus au nord. Ces empiètements sur le fleuve servent aussi les intérêts des marchands qui les utilisent comme quais. D'ailleurs la batterie Vaudreuil à l'extrémité sud du Cul-de-Sac disparaît vers 1729 au profit du quai de Lemaître-Lamorille. Mais généralement les besoins militaires priment et l'espace gagné sur le fleuve pour des besoins commerciaux et résidentiels demeure restreint; les batteries de canons auront été l'objet principal des comblements.

À cause de la topographie de Québec et de la fortification naturelle du promontoire, la construction d'ouvrages de défense visant à fermer la ville se font à la Haute-Ville. Le concept de la place forte prend alors toute sa signification; c'est là que la clôture militaire fait le plus peser son hégémonie

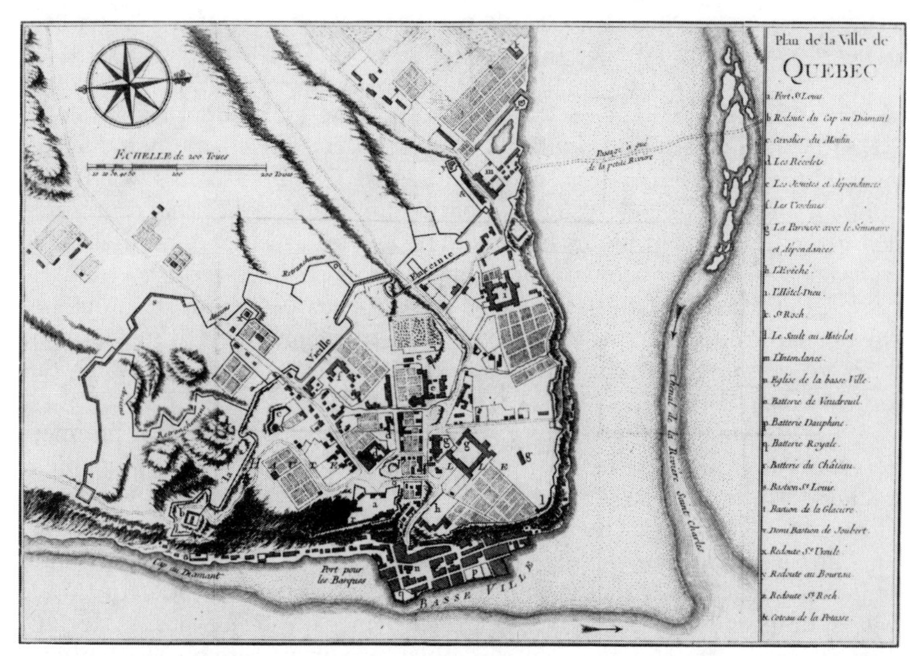

Sur les hauteurs du Cap, au sud de la rue Saint-Louis, l'enceinte de Levasseur, construite entre 1701 et 1707, se situe entre 275 et 430 mètres à l'ouest de l'enceinte de Beaucours («la vieille enceinte»), construite en 1693. Ce plan publié dans Charlevoix, *Histoire et description générale de la Nouvelle-France*, en 1744, fait état de la ville vers 1709. (APC: C42246)

sur la ville. En contrepartie, la Haute-Ville se présente comme un territoire de prédilection pour l'ingénieur urbaniste.

Malgré les intentions et les projets des autorités depuis l'époque de Montmagny en vue de mettre Québec en état de défense, la capitale demeure à toutes fins pratiques une ville ouverte et mal fortifiée jusqu'à la fin du XVIIe siècle. À partir de 1690, avec l'érection d'une enceinte temporaire composée de onze petites redoutes reliées par des palissades, en vue de se protéger contre une attaque des colonies anglaises, Québec sera dotée d'ouvrages défensifs successifs qui fermeront la ville du côté ouest, là où l'accès est le plus facile. D'envergure variable, leur construction est accélérée en temps de guerre alors qu'on mobilise par corvée les habitants de la ville et de la campagne pour travailler aux fortifications. Par ailleurs, ces campagnes de construction, notamment entre 1693 et 1713, sont truffées de conflits entre différents paliers de l'administration et entre ingénieurs au sujet de la stratégie de défense, et de l'ampleur et des coûts des travaux. Il en ressort que trente ans après l'érection de la première enceinte, la ville ne jouit que d'un système de défense déséquilibré et incomplet, un véritable dédale d'ouvrages permanents et temporaires, de remparts, de retranchements qui ferment plus ou moins bien la ville et qui auraient coûté plus de 500 000 livres.

Cette succession de travaux, réalisés entre 1690 et 1720, hypothèque beaucoup le sol urbain. Vers 1710, plus d'un tiers de la superficie totale de la Haute-Ville est truffé de ces différents ouvrages et retranchements militaires. Pour plusieurs propriétaires, et notamment les communautés religieuses dont les terrains s'étendent dans la partie ouest de la ville, cela représente des pertes et des contraintes importantes. Les terrassements nécessitent le creusage de la terre jusqu'au roc, ruinant prés, jardins, vergers et boisés. La propriété des Ursulines est ainsi coupée en deux par les fortifications. Les Hospitalières se plaignent en 1701 qu'elles n'ont plus de pâturages ni de fourrage et que leurs terrains «sont devenus de nul valeur» à cause des fortifications.

Cette situation pénible des fortifications, qui prévaut dans la première décennie du XVIIIe siècle, surprend quand on considère que l'ingénieur militaire à cette époque est souvent le principal intervenant en matière de planification urbaine. La métropole fournit des directives à ce sujet et même Vauban se penche sur la question des fortifications de Québec. Versailles se montre mécontente de l'enceinte de 1693, qui resserre beaucoup trop la ville et empêche son extension. Le projet d'enceinte de Levasseur de 1700 veut corriger cette situation. Le roi applaudit son initiative et le confirme dans son rôle d'ingénieur urbaniste en lui donnant la responsabilité des alignements de rues. Mais les conflits au sein de l'administration coloniale minent les bonnes intentions. Même si l'espace vital nécessaire à l'extension de la ville est un critère de discussion au Conseil des fortifications en 1710, une enceinte proposée par Beaucours qui resserre de près la ville, est de nouveau mise en chantier. La métropole se ressaisit en 1715, désapprouve l'enceinte de Beaucours et envoie un nouvel ingénieur dans la colonie. Le plan de défense de Chaussegros de Léry, approuvé en 1718, donne raison à Levasseur et fixe l'enceinte de Québec et les limites de la ville plus à l'ouest. Mais les travaux à l'enceinte de Chaussegros sont arrêtés en 1720 et l'enceinte de Beaucours perdure, en état de ruine pendant encore 25 ans, alors que la Cour se désintéresse des fortifications de Québec.

Enfin, en 1745, à la chute de Louisbourg, une nouvelle enceinte permanente, suivant les plans de Chaussegros de Léry, est mise en chantier. Les travaux se poursuivent jusqu'en 1752, puis à un rythme ralenti, jusqu'au siège de Québec, sans pour autant être complètement achevés. Québec se voit pourtant dotée d'une enceinte définitive qui devient centrale dans le développement futur de la ville. En effet, l'enceinte de Chaussegros est juxtaposée à une proposition précise de réorganisation du parcellaire urbain et à un programme de concession de lots. Québec se voit dotée d'un véritable plan d'urbanisme. Les fortifications, longtemps une contrainte urbaine, deviennent le paramètre des opérations urbanistiques.

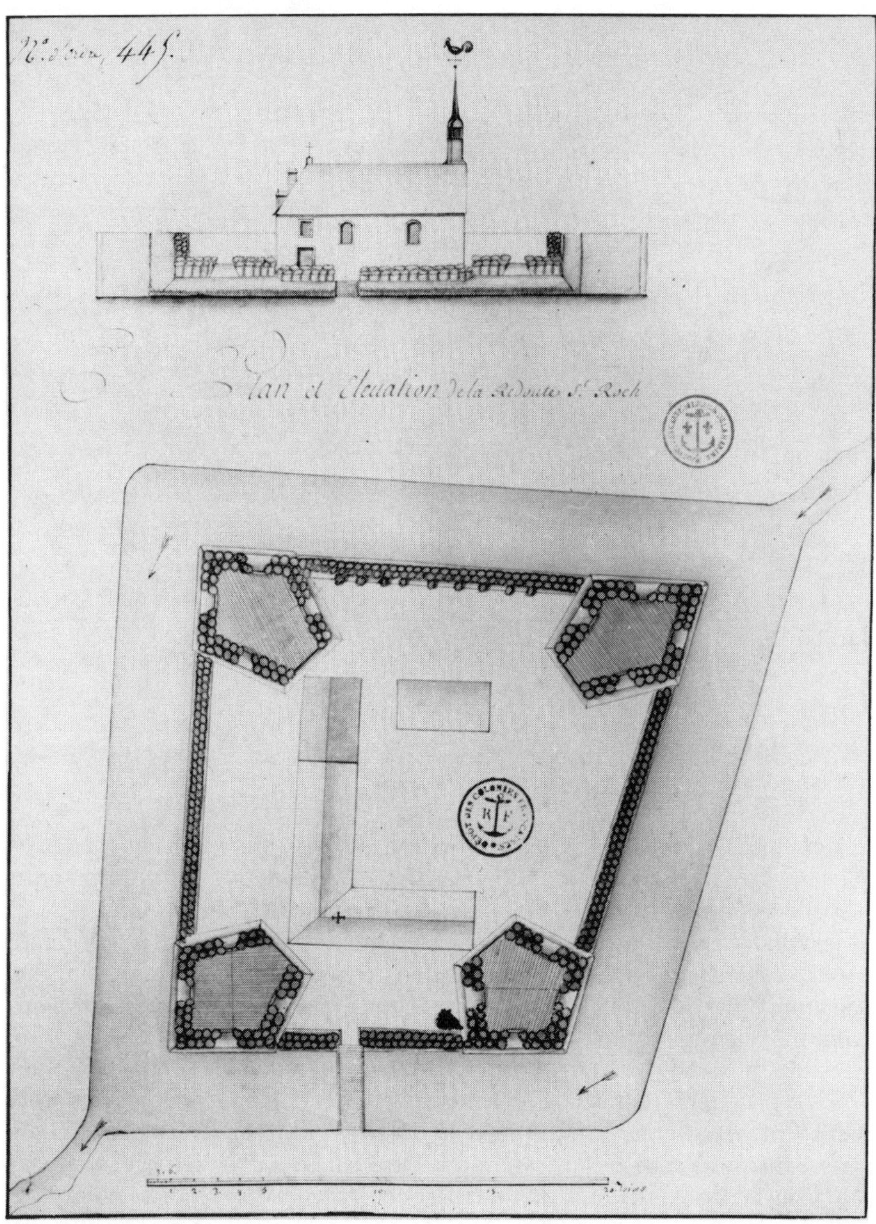

L'ermitage des Récollets dédié à Saint-Roch, situé dans le quartier du Palais, est transformé en ouvrage défensif en 1711. [Boisberthelot de Beaucours, *c.*1711-1712]. (APC: C15898)

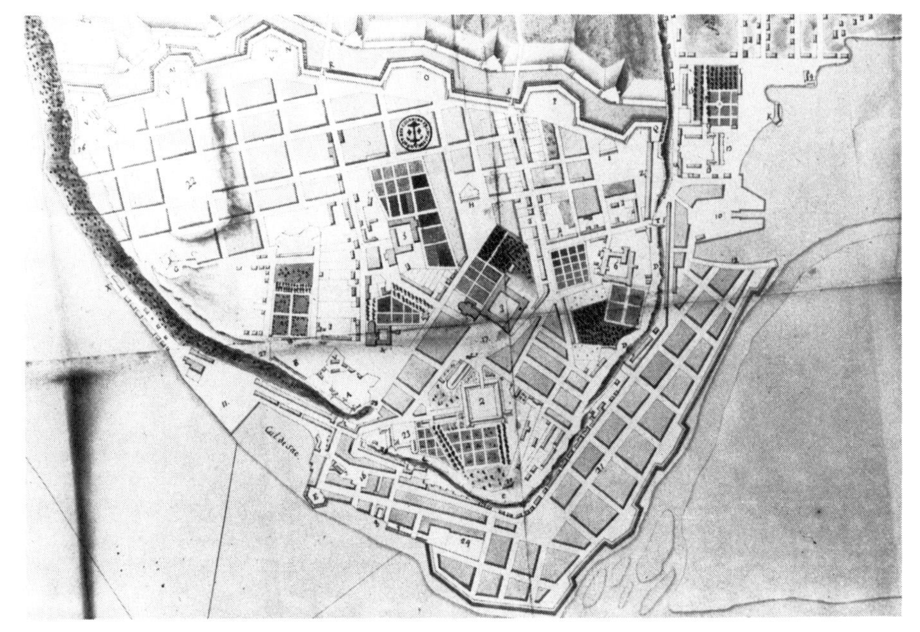

Plan d'urbanisme proposé par Chaussegros de Léry en 1752. (APC: C21779)

La Basse-Ville

Déjà en 1663, le réseau de rues et l'organisation du parcellaire de la Basse-Ville sont largement en place. Vingt ans plus tard, on se plaint du manque d'espace pour construire et de la nécessité d'empiéter sur le fleuve[155]. La Basse-Ville connaît donc une période de construction intensive entre 1663 et 1682. Les maisons s'élèvent autour de la deuxième Abitation, le magasin de la compagnie des Indes, rues Notre-Dame et Sous-le-Fort, mais aussi aux extrémités du replat de la Basse-Ville, rue De Meulles, et, à partir de 1679, rue Sault-au-Matelot au nord[156].

L'espace gagné sur le fleuve demeure cependant limité. Aussi les autorités voient l'intérêt de créer un lien entre la Basse-Ville et le palais de l'intendant en passant par l'anse de la Canoterie. Déjà dans la première décennie du XVIIIe siècle, quelques maisons dépassent le cap du Sault-au-Matelot et la petite ruelle Sous-le-Cap se dessine. Mais les tentatives pour créer un lien avec le palais avortent jusqu'en 1740, car l'anse de la Canoterie sert de port de débarquement, notamment pour le bois de chauffage, et de chantier pour la construction de petites embarcations. L'étroite bande de terrain, entre la Canoterie et la rue Sault-au-Matelot, se développe toutefois et compte déjà une trentaine de maisons vers 1740[157].

Au sud du replat de la Basse-Ville, l'anse du Cul-de-Sac constitue le premier port de Québec, lieu de mouillage et d'hivernage des petits bâtiments. Les conditions d'entassement sur le replat et l'essor de l'activité maritime au XVIIIe siècle favorisent le développement de cette lisière de terre qui longe le Cul-de-Sac sous le Cap-aux-Diamants. À partir de la deuxième décennie du XVIIIe siècle, les autorités assurent, dans cette partie du havre, l'élimination de différents obstacles comme les rochers et les ancres perdues. Elles se montrent aussi plus conciliantes en cet endroit en ce qui concerne la défense portuaire. La construction de quais facilitant le débarquement de marchandises et les travaux de radoub et carénage de navires favorisent le développement du secteur. Vers 1730, la rue Champlain forme déjà le prolongement de la rue De Meulles et dépasse le Cul-de-Sac en direction de l'Anse-des-Mères. Mais l'ouverture du chantier de construction navale en 1747 transforme ce paysage urbain. Des propriétés sont expropriées et des maisons démolies pour faire place aux infrastructures du chantier[158].

Principal lieu de résidence au XVIIe siècle, la Basse-Ville se fait cependant remarquer par son activité commerciale et portuaire. Déjà au XVIIIe siècle, la plupart des marchands et des gens de petits commerces se regroupent rues Notre-Dame, Saint-Pierre et Sous-le-Fort. Ce noyau urbain près des quais et de la petite place du marché, établie en 1673, abrite donc le cœur de l'activité commerciale de la ville. Les artisans, aussi nombreux que les commerçants, ont cependant moins tendance à se concentrer. Au XVIIIe siècle, le caractère commercial et industriel de la Basse-Ville s'accentue, alors même que son taux de croissance démographique stagne. La population de la Basse-Ville passe d'environ 1375 à 1831 habitants entre 1716 et 1744, alors que celle de la Haute-Ville triple et devient, en 1744, le quartier le plus populeux de la ville (2242 habitants). En contrepartie, on remarque des rassemblements professionnels et géographiques en Basse-Ville qui se présentent d'une façon beaucoup plus évidente que ceux de la Haute-Ville, si l'on fait exception des monastères. En 1744, environ 80% des marchands et des négociants de Québec demeurent à la Basse-Ville et 42% d'entre eux élisent résidence aux seules rues Saint-Pierre, Notre-Dame et Sous-le-Fort. Par ailleurs, les rues Cul-de-Sac, De Meulles et Champlain rassemblent 49% des navigateurs. Y résident aussi en grand nombre les ouvriers spécialisés dans le travail des quais, plusieurs charpentiers de navires et tonneliers. Ces derniers montrent aussi une préférence marquée pour l'autre extrémité de la Basse-Ville, les rues Sault-au-Matelot et Sous-le-Cap. Ces rassemblements ne signifient pas pour autant une ségrégation géographique comme celle que connaîtront les villes du XIXe siècle. Il faut surtout y voir l'attrait et la commodité de résider près de son lieu de travail et, en cela, la prééminence de la fonction portuaire de la Basse-Ville.

La Basse-Ville se présente comme un habitat compact d'une grande densité. Seuls les quais et la petite place du marché permettent des percées d'air et de lumière. D'ailleurs, la place change d'allure avec la démolition de l'ancien magasin (l'Abitation) et la construction, en 1688, d'une église paroissiale succursale, connue plus tard sous le nom de Notre-Dame-des-Victoires. Aussi, pendant une quinzaine d'années, la place est appelée place Royale avec l'installation, en 1686, d'un buste du roi, don de l'intendant Champigny[159]. Tout autour et dans les rues circonvoisines, on retrouve les plus grandes demeures et magasins de Québec. Entre 1664-1679, Aubert de La Chesnaye construit au Sault-au-Matelot l'édifice le plus imposant de Québec, un véritable «hôtel particulier» de style français, de 125 pieds de long, flanqué d'ailes s'avançant vers le fleuve, et avec cour intérieure fermée d'une muraille. Ces grandes demeures et magasins se multiplient au XVIIIe siècle. Mais ils contrastent toujours avec la majorité des maisons. Au XVIIe siècle, celles-ci ont généralement deux étages mais demeurent néanmoins assez petites, construites en bois et plus fréquemment en colombage «pierroté». A cause de l'exiguïté des lieux, les maisons occupent tout le front des lots et la mitoyenneté se pratique déjà couramment. Les cours se résument à des petits espaces à l'arrière des maisons, lieux habituellement clos où l'on cultive des jardins et où l'on érige des bâtiments de service comme des latrines, fournils, glacières, ateliers ou boulangeries[160].

Avec la reconstruction qui suit l'incendie de 1682, les maisons en pierre se multiplient; elles gagnent en hauteur et en superficie et la tendance à la mitoyenneté s'accentue. Ce mouvement, déjà apparent en 1684, fait remarquer à LaHontan que les maisons de la Basse-Ville sont très belles, «à trois étages d'une pierre aussi dure que le marbre[161]». En réalité, le mouvement n'est pas aussi rapide. Entre 1682 et 1715, 75% des maisons construites dans le replat de la Basse-Ville sont à deux étages, 50% en pierre, 30% en amalgame avec le rez-de-chaussée en maçonnerie et l'étage en colombage «pierroté» et 20% en bois ou en colombage.On remarque aussi la construction de nombreuses toitures mansardées qui permettent d'augmenter le volume habitable des maisons (30% des toitures, entre 1682 et 1715). Par la suite et jusqu'en 1759, la tendance à la construction en hauteur et en pierre s'accentue. En effet, la pierre constitue le matériau de 85% des maisons construites après 1715. Celles-ci sont généralement à deux étages (80%) bien qu'on retrouve 15% des maisons à trois étages. Le bois a pratiquement disparu du paysage du replat de la Basse-Ville[162].

Le même mouvement, quant aux matériaux de construction et à la hauteur des bâtiments, s'observe dans le secteur de la Canoterie et du Sault-au-Matelot ainsi que dans celui du Cul-de-Sac et de la rue Champlain. La réglementation sévère sur les matériaux de construction, en vue de protéger la ville des incendies, aurait donc porté fruit en Basse-Ville[163]. Seul y échappe le petit faubourg de Près-de-Ville, résidence des matelots et des pêcheurs, situé au sud des chantiers du Cul-du-Sac, qui se distingue par ses «baraques de bois[164]».

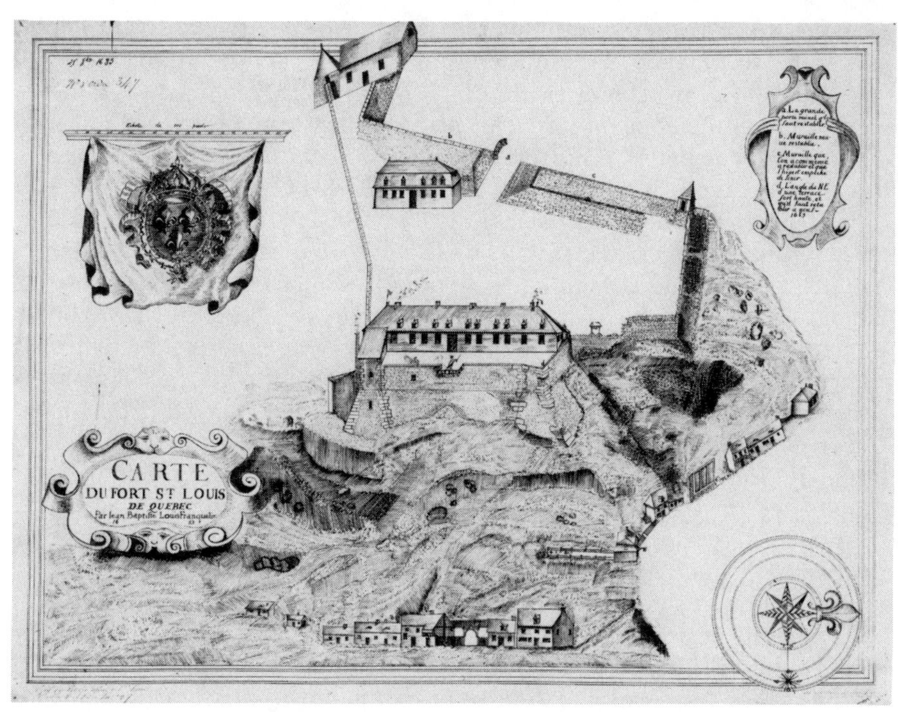

Vue du fort Saint-Louis et de la côte de la Montagne d'après Jean-Baptiste Louis Franquelin, 1683. (APC: MNC 16056)

La Haute-Ville

«Il y a un chemin de la basse à la haute Ville qui va insensiblement en tournant, les Charettes et les Carosses néanmoins ont bien de la peine à monter». (Bacqueville de la Potherie, *c.* 1700.) On accède ainsi à la Haute-Ville, quartier du château et des communautés religieuses, qui, selon l'intendant De Meulles, en 1685, «ne s'habitera jamais» à cause de l'emprise des communautés religieuses et du problème du voiturage sur cette «petite montagne[165]». En effet, depuis la première moitié du XVIIe siècle, la Haute-Ville prend l'allure d'une réserve militaire et ecclésiastique. Cette dualité fonctionnelle se concrétise d'ailleurs dans les deux places publiques du quartier, la place d'Armes située devant le fort, et la place Notre-Dame, devant la cathédrale. Elle s'amplifie aussi par la multiplication des clochers et par l'omniprésence d'ouvrages militaires.

La Haute-Ville attire néanmoins une population autre que religieuse, administrative et militaire. Dès 1668-1670, on y compte trente à quarante maisons. Les habitants élisent surtout domicile entre les hauteurs du cap et le bas de la dénivellation du coteau de la rue Saint-Jean, sur ce palier intermédiaire du promontoire qui rayonne de la place d'Armes, suivant le plan initial de Montmagny, le long des rues Saint-Louis et Sainte-Anne[166]. La concentration de maisons y est déjà importante en 1672, alors que Frontenac juge essentiel d'établir un nouveau plan d'urbanisme à cause du désordre dans les alignements. D'ailleurs, les autorités procèdent, en 1674, à l'alignement des emplacements et des rues sur les terrains des Ursulines[167].

D'autres Québécois s'installent le long du seul lien de communication entre la Basse-Ville et les chantiers de la Saint-Charles, sur le prolongement naturel de la côte de la Montagne, suivant la sinuosité qui formera les rues Buade, de la Fabrique et la bifurcation de la rue des Pauvres. La rue Buade est tracée en 1674 et le lotissement de la censive Notre-Dame est pratiquement complet en 1678. Trois ans plus tard, le grand voyer procède à l'alignement de la rue de la Fabrique qui conduit de l'église Notre-Dame à l'Hôtel-Dieu. L'importance de cette artère est confirmée, en 1685, avec la décision d'aménager le palais de l'intendant dans l'ancienne brasserie de Talon, sur la Saint-Charles, et, en 1692, par l'ouverture officielle et l'alignement de la rue des Pauvres «descendant au Palais». La rue de la Fabrique, en prolongeant la rue Saint-Jean, sert aussi de voie d'accès à la ville. L'alignement de cette rue est fixé définitivement en 1693 avec la construction de la porte Saint-Jean[168].

À partir des dernières années du XVIIe siècle, le schème d'expansion de la Haute-Ville sur le palier intermédiaire du promontoire subit une modification avec l'ouverture de l'enclos du Séminaire au lotissement. Dès 1696, les alignements des rues Sainte-Famille et Saint-Joseph délimitent le futur quadrillage de l'enclos par les rues Saint-Joachim, Saint-François, Saint-Flavien, Nouvelle et des Remparts[169]. Malgré l'initiative du Séminaire, la Haute-Ville demeure un quartier aéré où «il y a bien plus de terrains ou en jardins ou en vide que de bâtiments[170]». Au recensement de 1716, la Basse-Ville compte deux fois plus d'habitants que la Haute-Ville. Mais les années qui suivent seront très favorables pour la Haute-Ville: entre 1716 et 1744, un taux de croissance de 3,7%, comparé à 1% pour la Basse-Ville, transforme le paysage du quartier, qui devient le plus populeux de la ville.

Entre 1719 et 1733, les directeurs du Séminaire poursuivent leur initiative de lotissement en vendant 32 emplacements, notamment rues Sainte-Famille et des Remparts, et en ouvrant la rue Laval. Le développement de l'enclos du Séminaire se voit aussi facilité par l'ouverture d'une nouvelle communication derrière l'évêché, reliant la rue des Remparts à la côte de la Montagne. Les directeurs du Séminaire sont secondés dans leur effort par Regnard Duplessis et Couillard de Lespinay qui, ayant déjà obtenu du Séminaire des étendues importantes de terrains dans l'enclos, procèdent aussi au lotissement. En 1737, on relève 82 maisons dans l'enclos du Séminaire à la Haute-Ville[171].

L'essor démographique et économique de Québec après 1726 incite aussi la fabrique de Québec à procéder au lotissement de son fief du Cap-aux-Diamants, au sud de la rue Mont-Carmel. Les rues Des Grisons et Sainte-Geneviève sont déjà tracées en 1730, suivies de Saint-Denis et Laporte avant

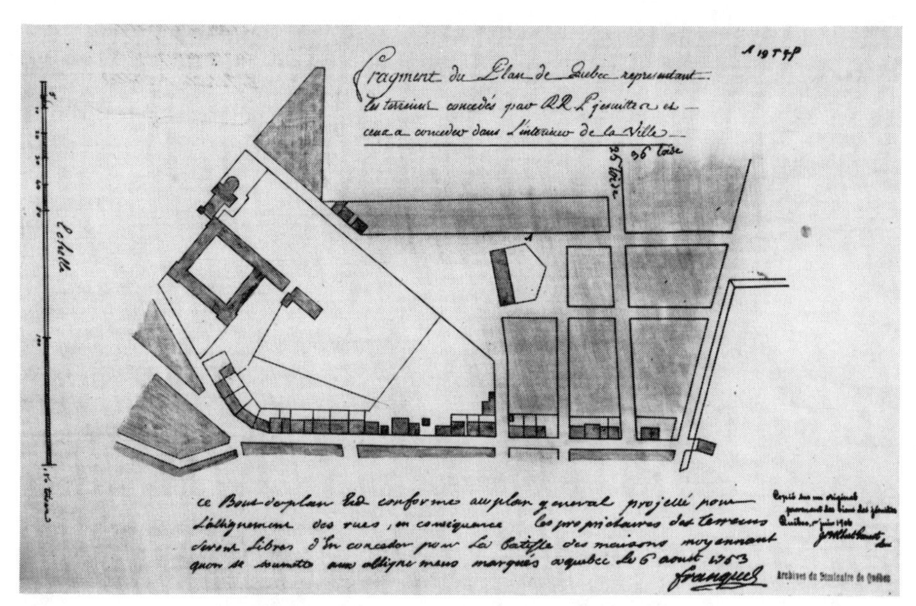

Plan de lotissement des terrains des Jésuites à la Haute-Ville, dressé par l'ingénieur Louis Franquet en 1753. (ASQ)

1740. Le fief compte alors 25 lots concédés et 15 maisons construites. L'érection de la nouvelle enceinte, à partir de 1745, et l'aménagement d'un secteur des casernes dans la partie nord-ouest de la Haute-Ville favorisent le lotissement des propriétés de l'Hôtel-Dieu et l'ouverture des rues Sainte-Hélène, Duchesse, Sainte-Angèle et des Casernes et le prolongement de la rue Saint-Stanislas.Les Jésuites suivent l'exemple en 1753 alors qu'ils font approuver le remembrement parcellaire de leurs terrains vagues situés à l'intérieur de la nouvelle enceinte[172].

Déjà en 1681, outre la population reliée aux fonctions religieuse, administrative et militaire, la Haute-Ville abrite notamment des représentants des métiers de la construction, charpentiers, couvreurs, maçons et menuisiers, presque trois fois plus nombreux qu'à la Basse-Ville[173]. Au XVIIIe siècle, elle demeure toujours le quartier ecclésiastique par excellence et son caractère militaire se trouve même accentué après 1745 avec la nouvelle enceinte, la croissance des effectifs de la garnison et l'instauration du casernement. Par contre, depuis 1688, elle partage sa fonction administrative avec le quartier du Palais; en 1744, un peu moins de la moitié des officiers de justice et d'administration y résident. Les artisans, gens de métier et de petit commerce deviennent proportionnellement plus importants et sont dispersés un peu partout sur le territoire. On observe, par contre, une concentration des métiers de la construction le long de la rue Saint-Jean et dans l'enclos du Séminaire, là où le lotissement et la construction sont les plus dynamiques.

Maison sur la rue Saint-Louis construite vers 1675 par le couvreur François Jacquet dit Langevin. Photo fin XIXe siècle. (McCord: coll. Notman MP30/79)

La rue Saint-Louis et les hauteurs du Cap, comme les faubourgs, attirent les charretiers de Québec, là où l'espace permet le pacage de leurs animaux.

Au XVIIe siècle, hormis les édifices publics et conventuels généralement en maçonnerie, le type de maison le plus courant à la Haute-Ville est celui dont les murs sont assemblés en colombage, structure intégrant des pièces de bois verticales espacées qui retiennent cailloux et mortier. Ces maisons, érigées sur un solage en maçonnerie d'un seul étage et au toit élancé, ne comportent en général qu'une «chambre à feu, cave et grenier». Elles s'élèvent par contre sur un parcellaire plus spacieux et plus champêtre que celui de la Basse-Ville. La majorité des emplacements sont cultivés; on retrouve plusieurs jardins clos, des prairies, des granges, des étables, des écuries et des fournils. Quelques maisons plus importantes, notamment celles d'officiers du roi, sont érigées rue Saint-Louis, qu'on nomme parfois Grande-Allée[174].

Au XVIIIe siècle, le colombage fait place à la maçonnerie[175]. Entre 1733 et 1740, environ 67% des maisons de la Haute-Ville sont construites de pierre et 30% de bois, surtout de pièces sur pièces. La structure en colombage, dominante au XVIIe siècle, est en voie de disparition. Quoique de plus grande dimension, la maison du XVIIIe siècle est généralement (71%) d'un seul étage. La tendance vers des maisons à deux étages ne s'affirme qu'après les années 1730 et surtout après 1750. On retrouve cependant à la Haute-Ville certaines des plus grandes demeures de Québec, comme les maisons imposantes de la rue Buade: celle du négociant Nicolas Jacquin dit Philibert, la maison du «chien d'or», s'élève sur trois étages et mesure 78 pieds sur 42.

Ailleurs, les contrastes peuvent être remarquables, comme dans la rue Sainte-Famille où la masure en bois de 15 sur 17 pieds de Marguerite Samson voisine avec la grande demeure en maçonnerie mesurant 63 pieds sur 50 du lieutenant du roi Pierre de Saint-Ours Deschaillons. Bien que les jardins, les cours clôturées et les édifices secondaires soient nettement en déclin par rapport au XVIIe siècle, ils subsistent dans certaines parties de la ville où les lots sont plus grands, comme rue Saint-Louis. Dans d'autres parties de la ville, certains propriétaires se taillent de vastes domaines, comme ceux du conseiller Lanouiller de Boisclerc dans l'enclos du Séminaire, et de l'officier des troupes Regnard Duplessis de Morampart sur la côte de la Fabrique. On y retrouve de grandes maisons en pierre avec tous leurs compléments — remises, hangars, écuries, étables, jardins, glacières et de grandes cours clôturées[176].

Le quartier du Palais

Le quartier du Palais, qui tire son nom du palais de l'intendant, possède, lui aussi, une physionomie propre et présente une certaine unité, mais son mode d'intégration à la ville demeure longtemps ambigu. Au XVIIe siècle, le secteur est désigné vaguement comme la grève de la Petite Rivière ou plus spécifiquement comme «le lieu appelé la brasserie». Les ingénieurs s'occupent depuis 1690 de le fortifier avec divers ouvrages dont les redoutes Saint-Nicolas (1691) et Saint-Roch (1711) mais ces travaux sont séparés de ceux du corps de la place et ils confèrent au Palais le nom de «réduit de l'intendance». La plupart des documents, entre 1690 et 1720, désignent les lieux comme «faubourg du Palais», «faubourg Saint-Charles» et surtout «faubourg Saint-Nicolas». Ce n'est qu'à partir des années 1720-1730 que la croissance de ce secteur, grâce notamment à l'activité maritime, lui permet enfin d'être reconnu comme quartier urbain.

QUEBEC VEU DV NORD OUEST,

L'enclos de l'Intendance compose l'essentiel du quartier du Palais à la fin du XVIIe siècle. Fonville, 1699. (APC: C46450)

En 1663, deux grands propriétaires, la veuve Couillard et l'Hôtel-Dieu, se partagent le territoire. Un premier mouvement de concession, amorcé par Couillard, est brusquement arrêté en 1668, lorsque l'intendant Talon acquiert les douze arpents qui délimitent le futur enclos de l'intendance et qui représentent près des deux tiers de la superficie totale du quartier. Talon fait

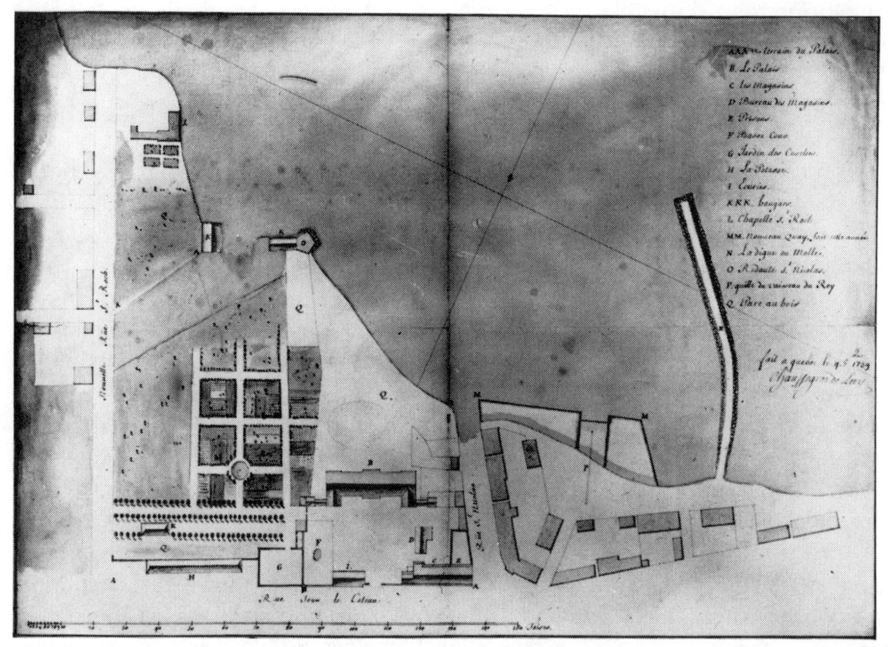

Plan du quartier du Palais en 1739 par Chaussegros de Léry: à gauche, la Potasse (H), et les jardins de l'Intendance; au centre, le Palais (B) et les magasins du roi (C); à droite le chantier naval (MM,P), la digue (N) et les ilôts d'habitation du quartier. (APC: C33290)

ériger la Brasserie et le bâtiment de la Potasse en 1671, mais déjà les chantiers de construction navale, qu'il a mis en place en 1665, périclitent. Les jardins de l'intendant prennent forme, un bassin est aménagé pour les bateaux et canots de l'État et ce secteur est fermé par une enceinte de terre et de pieux couronnée par la redoute Saint-Nicolas. Au nord-ouest du Palais, les Récollets acquièrent, en 1693, un terrain pour y construire un ermitage dédié à Saint-Roch et mettre en valeur des jardins pour la subsistance de leur maison[177].

Mais seule la rue Saint-Nicolas, qu'il faut emprunter pour le passage de la rivière, démontre quelque dynamique urbaine. Les Jésuites y acquièrent plus de 60 perches de terrain dès 1668 et procèdent au lotissement. Au recensement de 1716, presque tous les habitants du quartier, à l'extérieur de l'enclos du Palais, demeurent rue Saint-Nicolas. Il s'agit surtout d'artisans, notamment du secteur de la construction, et de quelques officiers du roi. Aux premières maisons de colombage du XVIIe siècle succèdent, au début du XVIIIe, des maisons de pièces sur pièces ou de maçonnerie mais toujours de petites dimensions[178].

L'enclos de l'intendant ne représente pas un moteur de croissance. Cependant, une activité maritime accrue, à partir des années 1720, et le développement d'installations portuaires et de chantiers navals sur la grève accélèrent le mouvement de lotissement et de construction dans le quartier. Dès 1724, les autorités interviennent pour améliorer les qualités portuaires de la Saint-Charles; entre 1733 et 1735, ils font construire une jetée de pierre. La grève protégée par cette «digue» devient un refuge pour les navires «port Dauphin» mais aussi un lieu de radoub et de carénage. Derrière la digue, un chantier naval royal est aménagé entre 1738 et 1744; deux grands quais, une souille pour les navires, une cour à bois et plusieurs bâtiments servant d'ateliers, de magasins et d'entrepôts transforment le paysage[179].

La nouvelle croissance du quartier se fait surtout sur les terrains de l'Hôtel-Dieu: la rue Saint-Charles, tracée vers 1717, est déjà bordée de maisons en 1727. Douze ans plus tard, les Hospitalières ont concédé 50 lots sur la rue ou en arrière, sur la grève, dont l'accès est assuré par les ruelles Lacroix et de la Digue. À ce moment, la maison de colombage a presque disparu, la maison de pierre prédomine (63%), suivie par celle de bois (29%). Malgré l'exiguïté des lieux, la plupart des propriétaires jouissent de cours et de jardins[180].

La population du quartier (420 habitants en 1744) gagne sa vie surtout grâce à l'activité portuaire et maritime et à la construction navale: navigateurs, charpentiers de navires, poulieurs, perceurs, cordiers, forgerons et journaliers forment environ 70% des gens de métier. L'enclos du Palais, avec l'intendance, les magasins du roi et les institutions judiciaires n'assurent un gagne-pain qu'à 10% des chefs de ménage. Bien que les autorités veuillent en faire un quartier commercial pour rivaliser avec la Basse-Ville, comme en témoigne notamment le projet d'aménagement portuaire de l'ingénieur Franquet en 1753, le Palais demeure néanmoins un quartier essentiellement ouvrier[181]. Sorti relativement indemne du siège de 1759, il subit un désastreux incendie pendant le siège de 1760 qui n'épargne que le palais de l'intendant.

Les faubourgs

Peu reconnues pour leur fertilité, les terres de la banlieue sur le promontoire de Québec ne produisent des grains «que par les grands soings que les propriétaires se donnent de les bien cultiver et fumer[182]». Plusieurs d'entre eux préfèrent exploiter des vergers et des potagers. Ils sont encouragés d'ailleurs par les autorités qui permettent de faire valoir de plus petites superficies de terres en banlieue qu'en campagne «pour procurer aux citoyens des villes, une abondance de menues denrées[183]». Mais bon nombre de ces terres restent en prairie et fournissent surtout du fourrage au bétail. Plusieurs tanneurs de la ville s'y installent et la plupart des charretiers y entretiennent leurs chevaux.

Plus près de la ville, des embryons de faubourgs existent depuis la fin du XVIIe siècle, le long des principales routes de communication. Déjà en

1668, le conseiller Louis Rouer de Villeray s'est constitué un domaine d'une centaine d'arpents des deux côtés de la Grande Allée. Au recensement de 1681, après d'autres acquisitions, dont le fief de Bécancour, Villeray exploite 150 arpents et fait l'élevage de 75 moutons et de 50 bêtes à cornes. Au sud de la Grande Allée et jusqu'au coteau Sainte-Geneviève, les terrains adjacents aux limites de la ville relèvent essentiellement de l'Hôtel-Dieu, grâce à différentes acquisitions des héritiers Couillard[184]. Bien que ces propriétaires aient vendu quelques terrains, les environs immédiats de la Haute-Ville conservent, au début du XVIIIe siècle, un aspect champêtre dominé par les hauteurs du moulin d'Artigny.

À partir de 1722, le cordonnier Joachim Girard se fait promoteur d'un faubourg, alors qu'il procède au lotissement et à l'ouverture des rues sur un terrain de près de 10 arpents, acquis de l'Hôtel-Dieu, et situé entre la Grande-Allée et le chemin Saint-Jean. En 1739, il a déjà vendu 20 lots localisés pour la plupart à proximité du chemin Saint-Jean et de la nouvelle rue Saint-Jean. Artisans de la construction, tanneurs, charretiers et journaliers s'empressent de s'y installer. Ce faubourg Saint-Jean présente un aspect assez pauvre. La plupart des maisons, érigées sur des petits terrains clos de pieux, ne sont que des bicoques de pièces sur pièces à un seul étage et aux superficies habitables inférieures à 400 pieds carrés[185].Le faubourg connaît une certaine croissance et ce, malgré les travaux aux fortifications qui font disparaître les maisons sur les glacis. En 1755, il forme une petite agglomération de quelque 150 habitants que certains documents identifient par la désignation «village Saint-Jean[186]».

Le faubourg Saint-Louis présente un tout autre aspect et se distingue notamment par ses grands vergers le long de la Grande-Allée. Il accueille une population plus diversifiée: des officiers du roi, des marchands et négociants y élisent résidence et côtoient notamment des charretiers. Les maisons, assez spacieuses, sont construites autant en pierre qu'en bois et occupent des lots plus étendus. Bien que Saint-Louis démarre dès les années 1720 et que plusieurs rues transversales à Grande-Allée soient tracées vers 1730, le faubourg est nettement en régression après 1745, à la suite des nombreuses expropriations par l'État pour construire la nouvelle enceinte. En 1755, il ne compte qu'une soixantaine d'habitants[187].

Le troisième faubourg de Québec, situé sur les basses terres de la rivière Saint-Charles au nord-ouest de la ville, relève à l'origine des concessions accordées à Louis Hébert. Ces terres, qu'on désigne par le toponyme Pointe-aux-Lièvres, sont acquises en 1667 par le négociant Charles Aubert de la Chesnaye. En 1695, sa propriété comprend sa résidence de campagne, nommée la Maison Blanche, un deuxième corps de logis, le bâtiment de la Potasse, qui sert de boulangerie, une écurie, une grange et trois moulins à vent sur une terre de 1056 arpents[188].

En 1720, Henri Hiché, commis au magasin du roi et futur conseiller au Conseil souverain, achète le domaine de la Pointe-aux-Lièvres. Bien qu'on y relève quelques ventes de terrains à partir de 1728, le faubourg Hiché, ou Saint-Roch, ne commence à prendre forme qu'avec l'ouverture des chantiers royaux du Palais en 1739. Dès 1744, il compte 245 habitants qui se répartissent sur ses deux artères principales, les rues Saint-Vallier et Saint-Roch. Il s'agit surtout d'artisans et de gens de métier dont le gagne-pain est relié à l'activité maritime et portuaire.

Le déplacement des chantiers royaux du Palais au Cul-de-Sac en 1748 ne semble pas nuire au développement du faubourg, car le quartier du Palais conserve sa vocation portuaire. Par ailleurs, la construction de l'enceinte et les difficultés de s'établir près des fortifications incitent bon nombre de journaliers, d'artisans et de gens de métier à s'installer au faubourg Saint-Roch[189]. Henri Hiché profite de la conjoncture et intensifie son activité de lotissement. Entre 1751 et 1753, il vend 75 terrains et, en 1755, ses rentes à Saint-Roch lui rapportent 3500 livres par année[190]. Pendant ce temps, la rue Saint-Dominique, parallèle à Saint-Roch, et les rues transversales, Des Prairies, Sainte-Marguerite, Des Fossés, Saint-Joseph et Saint-François sont tracées. Plus à l'ouest, les rues Saint-Pierre et Sainte-Madeleine débouchent sur Saint-Vallier[191].

Le faubourg compte entre 600 et 650 habitants en 1755; il a pris une telle ampleur qu'on y distingue deux composantes: Saint-Vallier, le long de la rue du même nom, et Saint-Roch, dont le quadrillage fait penser à un véritable quartier[192]. C'est d'ailleurs ainsi que certains documents le désignent. Mais le portrait qui se dégage de l'étude du paysage urbain est celui d'un faubourg à caractère populaire dont le développement, selon Chaussegros de Léry, «a débarrassé la ville» d'une grande partie de ses «artisans»[193]. Aux maisons de pierre majoritaires dans les années 1730, a succédé une pléthore de maisons de bois à un étage, mais aux dimensions supérieures à celles des bicoques du faubourg Saint-Jean. La plupart des propriétaires, comme l'exige Hiché dans ses contrats de vente, clôturent leurs terrains «à peine d'estre tenu des dégats que pourraient faire les Bestiaux»[194]. Le faubourg n'impressionne pas les visiteurs de Québec; peu d'entre eux en font même une mention, encore moins la description. Chez l'ingénieur anglais Patrick Mackellar comme chez Chaussegros de Léry, on soupçonne même un certain mépris; Saint-Roch, dit le premier, «*consists only of Straggling Houses inhabited by poor people*[195]».

Du magnifique au misérable

Le contraste entre le beau et le laid à Québec ressort de la lecture des descriptions de la ville et tient d'une perception toute française du paysage urbain où les qualificatifs «magnifique» ou «misérable» sont attribués à partir de critères relevant de la qualité du site, de l'architecture de ses grands édifices et enfin de la condition de ses rues. «C'est une fort jolie ville, écrit

Joseph Dargent en 1737, bâtie en amphithéâtre sur un bassin d'environ trois lieux de tour que la rivière forme en cet endroit.» Mais Louis Franquet, en 1753, estime qu'«il est désagréable qu'une ville, habitée depuis plus de cent ans, riche aujourd'hui et dont on a une si haute idée en France, conserve encore un air misérable».

À propos de Québec, on vante constamment le site exceptionnel, les édifices publics et conventuels d'une architecture assez remarquable pour une «ville coloniale», mais on dénonce les rues insalubres, non pavées et mal alignées, abhorrées par l'urbanisme et le rationalisme français d'Ancien Régime.

Les grands ensembles architecturaux

La place d'Armes sert à rassembler la garnison pour le service quotidien de la forteresse. La rue Saint-Louis, ou Grande-Allée, principale artère militaire, y conduit. Elle est commandée par le fort et le château Saint-Louis, résidence du gouverneur. Aux structures érigées par Montmagny succède, entre 1692 et 1695, un nouveau fort Saint-Louis construit sur l'initiative de Frontenac. Il s'agit d'une fortification irrégulière présentant deux bastions du côté de la place d'Armes et deux demi-bastions du côté de la falaise. L'enceinte se compose d'un mur de maçonnerie sans remblai percé d'une porte flanquée de corps de garde. La cour intérieure du fort abrite plusieurs bâtiments dont une poudrière, érigée en 1685, et, sur la crête de la falaise, la nouvelle résidence du gouverneur, construite en 1694. Après l'addition de pavillons, le château s'étend sur 120 pieds de façade et s'élève sur deux étages. À l'arrière, du côté du fleuve, une terrasse fait l'admiration de tous les visiteurs, à cause de «la plus belle perspective que l'on puisse souhaiter». Au sud et juxtaposée au fort, une batterie de canons commande la Basse-Ville et le fleuve; son parcours conduit enfin aux jardins du château[196].

Du côté ouest, la place d'Armes est bornée par le terrain et l'édifice de la sénéchaussée qu'on dénomme aussi «Palais». Après la disparition du tribunal de la sénéchaussée en 1663, l'édifice sert de résidence au lieutenant général Tracy en 1665-1666 et, par la suite, de prison royale. Le terrain et le bâtiment, donnés aux Récollets en 1681, deviennent le site de leur hospice en Haute-Ville. À partir de 1693, les Récollets font construire un magnifique couvent avec église contiguë, formant un carré et renfermant une cour spacieuse; le tout, selon Charlevoix, «feront honneur à Versailles».

La place de l'église Notre-Dame, ou «Grande Place», plus petite que la place d'Armes, est néanmoins bien dotée d'édifices imposants. L'église Notre-Dame, devenue cathédrale, se voit considérablement transformée et agrandie entre 1684 et 1697. Charlevoix, en 1720, trouve son architecture indigne pour le siège de l'unique évêché de la colonie; seule sa tour «fort haute ... a quelque apparence». Des travaux de reconstruction, réalisés entre

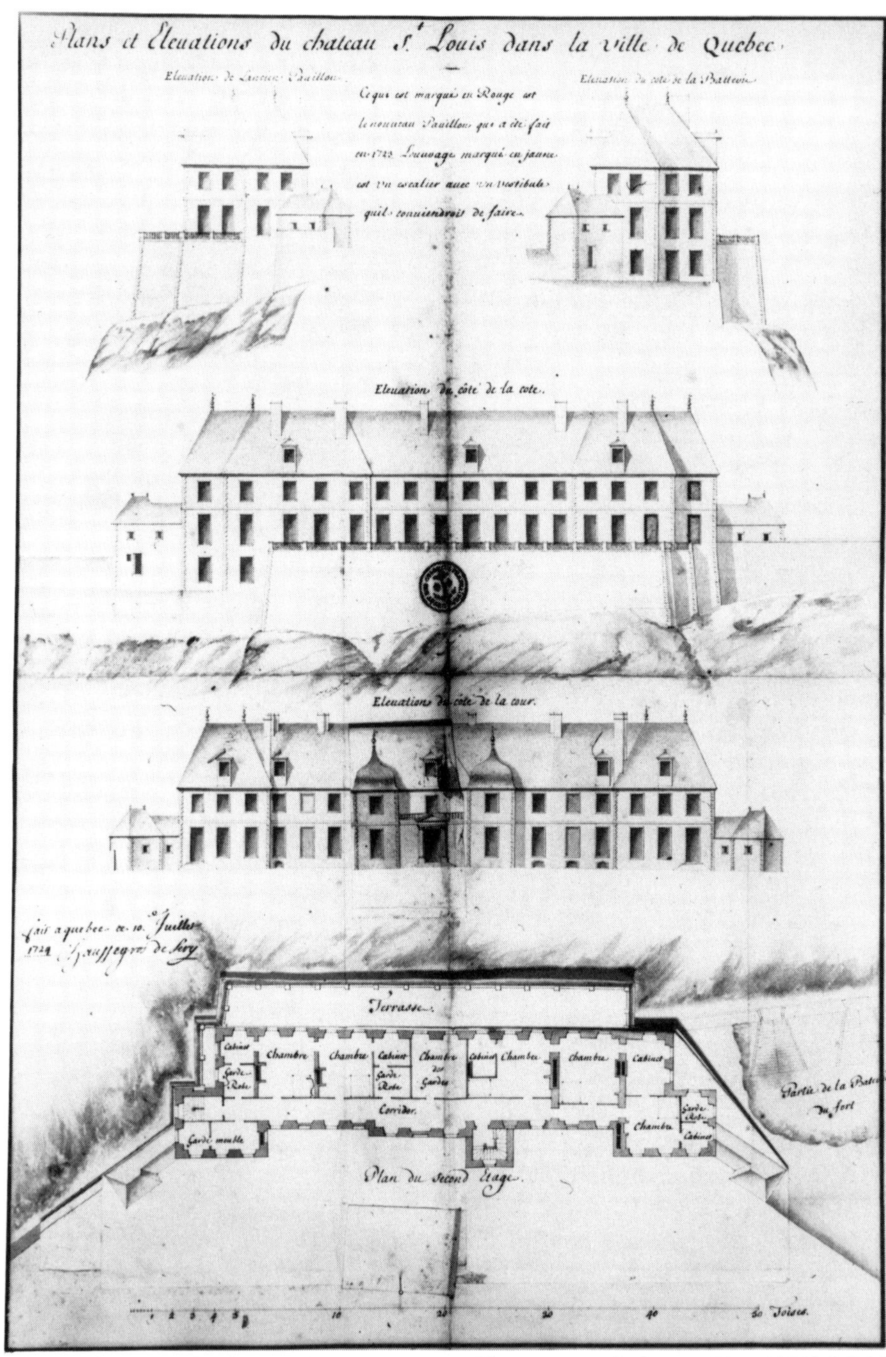

Plan et élévation du château Saint-Louis par Chaussegros de Léry, 1724. (APC: MNC 15995)

Vue du collège et de l'église des Jésuites sur la «Grande Place». Richard Short, 1761. (APC: C354)

1744 et 1748 selon les plans de Chaussegros de Léry, changent de nouveau son apparence; le nouvel édifice ne semble pas pour autant impressionner les visiteurs par sa beauté. Le jésuite Charlevoix n'est pas plus ravi par l'apparence de son collège, qui «dépare aujourd'hui la ville et menace ruine de toutes parts». De fait le collège et le monastère des Jésuites, avec son église attenante, dont la tour possède la seule «horloge à aiguilles» de la Haute-Ville, datent des années 1648-1666. Le collège, reconstruit à partir de 1725, devient l'édifice le plus imposant de la ville, un vaste bâtiment de pierre à trois étages formant un carré autour d'une cour intérieure. Le suédois Kalm, en 1749, vante la noblesse de son architecture et de ses dimensions; l'édifice conviendrait pour une résidence princière[197]. Quoique plus à l'écart des grandes places, d'autres édifices religieux concrétisent l'image du quartier des clochers. Au sommet de la côte de la Montagne, sur un site magnifique à l'entrée de la Haute-Ville, le palais épiscopal s'élève dans la dernière décennie du XVIIe siècle. L'édifice ne sera jamais complètement achevé tel que conçu en 1693, c'est-à-dire un corps central abritant la chapelle et flanqué de deux grands pavillons. Néanmoins, par ses dimensions et son architecture, le palais épiscopal est déjà, en 1700, un édifice majestueux et impressionnant. Bacqueville de La Potherie conclut: «Il y aurait peu de Palais Épiscopaux en France qui puissent l'égaler en beauté s'il était fini[198].»

Plus au nord, tout près de la cathédrale, le Séminaire de Québec s'élève sur le fief du Sault-au-Matelot. Les constructions du Séminaire sont érigées

Vue du palais épiscopal. Richard Short, 1761. (APC: C352)

à partir de 1675, alors qu'on construit le Petit Séminaire, suivi d'un «grand corps de logis» en 1678 et de la Chapelle en 1694. Ces édidices sont incendiés à deux reprises, en 1701 et en 1705; les travaux de reconstruction qui s'ensuivent s'échelonnent sur 25 ans. Charlevoix décrit les nouveaux bâtiments en 1720 comme un «grand Quarré ... bien construit et avec toutes les commodités nécessaires». Comme dans le cas des monastères des Récollets et des Jésuites, les édifices du Séminaire dénotent l'influence de l'architecture des cloîtres, c'est-à-dire le plan fermé autour d'une grande cour[199].

Situé entre les rues Saint-Louis et Sainte-Anne, le monastère des Ursulines occupe un site de choix sur le palier intermédiaire du plateau de la Haute-Ville. Deux fois la proie des incendies depuis 1650, le monastère, reconstruit en 1689, forme deux grandes ailes, un chœur et une église. Ce n'est pourtant qu'un état temporaire, car, en 1694, les Ursulines approuvent un plan grandiose englobant deux grandes cours. Même si ce projet n'est pas réalisé, le monastère se présente comme un chantier actif dans les deux premières décennies du XVIIIe siècle. Le prolongement de l'aile Sainte-Famille, la construction de la chapelle extérieure et de l'aile des parloirs le rapprochent du cloître tant recherché par les communautés de Québec.

À la périphérie nord-ouest de la Haute-Ville, le monastère et l'hôpital de l'Hôtel-Dieu occupent aussi un terrain de choix qui offre, selon Charlevoix, «une assez belle vue» sur la vallée de la Saint-Charles. Aux premiers édifices du monastère et des salles des malades, érigés entre 1654 et 1672 et formant deux ailes, les Hospitalières font ajouter, entre 1695 et 1698, deux autres

Vue du palais de l'intendant. Richard Short, 1761. (APC: C360)

ailes suivant les plans de l'architecte François de Lajoue pour compléter le plan carré avec cour intérieure. L'Hôtel-Dieu conserve cette physionomie pendant un demi-siècle, avant qu'un incendie dévastateur, en 1755, n'exige une reconstruction complète[200].

L'intendant fait sa résidence au quartier du Palais dans une ancienne brasserie réaménagée. Un incendie détruit cet édifice en 1715. Au lieu de le reconstruire sur les mêmes murs, on l'érige plus à l'arrière, ce qui permet d'aménager une avant-cour et de mettre en relief l'architecture du nouveau palais. Celui-ci témoigne de la volonté d'apparat de l'Ancien Régime: l'édifice à deux étages en maçonnerie est couronné d'un toit à mansardes et flanqué de deux pavillons. Un avant-corps central présente une entrée monumentale avec une porte classique, un perron et des escaliers majestueux ornés de grilles décoratives importées de France. L'édifice sert essentiellement au logement de l'intendant et de sa suite mais quelques salles sont aménagées pour les sièges du Conseil supérieur et de la prévôté. Les magasins du roi, situés dans l'édifice de la Potasse, ne suffisant plus aux besoins accrus d'entreposage des vivres, marchandises et munitions nécessaires au service de l'État, un nouvel édifice est construit sur les ruines de la brasserie. Il accueille les nouveaux magasins ainsi que la prison civile. Bientôt d'autres bâtiments, hangars, bureaux, écuries ... transforment le paysage de l'enclos. Les anciennes lignes de défense disparaissent; terres et palissades emportées par les marées font place à des clôtures de pierre, de fer et de pieux. Les jardins et les vergers deviennent formels. Disposés symétriquement avec allées et rond-point, clôtures et pavillons d'entrée et approvisionnés par un jardin de couches, ils témoignent de l'intérêt pour l'horticulture à l'époque, mais aussi du faste de l'intendance[201].

L'état des rues et la salubrité urbaine

Les rues de la Haute-Ville, adaptées aux paliers et déclivités successifs du promontoire, contournent aussi les terrains des communautés religieuses. Sans être rectilignes, elles ne sont pas tortueuses et leurs tracés témoignent des initiatives des ingénieurs militaires. En effet, les principales voies de communication aux portes de la ville, les rues Saint-Louis, des Pauvres et de la Fabrique-Saint-Jean, ont 36 pieds de largeur tel que recommandé par les traités de fortification de l'époque. Ailleurs en Haute-Ville, les principales rues ont 24 pieds de largeur alors que les rues secondaires en ont 20, rencontrant ainsi les prescriptions des règles d'urbanisme contemporaines. Les rues de la Basse-Ville et du quartier du Palais se plient également à la configuration des lieux. L'étroite lisière de terre de la ville basse permet de tracer des rues rectilignes, mais nécessairement plus étroites qu'en Haute-Ville. Les principales artères comme Saint-Pierre et Sault-au-Matelot conservent une largeur de 24 pieds, mais ailleurs l'exiguïté des lieux et la nécessité de communiquer avec le fleuve les réduisent à 16, 14 et 12 pieds de largeur. Une occupation, déjà dense au XVIIe siècle, produit aussi de nombreuses ruelles comme le «chemin de pied» nommé Sous-le-Cap, adossé à la falaise, qui n'a que six pieds de largeur[202].

Bien que les rues soient généralement d'une largeur suffisante, leur encombrement gêne la circulation. Rues, ruelles et entrées de cours se voient obstruées par des décombres de construction, des réserves de bois de chauffage et des clôtures de pieux. Les habitants ont aussi pris l'habitude d'élever les seuils des portes bien au-dessus de la chaussée, de sorte que pour accéder à leurs maisons ils construisent des grands escaliers, des perrons et autres avances qui empiètent sur la voie publique. L'incendie de 1682 offre l'occasion de rectifier cette situation mais d'une façon bien temporaire, car, dès 1713, l'ingénieur de Beaucours décrit un état de récidive généralisée: niveaux de rues non respectés, tas de terre, perrons et galeries qui embarrassent les rues[203].

Les règlements de police prévoient le pavage des rues depuis 1673 et les autorités réaffirment leurs intentions à ce sujet régulièrement, mais on ne peut contredire les voyageurs qui notent que les rues ne sont pas dallées. Tout au plus, quelques particuliers ont pavé le devant de leurs maisons. La seule artère entièrement carrelée, avec du grès de l'Ange-Gardien, est la côte de la Fabrique, grâce à une initiative de Bigot en 1750.

Les rues ont grand besoin de pavage; tous se plaignent de leur condition déplorable. Cet état découle en partie de la topographie de Québec et de la

Vue de la côte de la Montagne et du palais épiscopal. Richard Short, 1761. (APC: C350)

présence de plusieurs sources sur le promontoire. Celles-ci fournissent de l'eau potable à la population grâce en particulier aux puits royaux de la place d'Armes, et aux fontaines publiques. Mais les sources forment aussi plusieurs ruisseaux. Lors des grandes pluies et à la fonte des neige, ceux-ci débordent de leurs lits et envahissent les rues. La côte de la Montagne est particulièrement vulnérable[204]. Dans les années 1680, les eaux y descendent «avec tant de rapidité que l'on seroit allé aysément en Canot[205]». Les rues de la Haute-Ville subissent donc l'érosion et, là où il y a dépression, l'inondation.

Les eaux du promontoire aboutissent à la ville basse. À l'ouest, elles se jettent sur la Potasse et le palais de l'intendant mais aussi sur le faubourg Saint-Roch, terrain marécageux parsemé d'enfoncements dans le sol, difficile à égoutter et à paver à cause des nombreuses «mollières et savane».La Basse-Ville se voit régulièrement inondée à la fonte des neiges et aux grandes pluies. Elle accumule la couche sédimentaire et les détritus de la Haute-Ville, de sorte que les rues toujours mouillées sont recouvertes de fange et de boue et sont souvent impraticables[206].

L'insalubrité des rues découle en partie de la présence constante d'animaux domestiques. En 1698, une population d'environ 1700 habitants, répartis dans 239 maisons, cohabite avec 52 chevaux, 295 bêtes à cornes, 180 moutons et 186 cochons, sans compter les chiens et les nombreuses volailles. Le rapport du nombre d'habitants au nombre d'animaux baisse probablement au XVIIIe siècle, moment où l'espace consacré à des activités champêtres dans la ville se réduit, mais la présence d'animaux présente toujours des problèmes[207]. La vie animale en ville implique forcément l'entretien de stocks de fourrage importants et l'accumulation de fumier. Souvent les habitants jettent leurs pailles et fumier dans les rues au lieu de les transporter à la rivière, tel que prévu par les règlements. Le fumier retarde la fonte de la neige et de la glace au printemps et contribue à augmenter la quantité des détritus dans les rues. Le confinement des animaux est mal observé. Les vaches, souvent à l'abandon, vaquent dans les rues, pâturent sur les fortifications et les terrains vagues. On se plaint même qu'elles courent les rues pendant la nuit «qu'elles gastent et sallissent par leur fiente». Les cochons, encore plus délinquants, s'intègrent au décor quotidien de la rue, des cours de maisons et des terrains vagues, furetant dans les tas de fumier et d'immondices et dans les jardins. Les autorités tentent d'abord de contrôler leur nombre, surtout en Basse-Ville où ils font beaucoup de dégâts. En 1706, les cochons perdent tout droit de cité en Basse-Ville, du Sault-au-Matelot au Cul-de-Sac. Ils continuent néanmoins à courir les rues et à produire «beaucoup d'immondices et d'infections[208]».

Les tueries d'animaux sont aussi source d'insalubrité. Souvent le sang et les entrailles des bêtes abattues gisent près des boucheries, même si les bouchers sont tenus de les enlever et de les porter à la rivière à marée basse. Bien qu'en 1687 les règlements de police bannissent les tueries «aux extrémités de la ville», l'abattage se poursuit toujours en ville au XVIIIe siècle. Aux immondices et ordures des animaux s'ajoute la pollution humaine, «chacun jettant tous les jours les immondices de leurs maisons devant leurs portes[209]». Dès 1676, les règlements de la ville prévoient le nettoyage des rues et la construction de latrines privées. Ces dernières font l'objet d'une enquête en 1706 qui dévoile que seulement 17 maisons en ville ne sont point pourvues de latrines. Malgré ce progrès important, les ordures infestent toujours les rues. Toutes ne sont pas pourvues de «lieux communs», comme ceux de la maison de l'arquebusier Jean Soulard dont les tuyaux de latrines se rendent au premier et au deuxième étages. Pour bon nombre de gens et de domestiques, il est toujours commode de vider les pots de chambre par les fenêtres, «surtout entre neuf et dix heures du soir et très souvent par malice et pour nuire à leurs voisins[210]».

Au XVIIe siècle, les habitants assurent eux-mêmes le nettoyage et la vidange des rues, chacun devant sa maison. À partir de 1694, un tombereau passe une fois par semaine dans les rues de la Basse-Ville, le printemps, l'été et l'automne[211]. L'hiver, le service est interrompu à cause du problème de la neige. Les rues deviennent impraticables pour les voitures car les habitants sont contraints de jeter la neige au milieu des rues. Même les traînes et les carrioles ont peine à passer[212]. À la fonte des neiges, l'accumulation des immondices de l'hiver exige des interventions de nettoyage extraordinaires; en 1723, on doit même faire intervenir les soldats de la garnison pour nettoyer les rues de la Basse-Ville[213].

Au XVIIIe siècle, le service hebdomadaire des vidanges est irrégulier et on fait souvent appel aux habitants pour agir comme boueurs et vidangeurs. Tout au moins, les habitants doivent gratter et balayer les rues, amasser le fumier, la boue et les immondices et les mettre dans des tas le long des murs de leurs maisons. Les charretiers les transportent aux dépotoirs situés ordinairement le long du fleuve ou de la Saint-Charles pour la ville basse, et dans les carrières de la banlieue pour la ville haute[214].

La pollution du fleuve, de la Saint-Charles et des sources d'eau ne préoccupe pas les autorités, sauf quand l'eau devient imbuvable. On craint par contre que l'air ne devienne impropre à la respiration. Les immondices dans les rues causent, selon le lieutenant général de la Prévôté, André de Leigne, «une puanteur qui infecte l'air et cause des maladies dangereuses»; le grand voyer Lanouiller de Boisclerc entretient aussi cette relation entre la saleté des rues et les maladies, «par les mauvaises exhalaisons[215]».

VIE ET COMMUNAUTÉ URBAINE

L'administration de la ville

En se pourvoyant, en 1663, d'un «corps de ville», avec l'élection d'un maire et de deux échevins, les Québécois se donnent la prérogative fondamentale des villes d'Ancien Régime de s'administrer elles-mêmes. La décision est sans doute hâtive car, un mois plus tard, le Conseil souverain révoque l'élection, jugeant un corps de ville superflu pour une agglomération si peu peuplée. Québec se rabat sur un régime d'administration secondaire, le syndicat municipal, généralement réservé aux paroisses rurales. Bien qu'il joue un rôle actif, notamment entre 1667 et 1673, le syndic de Québec ne représente qu'un minimum de privilège municipal, exerçant seulement une charge de représentant de la communauté auprès des autorités coloniales. La décision de Frontenac, en 1673, d'établir à nouveau un régime municipal par l'élection de trois échevins n'a qu'un peu plus de succès que le premier corps de ville. Bien qu'il y ait élection et que les échevins prennent quelques initiatives, comme la construction d'étaux sur la place du marché, ce régime échevinal est de courte durée et disparaît en 1677[216].

Il n'y aura pas d'autres occasions d'établir un corps de ville sous le Régime français. D'ailleurs en France, depuis le XVIe siècle, l'État centralisateur dépouille les villes de leur autonomie, en réduisant leurs privilèges judiciaires et financiers, en favorisant la vénalité des offices municipaux et l'intervention des intendants de province dans l'administration municipale et enfin en créant, à la fin du XVIIe siècle, l'office de lieutenant général de police[217]. Pour la colonie, Louis XIV désapprouve fortement l'institution du corps de ville et même celle du syndicat qu'il recommande de supprimer. Somme toute, l'administration de la ville sous le Régime français relève essentiellement d'officiers du roi, et la législation urbaine, des magistrats du Conseil souverain au XVIIe siècle et de l'intendant, au XVIIIe siècle.

L'édit de création du Conseil souverain en 1663 lui attribue le pouvoir de réglementer «toutes les affaires de police publiques et particulières de tout le pays». Par police particulière, on entend généralement, aux XVIIe et XVIIIe siècles, «l'ordre qu'on donne pour la netteté & seureté d'une ville», c'est-à-dire le maintien de l'ordre et l'entretien de la ville. Ces attributions du Conseil souverain sont mises en cause, dès 1665, par l'arrivée de l'intendant Talon qui reçoit par sa commission «le règlement de la justice, police & finance» dans la colonie. Aussi, à partir de 1672, l'intendant peut faire des règlements touchant l'administration particulière des villes. La lutte de pouvoir qui s'ensuit entre les différents paliers de l'administration coloniale se fait au détriment du Conseil souverain. En 1685, le Conseil perd son droit de faire des règlements de «police générale» en l'absence du gouverneur et de l'intendant. S'il continue à faire des règlements de «police particulière» son pouvoir est néanmoins réduit. En 1714, à la suite d'un projet de règlement sur la police du blé, du pain et de la viande, le Conseil reçoit une nouvelle rebuffade de l'intendant. L'importance du Conseil en matière d'administration urbaine décline rapidement par la suite. Au XVIIIe siècle, l'intendant fait habituellement seul les ordonnances et règlements de police. D'ailleurs, un corpus de lois «municipales» étant déjà largement établi, les nouveaux règlements ne sont pas aussi exhaustifs qu'au XVIIe siècle, ni aussi fréquents. Quant au Conseil souverain, il se voit largement relégué à son rôle de cour de justice[218].

Dès 1663, le Conseil s'occupe de légiférer sur différentes questions urbaines, mais ce n'est qu'en 1676, conformément aux ordres du roi, qu'il établit les «Règlements généraux de police» pour la ville de Québec. Ces règlements se présentent essentiellement comme des mesures de protection publique. Ils révèlent bien tout le champ d'intervention urbaine de l'administration municipale: la surveillance de la vie économique et l'approvisionnement de la ville, la voirie et la salubrité urbaine, la protection contre le feu et la protection des mœurs. Les règlements de 1676 font l'objet de rappels fréquents et de quelques grandes refontes par le Conseil souverain notamment en 1689, en 1694, en 1698 et en 1706. À l'occasion, ils renouvellent de fond en comble la réglementation sur des questions précises comme la mendicité et les pauvres en 1688, les cabarets en 1726, la protection contre les incendies en 1727 et les charretiers en 1749.

Le souci de protéger l'intérêt des habitants et celui d'assurer l'approvisionnement de la ville conduisent les autorités à statuer sur diverses questions économiques. Au XVIIe siècle, elles fixent le prix des vins et des eaux-de-vie ainsi que la marge de profits que peuvent exiger les marchands; elles statuent sur la monopolisation des cargaisons et le commerce des forains; et elles légifèrent sur la distribution des marchandises importées. Au XVIIIe

siècle, le contrôle du commerce des blés et denrées à l'extérieur de la colonie est une tâche majeure des autorités qui doivent assurer la subsistance des habitants de Québec en période de disette. On se préoccupe aussi de la vérification des poids et mesures, de l'approvisionnement de la ville en bois de chauffage et de la tenue du marché.

L'absence de jurandes et la liberté de pratique dans la colonie amènent les autorités à surveiller de près les métiers de l'alimentation pour garantir l'approvisionnement de la population en denrées indispensables. Règle générale, le prix du pain est déterminé selon le prix du blé; les boulangers sont tenus d'en fabriquer tous les jours, sauf les dimanches et les jours de fête, en quantité suffisante pour répondre aux besoins. Les bouchers doivent abattre un nombre fixe d'animaux par semaine et le prix de la viande est établi selon la disponibilité saisonnière du bétail. Dans le but d'assurer un approvisionnement suffisant à un prix raisonnable, les autorités prônent aussi divers systèmes de contrôle des métiers de l'alimentation. Ainsi, les boulangers n'ont pas le droit de vendre du vin, de l'eau-de-vie ou de faire boucherie, et les cabaretiers ne peuvent cuire et vendre du pain. Ces derniers jouissent cependant d'une protection contre la concurrence des marchands dans le débit des vins et eaux-de-vie au détail. Les aubergistes se voient accorder le privilège d'accès au marché avant les cabaretiers afin de pourvoir aux repas de leurs clients»[219].

La voirie et la salubrité urbaine constituent aussi des préoccupations majeures pour les autorités aux XVIIe et XVIIIe siècles. Elles suscitent une série de règlements ayant trait aux animaux errants, à l'écoulement des eaux, aux niveaux, pavage, alignement, dégagement et nettoyage des rues, et à la construction de latrines. Mais ces règlements ont aussi pour objet de faciliter la circulation en cette époque où le transport à roues envahit les villes. Le développement de la ville et la croissance de l'activité maritime au XVIIIe siècle augmentent beaucoup le charriage urbain, notamment pendant la période d'ouverture de la navigation. Non seulement devient-il essentiel d'améliorer l'état des rues, mais aussi de contrôler les activités des charretiers. Dès 1727, ceux-ci sont enregistrés à l'intendance et leurs voitures pourvues de numéros. Puis, en 1749, on leur attribue un syndic, on fixe leur nombre à 90 en ville et on établit un barème de tarifs et de trajets. À la même époque, des règlements de circulation régissent la vitesse: à cause du nombre croissant d'accidents, on interdit aux charretiers de faire «galoper ou trotter au grand trot» dans les rues. Les piétons ont dorénavant toujours la priorité de passage. On introduit même des mesures et des amendes visant à contrôler le stationnement des «cabrouets, banneaux, cariolles et calèches» qui encombrent les rues[220].

L'incendie représente une menace permanente à Québec et les règlements visant la protection contre le feu sont parmi les premiers édictés par le Conseil souverain. Dès 1673, l'obligation de ramoner les cheminées tous les deux mois est introduite. Les autorités tentent aussi d'enrayer les habitudes qu'ont les gens de porter du feu dans les rues, de faire des feux dans les cours et sur la grève et, au XVIIIe siècle, celles des artisans du bois d'accumuler de la sciure et des copeaux dans leurs ateliers. Les règlements promulgués au sujet du nettoyage des rues, du stockage de fourrage et de la localisation des forges ont aussi pour objet la protection contre le feu. Mais dans une large mesure, les règlements visant à éliminer les causes des incendies prennent l'allure de règlements de construction. Dès le XVIIe siècle, les autorités réglementent la construction des cheminées, exigent l'érection de murs de pignons en maçonnerie et défendent de couvrir les maisons en bardeaux de bois. Le XVIIIe siècle se caractérise par l'interdiction de construire autrement qu'en pierre et à deux étages, par l'introduction des murs coupe-feu et de pignons exhaussés au-dessus des couvertures et par la prohibition de grosses charpentes et de toits en mansarde.

Les moyens de combattre les incendies demeurent assez rudimentaires. Le premier service de pompiers consiste en la mobilisation de tous les habitants qui, au premier coup de cloche, doivent se rendre au feu chargés d'un seau d'eau. Les règlements obligent aussi les habitants à installer des échelles sur les toits et dans les cours, pour permettre de monter sur les combles, et des béliers dans les greniers, pour abattre les combles au besoin[221].

Le pouvoir du clergé et l'austérité religieuse au XVIIe siècle influent considérablement sur la teneur des règlements généraux de police en ce qui a trait aux mœurs des habitants. En 1676, des articles des règlements de police de Québec défendent aux protestants de s'assembler, interdisent aux habitants d'héberger des femmes «de mauvaise vie», condamnent la prostitution et le vagabondage, proscrivent la mendicité sans certificat de pauvreté du curé et prohibent l'ivresse dans les cabarets ou ailleurs sous peine d'amende et même de prison. Les cabaretiers sont tenus d'afficher dans leurs établissements les règlements qui regardent les mœurs et la punition des blasphèmes. Cette législation sévère s'atténue dès la fin du XVIIe siècle alors que le clergé perd de son influence et que la population et les autorités civiles deviennent plus tolérantes pour certaines pratiques comme la prostitution. Mais même au XVIIIe siècle, les autorités légifèrent pour éviter des scandales en interdisant de composer et de chanter des refrains diffamatoires, en défendant de se quereller ou d'étaler des marchandises près de l'église de la Basse-Ville ou de parler trop fort pendant le service divin[222].

Les cabarets, vus comme «une source de mal», font l'objet du plus grand nombre de règlements ayant trait aux mœurs. Selon l'intendant Dupuy, les cabaretiers «par avidité du gain se prêtent volontiers au dérangement et à la débauche des particuliers». On frappe donc les cabarets d'une série d'interdictions et de contrôles. Amérindiens, valets et domestiques, fils de familles, soldats, matelots convalescents, artisans et ouvriers de la construction s'en voient tous interdire l'accès à diverses occasions et dans différentes circonstances. Les cabaretiers doivent obtenir un permis mais aussi fournir des certificats de bonne vie et mœurs et ne peuvent ouvrir les portes de leur établissement pendant le service divin, les dimanches ou jours de fête, et après la retraite battue[223].

Pour s'assurer que personne n'ignore cette abondante réglementation urbaine, la lecture et l'affichage se font «au bruit de la caisse» dans «tous les carrefours et lieux accoutumés» de Québec: aux portes des églises, sur les places de la ville et devant le «poteau public». Mais il ne suffit pas de publier les règlements, encore faut-il les faire observer.

La responsabilité de l'exécution est partagée entre plusieurs instances. Le Conseil souverain, notamment au XVIIe siècle, y participe activement. Ainsi des conseillers font des enquêtes sur les lieux propices à la localisation des puits publics, sur les «scandaleux comportements» de certaines femmes ou sur les affiches injurieuses. D'autres établissent des rôles d'habitants pour fabriquer des seaux de cuir destinés à la lutte contre les incendies, ou encore veillent à la qualité du pain et à l'équité dans sa distribution en période de disette[224]. Deux conseillers président habituellement les assemblées de police convoquées pour fixer le prix du pain et pour voir à d'autres questions de police. Ces assemblées, bien que sporadiques, sont importantes parce qu'elles sont tenues lors des grandes refontes des règlements de police, en 1689, 1698 et 1706[225]. Au XVIIIe siècle, le rôle des conseillers est fortement réduit. Leur principale activité de police consiste à visiter les greniers de la ville et de la campagne du gouvernement de Québec, en période de disette, pour faire le recensement de grains et de farines afin d'assurer l'approvisionnement de la garnison et des habitants de Québec[226].

Le grand voyer en Nouvelle-France joue un rôle essentiel dans l'administration de la ville. Responsable de la grande voirie, il pourvoit au tracé des rues, veille à ce que leur largeur soit respectée, établit le niveau des rues et surtout voit aux alignements des maisons, ce qui équivaut à donner une permission de bâtir. Chargé de la petite voirie, il s'assure que les droits d'accès soient respectés et que les commodités (auvents, galeries, perrons, marches...) n'empiètent pas sur la voie publique. Il accorde aussi des permis pour celles-ci, comme pour l'apposition d'enseignes et la construction de canaux. À partir de 1685, le travail d'exécution en ville, notamment pour les alignements, est surtout réalisé par le commis du grand voyer, souvent assisté d'un arpenteur[227].

La prévôté de Québec constitue le principal intervenant pour l'application de la réglementation municipale. Le lieutenant général civil et criminel de la prévôté peut faire des règlements de police, mais il est surtout chargé comme officier de justice de les faire respecter. D'ailleurs, les règlements qu'il édicte sont généralement des rappels ou des mises au point de ceux du Conseil ou de l'intendant[228]. Au greffe de la prévôté, on conserve les soumissions des bouchers et des boulangers, les certificats de ramonage, les permissions de tenir cabaret, les registres des nouveaux arrivés à Québec ainsi que les étalons servant à vérifier les poids et les mesures. Les assemblées de police se tiennent à la prévôté. Le lieutenant général, chargé de les

Vue du collège des Jésuites et de la côte de la Fabrique, une des seules rues pavées à Québec sous le Régime français. Richard Short, 1761. (APC: C356)

convoquer et parfois de les présider, participe aussi à la direction du Bureau des pauvres et signe les certificats de pauvreté. Il intervient dans la préparation de différents rôles de cotisation, s'occupe de voirie et, à certains moments, comme en 1726-1728, il s'immisce dans les fonctions du grand voyer en effectuant les alignements des maisons. Il passe des contrats avec des boueurs pour nettoyer les rues et avec des maçons pour réparer les cheminées de la ville, et il désigne les lieux des dépotoirs. Il est même tenu de connaître tous les habitants de la ville et de «tenir Exactement la main a ce qu'il ne se passe aucun désordre ny Scandale»; à ce titre, il exige des déclarations de résidence de tous ceux qui s'établissent à Québec[229].

Le lieutenant général ou ses délégués, le procureur du roi et le greffier effectuent des tournées de police en ville. En 1751, le lieutenant de l'amirauté est chargé de seconder le lieutenant général dans la police particulière de la Basse-Ville. Ces tournées ont pour objet l'inspection de l'état des rues, la vérification des poids et mesures des commerçants, l'examen des latrines, ainsi que des cheminées et échelles des maisons. Ces officiers visitent aussi les ateliers de menuiserie pour voir au respect des règlements sur la prévention des incendies. Ils surveillent les étals de boucherie et inspectent les animaux avant l'abattage. La surveillance des cabarets retient fréquemment leur attention. Dans leurs tournées, ils sont parfois assistés de différents experts, comme des maçons pour évaluer l'état des cheminées et des latrines, ou des architectes pour vérifier les niveaux des rues. Certains d'entre eux reçoivent des commissions officielles pour voir au pavage de certaines rues, mesurer le bois de chauffage ou entretenir l'attirail de lutte contre les incendies.

Le procureur du roi à la prévôté, en plus de faire des tournées de police, est particulièrement chargé de voir à l'exécution des règlements car il poursuit en justice ceux qui les enfreignent. Les contraventions sont jugées aux audiences régulières du tribunal. Au besoin, les officiers de la prévôté peuvent avoir recours aux huissiers pour signifier les sentences ou effectuer des saisies. Les archers de la maréchaussée ou les soldats de la garnison peuvent venir prêter main-forte[230].

Les écritures administratives sont assurées par le greffier de la prévôté qui tient les registres, délivre les différents permis et reçoit les amendes. Il n'y a pas lieu de vraiment parler de finances municipales. Les administrateurs de la ville sont des officiers du roi et leurs appointements relèvent des états du Domaine. Denonville, en 1685, affirme que la ville n'a pas «un sol de revenu[231]». Il y a cependant entrée de fonds d'ordre municipal, soit en provenance d'amendes, de rentes pour les étals de boucherie, de permis de tenir cabaret ou de cotisations comme sur les cheminées. Ces fonds, notamment les amendes qui se mêlent à la comptabilité du tribunal de la prévôté, sont généralement applicables à l'entretien des pauvres ou des hôpitaux mais ils peuvent servir à fabriquer des nouvelles matrices de poids et mesures ou des seaux et crochets pour lutter contre les incendies. On les destine aussi à l'entretien des rues de la ville. Dans au moins une occasion, un genre de receveur-comptable, le marchand Bergeron, est chargé de faire le recouvrement «des deniers dont le Conseil a ordonné la levée au profit de cette ville». Mais dans l'ensemble, les finances propres à la ville sont infimes et probablement inexistantes pendant de nombreuses années. Les coûts des travaux publics sont alors supportés par l'état du Domaine[232].

Enfin, il faut dire un mot de la protection des biens et des personnes contre les actes criminels, même si elle ne relève pas de l'administration municipale, mais de l'administration de la justice conformément à l'Ordonnance criminelle de 1670. Dans la colonie, le seul corps de «police», dans le sens moderne du mot, dont l'objet est de rechercher les criminels, relève de la maréchaussée, dont le siège habituel est à Québec. Le prévôt de la maréchaussée commande une brigade composée d'un lieutenant, d'un greffier, d'un «exempt», ou sergent, et de quatre à six archers. Cette brigade peut venir en aide aux huissiers de la prévôté lorsque ceux-ci doivent procéder à des saisies ou à des prises de corps. Mais la brigade de la maréchaussée ne fait pas la patrouille ou le guet en ville. Sa fonction a pour objet la poursuite des criminels plutôt que la protection contre le crime[233]. Des patrouilles de prévention peuvent à l'occasion se révéler nécessaires, surtout lorsque la disette donne lieu à une recrudescence de vols et de brigandage en ville. Pour les contrecarrer, le gouverneur forme, en 1742, une patrouille de 24 miliciens «qui ont marché alternativement pendant la nuit l'espace de deux mois[234]». Enfin, le repos public à Québec est aussi assuré en quelque

Le couvent des Ursulines et la redoute Royale. Richard Short, 1761. (APC: C358)

sorte par la présence de la garnison, par celle des prisons royales et par l'exemple des exécutions effectuées par le maître des hautes œuvres[235].

Les services médicaux, hospitaliers et scolaires

Les services d'éducation et d'hospitalisation offerts par la ville ont un rayonnement qui s'étend à tout le gouvernement de Québec et, dans le cas de l'éducation supérieure, à la colonie entière. L'État reconnaît l'importance de se préoccuper des besoins physiques et intellectuels de la population, mais la responsabilité de l'établissement et du fonctionnement des écoles et des hôpitaux, et du recrutement des professeurs et des infirmières relèvent essentiellement du clergé.

Dès 1635, les Jésuites ouvrent une école primaire pour les jeunes garçons à la Haute-Ville. Déjà à la fin du siècle, des besoins se font sentir pour une deuxième école, notamment à la Basse-Ville où les parents recourent à des maîtres ambulants pour instruire leurs enfants. Vers 1691, Mgr Laval fait aménager à l'église Notre-Dame-des-Victoires une «maison d'accommodement», relevant du curé de Québec, pour l'instruction des jeunes garçons de la Basse-Ville. Une troisième école pour garçons, relevant du Séminaire de Québec, ouvre ses portes en 1700 dans un local attenant à la sacristie de la cathédrale en Haute-Ville.

Les filles ne sont pas moins bien pourvues. Dès 1639, les Ursulines s'occupent de l'instruction des filles dans leur maison à la Basse-Ville, puis, en 1642, installées dans leur monastère à la Haute-Ville, elles ouvrent un pensionnat. À la Haute-Ville, entre 1686 et 1688, les sœurs de la Congrégation gèrent une école d'enseignement ménager connue sous le nom de la Maison de la Providence. À la demande de l'évêque, les religieuses transforment la maison en petite école pour filles et transportent leur établissement à la Basse-Ville. Ces deux communautés sont secondées par les religieuses hospitalières de l'Hôtel-Dieu et plus tard, par celles de l'Hôpital Général qui établissent des petits pensionnats pour jeunes filles.

La philosophie éducative et les programmes scolaires reflètent ceux de la France. L'enseignement primaire vise d'abord et avant tout l'instruction religieuse des enfants. Les autorités civiles y voient aussi un moyen de maintenir les enfants dans «l'ordre», de les tirer de leur «oisiveté». Les écoles doivent ensuite apprendre aux jeunes à lire, à écrire et à compter, ou «à jetter». L'éducation des filles diffère de celle des garçons en ce qu'on privilégie leur apprentissage des travaux ménagers et des bonnes mœurs féminines de l'époque. Elles doivent apprendre à parler correctement et à se conduire «avec grâce». Les filles de l'élite, généralement pensionnaires, s'initient aussi aux travaux plus fins comme la broderie et la dentelle[236]. Somme toute, les écoles primaires à Québec offrent à une bonne partie de la population un accès à l'alphabétisation. Il en ressort que le taux d'alphabétisation en ville dépasse de beaucoup celui de la campagne et atteint un certain sommet dans la dernière décennie du Régime français[237].

Dans la colonie, seul le collège des Jésuites à Québec offre un cours complet d'études secondaires. Les Jésuites, maîtres pédagogues reconnus sous l'Ancien Régime, sont fiers de leur collège qu'ils prétendent être l'égal de leurs écoles européennes. On y enseigne le cours classique complet de cinq ans selon les méthodes et les pratiques en usage dans les collèges des Jésuites en France. De trois à six professeurs s'occupent de l'enseignement de la grammaire (latine, française et grecque), des humanités, de la rhétorique et de la philosophie ou science (logique, métaphysique, physique et mathématique). Au terme de leurs études, les élèves soutiennent publiquement leurs thèses de philosophie. Le Petit Séminaire de Québec, destiné à l'éducation des garçons que l'on croit appelés à une vocation religieuse, offre surtout une formation morale et religieuse; il a recours aux Jésuites pour les études secondaires. L'envoi de nouveaux professeurs, par le Séminaire de Paris, en 1726, permet de mieux veiller aux études et de se passer en partie des services des Jésuites, en introduisant l'enseignement des humanités, de la philosophie et de la théologie au Petit Séminaire[238].

Québec offre aussi une ébauche d'études supérieures. Le Grand Séminaire s'occupe de la formation des jeunes clercs. La nécessité de former des pilotes dans la colonie donne lieu, en 1671, à l'inauguration d'une classe régulière d'hydrographie au collège des Jésuites. Entre 1686 et 1706, ces cours relèvent du «maître d'hydrographie pour le roi à Québec» et les classes se font dans une maison à la Basse-Ville. À partir de 1708, le cours d'hydrographie et la tâche de formation des pilotes et des arpenteurs sont de nouveau confiés aux Jésuites, qui touchent les émoluments attachés à la charge. Le programme comporte l'enseignement des mathématiques, de l'astronomie, de la navigation, de la cartographie et l'usage des instruments scientifiques. Par ailleurs à partir de 1734, les Québécois peuvent profiter des cours de droit donnés par le procureur général Verrier. Dès 1739, le procureur donne deux leçons par semaine à des jeunes qui cherchent à acquérir une formation judiciaire ou à des membres du Conseil supérieur voulant perfectionner leur connaissance de la loi[239].

Les soins médicaux, prodigués aux habitants de Québec et à ceux des paroisses voisines, sont assurés par des chirurgiens, des médecins et les hospitalières de l'Hôtel-Dieu de Québec. Cette institution permet aux plus pauvres, qui ne peuvent recourir à la médecine à domicile, d'obtenir des soins gratuitement. Jusqu'en 1654, l'hôpital ne comprend qu'un édifice en bois, étroit, «fort bas et sombre». Entre 1654 et 1673, l'Hôtel-Dieu se fait construire deux nouvelles salles, pourvues d'une capacité maximale de 50 lits et permettant la ségrégation sexuelle des malades. Les officiers et les personnes plus à l'aise ont accès à une chambre à part, contiguë à la salle des hommes. À partir de 1719, les prêtres jouissent de leur propre salle érigée aux frais de l'évêque.

Le taux de fréquentation de l'hôpital fluctue considérablement selon les saisons et les conjonctures. Chaque année, l'arrivée des navires contribue habituellement à augmenter le nombre d'admissions. L'hôpital connaît aussi une forte affluence en période de guerre ou d'épidémies. La clientèle de soldats et de matelots est importante et peut priver les civils de soins hospitaliers. À l'occasion, ils surchargent tellement l'hôpital qu'on doit aménager des maisons et des hangars dans les environs de Québec pour leur procurer des soins. Bien que le roi verse des fonds pour les soldats, ces entrées ne rencontrent pas les dépenses que doit supporter l'Hôtel-Dieu[240].

Les Québécois jouissent aussi des services de barbiers-chirurgiens, théoriquement sous la surveillance du «lieutenant du premier barbier-chirurgien ordinaire de Sa Majesté». Cette charge confère un pouvoir d'examen et d'autorisation de pratique dans la colonie. Certains portent aussi le titre de chirurgien-major de Québec et peuvent être appelés à remplir des fonctions officielles et à être cités comme experts devant les tribunaux. À l'occasion, ils sont chargés de surveiller et d'inspecter les navires en provenance de l'extérieur pour empêcher la propagation de maladies contagieuses.

Au XVIIe siècle, les chirurgiens peuvent entretenir une boutique de barbier tout en effectuant des visites de chirurgie à domicile ou à l'hôpital pour faire une saignée ou une purge, pour remettre un os luxé ou traiter une blessure. Élevée au rang d'une profession, la chirurgie exige un plus haut degré de compétence au XVIIIe siècle qu'au siècle précédent. Par exemple, les praticiens, entretenus par le roi à l'Hôtel-Dieu, peuvent extraire des tumeurs cancéreuses ou des calculs biliaires. Cependant, ils ne s'occupent

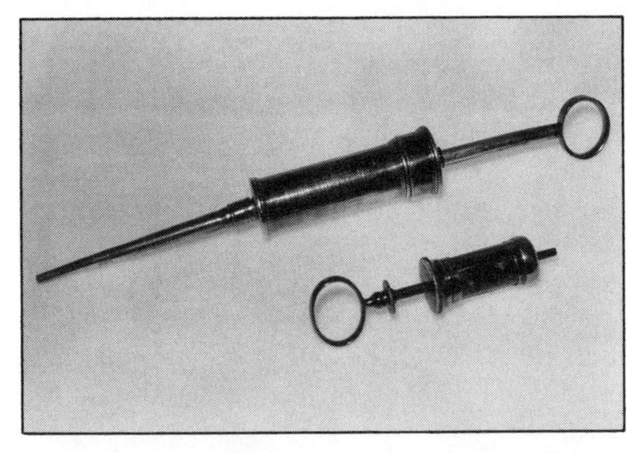

Objets reliés aux soins médicaux à l'Hôtel-Dieu: seringue en argent, instrument à saigner, contenants de faïence pour herbes et remèdes, mortier et pilon. Musée des Augustines de l'Hôtel-Dieu. (MCC)

pas d'accouchements, à moins de complications ou pour extraire un enfant mort[241].

L'obstétrique dans la colonie relève des sages-femmes. En plus de s'occuper des accouchements, elles donnent des expertises médicales devant les tribunaux lors des procès de viol, de recel de grossesse et d'infanticide; elles se chargent aussi du placement des «enfants trouvés» et des mises en nourrice. Les nourrices jouissent d'allocations de l'État pour assurer la subsistance et l'entretien des enfants illégitimes[242].

Au XVIIIe siècle, les chirurgiens et les sages-femmes sont soumis à l'autorité des médecins du roi, Michel Sarrazin (1700-1734) et Jean-François Gaultier (1742-1756), dont les commissions les chargent de la santé de tous les habitants de la colonie. À ce titre, ils font des recherches en botanique médicale, surveillent les hôpitaux et rédigent des rapports sur l'état de santé de la colonie, évaluant les maladies les plus courantes et l'efficacité des remèdes utilisés. Leurs connaissances, notamment en médecine interne, acquises par une formation universitaire, dépassent de beaucoup celles des chirurgiens qui sont fondées sur un stage d'apprentissage. Les médecins préparent de nouveaux médicaments, pratiquent des autopsies et s'occupent des interventions chirurgicales les plus délicates[243].

Même si l'Hôtel-Dieu se consacre au soin des pauvres, cette institution ne constitue pas une maison de retraite pour les pauvres, les vieillards et les infirmes. Pour subsister, ceux-ci n'ont souvent d'autre solution que de mendier en ville. Malgré la mise en place de mesures de contrôle, tels les certificats de mendicité, l'augmentation du nombre de pauvres mendiants et de vagabonds dans les années 1680 donne lieu à beaucoup d'abus et,après l'incendie de 1682, éprouve les maigres ressources de la population de Québec. Pour remédier à ce problème, le Conseil souverain établit un Bureau des pauvres à Québec en 1688. Il s'agit d'un organisme de secours qui a aussi comme objectif d'éliminer la mendicité publique. Ses officiers tiennent des assemblées mensuelles, enquêtent sur les mœurs des mendiants et identifient les pauvres admissibles au bureau. Ils s'occupent aussi d'une maison de retraite pour les abriter, organisent des quêtes publiques mensuelles, veillent à la distribution d'aumônes, de vivres et d'outils et cherchent à intégrer les pauvres mendiants dans le marché du travail. Les officiers doivent bien distinguer «toutes les sortes de pauvres», afin d'exclure les vagabonds et les fainéants et seulement assister les «pauvres honteux», les «nécessiteux invalides» et les vieillards. Dissout en 1693, le Bureau est réinstauré en 1698, à cause d'une reprise inquiétante de la mendicité, mais disparaît quelques années plus tard[244].

Le problème des soins aux vieillards délaissés et aux infirmes reste cependant entier. L'évêque Saint-Vallier prend donc l'initiative et obtient du roi la permission de fonder un Hôpital Général, institution qui cumule à la fois des objectifs d'assistance sociale et d'internement. Lors de cette fondation, en 1692, Saint-Vallier prévoit y loger 30 pauvres sous les soins de quatre hospitalières détachées de l'Hôtel-Dieu. En 1710, il fait agrandir l'hôpital pour accueillir jusqu'à 50 pauvres. Déjà l'institution a diversifié sa clientèle: en 1700, elle accueille «les aveugles, les paralytiques, les teigneux, les invalides, les vieilles personnes en enfance, les folles, les femmes et filles repentées et autres pauvres lesquels ne peuvent estre reçus à l'Hôtel-Dieu, qui n'est que pour les malades». En 1717, un asile d'aliénés pour femmes et en 1722, un asile pour hommes sont adjoints à l'Hôpital Général. Un logement pour les femmes «pécheresses» est ensuite ajouté et, à la même époque, l'hôpital se transforme en un genre «d'Hôtel des Invalides» pour accueillir les soldats infirmes ou impotents qui y remettent leur demi-solde. Une nouvelle aile est construite en 1738 pour les héberger[245].

Bien que l'Hôpital Général puisse compter sur les services d'une quarantaine de religieuses dans les années 1740, l'accueil fait aux soldats surcharge sans doute l'institution à une époque de disettes désastreuses. La hantise du désordre pousse les autorités coloniales à plaider auprès de la métropole pour obtenir d'autres moyens de répression et d'internement. En 1742, l'évêque de Québec propose d'organiser le soin des pauvres dans les campagnes pour éviter leur exode et s'assurer que «nous n'aurions dans les villes que les pauvres de la ville». En 1745, le curé de Québec demande au roi de fonder un établissement «pour y enfermer les filles de mauvaise vie» et faire cesser les désordres à Québec. Ces initiatives restent lettre morte. Par ailleurs, le problème des «pauvres» s'accentue après l'incendie de l'Hôtel-Dieu en 1755. L'Hôpital Général se transforme alors en un véritable hôpital notamment pour les matelots et les soldats malades ou blessés; entre 1755 et 1759, la guerre fait affluer près de 3500 matelots et soldats à l'hôpital[246].

Vie culturelle et loisirs

Le jésuite Charlevoix trouve à Québec «un petit monde choisi, où il ne manque rien, de ce qui peut former une Société agréable». Il y rencontre des «Cercles aussi brillans, qu'il y en ait ailleurs, chez la Gouvernante, & chez l'Intendante. Voilà ce me semble, pour toutes sortes de Personnes de quoi passer le temps fort agréablement. [...] on politique sur le passé, on conjecture sur l'avenir; les Sciences et les Beaux Arts ont leur tour & la conversation ne tombe point[247]». Nul doute que l'élite québécoise démontre du raffinement et du goût et que lors de rencontres sociales, elle peut charmer par sa brillante compagnie. Mais Québec demeure une petite ville et la vie intellectuelle, artistique et scientifique y est restreinte.

La pratique des arts a surtout une fin utilitaire. Peu de mécènes en cette ville; la sculpture, l'orfèvrerie et la peinture sont généralement au service de l'Église. Mise à part la tradition de sculpture navale, les sculpteurs québécois œuvrent surtout dans la décoration intérieure des églises. Parmi ceux-ci, les Levasseur constituent une véritable dynastie et produisent une quantité remarquable de statues en bois d'inspiration religieuse. La plus grande part de la production des orfèvres va aussi aux églises sous forme d'objets liturgiques. Au XVIIIe siècle, alors que les couverts d'argent deviennent l'ordinaire des gens aisés et pénètrent même les strates moyennes de la société, les Québécois ont recours aux talents des orfèvres comme Jacques Pagé dit Carcy, Paul Lambert et Ignace Delzenne, qui connaissent beaucoup de succès. Ces gens acquièrent aussi des peintures et certains d'entre eux, comme Cugnet et Verrier, en ont des collections assez importantes. Néanmoins, la peinture demeure essentiellement d'inspiration religieuse et se présente comme un complément indispensable à la décoration des églises et des couvents. La production locale subit d'ailleurs la rude concurrence des tableaux importés.

Dès la première moitié du XVIIe siècle, la musique est une composante essentielle de l'exercice du culte. Le collège des Jésuites forme des choristes en leur enseignant le chant, la notation musicale et l'utilisation des instruments de musique. Les cordes, les bois et les cuivres servent pendant la messe; l'église Notre-Dame se voit dotée d'un orgue dès 1661. La musique est également à l'honneur lors des réceptions et des bals des gouverneurs et des intendants. L'intendant Raudot a même ses musiciens attitrés. Selon la mère Juchereau de Saint-Ignace, «son divertissement ordinaire était un concert mêlé de voix et d'instruments».

Malgré des débuts prometteurs dans la première moitié du XVIIe siècle, alors qu'on présente des «petits drames», des «tragi-comédies», des «ballets» et même des œuvres de Corneille comme *Le Cid* et *Héraclius* au magasin des Cent-Associés, le théâtre s'éclipse vers 1668-1670 alors qu'il s'attire la désapprobation du clergé. En 1685, l'évêque Saint-Vallier avertit le gouverneur Denonville qu'il serait inopportun et même dangereux de «renouveler ici [à Québec] sans y penser l'usage du théâtre et de la comédie». Frontenac, moins troublé par les avertissements de l'évêque, remet en honneur des soirées dramatiques en 1693. Pendant le Carnaval de 1694, les tragédies *Nicomède* et *Mithridate* sont jouées au château Saint-Louis avec grand succès. Les principaux rôles sont tenus par les officiers des troupes, dont fait partie le lieutenant réformé Jacques de Mareuil. L'annonce de la mise en scène future du *Tartuffe* de Molière déclenche la foudre du clergé. Saint-Vallier dénonce la pièce et d'autres comédies du genre comme «absolument mauvaises et criminelles». Son intervention conduit même à l'emprisonnement de Mareuil pour ses discours et ses chansons scandaleuses. Cet incident porte un coup décisif au théâtre à Québec; malgré une plus grande tolérance à l'égard de la mondanité au XVIIIe siècle, la tradition théâtrale disparaît jusqu'en 1760[248].

Le goût des sciences est répandu chez l'élite et, à partir de Québec, l'effort de recherche scientifique est considérable, notamment en ce qui concerne le relevé des ressources naturelles et les études en botanique et en zoologie. D'abord menée par des observateurs et des explorateurs, cette recherche prend un caractère scientifique avec les travaux des médecins du roi Michel Sarrazin et Jean-François Gaultier. Membres correspondants de l'Académie des sciences, leurs recherches contribuent à l'avancement des travaux d'académiciens français tels Vaillant, Jussieu, Réaumur et Guettard. En parcourant la colonie, Sarrazin et Gaultier constituent des catalogues de spécimens, enrichissent le Jardin des plantes et la Ménagerie du roi en France et participent à la classification naturelle des espèces. Plusieurs de leurs travaux donnent lieu à des publications dans les journaux savants de l'époque. Gaultier et le jésuite Bonnécamps font aussi des observations astronomiques et météorologiques. À la requête de Duhamel de Monceau, Gaultier établit une station météorologique à Québec en 1746 et il tient un journal quotidien d'observations jusqu'en 1756[249].

Bien qu'on ne puisse confirmer la vague allusion de Bougainville quant à l'existence d'une «société littéraire» à Québec à la fin du Régime français, l'enthousiasme des Québécois pour la littérature ne fait aucun doute. Il n'y a pas de bibliothèque publique à Québec, mais les communautés religieuses, et notamment le collège des Jésuites, possèdent de bonnes bibliothèques. Ces derniers réservent à cette fin un local spécial, et ils prêtent volontiers des livres. Le catalogue reflète les fonctions du collège et du monastère des Jésuites. Les ouvrages religieux sont de loin les plus importants mais la bibliothèque conserve aussi une collection appréciable de livres reliés au rôle pédagogique des Jésuites et à leurs activités de missionnaires, d'explorateurs et d'ethnologues. Le Collège loge aussi «l'apothicairerie» la plus importante de la colonie où les ouvrages de médecine sont très nombreux. Responsable des études supérieures en hydrographie et dépositaire du haut savoir, le Collège accumule aussi des ouvrages scientifiques et techniques en astronomie, en mathématique, en navigation, en physique, en chimie, en botanique, en génie et architecture[250].

Hors des institutions et malgré l'absence de librairies dans la colonie, les Québécois se procurent des livres. Le livre est présent dans toutes les couches sociales bien que les personnes les plus instruites et les plus fortunées en fassent une plus grande consommation. Le plus grand nombre de propriétaires de bibliothèques se retrouve chez les marchands négociants et les artisans; mais les rayonnages les plus fournis appartiennent aux officiers du roi, aux professionnels et aux religieux. Certains d'entre eux possèdent de vastes collections, tels les 1045 volumes de l'intendant Dupuy, les 1250 volumes du directeur du Domaine Cugnet et surtout les 3000 volumes du procureur général Verrier.

Les Québécois se montrent pragmatiques et imaginatifs dans leurs choix de livres qui reflètent d'abord les métiers exercés par leurs détenteurs; ainsi les notaires et les procureurs ont surtout des livres de droit, les chirurgiens, des livres de médecine, les marins, des livres de navigation et les marchands négociants, des traités de commerce. Mis à part le clergé, les thèmes religieux sont recherchés davantage par les groupes moins instruits et perdent de l'intérêt au XVIIIe siècle.

Par leurs choix de livres, les Québécois démontrent aussi beaucoup d'ouverture sur le monde. Les livres d'histoire et de géographie répertoriés touchent tous les endroits de la planète et toutes les époques. On se montre très intéressé par l'histoire de France et par les relations de voyage en Amérique. Dans les bibliothèques, la littérature classique a, bien sûr, une place importante, les œuvres de Cicéron, d'Ovide, de César et de Virgile en tête. Les belles-lettres sont représentées par tous les grands auteurs français ainsi que par des auteurs anglais, comme Milton, et espagnols, comme Cervantes. Le besoin de se distraire s'affirme par la place occupée par le roman. L'ouverture et l'indépendance d'esprit de certains Québécois se révèlent par la présence d'une quarantaine d'ouvrages désapprouvés ou censurés par l'Église ou l'État: écrits jansénistes, satires politiques, livres du courant libertin et œuvres de scepticisme et de rationalisme[251].

La mondanité ne fait pas défaut à Québec. Tous les voyageurs et les observateurs de l'époque confirment le goût de la bonne société pour les parties de plaisir, la bonne chère et le luxe en matière d'habillement. Les dames suivent de près les modes de Paris et démontrent une passion pour les merceries françaises dont le coût est élevé. Le suédois Pehr Kalm mentionne la magnificence de l'habillement féminin, notamment lors de «jours de visite ou de réception» et la volonté des femmes d'être à la mode de Paris. Il les trouve assez élégantes avec des jupes qui «ne descendent pas plus bas que la moitié du mollet» et des souliers aux «talons effrayablement hauts». Les hommes ne négligent pas leur parure; ils affectionnent les perruques bouclées et poudrées, les vêtements galonnés, les bas de soie et les manchettes de dentelle. Selon Charlevoix, ils retranchent «sur la Table pour être bien vêtu[252].»

Ce sacrifice doit être assez rare chez l'élite. En 1685, l'intendant De Meulles affirme qu'il vit aussi bien à Québec qu'en France et «on y fait aussi bonne chère». Dès la fin du XVIIe siècle, la colonie fournit une abondance d'aliments, de viandes d'élevage, de gibier et de poissons, de céréales, de légumes et de fruits cultivés. La cuisine de l'élite diffère de celle du peuple par la place considérable qu'y occupent les aliments importés des Antilles, les condiments français, les fruits exotiques, les vins de crus, les viandes et les fromages importés. La préparation des repas chez le gouverneur, l'intendant et certains évêques, requiert l'aménagement de locaux spécialisés, soit la cuisine proprement dite et l'office consacrée à la préparation du dernier service, des salades et de la confiserie. Les repas exigent l'attention d'une suite de domestiques de cuisine et de service, tous placés sous la direction du maître d'hôtel.

Les exhortations de l'évêque Saint-Vallier contre la somptuosité des repas se font en vain. Aux dires de La Potherie, en 1700, les repas sont magnifiques et ils se font avec cérémonie. Même dans les couvents, le faste règne à l'occasion, comme lors de la visite de Kalm à l'Hôpital Général. Le Suédois s'étonne: «Il y a plus de plats que sur une table seigneuriale». Les festins prennent un rythme et une allure endiablés chez l'intendant Bigot. Sa table est «toujours ouverte et spendidement servie», nous dit l'officier Louis Guillaume Parscau du Plessis; mais Montcalm y trouve parfois un monde trop mêlé, qui donne aux soupers de l'intendant «le ton de la taverne[253]».

Québec connaît deux grandes saisons mondaines, l'été et l'hiver. La saison estivale est inaugurée par l'arrivée des vaisseaux. Voilà l'occasion de renouer connaissance avec des gens de l'extérieur, des amis et des parents de Montréal et d'ailleurs dans la colonie qui affluent à Québec. On profite de l'arrivée de nouveaux produits importés, on déguste de nouvelles friandises de table, on se pare de la mode parisienne la plus récente, on fait des «parties de promenades» en calèche et en canot, on s'amuse en pique-nique et aux jeux. La venue des vaisseaux offre parfois l'occasion de festivités extraordinaires. L'arrivée d'un personnage de haut rang, la nouvelle d'une grande victoire militaire ou d'un traité de paix, celle d'une naissance ou d'un mariage dans la famille royale, déclenchent la fête en ville. La fête de Sainte-Catherine clôt cette saison mondaine par un dernier jour de célébration et de danse

Louis Joseph de Montcalm, observateur perspicace et parfois cynique des mœurs des Québécois à l'époque de la Conquête. (ROM: 64 Can 95)

avant les quatre dimanches de l'Avent, temps qui «se passe avec beaucoup de piété[254]».

Les festivités recommencent au Jour de l'An. Bacqueville de La Potherie décrit les visites, les promenades en traînes et en carrioles et les rencontres mondaines comme «un mouvement si grand de gens de pied et de carrioles pendant huit jours qu'il semble que tout est en trouble». Cette période de divertissements se poursuit ainsi avec le jour des Rois puis avec le Carnaval, jusqu'au Carême.

Ces festivités hivernales, inaugurées à Québec, en février 1667, avec le bal donné par Louis-Théandre Chartier de Lotbinière pour célébrer sa nomination à la charge de lieutenant civil et criminel de la prévôté, connaissent des hauts et des bas au fil des ans. Le Carnaval de 1667 est particulièrement joyeux après des années de guerre contre les Iroquois. Même des dames de la confrérie de la Sainte-Famille, au grand déplaisir de Mgr de Laval, oublient les règles de leur association et assistent à des réunions mondaines. C'est que les Québécois ont «beaucoup de dispositions» pour la danse; mais le clergé, qui considère la danse et les «assemblées nocturnes, surtout entre personnes de différent sexe, comme occasions prochaines de péchés», tente de les réprimer. À la fin du XVIIe siècle, Saint-Vallier semble réussir à empêcher

Bouteilles de vin du XVIIe siècle (gauche) et du XVIIIe siècle (droite). Collection archéologique de Place Royale. (MAC: 85.076.8(35))

les divertissements du Carnaval pendant quelques années. En effet, en 1700, Bacqueville de La Potherie évoque avec nostalgie la joie et le plaisir qui régnaient jadis entre le Jour de l'An et le Carême. Mais il ne faut y voir qu'un intermède; les festivités règnent à nouveau en 1706 et les reproches du clergé sont simplement ignorés[255].

Les réjouissances de l'élite atteignent leur point culminant pendant la guerre de Sept-Ans alors même que la misère s'accentue dans la colonie. Bals, concerts, amusements, parties de campagne, gros jeux de hasard se tiennent avec frénésie. Le clergé fulmine contre l'excès du jeu, l'ivresse, la prostitution et surtout contre les mascarades indécentes pendant le Carnaval de 1759. Mais les invectives contre le relâchement des mœurs sont vaines; les fêtes étourdissantes se poursuivent comme si on pressentait la fin. «On se divertit, on ne songe à rien, tout va et ira au diable», écrit Montcalm[256].

Les artisans, les gens de métier, les petits commerçants et les manœuvres fêtent aussi l'arrivée des vaisseaux, le Jour de l'An, le Carnaval, et ils participent aux réjouissances publiques. Ils s'adonnent à des parties de plaisir, à des repas, à la musique et à la danse selon leurs moyens. S'ils profitent moins souvent que l'élite des promenades en carriole pendant la saison hivernale, ils pratiquent néanmoins le patin et les glissades en traînes sur les différentes côtes de la ville. Les rites de passage donnent aussi lieu aux festivités, aux repas et aux réceptions et, probablement, aux défilés de voitures dans les rues. En 1749, Bigot établit un tarif particulier de location de 30 sols par voiture pour les cérémonies de baptême ou de mariage en ville. À quelques rares occasions, un mariage peut entraîner une manifestation populaire de moquerie connue sous le nom de «charivari». Les festivités et les manifestations chez le peuple comme chez l'élite donnent souvent lieu à l'abus de l'alcool; et les mentions de bagarres et de libertinage sont nombreuses[257].

Malgré les interventions du clergé, la prostituée se trouve facilement une clientèle. Poursuivie avec acharnement par les tribunaux, au XVIIe siècle, elle se remarque aisément et cause un scandale dans cette petite ville pauvre en filles nubiles. Marguerite Lebœuf en 1667 et Jacqueline Roullois en 1687 doivent fermer leurs bordels et quitter la ville quand une volonté d'extirper la femme publique de Québec prend l'allure d'une véritable croisade. Le XVIIIe siècle, plus tolérant à l'égard de la moralité sexuelle, abandonne cette persécution. On peut croire que l'activité portuaire et militaire à cette époque donnent même lieu à l'accroissement de la prostitution et du libertinage[258].

La fréquentation du cabaret constitue une distraction favorite pour bon nombre de Québécois, comme le laisse supposer le nombre élevé de ces établissements. On prend aussi les repas dans les établissements hôteliers et on invite parfois des amis ou des connaissances à souper à l'auberge. On s'y rend aussi pour jouer au billard. Les parties de billard semblent intéresser particulièrement les officiers du roi, les professionnels et les marchands; mais les artisans, les gens de métier et même les femmes se rendent aussi au cabaret pour faire rouler les billes. Les jeux de cartes, comme le «piquet» et les jeux de dés, se pratiquent aussi dans les cabarets, bien que les jeux de hasard y soient interdits à partir de 1726. Dans certaines auberges, la clientèle peut aussi profiter de jeux de quilles et de boules. Certains citoyens plus fortunés ont leur propre table de billard, des jeux d'échecs, des tables de «tric trac» et de «cadrille»[259]. Les moins fortunés se rabattent sur les jeux de cartes, les quilles et les boules. En 1731, Mgr Dosquet se plaint que le «bas peuple» s'amuse sur la terrasse de l'évêché, les fêtes et les dimanches; «on y a la tête rompue du bruit qu'y font ceux qui jouent aux quilles et à la boule»[260].

Pendant la migration des tourterelles au début du mois de septembre, les Québécois s'adonnent à la chasse de ces volatiles. L'abondance des tourterelles crée parfois une véritable fusillade en ville: les habitants tirent depuis la rue et même des fenêtres de leurs maisons, sans se donner la peine de sortir de la ville. L'insuccès des nombreuses ordonnances interdisant le tir du fusil en ville témoigne non seulement du plaisir des gens à le pratiquer, mais aussi de la forte tentation que présentent les tourterelles car «elles font de très bon bouillon et s'accommodent comme des pigeons[261].»

Les habitants peuvent aussi profiter du spectacle de la rue où les processions religieuses sont nombreuses; ils peuvent assister aux revues des troupes et notamment à celles qui se déroulent devant le gouverneur et qui se font avec grand éclat. L'assistance aux exercices militaires et aux exercices de tir d'artillerie qui se font tous les dimanches et jours de fête à Québec, offre aussi des moments de détente.

Il ne faut pas surévaluer la place qu'occupent les divertissements, les jeux, les sports et les réceptions dans la vie des habitants de la ville. Les gens sans travail n'ont pas habituellement les moyens de se divertir. Par ailleurs, les moments libres qui peuvent être consacrés aux loisirs coïncident surtout avec les dimanches et les jours de fête. Ces journées chômées représentent le quart de l'année et, après 1744, le cinquième de l'année à la suite du transfert de 17 fêtes d'obligation les dimanches, par Pontbriand. Or, l'Église exige qu'on s'abstienne des «jeux, festins & autres dérèglements» pendant le jour du Seigneur et les fêtes. Ces journées sont d'abord consacrées à la pratique religieuse et à la vie familiale[262].

* * *

L'économie québécoise sous le Régime français se caractérise surtout par sa grande fragilité. Partie intégrante d'une économie coloniale peu diversifiée et d'un marché exigu, Québec se tourne vers l'Atlantique pour faire sa fortune. Mais saccadée de temps forts et faibles de courte durée, l'économie maritime de la ville n'a jamais le capital ni, souvent, le loisir d'établir des assises stables, génératrices de croissance. Avec la commercialisation des grains et la croissance du trafic maritime, à la fondation de Louisbourg, on peut entrevoir une période d'essor commercial qui s'estompe cependant lors des désastreuses disettes qui se succèdent à partir de 1737. Avec un commerce maritime trop fragile et des industries embryonnaires, Québec en temps de crise doit souvent sa survie économique aux déboursés de l'État, qui représentent parfois des injections massives de capital, comme à l'occasion des campagnes de construction d'ouvrages défensifs ou lors d'opérations de guerre. Les fluctuations économiques marquent aussi profondément la croissance de la population, les ruptures et reprises entretiennent un brassage démographique intense. Les difficultés de l'économie, à la fin du XVIIe siècle et dans les années 1716-1726, entraînent la fuite d'éléments importants de la population urbaine alors que l'essor commercial des années 1727-1737 et les déboursés massifs de l'État, après 1745, font de Québec un véritable aimant démographique.

Ces mêmes facteurs façonnent l'expansion physique de la ville jusqu'en 1760; mais son paysage est aussi modelé par la tradition française, par la topographie accidentée du site et par les infrastructures requises par les fonctions urbaines. En Basse-Ville, l'exiguïté des lieux et le rôle portuaire du quartier créent des conditions d'entassement dès la fin du XVIIe siècle, ce qui favorise des tentatives d'extension sur le fleuve et des débordements vers les extrémités, sous le cap. Les activités commerciales et portuaires marquent aussi la composition socio-professionnelle du quartier pendant toute la période. À mesure que l'industrie navale s'affirme, le Palais, quartier à fonction administrative au début du XVIIIe siècle, prend la relève d'une Basse-Ville comble et attire les artisans et les gens des métiers maritimes. Ce mouvement et la construction d'une enceinte en Haute-Ville favorisent aussi l'éclosion du faubourg Saint-Roch.

Les hauteurs du promontoire retiennent l'attention des stratèges et des ecclésiastiques. Très tôt, les espaces et les édifices consacrés à des fonctions militaires et religieuses dominent le paysage de la Haute-Ville. Aussi, le lotissement s'y fait souvent au gré des communautés religieuses et des travaux de défense. La composition sociale du quartier se transforme cependant à mesure que la Basse-Ville se remplit; au XVIIIe siècle, gens de métiers et de petits commerces s'y établissent en plus grand nombre.

Fragilité économique et mouvements de population créent aussi un climat d'incertitude qui marque la société. À un XVIIe siècle plus ouvert, où les besoins d'un pays naissant agissent comme agents de nivellement social, succède un XVIIIe siècle plus concurrentiel où les rangs de la société tendent à se fermer. L'élite sociale, menée par la noblesse et la haute administration, réclame ses privilèges traditionnels, tout en disputant le marché aux gens de commerce. À mesure qu'on avance dans le XVIIIe siècle, les marchands-négociants se livrent une lutte pour un marché restreint et les réussites financières se font plus rares. Artisans et gens de métier subissent aussi les conséquences d'une âpre concurrence. Dans l'ensemble, au XVIIIe siècle, l'écart s'accroît entre les plus riches et les plus pauvres et les strates moyennes subissent un glissement. Le menu peuple croît en nombre et sa condition devient plus précaire.

Cet écart de plus en plus marqué entre les favorisés et les démunis, trouve même une expression dans les contrastes du paysage urbain. Québec émerveille les voyageurs et les officiers de passage par son architecture monumentale, ses maisons en maçonnerie, ses grands jardins et ses ouvrages de défense imposants pour l'Amérique du Nord. Mais peu d'entre eux mentionnent les bicoques des faubourgs Saint-Jean, Saint-Roch et Près-de-Ville. C'est que Québec leur semble un milieu familier même avec ses contrastes. Ville mal pavée, boueuse et insalubre, elle est assez typique de bon nombre de villes françaises. Ville nord-américaine, elle suscite néanmoins un discours sur les épidémies et la qualité de l'air, comme sur la symétrie des rues et la magnificence architecturale; sur le problème des mendiants et des vagabonds, comme sur le faste des réceptions mondaines et le goût du luxe. Toutefois, même à la fin du Régime français, et malgré son urbanité et ses fonctions urbaines, Québec demeure une petite ville près du terroir et près de la forêt.

Chapitre 2

CHANGEMENT DE RÉGIME, 1760-1790

Québec a été bombardé et canonné pendant l'espace de deux mois; cent quatre-vingts maisons ont été incendiées par des pots-à-feu; toutes les autres criblées par le canon et les bombes. [...] ils [les Britanniques] se sont emparés des maisons de la ville les moins endommagées; [...] presque tous sont obligés d'abandonner cette ville malheureuse, et ils le font d'autant plus volontiers, que les Anglais ne veulent rien vendre que pour de l'argent monnayé [...] les particuliers de la ville sont sans bois pour leur hivernement, sans pain, sans farine, sans viande, et ne vivent que du peu de biscuits et de lard que le soldat anglais leur vend de sa ration. Telle est l'extrémité où sont réduits les meilleurs bourgeois.

Mgr de Pontbriand,
le 5 novembre 1759.

Vue de la chute de Montmorency et de l'attaque des retranchements français près de Beauport par les troupes britanniques, le 31 juillet 1759. (ROM: 945.40.3)

À midi, le 17 septembre 1759, Nicolas Roch de Ramezay, lieutenant du roi à Québec, remet la ville au général George Townshend, successeur de Wolfe. L'armée britannique pénètre dans une ville dont la situation est lamentable: des centaines de maisons sont détruites et il reste à peine des rations pour deux jours. James Murray, administrateur militaire de Québec, qui doit nourrir et loger les 7000 soldats britanniques, prend en main tout le commerce alimentaire, fixant les prix et les priorités d'approvisionnement. Il renvoie le millier de miliciens canadiens, tout en invitant fortement les citadins qui avaient quitté les lieux pendant le siège à ne pas revenir. Ce premier hiver sous l'occupation britannique est très pénible; la situation devient encore plus dramatique en avril 1760, lorsque le chevalier de Lévis et les derniers éléments de l'armée de la Nouvelle-France assiègent Québec à leur tour. Murray oblige donc tous les civils canadiens à partir, ne les autorisant à revenir qu'une fois les armes rendues par tous les miliciens, à l'automne de 1760[1].

La ville ne se relève que très lentement de ces événements; la reprise des activités se complique non seulement par les problèmes de reconstruction des bâtiments, mais aussi par la nécessité de s'accommoder d'une nouvelle

---

La Basse-Ville dévastée lors du siège de 1759. Richard Short, 1761. (APC: C357)

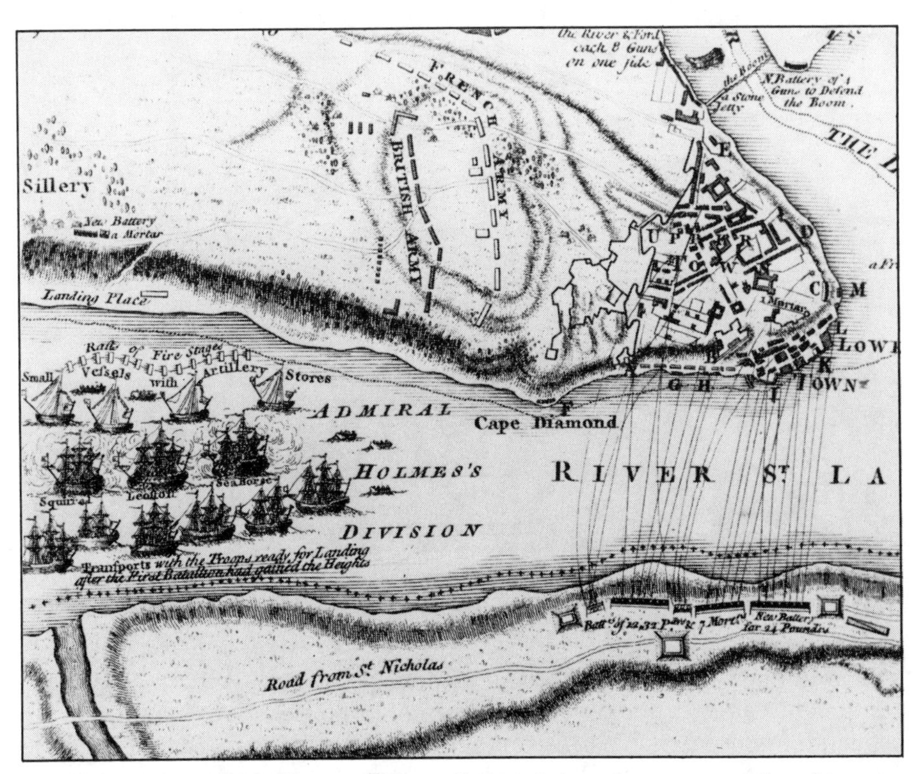

Le bombardement de Québec en 1759 par l'armée britannique et ses navires de guerre sous le commandement du général Wolfe et du vice-amiral Saunders. Détail de la carte de T. Jefferys. (APC)

métropole, la Grande-Bretagne. À peine quinze ans plus tard, Québec est de nouveau assiégée, cette fois par des rebelles américains, ce qui provoque encore des destructions et une rupture des activités commerciales. Le retour à la paix, en 1783, est suivi d'une certaine reprise économique, mais pour la ville, les dernières décennies du XVIIIe siècle ne sont guère propices au développement; il faut parler plutôt de faible croissance et même de stagnation.

UNE CROISSANCE ÉCONOMIQUE AU RALENTI

Même si les administrateurs et les militaires français sont remplacés par des Britanniques, Québec demeure toujours le siège du gouvernement civil et la principale garnison de la colonie. Tout comme pendant le Régime français, les activités économiques générées par la présence de quelques milliers de

Navires de guerre britanniques devant le port de Québec, vers 1775. (ROM: 961.2)

soldats et une soixantaine de fonctionnaires, dont le gouverneur et sa suite, continuent à assurer une certaine prospérité. La croissance économique n'est cependant guère possible sans une reprise des activités portuaires et de la construction domiciliaire. Or, justement pendant les dernières décennies du siècle, les facteurs extérieurs ne favorisent point un tel développement.

Aux commerçants canadiens la guerre de la Conquête n'apporte que ruine et désolation. Le papier monnaie émis par l'intendant avant 1760 ne sera jamais remboursé et, à cette importante perte de capital, il faut ajouter celle des marchandises commandées en France mais jamais livrées ou perdues en mer. Les commerçants auraient souhaité que Londres ressuscite le chantier naval et envoie plus de militaires dans la colonie[2]. Ces palliatifs, même si le gouvernement y avait donné suite, n'auraient pas forcément amélioré la situation des commerçants canadiens qui devaient aussi faire face à la concurrence des marchands britanniques.

Les premiers Britanniques arrivés de la Nouvelle-Angleterre ne reçoivent que peu d'appui de la part de Murray, qui les traite avec le mépris habituel des aristocrates pour les marchands («la plus immorale collection d'individus que j'aie jamais connue», disait-il). Et comme ils accaparent les denrées, Murray doit réglementer certains prix afin de protéger la population contre la spéculation. Une fois le traité de paix signé, Québec voit arriver directement d'Angleterre et d'Écosse d'autres marchands liés à de puissantes maisons commerciales. Ceux-ci s'emparent sans peine du commerce en gros et entament sérieusement la position des Canadiens dans le commerce de détail. Les hommes d'affaires britanniques ont en leur faveur les lois de la navigation, qui limitent le trafic maritime aux seuls navires anglais. Vingt ans après la Conquête, les négociants anglo-écossais contrôlent le commerce extérieur de la colonie[3].

Pourtant, le commerce demeure assez restreint; les alcools et la mélasse constituent les principaux articles d'importation. Une distillerie de rhum est ouverte en 1769, mais très vite le produit qu'elle met sur le marché ne suffit pas à la demande. Chaque été des voiliers de la Nouvelle-Angleterre en apportent donc de grandes quantités: 250 000 gallons en 1768 et plus de 700 000 en 1774! Le brandy anglais fait aussi son apparition et devient bientôt aussi abondant que le rhum. Ces importations n'assurent pourtant pas encore un trafic maritime important; de 1764 à 1772, le port n'accueille qu'une soixantaine de navires de très faible tonnage. De 1773 à 1775, cependant, plus de 350 navires livrent à Québec une moyenne annuelle de 11 300 tonneaux[4]. À partir de 1776, à cause de la révolte des colonies du sud, l'armée britannique entraîne une prospérité relative et une augmentation des biens de consommation; les importateurs, les fournisseurs de l'armée et les commerçants en général connaissent des moments plus faciles. Cependant, même si les importations doublent en valeur, atteignant 580 000 livres en 1783, une forte poussée inflationniste, résultat de la spéculation et de la rareté des biens de consommation, fait tripler les prix entre 1774 et 1783[5].

Le retour à la paix, en 1783, complique la situation économique. Les marchés locaux se contractent, la valeur des importations diminue de moitié. Pour les commerçants, le moment est critique; certains cherchent à augmenter la consommation locale. C'est ainsi que James Johnson et John Purse, importateurs de mélasse, distribuent une recette pour la fabrication de la bière d'épinette. Le résultat de ce procédé de «marketing» est difficile à mesurer, mais on se souviendra que la population était largement analphabète[6]. Pendant cette période, on importe surtout des produits alimentaires: alcools, mélasse, thé et café, sucre et sel. Or, même si le volume des importations augmente à un rythme un peu plus rapide que celui de la population, il ne permet pas une expansion marquée de l'activité portuaire[7].

Provenance des navires au port de Québec, 1793
(en %)

Provinces maritimes	32
Angleterre	26
Écosse/Irlande	21
Europe continentale	14
Antilles	4
États-Unis	1

Just imported in the Apthorp *from* GLASGOW, *and to be Sold by* MOORE & FINLAY,

PORK,
Butter,
A few Boxes moulded, and } Candles.
A few Boxes of dipt }
Also a Quantity of light Sail Cloth,
Scots Carpets,
Striped Cottons, and
Checks.

A VENDRE

Par MOORE *et* FINLAY, *les Articles suivans, qui viennent d'arriver par* L'Apthorp *de* GLASGOW,

DU Lard,
Du Beurre,
Quelques Caisses de Chandelles moulées,
Quelques Caisses idem communes,
Quantité de Toile à Voile legere,
Des Tapis d'Ecosse,
Des Cottonnades rayées et à carreaux.

Annonce publicitaire pour les aliments, les chandelles, et les textiles importés d'Écosse. *La Gazette de Québec,* 1764.

Quant aux exportations, les pelleteries comptent pour 60% de leur valeur totale, et ce jusqu'aux années 1790. Ce marché est concentré à Montréal; à Québec, les fourrures ne sont que transbordées. Les exportations des produits forestiers et des céréales feront beaucoup plus pour le développement du port. Dès 1770, on offre sur le marché londonien du *Quebec Yellow Pine* (du pin de Québec), mais encore en petite quantité. L'État du Vermont contribue, pour une large part, à ce développement. On comprend alors que les mesures interdisant tout commerce entre le Canada et les États-Unis, à la suite du traité de paix de 1783, causent une surprise désagréable autant aux producteurs américains qu'aux exportateurs installés à Québec. Aussi, à partir de 1787, le gouvernement cède aux pressions et permet de nouveau l'importation, par la voie du lac Champlain et du Richelieu, d'essences de bois propres à la construction des navires. Cette pratique déplaît aux loyalistes de la région du lac Ontario selon lesquels elle se ferait au détriment de l'ensemble de la colonie. Le gouverneur soutient au contraire qu'on retire un profit intéressant du passage des produits américains par le port de Québec[8].

Le bois en provenance du lac Champlain représente à peu près 10% de la valeur totale des exportations jusqu'en 1792; il s'agit essentiellement de madriers et de douves transportés à Québec à bord de goélettes. Pendant la période 1788-1792, le marché des îles Britanniques reçoit à peine 1% de son bois de construction depuis Québec. Incapables de concurrencer les producteurs de la Baltique, les négociants établis à Québec saisissent néanmoins les possibilités qu'offre le marché anglais vers lequel ils commencent à se tourner[9].

Les produits agricoles trouvent aussi à l'étranger un débouché intéressant. En 1768, on exporte 24 000 minots de blé en Angleterre et aux Antilles; en 1774, cette exportation atteint 460 000 minots et 1300 barils de farine[10]. Si la production agricole augmente jusqu'en 1779, année de mauvaise récolte, la demande croît encore plus rapidement; les marchands exportateurs parcourent les campagnes et achètent tout[11]. Déjà en décembre 1777, la ville souffre d'une pénurie de denrées alimentaires. Le gouverneur Haldimand doit intervenir en novembre 1778 pour prohiber pendant un certain temps l'exportation des céréales et des bêtes à cornes, afin de réduire le coût excessif des vivres ainsi que les risques de disette[12].

Après un arrêt qui dure jusqu'en 1783, l'exportation des céréales reprend, atteignant facilement 220 000 minots de blé et 12 700 barils de farine en 1787. Grâce à la croissance de la demande britannique[13], les exportations de blé, de farine, de fourrure et de bois atteignent la valeur de 380 000 livres en 1788. La production de farine se concentre dans la région de Québec, dont les quatre moulins assurent 45% de celle de toute la colonie, les principaux producteurs étant Henry Caldwell à Lévis et George Allsopp à la rivière Jacques Cartier[14]. Or, une mauvaise récolte en 1789 compromet cette reprise; les prix des vivres atteignent des sommets. Dans les villes, on met sur pied des comités de bienfaisance pour nourrir plusieurs milliers de personnes au cours de l'hiver. Voici comment un observateur décrit cette période difficile: «Le temps écoulé entre la paix de 1783 et la guerre de la Révolution française en 1792 fut un temps de grande misère en Canada: nous n'avions pour payer nos approvisionnements de marchandises anglaises que l'argent déboursé pour les dépenses du gouvernement colonial, peu considérable alors, le produit de la traite des pelleteries, et d'un peu de blé exporté de temps à autre à l'Espagne et au Portugal[15].»

La construction, moteur important de l'activité économique de la ville dans la première moitié du siècle, ne fonctionne qu'au ralenti pendant les trente ans qui suivent la Conquête. Bien sûr, il faut réparer les centaines de maisons endommagées en 1759, et encore en 1775-1776, ce qui procure du travail à quelque deux cents artisans, charpentiers, menuisiers et maçons. Des commerçants apportent aussi quelques légères améliorations aux quais derrière la rue Saint-Pierre. Les militaires se contentent simplement de la réparation des murs et de la construction, en 1783, d'une citadelle temporaire.

Le secteur de la fabrication demeure embryonnaire; les gens de métier répondent simplement aux besoins de la population et œuvrent dans les activités liées au commerce maritime: biscuits, salaisons, tonneaux, réparation de navires, voiturage ...Il y a maintenant une distillerie de rhum et de petites boutiques de fabricants de voitures. La construction navale vivote, ne produisant qu'un ou deux petits bateaux par année[16].

Certes, la ville est toujours le premier et le seul port d'accès à l'Atlantique pour le territoire du bassin du Saint-Laurent encore sous le contrôle de la Grande-Bretagne. Cependant, le poids démographique et économique de la colonie se déplace vers l'ouest, vers Montréal. Si, en 1765, les paroisses du district de Québec — de Sainte-Anne-de-la-Pérade, sur la rive nord, et Saint-Jean-Deschaillons, sur la rive sud, jusqu'en Gaspésie — comptent 48% de la population de la colonie, cette vaste région n'en contient plus que 37% en 1790[17]. La population de la région de Montréal augmente à un rythme tel que Québec et son *hinterland* immédiat ne produisent plus que 30% de la récolte de la colonie en 1784, alors qu'ils en fournissaient tout près de 45% en 1765. Les marchands de Québec conservent toutefois le contrôle de l'exportation.

Portrait du jeune James Wolfe, avant la bataille des Plaines d'Abraham, vers 1750. (ROM: 953.195)

L'ARRIVÉE DES BRITANNIQUES

Une fois la guerre de la Conquête terminée, ceux qui avaient quitté la ville reviennent lentement à leurs demeures. En 1762, on compte 3500 civils dans la paroisse de Québec. En 1770, il n'y a que 1200 chefs de ménage, soit une population civile (gens de passage exclus) d'environ 6000 personnes. Lors du siège de la ville par les forces américaines pendant l'hiver de 1775-1776, un chroniqueur estime la population à l'intérieur des murs à 5000 personnes, dont 200 soldats[18]. Les deux sièges, à quinze ans d'intervalle, vont par conséquent faire perdre quelques milliers d'habitants. En effet, si la ville avait connu le même taux de croissance qu'entre 1692 et 1755, elle aurait compté au moins 10 000 habitants en 1775. Or, la population réelle n'atteint que la moitié de ce nombre. Quinze ans plus tard, en 1790, elle est estimée à 6700, dont 5500 Canadiens et 1200 Britanniques[19]. À la fin de cette période, Québec se retrouve donc avec le même nombre d'individus d'origine canadienne qu'en 1744. Or, la simple addition des excédents des naissances pour cette période d'une quarantaine d'années indique une perte nette de 1300 Canadiens d'origine française.

L'augmentation de la population est compromise aussi par le taux élevé de mortalité; c'est pendant la décennie 1781-1790 que le taux de mortalité des jeunes atteint son point critique: plus de la moitié des enfants nés à Québec meurent avant l'âge de cinq ans. Les adultes sont souvent fauchés, eux, par des épidémies périodiques, comme pendant l'hiver de 1783 où, selon le témoignage de Nicolas-Gaspard Boisseau, il meurt «1100 personnes de tout âge et de tout sexe de la picotte et des fièvres rouges[20]». Les disettes se répercutent aussi sur la santé; à certaines reprises, comme au printemps de 1784, le gouverneur doit remettre des fonds aux autorités ecclésiastiques pour soulager le grand nombre d'affamés. Tous ces facteurs contribuent à repousser hors de Québec une partie de la population. Il semble bien que la plupart de ceux qui quittent la ville s'établissent dans les paroisses environnantes et dans de petits villages en formation à cette époque.

À côté des Canadiens, toujours en majorité, la ville compte maintenant un autre groupe de citoyens dont l'influence croît à un rythme accéléré: les Britanniques, arrivés en vagues successives depuis 1759. En 1764, on compte 126 chefs de ménage (*house-keepers*) protestants; en 1776, quelque 200 hommes s'assemblent pour constituer la milice britannique. Leur nombre augmente rapidement à partir de 1780 avec l'arrivée des loyalistes des colonies américaines et des immigrants des îles Britanniques: en 1786 seulement, 520 Écossais en provenance de Greenock arrivent à Québec[21]. Si la plupart continuent leur route, certains y demeurent. Dans l'annuaire de Québec publié en 1791 par Hugh Mackay[22], 416 des 1422 chefs de ménage ont des noms à consonance anglophone, ce qui représente 29% des gens recensés. Dans un dénombrement plus complet fait en 1795 par le curé Plessis[23], on ne trouve que 1267 protestants, hommes, femmes et enfants, ce qui représente seulement 18% de la population civile. La majorité des immigrants britanniques sont des adultes célibataires.

L'importance des Britanniques dépasse cependant leur nombre. L'analyse de leur profession d'après un document de 1795 donne une bonne idée de la place qu'ils occupent dans le monde du travail: ils représentent 63% des membres des professions libérales et 44% des hommes d'affaires, mais seulement 18% des artisans et 10% des simples ouvriers. Déjà dans l'annuaire de 1791, il y avait 98 noms anglophones parmi les 212 commerçants (42%). Ainsi se trouve confirmé le rôle important des Anglo-protestants dans la vie de Québec au cours des années qui suivent la Conquête.

James Murray, originaire d'Écosse, premier gouverneur de la province de Québec (1763-1768). (APC: C26065)

Les effectifs militaires occupent aussi une place significative. Même si, à la suite de la capitulation et de la signature du traité de Paris, le nombre de militaires britanniques est réduit, la garnison, de 1763 à 1773, se compose d'un minimum de 900 soldats, atteignant parfois 1700 selon la saison. Après 1776, les militaires se battent surtout à l'extérieur de la colonie et les effectifs de la place forte de Québec sont faibles, soit une moyenne annuelle de 675 hommes entre 1776 et 1780. De 1780 à 1797, la garnison compte de nouveau environ 900 hommes; en 1795, elle représente à peu près 10% de la population totale de la ville.

Dans le cas des Canadiens, le rôle de la milice établi à l'automne de 1775 permet de tracer un premier portrait de la répartition de la main-d'oeuvre quinze ans après la Conquête[24]. Il y manque bien sûr tous ceux qui sont inaptes pour le service militaire ainsi que les femmes. On pourrait croire que la faible représentation des membres des professions libérales s'explique par le fait que les officiers ne sont pas inscrits au rôle. Or, en 1792, le curé de la paroisse ne dénombre que treize francophones de profession libérale, ce qui indique qu'il y a eu une légère diminution dans cette catégorie depuis le recensement de 1744. Le nombre de commerçants canadiens recensés respectivement en 1744 et en 1792, soit 138 et 144, atteste le peu de progrès des Canadiens dans ce secteur également[25]. Puisque Mackay, dans son annuaire de 1791, énumère une centaine de commerçants anglophones, il ressort que ce groupe bloque effectivement l'implantation de Canadiens dans le commerce.

Vue de la Place d'Armes, de l'église et du monastère des Récollets. Richard Short, 1761. (APC: C361)

En 1775, le rôle de la milice compte 390 artisans canadiens, une augmentation dans cette catégorie depuis 1744. Or, en 1792, le curé dénombre encore autant d'artisans canadiens; s'il y a augmentation des artisans dans la ville, c'est donc à cause de l'arrivée d'une centaine d'ouvriers qualifiés britanniques. Parmi les simples ouvriers, en 1775, il y a 142 journaliers, 87 navigateurs et 63 charretiers; en 1792, les chiffres indiquent très peu de changement dans ces catégories. Pendant cette période, le service domestique occupe toujours un pourcentage élevé de la population active. En 1744, il y avait 258 domestiques (24% de la population active). Si les dénombrements des curés ne font pas état des domestiques, le recensement de 1784 énumère 606 serviteurs, hommes et femmes[26]; ce nombre est probablement trop élevé, mais il donne tout de même une idée de l'importance de cette catégorie d'emploi.

Ainsi, trente ans après la Conquête, Québec projette toujours l'image d'une ville d'Ancien Régime, comptant à la fois des groupes importants de domestiques, de journaliers et d'artisans, ces derniers étant surtout présents dans le secteur de la construction. Si l'arrivée des Anglo-protestants bouleverse l'homogénéité linguistique et religieuse, il est difficile de mesurer les répercussions des contacts entre les groupes, car les Canadiens et les nouveaux arrivants s'isolent les uns des autres tant à cause de leurs préjugés que de leur origine ethnique. D'après les contrats de mariage et d'apprentissage à la fin du XVIIIe siècle, il semble toutefois y avoir des liens d'amitié et d'affaire

Frederick Haldimand, né en Suisse, nommé gouverneur de la province de Québec en 1776, à la suite de la démission de Guy Carleton. (APC: C3221)

entre les groupes ethniques. On note également plusieurs mariages mixtes, qui se font cependant entre personnes du même milieu socio-professionnel[27].

Les contrats d'apprentissage montrent qu'une hiérarchie sociale est bien établie à Québec. La profession du père a une grande importance dans le choix d'un métier ou d'une profession par le fils. Les enfants d'artisans ont plus facilement accès à l'apprentissage que ceux de cultivateurs et de journaliers; les fils et les filles de la majorité des soldats et des journaliers sont engagés comme domestiques et serviteurs, avant d'être engagés comme apprentis. Les professions commerciales et libérales se trouvent presque complètement fermées aux enfants des journaliers, des soldats et des cultivateurs, et souvent même à ceux des artisans. Le système social favorise les fils de marchands et de membres des professions libérales dont les choix de carrière sont plus variés[28].

À la fin de cette période de reconstruction, la ville compte à peu près la même population qu'aux meilleurs moments du Régime français, mais celle-ci a changé de visage. Les anglophones, qui en forment le cinquième, contrôlent en bonne partie les destinées économiques et administratives. Ces Britanniques ont déjà reçu ailleurs leur formation professionnelle et arrivent à Québec à l'âge adulte. Quant aux Canadiens, ils appartiennent déjà à une deuxième ou à une troisième génération de citadins et n'ont guère connu d'autres milieux.

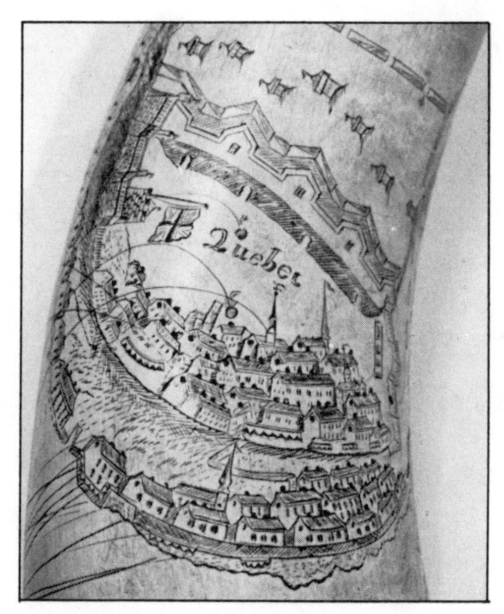

Détail d'une corne à poudre sur laquelle sont représentés les bombardements de Québec. (McCord)

UNE VILLE BOMBARDÉE

Les bombardements lors du siège de 1759 détruisent des centaines de maisons et endommagent sérieusement sinon complètement les édifices importants. Les gravures tirées des dessins de Richard Short en 1759 permettent de saisir l'ampleur des ruines[29]. Pourtant, la réfection des bâtiments s'accomplit assez rapidement, parce qu'ils sont construits en pierre. À l'intérieur des fortifications et dans les secteurs plus choyés de la Basse-Ville, c'est l'âge d'or des menuisiers, des maçons, des sculpteurs qui se nomment Baillairgé, Émond, Marié, Paquet, Parent, etc.[30] La main-d'œuvre, déjà bien formée, poursuit les traditions architecturales françaises et, jusqu'à la fin du siècle, les artisans mettent l'accent sur le raffinement de l'exécution plutôt que sur la conception de la forme extérieure[31].

Cependant, dans les faubourgs Saint-Jean et Saint-Roch, les habitants moins fortunés voient au plus urgent et construisent leurs maisons en bois. En effet, la réglementation de la construction, si sévère pendant le Régime français, fait place maintenant à une assez grande liberté. En 1775, le juriste François-Joseph Cugnet déplore justement qu'«un quart de la ville de Québec est bâti en bois; ces maisons non seulement défigurent la ville, mais encore en cas d'incendie, sont extrêmement dangereuses[32]». L'avertissement se

Le château Saint-Louis, réparé en 1764, après les bombardements de Québec, et reconstruit en 1786 pour loger les administrateurs de la colonie. (APC: C13096)

révèle prophétique puisque, lors du siège de 1775-1776, presque toutes les maisons des deux faubourgs sont incendiées[33].

Les bombardements touchent aussi les édifices gouvernementaux. En 1760, le palais épiscopal, en haut de la côte de la Montagne, n'a qu'une seule pièce habitable; lorsque le nouvel évêque revient, en 1766, il doit loger au Séminaire. Une fois les réparations terminées, en 1775, l'évêque, à court d'argent, loue l'édifice au gouvernement et c'est finalement ce palais qui accueille, en 1792, la première assemblée législative du Bas-Canada[34]. Le château Saint-Louis, réparé en 1764, est reconstruit en 1786 afin de loger convenablement les administrateurs de la colonie. C'est également en 1786 que le gouverneur Haldimand fait construire, en face du château, le seul édifice gouvernemental érigé pendant les trente ans qui suivent la Conquête: une vaste maison devant servir aux réceptions et aux bals. Le palais de l'intendant, situé en bas de la côte du Palais, sort pratiquement indemne des bombardements de 1759 et sert d'entrepôt et de logement pour les troupes. Il est détruit en 1775-1776. Ses ruines restent un élément du décor de cette partie de la ville jusqu'en 1870[35].

La population catholique doit aussi réorganiser son infrastructure religieuse, puisque la cathédrale et l'église Notre-Dame-des-Victoires sont incendiées lors du siège de 1759. On utilise d'abord la chapelle des Ursulines, puis celle du Séminaire, une fois réparée. La diminution de la population catholique et le manque d'argent font hésiter les responsables devant l'ampleur de la tâche de reconstruction; le problème de la succession épiscopale ralentit

Buste d'une jeune femme, sculpté par François Baillairgé. (MCC: 87845)

Portrait de François Baillairgé, sculpteur en vogue. (MCC: J13593)

aussi toute décision. En juin 1766, Jean-Olivier Briand, ayant reçu la permission tacite du gouvernement de se faire consacrer en France, revient à Québec, à la grande joie des catholiques; il s'empresse aussitôt de lancer une campagne en faveur de la reconstruction de la cathédrale. On prévoit d'abord un temple plus petit, mais l'évêque incite la fabrique à revenir à l'ancien plan. Les travaux, sous la direction de Jean Baillairgé, débutent en 1768. La première phase, terminée en 1771, permet aux paroissiens de réintégrer leur église, quoique la décoration de l'intérieur ne soit entreprise qu'à partir de 1786, sous la direction de François Baillairgé[36].

Une fois réglé le problème des destructions, comment se présente le paysage urbain à la fin du siècle? La ville britannique est-elle fort différente de celle de la fin du Régime français? Il y a peu de changements en ce qui concerne les axes de pénétration. Par terre, on accède à la ville par la route de Sillery ou par le chemin de Sainte-Foy, route qui mène jusqu'à Montréal; de ce chemin, la côte de la Négresse (la côte d'Abraham) dévale la falaise croisant la rue Saint-Vallier et se prolongeant en direction du nord vers Charlesbourg. On peut traverser la rivière Saint-Charles par un gué au bout de la presqu'île appelée Pointe-aux-Lièvres; en septembre 1789, enfin, on ouvre le pont Dorchester, pont à péage qui rend plus facile l'accès de la ville aux habitants de Charlesbourg et de Beauport[37]. Pour atteindre la rive sud du Saint-Laurent ou l'île d'Orléans, le seul moyen demeure la chaloupe ou le voilier; parfois on se fait traverser en canot par des Amérindiens. Les accidents sont cependant nombreux, à cause des marées et de la force des vents; le naufrage, le 21 mai 1792, d'un voilier transportant quatorze personnes dont le curé de la paroisse, Augustin-David Hubert, frappe de stupeur la population[38].

Les deux groupes ethniques, distincts par la langue, par la religion et, dans une grande mesure, par le genre de travail, tendent aussi à occuper des lieux différents de la ville. En 1795, après trente-cinq ans de Régime anglais, les Britanniques contrôlent effectivement le secteur militaire, l'administration civile et le grand commerce d'exportation et d'importation. Il n'est donc pas surprenant de les voir habiter surtout les quartiers de la ville traditionnellement réservés à ces fonctions: à la Haute-Ville, autour du parc de l'Artillerie (la côte du Palais), et les rues autour de la place d'Armes et du château Saint-Louis; à la Basse-Ville, la côte de la Montagne, la rue Notre-Dame et la rue Saint-Pierre, où se situent les quais. Ils y occupent les maisons les plus luxueuses et les mieux situées; en certaines rues, ils sont même en majorité. Dans les faubourgs, en revanche, il n'y a guère de ménages anglophones.

L'organisation même de l'espace urbain s'est pourtant peu modifiée depuis la fin du Régime français. L'activité est toujours concentrée dans les vieux quartiers qui regroupent les trois quarts de la population et tous les militaires; les faubourgs à l'ouest ne font que remédier aux pertes subies en 1775-1776.

La Basse-Ville

Les bombardements de 1759 touchent particulièrement la partie basse de la ville déjà confinée dans des limites étroites. Le rôle prédominant du port assure cependant le relèvement rapide de ce quartier et son développement; en 1795, le nombre de logis et de maisons augmente sensiblement. Il s'agit de bâtiments en pierre généralement de deux étages, mais parfois de trois. L'équipement portuaire s'améliore au début des années 1780 grâce à la prospérité amenée par la guerre américaine; on compte treize quais en 1791: huit entre la Pointe-à-Carcy et le Cul-de-Sac, cinq entre le Cul-de-Sac et le cap Diamant. Neuf appartiennent aux Britanniques, deux aux Canadiens et deux autres au gouvernement. Il y a aussi un quai à l'anse des Mères, quoiqu'il n'existe pas encore de route entre la Basse-Ville et les anses à l'ouest de Sillery. En fait, à marée haute, il n'est pas encore possible de sortir de la partie basse de la ville le long de la falaise ni d'un côté ni de l'autre.

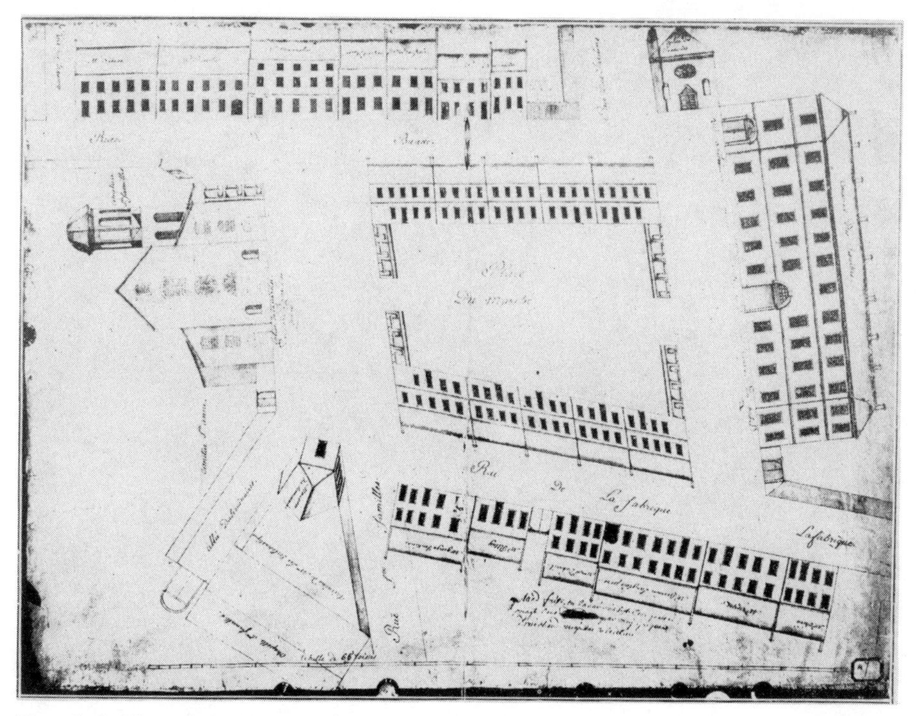

Plan de la Place de la Cathédrale proposé en 1782 par Jacques Dénéchaud, marguillier de la paroisse de Notre-Dame de Québec. (ASQ)

La Haute-Ville

Il semble que le nombre d'unités de logements de la Haute-Ville n'augmente guère, une fois les dommages de 1759 réparés. On note en revanche la construction de résidences luxueuses alors que d'autres sont transformées pour répondre aux goûts des élites; les bâtiments à deux ou à trois logements sont convertis en résidences privées. L'augmentation du trafic sur la place du Marché devant la cathédrale cause de nombreux problèmes aux propriétaires avoisinants. C'est pourquoi Jacques Dénéchaud, marguillier de la paroisse, propose, en 1782, la construction de halles, un projet qui ne sera réalisé que plus tard. Son plan témoigne néanmoins d'un souci d'urbanisme, puisque le type d'architecture proposé est en tous points conforme à celui des bâtiments environnants[39].

Les interventions des militaires transforment considérablement la Haute-Ville. La construction de la citadelle temporaire, l'appropriation de terrains pour des raisons de défense, l'établissement de l'Esplanade, l'installation de casernes dans le collège des Jésuites et l'utilisation de l'Hôtel-Dieu comme hôpital militaire, confirment la fonction de place forte de Québec et accentuent

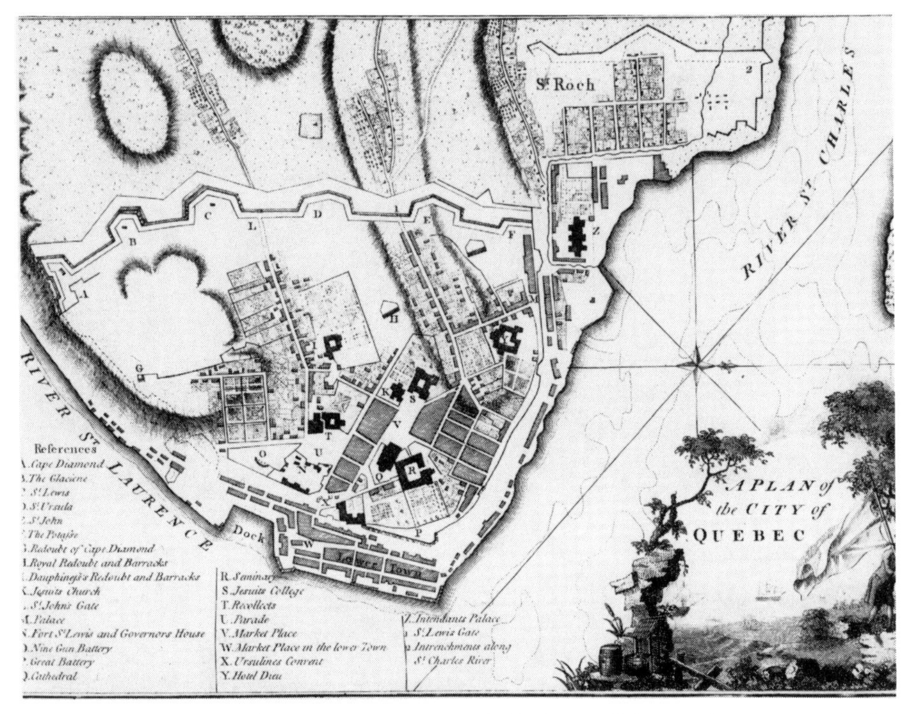

Carte de la ville de Québec en 1771, montrant le faubourg Saint-Roch et les principales routes. (Coll. privée)

le statut de réserve militaire de la Haute-Ville. En même temps, on isole aussi plus complètement ce quartier de la partie basse en fermant par la porte Hope la côte de la Canoterie. Entre 1790 et 1792, on reconstruit les autres portes; enfin, en 1797, on ferme la partie supérieure de la côte de la Montagne par la construction de la porte Prescott. Ces ouvrages défensifs rendent la ville plus sûre du point de vue militaire, mais la circulation des voitures entre la Haute-Ville et les autres quartiers ne se fait qu'avec une difficulté croissante[40].

Les faubourgs

La Conquête réduit à néant les projets d'urbanisme de la fin du Régime français; les ingénieurs britanniques s'occupent essentiellement de la construction militaire. À partir de 1763, le faubourg Saint-Jean, ancienne réserve militaire, zone nécessaire à la défense sous le Régime français, est ouvert aux lotissements, en même temps que les militaires s'approprient les terrains de la Haute-Ville afin d'y construire une citadelle et d'y aménager les glacis. Le faubourg Saint-Jean représente alors, pour de nombreux citadins, et surtout pour les artisans, une zone d'habitation et de travail plus intéressante que les terrains de la Haute-Ville ou ceux de Saint-Roch, bas et fangeux. L'activité principale de ce dernier faubourg, la construction navale, stagne depuis la fin du Régime français. La croissance de Saint-Jean à la fin du XVIIIe siècle est donc proportionnellement plus importante que celle de Saint-Roch[41]. Sur le coteau Sainte-Geneviève, le long du chemin de Sainte-Foy, le peuplement se fait plus lentement; mais déjà en 1770-1771, on y compte 76 ménages[42].

Les difficultés de logement dans les vieux quartiers poussent les ouvriers vers l'ouest. Le faubourg Saint-Jean se développe à un rythme accéléré après 1776 et, en 1783, les religieuses de l'Hôtel-Dieu procèdent à un lotissement de leur propriété en dehors des fortifications, entre la rue Saint-Jean et la falaise. Ce projet, d'une rigueur toute géométrique, préparé par William Vondenvelden, arpenteur d'origine allemande arrivé à la suite de la guerre américaine, se réalise en partie dès la fin de la décennie[43]. En 1792, les faubourgs de Saint-Jean et de Saint-Roch comptent respectivement 845 et 722 personnes, à peu près un quart de la population civile de Québec.

LA VIE URBAINE

L'exclusion politique

À partir de 1759, le gouvernement civil de la colonie, dont le centre administratif se trouve toujours à Québec, est presque exclusivement aux mains des Anglo-protestants. La politique de la Grande-Bretagne, qui exclut d'office des fonctions administratives tous les catholiques, contraint le gouverneur Murray, lors de l'établissement du gouvernement civil en 1764, à faire appel à des hommes qu'il considère comme incompétents[44]. Les commerçants britanniques pour leur part ne tardent pas à montrer de l'antipathie à l'égard du gouverneur, dont les politiques, soutiennent-ils, nuisent à la liberté du commerce et par conséquent aux profits. À la suite de pétitions et de plaintes continuelles, le gouvernement de Londres rappelle Murray au printemps de 1766. Pour une vingtaine de seigneurs réunis à Québec au cours de l'été, cette victoire des marchands britanniques est l'aboutissement d'un processus visant à saper toute possibilité d'entente sociale[45]. En octobre 1764, à la première séance du grand jury, la majorité anglaise avait demandé l'établissement d'une assemblée législative choisie parmi les seuls sujets protestants de la colonie. La semaine suivante, 46 marchands britanniques de Québec envoyaient une lettre au grand jury le félicitant de son geste. Les Canadiens, pour leur part, réagissaient vivement et, le 29 octobre, 94 des principaux commerçants canadiens se réunissaient afin d'adresser une pétition au gouvernement britannique accusant certains Britanniques de vouloir leur imposer un système de gouvernement inacceptable[46]. Et, le 8 avril 1765, Louis-François

Perreault écrivait de Québec à un ami de Montréal qu'il faudrait être sur ses gardes afin d'éviter que les Canadiens ne soient réduits à «l'esclavage»[47]. Dès les premières années du Régime anglais, Québec devient le théâtre d'un conflit ethnique et religieux.

L'Acte de Québec de 1774, qui reconnaît officiellement la religion catholique et permet la participation des Canadiens au gouvernement civil de la colonie, modifie peu le rôle subordonné de ces derniers dans l'administration. En 1768, le gouverneur Carleton, malgré une certaine sympathie pour les Canadiens, ne leur concède que trois ou quatre emplois sans importance. C'est ainsi que, en 1784, la liste civile de la colonie compte 136 fonctionnaires, dont la grande majorité habite Québec, siège du gouvernement; les Canadiens n'occupent pourtant que 36 postes. En 1788, les francophones ne reçoivent que 23% des traitements et des pensions versés par le gouvernement. Ces statistiques permettent de mesurer l'emprise de l'oligarchie britannique sur l'administration de la colonie et de sa capitale[48].

Une ville mal organisée

Entre 1765 et 1833, l'administration de la ville repose entre les mains de la Commission de la paix, organisme dominé par des marchands et dont les membres sont nommés par le gouverneur. Une des premières ordonnances du Conseil législatif, à la suite de l'établissement du gouvernement civil, porte sur les cours de justice. Cette ordonnance du 17 septembre 1764 statue aussi que «deux juges de paix seraient de service à leur tour, pour le meilleur règlement de la police et autres matières, dans les villes de Québec et de Montréal[49]». L'appareil judiciaire se complète par des constables, appelés baillis et sous-baillis, élus dans un premier temps puis, dès 1768, nommés par le gouverneur tout comme les juges de paix. En procédant ainsi on ne fait qu'étendre à la colonie le système de contrôle de la population alors en vigueur en Grande-Bretagne: l'administration de la ville relève de l'appareil judiciaire; les commissaires de paix ou juges de paix sont des notables qui ne consacrent que quelques jours par mois à ces fonctions non rémunérées. Ils se réunissent quatre fois par année, en cours de session de quartier, comme cours d'appel et comme grand jury, afin de prendre des décisions sur les problèmes municipaux.

Ce système peu efficace régira la vie urbaine de Québec jusque dans les années 1830. Les dix premiers juges de paix nommés en 1764 sont tous des Britanniques; à la suite de l'Acte de Québec, des Canadiens en font partie, en minorité cependant. Ces commissaires s'occupent de la plupart des aspects de la vie urbaine: la réglementation du commerce de l'alimentation, la protection contre les dangers d'incendie et de maladies contagieuses, la construction domiciliaire et l'entretien des voies publiques, la circulation des voitures, etc. Ils se réunissent en comités: de la voirie, du feu, du commerce,

François-Joseph Cugnet se plaint de la négligence des autorités en place depuis la Conquête en ce qui a trait aux dégâts dans les rues, aux dangers d'incendie et à l'encombrement du port. (ANQ)

de la santé. Leurs décisions sont diffusées par *La Gazette de Québec* et annoncées sur la place publique par le crieur[50].

L'état lamentable de l'organisation de la ville provoque très tôt des cris d'indignation dont le plus révélateur est celui de François-Joseph Cugnet. Faisant l'éloge du Régime français, qui avait assuré «le bon ordre et l'harmonie», il se plaint de la négligence des autorités «depuis la Conquête[51]». Parmi les anciens règlements dont on ne tient plus compte, Cugnet signale ceux ayant trait aux animaux vaquant dans les rues: «Les rues sont remplies de chevaux et de cochons»; la propreté des voies publiques laisse donc à désirer. Il note également que les bouchers abattent leurs animaux à côté de leurs comptoirs; les rues en deviennent tellement infectées «que dans les chaleurs de l'été, qui sont excessives en cette province, on ne peut aller et venir dans la Haute-Ville de Québec particulièrement sans avoir le cœur englouti; ce qui occasionne beaucoup de maladies[52]». Il remarque aussi les dangers d'incendie que représentent les maisons en bois et l'utilisation de bardeaux, ainsi que l'encombrement du port et l'accumulation de déchets.

Les autorités s'affairent pourtant à éliminer les dangers d'incendie, comme en témoigne toute une série d'ordonnances; le 23 février 1768, le

Seau en cuir utilisé lors des incendies.
Fin XVIIIe siècle. (Parcs Canada)

gouverneur ordonne aux habitants de faire ramoner leurs cheminées une fois par mois, d'octobre à mai; chaque propriété doit être munie de deux seaux en cuir, d'une hache et d'une échelle placée près de chaque cheminée. À partir de 1773, les cheminées dévoyées et les toitures en bardeaux sont interdites; en 1777, on rétablit également l'ancien règlement concernant les façades à pignons des maisons qui devraient être construits de façon à dépasser de trois pieds la surface du toit, mesure qui vise surtout la construction de maisons disposées en rangée[53]. Or, malgré la menace d'amendes assez fortes, ces règlements font à peine baisser le nombre d'incendies.

Vers 1765, certains citoyens, sous la direction de John Krug, lancent une souscription pour l'achat de deux pompes munies de boyaux en cuir. Il en naît une organisation bénévole, la Société amicale contre les incendies (*Amicable Society for Extinguishing Fires*), dont le but est la protection de ses membres et de leurs biens contre les méfaits du feu. Or, les affaires de la société sont toujours difficiles; en 1785, ses quatre pompes se trouvent hors d'usage, une autre commandée à Londres ne peut servir avant que les sommes nécessaires pour l'achat soient trouvées. Faute d'un système d'aqueduc, les sociétaires doivent payer les services des charretiers qui accourent sur les lieux. Le 23 décembre 1787, lors d'un incendie chez les frères Wilson, brasseurs, situés rue Saint-Vallier, la société doit payer les charretiers pour 126 voyages d'eau. En 1791, la Société de feu, comme elle s'appelle à partir de 1789, compte 236 membres: 109 à la Basse-Ville, 124 à la Haute-Ville, deux à Saint-Jean et un seul à Saint-Roch; elle dispose de cinq pompes dont trois à la Haute-Ville et deux à la Basse-Ville[54].

Ces pompes rudimentaires ne réussissent évidemment pas à circonscrire les incendies, comme en témoigne ce récit de 1796: «Nous sommes informés que l'incendie qui avait pris naissance dans une grange remplie de foin se déchaînait rue Saint-Louis et menaçait la residence de l'évêque [anglican]. Comme nous regardions d'une fenêtre supérieure, nous vîmes un tison tomber sur le couvent des Récollets et quelques minutes après tout l'édifice était en feu. L'église et les maisons, étant couvertes en bardeaux, brûlèrent rapidement et les bardeaux allumés étaient soulevés par le vent; si la direction du vent n'avait pas changé, toute la ville aurait flambée ... La chaleur dégagée par la chapelle des Récollets était très intense et les pompes devaient arroser le château qui se trouvait en grand danger[55].» Avant l'avènement des compagnies d'assurance contre le feu au début du XIXe siècle, il n'y a aucune protection contre les incendies. Pour les ouvriers, la seule ressource demeure la générosité de leurs concitoyens et souvent on doit s'occuper de recueillir des fonds destinés aux sinistrés.

L'état pitoyable des rues suscite les commentaires désobligeants des voyageurs: elles sont poussiéreuses ou boueuses selon la saison, faute de pavage et de drainage. À partir de 1777, les magistrats promulguent des règlements sur la circulation, l'entretien et le nettoyage des voies publiques. En 1780, on oblige les propriétaires ou les locataires à nettoyer la moitié de la rue devant leur propriété; il est également strictement défendu de jeter des ordures dans la rue; enfin, des dépotoirs sont prévus. On ne doit obstruer la voie d'aucune façon. Il est formellement interdit de laisser les animaux en liberté et on ne peut faire galoper les chevaux en ville[56]. Mais il semble que les citadins ne respectent guère ces règlements, puisqu'on doit y revenir continuellement.

La réglementation du commerce des vivres pose aussi de nombreux problèmes puisque les Québécois s'approvisionnent essentiellement aux marchés publics, celui de la place Notre-Dame à la Haute-Ville et celui de la place du Marché, près des quais. Ce sont les endroits les plus achalandés de la ville. Or, les procédés de conservation des aliments sont encore rudimentaires; les producteurs doivent donc renouveler régulièrement les produits et les vendre rapidement. Les règlements des marchés, édictés en 1765, précisent que les ventes de viande, d'œufs, de beurre, de poisson, de farine et de fromage ne peuvent se faire qu'aux marchés. Aucun boucher ne peut exercer son métier sans être muni d'un permis du contrôleur des poids et mesures. On impose en outre un droit pour chaque voiture qui prend place au marché. En août 1766, les magistrats s'élèvent contre la nuisance causée par les bouchers au marché de la Haute-Ville, «vu qu'ils jettent dans les rues les entrailles et tripailles des animaux qu'ils tuent». François-Joseph Cugnet fait une observation semblable sur la malpropreté des rues dans son *Traité de la police* de 1775. En 1777 enfin, on réglemente plus sévèrement le commerce de l'alimentation, et on interdit la vente dans les rues sous peine d'une amende assez forte[57].

C'est à cause des difficultés que pose l'administration de la ville par un corps de magistrats non rémunérés et sous l'empire d'une ordonnance temporaire, que le gouverneur, lord Dorchester (auparavant Guy Carleton), nomme un comité d'enquête sur la situation du commerce et des villes. En 1787, les magistrats présentent donc une liste de leurs griefs devant les conseillers législatifs. Ils suggèrent qu'on étende leur juridiction de façon à pouvoir régler plus efficacement les transgressions aux ordonnances; qu'on dote la ville d'une maison de correction, d'une maison de détention et d'un hospice; qu'on oblige les paroisses rurales à secourir leurs vagabonds et mendiants afin de les empêcher de venir grossir le nombre de pauvres en ville; qu'on s'occupe enfin de l'établissement d'un vrai système de voirie[58]. Pour les marchands, si les règlements sont assez bons, leur application manque d'efficacité: ils critiquent sévèrement les magistrats qui sont souvent en désaccord et qui n'ont pas de subalternes chargés de faire observer les lois; bref, leurs injonctions «manquent d'efficacité et sont impuissantes à contraindre le peuple à la soumission[59]».

Ce système de juges siégeant deux par deux, une fois la semaine et se réunissant quatre fois par année pour adopter des règlements, ne semble plus répondre aux besoins d'une agglomération urbaine en expansion. C'est ainsi que, dès 1793, les commerçants soulèvent la possibilité de demander une charte plaçant l'administration entre les mains d'une corporation municipale[60]. Enfin, à l'automne de 1793, on adresse une pétition au gouverneur demandant une charte d'incorporation pour Québec et les faubourgs, et on expose, dans *La Gazette de Québec* du 12 décembre, les avantages d'une telle mesure. Ne voulant pas perdre la main haute sur l'administration, le gouvernement attribue plutôt des pouvoirs plus étendus aux juges de paix dans les domaines de la protection publique et de l'entretien[61]. Mais cette organisation restera plutôt rudimentaire jusqu'à l'incorporation de la ville en 1832-1833.

Les institutions religieuses et scolaires

La situation des bâtiments des communautés religieuses est complexe. En ce qui concerne les propriétés des congrégations d'hommes, auxquelles le gouvernement a interdit le recrutement des sujets, elles changent d'usage: le collège des Jésuites sert de caserne militaire jusqu'au retrait de la garnison en 1871; le couvent des Récollets est utilisé comme prison. Par contre, les communautés de femmes et le Séminaire de Québec conservent leurs bâtiments et terrains. Les Ursulines reçoivent même de l'aide du gouverneur Murray et peuvent rétablir leurs classes dès 1767. Le Séminaire reconstruit sa chapelle et répare les parties endommagées; mais un incendie partiel frappe de nouveau son bâtiment central en août 1772. Le Séminaire fait néanmoins preuve de dynamisme en reconstruisant tous ses édifices, sans oublier sa maison à la Canardière, détruite par les Américains en 1776.

Même si le clergé catholique dans l'ensemble de la colonie est aux prises avec un problème sérieux de recrutement à la suite de l'interdiction de l'immigration de prêtres français, les catholiques de Québec disposent de plusieurs chapelles et peuvent compter sur une bonne dizaine de prêtres. Pour les protestants, le problème des lieux de culte pose de nombreuses difficultés pour lesquelles, jusqu'en 1804, date de l'ouverture de la cathédrale anglicane sur le site de l'ancien couvent des Récollets, il n'y a que des solutions temporaires. Les anglicans se serviront de l'église du couvent des Récollets puisque cet édifice doit revenir à la couronne à la disparition du dernier membre de cette congrégation religieuse. Jusqu'en 1796, moment où un incendie la détruit, la chapelle sert donc à la fois au culte catholique et d'église paroissiale anglicane[62]. Quant aux presbytériens, ils se réunissent dans une salle de l'ancien collège des Jésuites.

La situation scolaire est meilleure. Dans les dernières décennies du siècle, en effet, les protestants ont six petites écoles où dix instituteurs font la classe à 200 élèves. D'autres professeurs offrent des cours privés, cours de tenue de livre, d'arpentage, entre autres, sans oublier des cours de danse, de peinture, de musique et de travaux d'aiguille, destinés surtout aux jeunes filles. On dénombre aussi une quarantaine d'écoles privées où l'on enseigne à lire, à écrire et à compter[63]. En 1788, Mgr Hubert ouvre une école primaire anglaise pour catholiques, mais il ne peut la soutenir plus de quelques mois, faute de ressources[64].

Comme au temps du Régime français, les Canadiens ont toujours des petites écoles, tenues par des religieux surtout. La disparition du collège des Jésuites, dès 1767, contraint le Séminaire de Québec à s'occuper de l'enseignement secondaire[65]. De leur côté, les Ursulines offrent l'enseignement aux jeunes filles. Il existe cependant un problème de manuels scolaires puisque les rapports entre la France, d'où provenaient les livres, et le Canada sont difficiles. Néanmoins, l'établissement d'une imprimerie à Québec, en 1764, par deux Écossais, facilite la production de livres pour l'instruction élémentaire. Dès le mois de juillet 1765, Jacques Jordan annonce la mise en vente des *Alphabets ou A.B.C. français complets*[66]. Il reste que les élèves doivent habituellement copier à la main des manuels manuscrits, surtout au niveau collégial.

Les institutions culturelles et les loisirs

Pour les classes populaires urbaines, les moments libres, dimanches et jours de fête principalement, se passent en famille, dans la rue, sur les quais ou sur les places publiques. On regarde passer les défilés militaires, on participe aux foires organisées par les communautés religieuses. Cependant, la documentation sur la vie urbaine fait surtout état des activités de l'élite, de ceux qui avaient véritablement des loisirs. C'est pour ce groupe qu'on organise des bals, des dîners et des soirées de concert ou de théâtre. Très tôt après la Conquête, la haute bourgeoisie recommence la ronde des sorties de plaisir.

Entre tous les divertissements, ce sont les grands bals du château Saint-Louis qui ont la faveur des élites. (APC: C252)

À l'automne de 1763, le révérend John Brooke arrive à Québec accompagné de son épouse, femme de lettres déjà connue de la bonne société londonienne. C'est pour l'élite québécoise un honneur peu ordinaire que d'accueillir dans ses rangs une romancière aussi célèbre que Frances Brooke. Elle est immédiatement de tous les bals, de toutes les réceptions et de tous les dîners. Les grands amis de la famille Brooke sont les chefs du groupe anglais: les Cramahé, les Mabane, les Grant et surtout les Caldwell qui habitent Sillery tout comme madame Brooke. Son roman, *The History of Emily Montague*, paraît à Londres en 1769 et est traduit aussitôt en français. On y trouve une description pittoresque de la vie sociale de Québec. L'auteure décrit des bals chez le gouverneur: «On n'y voit, à présent, que des visages riants ... Je suis déjà priée à danser par une foule de beaux messieurs.» Nous assistons à une réception intime: «Le souper était admirable, le vin excellent, le dessert rare, élégant ... On ne s'en est allé qu'à quatre heures... Il est inutile de vous dire qu'il y avait des violons. On ne donne pas un repas au Canada sans violons. Quelle race de danseurs!» À propos du chemin de Sainte-Foy, on peut lire: «C'est notre Hyde-Park, c'est le beau boulevard de Paris. Il n'y a point de soirée où on ne voit une cinquantaine de calèches remplies de femmes charmantes[67].»

En fait, si la vie galante reprend autour du château et dans les villas de Sillery, les participants ont changé. James Murray achète l'ancien domaine de Talon sur le chemin Saint-Louis, nommé plus tard «Belmont» par la

On se promène en carriole et en charrette sur le pont de glace devant les chutes de Montmorency, le 12 avril 1784. (ROM: 950.68.2)

famille Caldwell. Samuel Holland, arpenteur général, fait l'acquisition du manoir de Jean Taché sur les hauteurs de Sainte-Foy et s'y installe avec son épouse canadienne; «Holland House» devient un des centres de la vie mondaine dans les dernières années du siècle. Le général Henry Watson Powell achète la partie nord de la châtellenie de Coulonge en 1780 et y construit une magnifique demeure connue d'abord comme «Powell Place» et plus tard comme «Spencer Wood»[68]. On ne peut oublier non plus la «Maison Montmorency» ou «Kent House», construite sur les bords des chutes par le général Frédéric Haldimand, gouverneur de la colonie de 1778 à 1784. C'est ici que le prince Edouard, père de la reine Victoria, s'installe en 1791 avec sa maîtresse, madame de Saint-Laurent.

Après 1763, les relations avec la France se renouent, et on se rend de nouveau dans le vieux pays; certains seigneurs entreprennent ce long voyage, soit pour leur plaisir soit pour affaires. Les De Léry, les De Salaberry et d'autres y envoient aussi leurs fils terminer leurs études. Cette noblesse, tout comme sous le Régime français, ne cesse de graviter autour du château Saint-Louis; on vient à Québec pendant la saison d'hiver pour être de tous les bals et de toutes les réunions mondaines; on se promène en carriole, on va aux spectacles, on organise des soupers aux chutes Montmorency... Les dames et leurs filles vont chez Glackmeyer pour apprendre à jouer du piano; elles apprennent aussi à broder et à dessiner et il leur arrive de temps à autre de lire un roman. On fait peindre son portrait par François Malépart

Rue Cul-de-Sac où se trouve le «London Coffee House», lieu de rencontre des marchands britanniques et des capitaines de navire. (ROM: 942.48.93)

ou par François Baillairgé[69]. Pourtant l'ancienne noblesse seigneuriale canadienne a perdu sa suprématie depuis l'installation de l'aristocratie anglaise. Madame Simcoe, qui passe l'hiver de 1792 à Québec, laisse dans son journal un véritable carnet mondain: bals, soupers, soirées de cartes à Woodfield, à Holland House, à Powell Place, à Belmont, et au château; or, à part l'épouse de François Baby, tous les gens qu'elle fréquente sont des Britanniques[70]. Cette tendance vers la séparation des deux groupes ethniques s'affirme davantage au tournant du siècle et lord Selkirk, décrivant un bal au château, le mardi gras de 1804, mentionne deux danses, dont «les neuf dixièmes de la compagnie de l'une était française et de l'autre, anglaise[71]».

Pour les négociants britanniques, les lieux de rencontres sont plutôt les *coffee houses* que le château et les villas des aristocrates. Le jeune voyageur britannique, Joseph Hadfield, ne demeure que dix-neuf jours à Québec, mais il voit une foule de gens, qui l'invitent à prendre le thé; il fréquente surtout les marchands et les hauts fonctionnaires britanniques. Le soir, il va au *London Coffee House* où il rencontre le capitaine David Grant, John Fraser, propriétaire d'un quai, John Lees, riche marchand et futur conseiller exécutif, et le docteur James Fisher[72]. Enfin, parmi les trente personnes qu'il rencontre, il n'y a qu'un seul Canadien, qui lui fait visiter des couvents, lieux inusités pour un Anglais. Les officiers de la garnison mènent aussi une vie joyeuse; toutes les occasions semblent bonnes pour offrir un bal ou un dîner, qui clôturent toutes les fêtes. Les militaires participent aussi en grand nombre aux bals qui se donnent chaque semaine au château en hiver[73].

Ce sont les officiers qui introduisent des sports d'été comme les parties de cricket, les régates et les courses de chevaux qui se déroulent dès 1767 sur les plaines d'Abraham[74]. Les sports d'hiver se pratiquent toujours, comme les excursions en carriole, le patinage et le toboggan. Il y a aussi des promenades, à pied, à cheval ou en voiture, passe-temps préféré des gens de la bonne société. On visite les chutes Montmorency et celles de la Chaudière, ce qui nécessite un voyage en canot de Québec à Lévis puisque les traversiers n'existent pas encore. On peut aussi se promener sur l'Esplanade, à l'intérieur des fortifications, où, en été, les fanfares militaires régalent les passants des airs de leur répertoire. Les jeux de société sont également très répandus.

Entre 1764 et 1790, *La Gazette de Québec* insère les annonces de plus de 45 libraires, encanteurs ou vendeurs de livres d'occasion dont une dizaine de langue française[75]. En 1779, le gouverneur Haldimand met sur pied la *Bibliothèque de Québec*; malgré des frais initiaux de 5 livres, presque tous les marchands britanniques et un bon nombre de Canadiens signent la souscription. D'abord limitée aux seuls souscripteurs, cette bibliothèque, logée au palais épiscopal, édifice transformé en centre administratif du gouvernement, ouvre ses portes au grand public en 1783 et lui offre un choix de quelque 1800 livres, dont un millier en français. Parmi ces volumes, on compte les œuvres de Voltaire, de Rousseau et des autres Encyclopédistes, sans oublier les dramaturges et romanciers à la mode.

On se regroupe dans diverses sociétés dont les loges maçonniques, la Société bienveillante, l'Assemblée de Québec (une association vouée à l'organisation de bals en hiver), la Société d'agriculture et le Regroupement des anciens combattants du siège de Québec en 1775-1776. Ces derniers se réunissent le 31 décembre, jour anniversaire de la victoire sur les troupes de Montgomery, et cela vraisemblablement jusqu'en 1796. Les membres de ces cercles et clubs tiennent leurs réunions dans les auberges et cafés ou chez Menut près de l'Hôpital Général[76].

Le théâtre offre, de son côté, des spectacles de plus en plus fréquents. Au théâtre Thespian, dans une salle au-dessus de la taverne de Miles Prenties, rue Buade, on présente des pièces anglaises, des opéras-comiques et des ballets, à partir du mois de février 1783 jusqu'à la fin du carnaval. En 1789, la troupe Allen des États-Unis fait un séjour de dix mois et présente une soixantaine de programmes; un des comédiens, William Moore, est aussi typographe; il partage son temps entre l'imprimerie et le théâtre. Les Jeunes Messieurs Canadiens offrent au public leurs premières représentations en janvier 1791, dans la Halle des Francs-Maçons, au-dessus de la taverne de John Franks, rue Buade; au programme, deux comédies de Molière, *Le Malade imaginaire* et *L'Avare*. Les comédiens sont rapidement l'objet d'attaques. Selon

Dans les rivières aux alentours de Québec, la pêche est un passe-temps privilégié par toutes les couches sociales, y compris les officiers britanniques. Peinture des chutes de la Chaudière de Thomas Davies, 1788. (MBAC)

La Gazette de Québec du 2 janvier 1791, «on voudrait persuader que le théâtre est dangereux pour la jeunesse qui le fréquente». Le journaliste anonyme ajoute toutefois: «au contraire, les acteurs et les spectateurs mêmes pourraient employer le temps qu'ils donnent à ces spectacles dans les amusements beaucoup moins décents, beaucoup plus préjudiciables aux bonnes mœurs, à leurs intérêts, à leur santé et à l'édification du prochain». Lors de la dernière représentation de la saison, le 2 mars 1791, on reprend *Le Barbier de Séville* de Beaumarchais devant «une nombreuse et brillante assemblée de dames et messieurs tant Anglais que Canadiens». Louis de Salaberry, qui avait vu la pièce à Paris avant la Révolution, «emporté par l'enthousiasme qu'il éprouvait pour les talents de son jeune compatriote, Monsieur Ménard, se lève de son siège et s'écrie de sa belle voix sonore et retentissante: Courage, Figaro! On ne fait pas mieux à Paris![77]»

Pour la population, il y a les grandes manifestations: des cortèges pour l'arrivée ou le départ d'un gouverneur, des parades et des défilés militaires pour célébrer l'anniversaire du roi ou de la reine, suivis d'illuminations et de feux d'artifices en soirée[78]; ces défilés se répètent une trentaine de fois au moins entre 1766 et 1789. Au chapitre des spectacles gratuits, défilent les processions religieuses, les exercices militaires et les marchés publics. L'histoire des loisirs est riche et variée: en décembre 1787, un Allemand donne des spectacles d'oiseaux savants (2 sous par adulte et 1 sou par enfant de 10 ans ou moins); en 1792, le sergent Ferguson exhibe son «automate ou figure parlante»; il y a des séances de ventriloques, des marionnettes, des cirques et des ménageries. Il se trouve aussi une quantité considérable de débits d'alcool où les ouvriers peuvent oublier quelque peu les tracas d'une vie pénible.

* * *

Les dernières décennies du siècle s'avèrent difficiles pour la ville de Québec. La structure de l'économie urbaine est essentiellement celle qu'a léguée le Régime français, et la stagnation de la période 1760-1790 caractérise ces trente années. L'activité maritime et portuaire demeure certes le moteur économique de la ville, mais on n'observe de croissance significative du trafic maritime qu'à la fin du siècle. Les coffres de la trésorerie britannique, asséchés par la guerre, permettent peu d'investissements dans l'économie de la ville. Les retombées que représentaient, avant 1759, les dépenses de l'État en approvisionnement et en travaux militaires sont désormais significativement réduites. Les deux sièges militaires détruisent aussi une partie importante des bâtiments et font fuir plusieurs milliers de Québécois. À la veille de l'entrée en vigueur de la nouvelle constitution, la ville se retrouve avec le même nombre de Canadiens d'origine française qu'au milieu du siècle. L'arrivée d'un millier de Britanniques apporte cependant un nouvel élément de dynamisme.

Pour l'ancienne élite qui demeure dans la colonie, une fois le traumatisme de la Conquête passé, la transition est facilitée par ses affinités de classe avec les nouveaux gouvernants britanniques. Il se trouve toujours un gouverneur installé au château Saint-Louis, et il parle le français. Les fêtes mondaines reprennent donc comme auparavant.

À la fin de cette longue période de stagnation, et après avoir réparé les dommages causés par les guerres, Québec peut envisager l'avenir avec optimisme. Au tournant du siècle, le développement de la région montréalaise ainsi que des territoires plus à l'ouest (le futur Ontario) place Québec, seul port de mer, dans une situation privilégiée.

Chapitre trois

NOUVELLES PERSPECTIVES SOCIO-ÉCONOMIQUES, 1791-1814

La conjoncture politique et économique au tournant du XIXe siècle change considérablement la situation de Québec. Après de nombreuses années difficiles, on entre dans une période de prospérité. L'Acte constitutionnel de 1791 marque le début d'une ère nouvelle pour la colonie, devenue la province du Bas-Canada, avec Québec comme capitale. Tous les espoirs semblent permis, espoirs de liberté politique et de développement économique. Des hommes des deux groupes linguistiques fêtent fraternellement le 26 décembre, jour de proclamation de l'établissement du nouveau régime; on lève son verre à l'abolition du régime seigneurial; on vante les gloires de la Révolution française, de la révolution en Pologne; enfin, on proclame l'avènement de la vraie liberté dans tout l'univers jusqu'à la baie d'Hudson[1]. Toutefois, dès les premières réunions parlementaires, la lutte entre les élites francophones et anglophones refroidit les relations entre les membres des deux groupes; on assiste à l'institutionnalisation des conflits linguistiques, religieux et même idéologiques entre Canadiens et Britanniques, conflits qui ont comme enjeu principal le pouvoir. Bientôt, la guerre entre la France et la Grande-Bretagne oblige cette dernière à se tourner vers l'Amérique afin de se procurer certains produits essentiels comme le bois et le blé; la révolution industrielle en Angleterre crée par ailleurs un marché en constante expansion. Le port de Québec déborde d'activité: pendant l'été, on exporte des milliers de billots de bois et, en hiver, on construit des navires pour le transport du pin blanc. Ainsi, en l'espace de quelques décennies, des transformations économiques et politiques substantielles touchent directement les résidants de la ville.

RELANCE DE L'ÉCONOMIE

Québec, port de mer, demeure très sensible aux changements dans l'économie des pays atlantiques[2] et, si les perspectives se transforment au tournant du siècle, c'est que la Grande-Bretagne a besoin de produits de base en quantités de plus en plus grandes pour être en mesure de soutenir sa croissance industrielle. À la suite du Traité de Jay, entre la Grande-Bretagne et les États-Unis, le commerce entre le Canada et la république au sud est rétabli en 1796, ce qui favorise encore une fois le port de Québec. Après une longue période de stagnation, les exportations, toujours axées sur les fourrures et les produits agricoles, reprennent lentement. Encore jusqu'en 1800-1801, les navires quittant Québec ne totalisent en moyenne que 17 000 tonneaux par année. Des meilleures récoltes et un début modeste de l'exportation des produits forestiers augmentent le tonnage des navires à environ 30 000

Vue de la Place d'Armes et de l'église anglicane, 1832. Des poteaux reliés par des chaînes servent à délimiter un terrain de parade pour les chevaux. (APC: C2632)

Le port de Québec dans la première décennie du XIXe siècle. (APC: C9676)

tonneaux entre 1802 et 1806. À partir de 1807, c'est l'explosion du commerce extérieur grâce surtout à l'exportation du bois et à la construction des navires[3].

Au tournant du siècle, la forte prépondérance des fourrures est concurrencée par les céréales, puis, à partir de 1807, par les produits forestiers[4]. Or, si les fourrures, objets de luxe, ne demandent qu'une manutention minime au port de Québec et un petit nombre de navires de transport, le blé et le bois par contre exigent un grand nombre de navires et une main-d'œuvre abondante pour leur chargement. Par conséquent, si la valeur des exportations ne fait que doubler entre 1801 et 1810, le nombre de navires et leur tonnage quadruplent. La première décennie du XIXe siècle est ainsi témoin d'une transformation fondamentale que l'on peut suivre pas à pas.

Répartition des exportations, 1801-1810 (en %)

	1801-1805	*1810*
Produits agricoles	36	17
Fourrures	45	11
Potasse	9	20
Bois	6	43
Navires	3	8

Les produits agricoles

La récolte de 1801 est abondante. En 1802, on expédie un million de boisseaux de blé et 30 000 barils de farine. Un chroniqueur de l'époque rapporte qu'à l'été de 1802, 123 navires chargés de blé quittent le port en destination de l'Angleterre[5]. Et malgré des fluctuations, les produits agricoles, les céréales surtout, comptent pour plus d'un tiers des exportations entre 1801 et 1806. Or, ce commerce n'est pas seulement soumis à la concurrence des États-Unis sur le marché anglais, il doit aussi tenir compte des conditions locales; devant des spéculations effrénées, le gouvernement impose des limites aux exportations de ce produit alimentaire de base. C'est ainsi que les expéditions de céréales diminuent à partir de 1806, à la suite non seulement d'une demande intérieure accrue mais aussi d'une baisse de la productivité[6].

Les produits forestiers

Bientôt, le bois remplace à la fois les fourrures et les céréales comme principal produit d'exportation. Le blocus continental imposé à la Grande-Bretagne par Napoléon, à partir de 1806, crée une situation d'urgence. Privée des arrivages de bois des pays scandinaves et devant les besoins croissants pour la construction des navires en temps de guerre, l'Angleterre se tourne vers le Canada. De 1807 à 1811, les exportations de billots et de planches passent de 27 000 à 175 000 chargements. En 1805, Philomen Wright de Hull arrive à Québec avec le premier radeau (ou train de bois) de l'Outaouais; deux ans plus tard, selon John Lambert[7], il en arrive 340. En 1815, le géographe Joseph Bouchette estime qu'entre 1806 et 1814, les exportations de bois de toutes espèces s'accroissent de 100 000 à 375 000 tonneaux[8]. Le nombre de navires triple en l'espace de quelques années; arrivés souvent vides des ports de Londres, de Liverpool, de Newcastle, de Dublin et de Greenock en Écosse, ils repartent chargés. En 1810, au moins 500 des 661 navires quittant le port sont remplis de pin blanc[9]. En trois ans, les exportations du bois en provenance de Québec deviennent assez considérables pour conjurer les dangers du blocus napoléonien. Sans doute les pays de la Baltique auraient pu reprendre leurs exportations dès 1809, mais la crainte avait été si vive à Londres qu'elle avait suffi à maintenir la protection douanière accordée aux produits forestiers de l'Amérique du Nord. Site magnifique avec ses kilomètres de berges le long du fleuve, depuis Cap Rouge jusqu'à Lévis, Québec s'est ainsi révélée un des meilleurs ports en Amérique du Nord pour la manutention des billots. Ses marées facilitent d'ailleurs le travail des arrimeurs puisqu'elles permettent de faire flotter le bois jusqu'aux navires ancrés au large.

Figure de proue par François Baillairgé, vers 1795. Le dessin représente le duc de Kent, flanqué de castors, d'équipement militaire et de deux femmes symbolisant le Bas et le Haut-Canada. (MQ)

La construction navale

La construction navale, qui redémarre modestement en 1787, prend une expansion considérable au tournant du siècle, dans une douzaine de localités de la région et dans les petits chantiers du bas du fleuve jusqu'en Gaspésie. En 1807, George Heriot, responsable des postes et auteur d'un livre sur le Bas-Canada, précise que, depuis 1793, la construction des vaisseaux a été entreprise à Québec avec un succès considérable, bien que les ancres, voiles et cordages soient généralement importés d'Angleterre[10]. Cette industrie accompagne tout naturellement le commerce des billots de bois. Les berges parsemées de billots fournissent la matière première pour la construction navale, surtout pendant les sept mois où la navigation est impossible sur le fleuve. Et, au printemps, lorsque vient le moment de lancer les navires, il y a toujours les grandes marées de mai pour mener les bâtiments au large. Parmi les premiers constructeurs, on trouve Patrick Beatson, John Black, Louis Dunière et John Mure, suivis en 1797 de Francis Badgley et John Munroe et, en 1798, de John Munn, un des plus productifs[11]. Les premières années, les chantiers situés dans le Cul-de-Sac et à l'anse des Mères, lancent des goélettes d'une quarantaine de tonneaux en moyenne; mais, avant 1799, la construction navale est peu importante, produisant à peine 34 navires au total.

L'année 1799 annonce un déblocage. Jusqu'en 1824, malgré quelques années creuses entre 1813 et 1818, le tonnage produit à Québec ou dans la région est considérable. On atteint un sommet au cours de l'hiver 1810-1811: les chantiers sont le théâtre d'une grande activité d'où sortent, au printemps, 17 vaisseaux totalisant 6384 tonneaux[12]. Cette industrie répond ainsi à la demande extraordinaire du marché britannique et fournit du travail à plus d'un millier d'artisans — scieurs, charpentiers, forgerons — et de journaliers[13]. La crise de 1811 et la guerre ralentissent la production à Québec; néanmoins cette industrie est bel et bien lancée puisque, entre 1787 et 1820, elle produit à peu près 219 navires totalisant plus de 50 000 tonneaux[14]. Dans les premières décennies du siècle, Québec devient donc rapidement un carrefour commercial; le développement de ses relations avec l'extérieur crée des conditions suffisantes pour favoriser la production navale. Toutefois le mouvement n'en est qu'à ses débuts, puisque l'ensemble de la production des années 1790 à 1820 ne représente qu'une mince fraction, moins de 5% de tout le tonnage produit avant la fin du XIXe siècle[15].

Les transports sur le fleuve

Un autre signe de la révolution commerciale du Bas-Canada est l'arrivée à Québec, samedi le 4 novembre 1809, du premier bateau à vapeur naviguant sur le fleuve, l'*Accommodation*, construit à Montréal par John Molson[16]. D'une longueur de 75 pieds, il peut loger 20 passagers. Ce premier voyage dure 66 heures, dont 30 à l'ancre. «Il est évident que la machine actuelle n'a pas la force suffisante pour cette rivière, écrit *La Gazette de Québec* le 9 novembre 1809, mais il n'y a point de doute de la possibilité de la perfectionner de manière à répondre à la fin à laquelle elle est destinée.» Du point de vue financier, l'*Accommodation* n'est pas un succès, mais la réduction du temps de voyage est déjà considérable. En goélette, les voyageurs peuvent descendre de Montréal à Québec en trois ou quatre jours, mais la grande difficulté est de remonter le fleuve; le voyage, si le vent est contraire, dure alors 15 jours en moyenne.

En 1812, les Molson lancent un deuxième bateau, le *Swiftsure*, qui apparaît devant Québec le 22 novembre et qui entreprend un service régulier au mois de mai suivant. Long de 130 pieds, il transporte les troupes pendant la guerre. Avec le *Malsham*, en 1815 et, en 1817, le *Lady Sherbrooke*, John Molson dispose de trois bateaux à vapeur; il fait donc l'acquisition d'un quai rue Champlain. En 1816, Thomas Torrance met en service le *Car of Commerce*; le transport entre Québec et Montréal se fait régulièrement à partir de cette date. Le trajet dure un peu plus de trois jours, puisqu'à cette époque il n'est

Objets importés d'Angleterre, 1800-1850 *a*. Bouteille de bière importée et vendue par un marchand de Québec, J. Musson & Co. *b*. Pot de pâte d'anchois, produit de Crosse & Blackwell. *c*. Flacon à parfum de la compagnie londonienne T. Rigge. *d*. Grand plat de service avec motif «*Villagers*». *e*. Bol à punch avec inscription «*Success to the British Arms*». *f*. Pot de chambre avec dessin d'une maison de campagne. *g*. Couvercle d'un pot de graisse d'ours utilisée pour empêcher la chute des cheveux (produit vendu à Québec par Joseph Bowles). *h*. Pot d'onguent dit universel, remède contre les tumeurs, la goutte et le rhumatisme (vendu par J. Musson) *i*. Flacon d'apothicaire. (Parcs Canada)

pas question de naviguer la nuit et que le moteur ne fonctionne que lorsque le vent tombe[17]. La nouvelle technologie de la vapeur est donc mise en service très tôt sur le fleuve, indiquant l'importance de la restructuration commerciale du Bas-Canada dans les premières années du XIXe siècle. Elle témoigne aussi de la détermination des hommes d'affaires montréalais à y participer, malgré les difficultés de la navigation fluviale[18]. Cette nouvelle technologie est aussi mise à profit pour les liaisons, toujours difficiles, entre les deux rives du fleuve; c'est ainsi qu'à partir du 10 mai 1818, le *Lauzon*, un bateau motorisé de 310 tonnes, assure un service de traversier entre Québec et Lévis[19].

Le développement du trafic maritime contraint les autorités à procéder à une réorganisation des services portuaires. En 1790, James Frost, capitaine du port, réunit tous les règlements concernant les pilotes et la navigation et en fait imprimer 150 exemplaires, tant en anglais qu'en français. En 1799, le lieutenant-gouverneur Milnes nomme un comité responsable de la réglementation des pilotes, sous la présidence de l'honorable John Young, conseiller exécutif et député de la Basse-Ville. Devant l'augmentation du trafic, ce comité est incorporé en 1805 sous le titre de la Maison de la Trinité[20], organisme qui s'occupe du pilotage et de l'inspection des navires dans le port jusqu'en 1875. De plus, les cartes publiées par l'amirauté britannique, à partir de 1775, rendent plus sûre la navigation depuis le golfe jusqu'à Québec; elles sont complétées par l'ouvrage de John Lambly, *Sailing Directions for the River St.Lawrence. From Cape Chatt to the Island of Bic*, publié à Québec en 1808 et repris par William Heather à Londres[21]. Le trajet demeure dangereux pourtant et les échouements nombreux, comme en témoignent les récits de naufrages qui frappent l'imagination populaire[22].

Cette période de prospérité basée sur les exportations prend fin, au moins temporairement, lorsque la guerre canado-américaine de 1812 interrompt l'acheminement du bois vers Québec par les voies intérieures; les sorties de navires diminuent de moitié entre 1812 et 1814. De façon générale, la guerre de 1812-1814 perturbe l'ensemble d'une économie fébrile. Dès 1811, une petite crise économique et la poussée inflationniste en Grande-Bretagne affectent les exportations. Par la suite, les mauvaises récoltes font baisser la quantité de céréales destinées au marché extérieur; les exportations de blé, entre 1812 et 1817, ne représentent plus que le dixième de ce qu'elles étaient auparavant. Les produits forestiers et les fourrures connaissent aussi des baisses considérables. Le port pourtant fonctionne toujours à pleine vapeur; en effet, les importations font un bond considérable, doublant de volume. Cette augmentation, qui profite aux importateurs et aux entrepreneurs en transport, s'explique par l'économie de guerre et la nécessité de nourrir quelques milliers de soldats britanniques et de miliciens canadiens; la circulation des billets d'armée, monnaie garantie par l'Assemblée et par Londres, contribue à ce climat de prospérité artificielle et inflationniste.

Échouement de navire au bord du Saint-Laurent. Dessin de la fin du XVIIIe siècle. (ANQ: GH 971-88)

UNE POPULATION EN CROISSANCE

Les transformations économiques qui marquent le tournant du siècle se reflètent sur la population, alors en nette croissance. La situation est complètement renversée par rapport aux trois décennies précédentes. Qui plus est, on dispose pour cette période de sources précieuses qui permettent de mieux connaître non seulement les effectifs mais aussi les caractéristiques sociales de la population. Il s'agit des dénombrements préparés par les curés qui recensent la population civile permanente, rue par rue, maison par maison, et qui donnent le nombre de personnes et la profession du chef de famille[23]. Ces sources présentent certes des lacunes: les militaires et la population flottante, immigrants de passage et travailleurs saisonniers, en sont absents. Les dénombrements sont probablement plus fiables pour les catholiques que pour les protestants. Malgré ces faiblesses, ils constituent une documentation extrêmement précieuse sur l'état de la ville à cette époque.

Entre 1795 et 1818, le taux annuel moyen d'accroissement de la population est de 3,5%, ce qui signifie qu'elle double en vingt ans. Ce mouvement s'accentue à partir de 1805, période de grande prospérité; l'accélération s'explique alors surtout par l'immigration. De 1795 à 1805, la population protestante

Navires de guerre anglais devant Québec, 1813. (ROM: 950.224.30).

n'augmente que de 260; entre 1805 et 1818 par contre, l'immigration massive la fait passer de 1526 à 3340 auxquels il faut ajouter un millier d'Irlandais catholiques. Pour les Canadiens français, la courbe est plus modeste; la ville attire néanmoins les jeunes des paroisses rurales, une quarantaine par année entre 1795 et 1805, une centaine entre 1805 et 1818.

À cette population permanente, il faut ajouter celle, moins stable, des soldats, des matelots et des ouvriers saisonniers. S'il demeure difficile de mesurer l'ampleur du phénomène des ouvriers qui n'habitent pas la ville de façon permanente, on peut, à partir des chiffres du capitaine du port, connaître le nombre total de matelots qui y passent au cours de la saison de navigation: de 1764 à 1799, il n'est que de 775; entre 1800 et 1807, il atteint 1400 et, entre 1808 et 1818, on recense 3450 matelots en moyenne par saison. Si la majorité n'est que de passage, un certain nombre de matelots passent l'hiver à Québec, pour diverses raisons comme les naufrages, les maladies, les désertions et les peines de prison[24].

Pendant cette période, la garnison connaît aussi une augmentation notable: ses effectifs atteignent une moyenne annuelle de 2425 entre 1810 et 1816. Mais la croissance de la garnison est proportionnellement inférieure à celle de la population civile. Si, en 1795, les militaires représentent 14% de la population urbaine, en 1818, ils ne comptent plus que pour 8%. Le nombre de soldats à la Haute-Ville demeure cependant stable; il représente environ 30% de la population de ce quartier pour toute la période de 1795 à 1830[25].

Campement indien à Pointe-Lévy, 1788. (MBAC)

Jusqu'en 1805, plus de la moitié des travailleurs de langue anglaise œuvrent dans les milieux d'affaires et les professions libérales; après cette date, on rencontre un plus grand nombre d'ouvriers qualifiés. Cependant, malgré un accroissement rapide de la main-d'œuvre, il n'est guère possible de bien saisir l'image des travailleurs britanniques après cette date, puisque les dénombrements de 1815 et de 1818 n'indiquent les professions que pour quelque 250 d'entre eux, moins de 40% de la population active de ce groupe ethnique. Tout au cours de la période, la répartition de la main-d'œuvre canadienne-française dans les diverses catégories professionnelles ne varie pas. La catégorie des artisans est la seule où la population active se répartit selon la proportion de chaque groupe linguistique par rapport à la population totale. Néanmoins, même dans ce secteur, on note une différence selon l'appartenance linguistique et religieuse. Les Canadiens dominent nettement dans les métiers de la construction: charpentiers, menuisiers, scieurs, maçons et forgerons. Chez les artisans hautement qualifiés — armuriers, ébénistes, horlogers, luthiers, relieurs, voiliers — près de 40% sont par contre des Britanniques[26]. Les Canadiens conservent néanmoins leur place dans certains métiers de luxe comme la sculpture et l'orfèvrerie, ainsi qu'en témoigne la renommée de Laurent Amyot (1764-1839) et de François Ranvoyzé (1739-1819)[27].

Encore au tournant du siècle, plus de la moitié des travailleurs de la ville œuvrent dans des métiers qui demandent habituellement un appren-

Secrétaire d'Edouard, duc de Kent, fabriqué à Québec dans un style «georgien», vers 1792. Le dessin du bureau est attribué à François Baillairgé, ce qui est fort plausible, puisque les Canadiens imitaient les styles britanniques en vogue. (ROM: 962.81)

tissage. À partir de 1806, la prospérité contribue certainement au développement de certains métiers, entraînant une importante augmentation du nombre d'apprentis[28]: d'une moyenne annuelle de 13 contrats d'apprentissage entre 1790 et 1795, on passe à 108 entre 1811 et 1815. C'est dans les métiers de charpentier de navire, de boulanger, de forgeron, de cordonnier et de menuisier que l'on trouve le plus d'apprentis. La grande majorité vient de la ville même; cependant, dans le cas des forgerons, des boulangers et des menuisiers, le pourcentage d'apprentis des paroisses rurales est élevé; les besoins des régions rurales peuvent sans doute expliquer cette orientation des fils des cultivateurs. L'origine linguistique aussi joue un rôle dans le choix d'un métier: les Canadiens préfèrent les métiers de forgeron, de menuisier et de tonnelier; les jeunes Britanniques choisissent surtout ceux de cordonnier, de charpentier de navire et de tailleur[29].

Certains patrons manifestent une préférence marquée pour les apprentis anglo-protestants comme le maître cordonnier John Shea et le constructeur de navires John Munn. Mais ce ne sont là que des exceptions. En fait, la plupart des maîtres artisans engagent des Canadiens, ne serait-ce que par par simple nécessité. En effet, bien que les maîtres britanniques fassent appel aux fils des soldats et qu'ils fassent venir des apprentis de langue anglaise de Montréal, du Haut-Canada et même de la Grande-Bretagne, la rareté de jeunes protestants les contraint à accepter les Canadiens. Par ailleurs, le fait que ces derniers soient attirés par les menuisiers-ébénistes britanniques s'explique en partie par le désir d'apprendre à fabriquer les meubles selon le style anglais, puisque l'engouement pour les modes anglaises gagne rapidement l'élite[30].

Si le nombre d'apprentis, 2 ou 4% de la population, demeure remarquablement stable tout au cours du XVIIIe siècle et même jusqu'aux années 1830, la nature des rapports entre l'apprenti et son maître se transforme au tournant du siècle. L'expansion commerciale pousse les maîtres à engager un plus grand nombre d'apprentis; les boutiques de six et sept apprentis ne sont plus rares, surtout chez les tonneliers, les forgerons et les menuisiers. Aux chantiers de construction navale, leur nombre est encore plus grand. Certains artisans, comme les forgerons, les ferblantiers, les voituriers et les cordonniers, fabriquent déjà des produits standardisés qu'ils mettent en vente devant leurs boutiques. De nombreux exemples de ce genre de production apparaissent dans les annonces de *La Gazette de Québec*; par exemple, Samuel Jeffreys, établi rue de la Fabrique, annonce le 23 mars 1797 qu'il possède tout un stock de chaussures «déjà faites» pour hommes et pour dames. Ce sont les débuts modestes d'une production en série, qui change les relations entre les maîtres et leurs apprentis, ces derniers devenant des employés salariés[31].

UN ESPACE URBAIN DIFFÉRENCIÉ

Les écarts qui caractérisent la composition des différentes parties de la ville ne sont qu'une des manifestations de la différenciation sociale de l'espace urbain de Québec. Celle-ci a, comme nous l'avons vu, des racines fort lointaines.

La Basse-Ville

L'augmentation du trafic maritime se répercute directement sur le développement portuaire. Voici comment Thomas Ridout décrit la situation pendant l'été de 1811: «Il y a tout près de deux cents voiliers ancrés dans le fleuve, formant comme une forêt de mâts en trois ou quatre rangées sur une distance de six milles[32].» Des marchands à court d'espace multiplient leurs demandes de concessions le long du fleuve entre la Pointe-à-Carcy et l'anse des Mères. Devant la lenteur de l'administration militaire qui ne veut pas concéder de terrains avant d'avoir bien évalué ses propres besoins, des marchands n'hésitent pas à occuper des terrains vacants ou à élargir leurs quais aux dépens de leurs voisins; on construit même sur l'espace réservé aux rues et aux passages publics. Par suite de cette activité fébrile, le nombre de quais passe de onze, en 1785, à plus de vingt, en 1804. Cette première expansion de la superficie consacrée à l'accostage des navires et à l'entreposage de marchandises se fait donc en réduisant l'espace résidentiel. Déjà en 1795, ce quartier est surpeuplé, si on en juge les analyses des logements: seulement 27% des ménages habitent une maison unifamiliale alors qu'ils sont plus de 50% dans les autres quartiers.

Le seul moyen d'agrandir la superficie demeure l'expansion dans le lit du fleuve. Par les comblements artificiels, le quartier du port double donc son espace avant le milieu du XIXe siècle. La rue Saint-Pierre ne se situe plus sur le bord de l'eau puisque les quais empiètent déjà sur le Saint-Laurent; en 1815, quelques quais, notamment ceux de John Caldwell, de John Goudie et de William Burns, s'éloignent de plus de 500 pieds de cette rue. Pour gagner de l'espace, il faut aussi construire en hauteur et on ajoute jusqu'à trois étages aux immeubles et aux entrepôts existants. Or, l'expansion de la Basse-Ville est restreinte par le peu de largeur entre la falaise et le fleuve du côté de la rue Sault-au-Matelot et en bas du cap Diamant. Sur le bord de la Saint-Charles, malgré certains efforts de comblement, la rue Sault-au-Matelot n'a que quelques pieds de largeur. Au début du siècle, la rue Champlain est prolongée à l'ouest, jusqu'à l'anse des Mères, site des chantiers de John Munn[33].

À la suite de ces transformations, la Basse-Ville voit d'abord sa population diminuer légèrement entre 1795 et 1805, pour augmenter d'un millier entre 1805 et 1818, croissance bien inférieure cependant à celle des faubourgs. Si, en 1795, la Basse-Ville abrite 35% de la population permanente, en 1818 elle n'en a plus que 21%. Le développement portuaire et commercial a pour effet de réduire l'importance de la Basse-Ville comme quartier résidentiel. Néanmoins, elle conserve encore sa spécificité comme centre commercial; à peu près 30% de sa population active est dans le commerce.

La Haute-Ville

La présence militaire à la Haute-Ville marque profondément le paysage urbain pendant ces années. En complément au secteur des casernes du parc de l'Artillerie, où sont logés les artilleurs, les ingénieurs britanniques construisent,

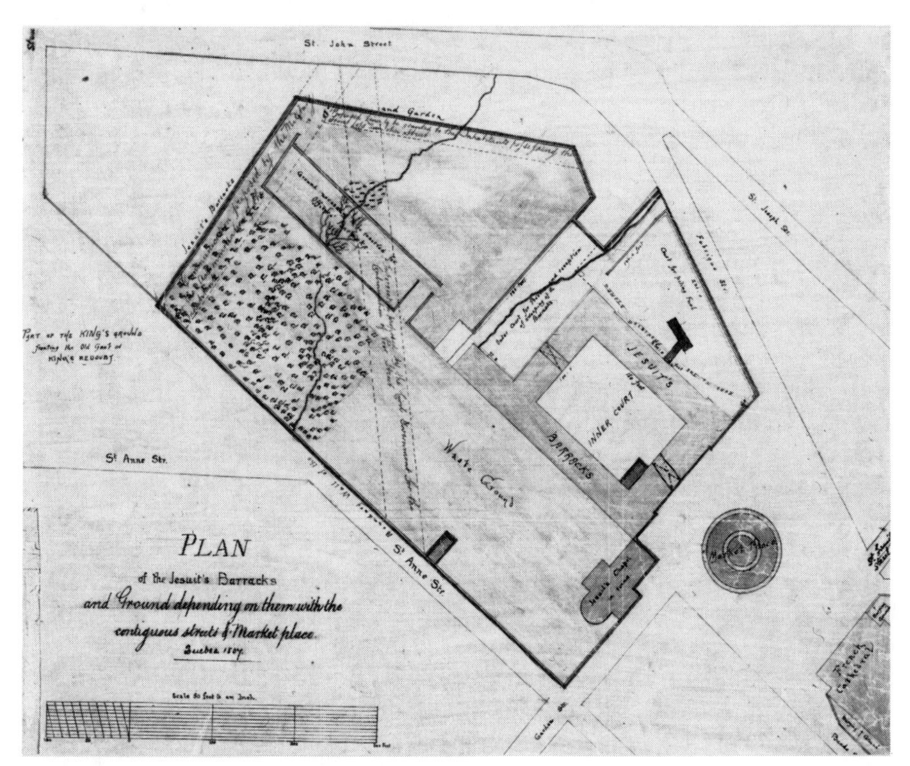

Détail d'un plan de l'ancien collège des Jésuites transformé en caserne par l'état-major britannique, 1807. (APC: C55347)

entre 1808 et 1814, les *Splinter Proof Barracks* (des casernes à l'épreuve des éclats d'obus) dans la gorge du bastion Saint-Louis, pour le logement des sapeurs et des mineurs. Le gros des troupes loge toujours dans l'ancien collège des Jésuites. Ici les casernes sont aménagées par les militaires au détriment des jardins et des vergers qui fournissaient au XVIIIe siècle une part importante des provisions de légumes du marché de la Haute-Ville. En 1807, par exemple, 1000 soldats sont casernés dans le seul collège, en plein cœur de la ville; les jardins sont abandonnés à cause des déprédations des militaires. Par ailleurs, on aménage des quartiers pour les officiers et un hôpital militaire rue Saint-Louis[34].

Les constructions défensives sont également importantes, car la période 1785-1815 correspond à une étape de transition dans la conception de la défense de Québec contre les attaques possibles des Américains. Suivant les grandes lignes du plan de l'ingénieur Gother Mann, les remparts sont réparés; la porte Prescott est construite sur la côte de la Montagne (1797); l'enceinte de la ville est complétée en maçonnerie le long de la rue des Remparts, et entre le château Saint-Louis et les hauteurs du Cap (1805-1812); des travaux avancés sont érigés devant la porte Saint-Louis, élargissant la zone de défense entre la Haute-Ville et le faubourg Saint-Jean (1808-1810). On érige aussi quatre tours Martello dans le faubourg Saint-Jean à quelque distance de l'enceinte et on construit plusieurs poudrières et entrepôts à travers la Haute-Ville[35].

Le contrôle militaire devient ainsi plus accentué et les communications entre les différents quartiers par conséquent plus difficiles. En 1799, par exemple, les habitants des faubourgs Saint-Roch et Saint-Jean se plaignent que la fermeture des portes pendant la nuit fait perdre de la valeur à leurs propriétés puisque les gens n'osent point s'aventurer dans leur quartier le soir afin de fréquenter les auberges ou les autres lieux d'amusement. L'étroitesse des portes crée aussi des problèmes: elles n'ont que huit pieds de largeur, à peine suffisant pour permettre le passage d'une charrette chargée de paille ou de foin[36]. La contribution des ingénieurs de l'armée à l'architecture de la Haute-Ville ne se limite cependant pas aux ouvrages militaires; ce sont eux en effet qui agrandissent et réaménagent la place d'Armes. Ils dessinent les plans de la cathédrale anglicane, érigée entre 1799 et 1804. Ce bâtiment magnifique est l'œuvre du capitaine Hall et du major Robe; celui-ci a commis aussi la halle du marché de la Haute-Ville, construite à partir de 1807, édifice tellement laid et mal conçu qu'on doit le défaire à peine cinq ans après son ouverture. C'est au jeune architecte canadien-français Baillairgé[37] qu'on doit les deux édifices gouvernementaux les plus imposants de la période: le palais de justice, construit entre 1799 et 1804, et la prison de Québec, érigée entre 1805 et 1811.

La cathédrale anglicane, édifice imposant par la nouveauté de son architecture et par son étendue, symbolise la place importante des Britanniques dans la ville. En 1810, les presbytériens, des Écossais pour la plupart, inaugurent leur propre église, rue Saint-Stanislas. Pour les ouvrages de maçonnerie de ces bâtiments, on fait appel à la famille Cannon, établie à Québec en 1795. L'emprise des Britanniques sur la partie haute de la ville se voit encore dans le luxe des domiciles érigés le long de la rue Saint-Louis et des voies attenantes. Parmi les maisons construites au tournant du siècle, de véritables hôtels particuliers, on remarque celle de Thomas Coffin (1754-1810), receveur général de la Province, à l'angle des rues Saint-Louis et Sainte-Ursule, et celle du juge en chef Jonathan Sewell (1766-1839), rue Saint-Louis[38].

Si les élites se fixent de plus en plus nombreuses à la Haute-Ville, elles en éloignent les classes ouvrières qui se retirent dans les faubourgs. C'est ainsi que la population de la Haute-Ville n'augmente que de quelque 200 personnes entre 1795 et 1805 et d'un millier entre 1805 et 1818. Ce quartier qui, en 1795, compte presque 40% de la population stable de la ville, n'en a plus que 26% en 1818. La Haute-Ville demeure toujours le refuge d'une élite et ses boutiques sont la marque d'une société qui vit dans une certaine aisance. Dans les rues marchandes, autour de la place Notre-Dame et sur la côte de la Montagne, qui fait le lien entre la Haute et la Basse-Ville, il y

Photographie de l'imposante résidence de Jonathan Sewell, construite en 1803-1804. (MAC: 11578-9 B4)

a plusieurs boutiques: des perruquiers, des armuriers, des chapeliers, des orfèvres, des épiciers, des pâtissiers, des horlogers, des parfumeurs. En 1818, déjà 12 % de la main-d'œuvre s'y concentre dans les métiers hautement qualifiés. Le gouverneur et sa suite, les officiers du gouvernement et la majorité des fonctionnaires y habitent. Aussi y trouve-t-on les notaires, les avocats, les médecins ainsi que les évêques catholique et anglican avec leur clergé. Il y a une centaine de personnes engagées dans le commerce. Parmi les ouvriers, on trouve surtout des artisans; les journaliers, les charretiers et les autres ouvriers non qualifiés sont peu nombreux. Il y a aussi un grand nombre de domestiques.

L'immigration des premières décennies du siècle transforme le visage des vieux quartiers. La proportion des Anglo-protestants sur le territoire de la Haute-Ville et de la Basse-Ville passe de 22%, en 1795, à 35%, en 1818. À la Haute-Ville, les Britanniques occupent toute la partie entre les rues Saint-Jean et Saint-Louis; les Canadiens doivent se réfugier au bas de la rue Saint-Jean ou même déménager dans les faubourgs[39]. En 1808, Jenkin Jones, agent de la compagnie d'assurance Phœnix, note qu'on peut diviser ce quartier en deux secteurs par une ligne passant le long des rues Saint-Jean, de la Fabrique et Sainte-Famille; la partie au sud comprend les meilleurs immeubles et les rues les plus larges, tandis que la partie au nord, occupée par les

Canadiens, n'a que des rues étroites et des petites maisons de moindre valeur[40]. À la Basse-Ville, en 1818, les protestants, qui comptent pour 30% de la population occupent les bâtiments en pierre de la côte de la Montagne et de la rue Saint-Pierre. Quant aux Irlandais, ils côtoyent les familles canadiennes; engagés dans le commerce maritime, ils sont installés le long de la rue Champlain en direction de Sillery.

Les faubourgs

En 1795, les quartiers au cœur de la ville comptent 70% des maisons particulières et 75% de la population. Un quart de siècle plus tard, la situation s'est transformée: les vieux quartiers, la Haute et la Basse-Ville, ne représentent plus que 40% des maisons et 46% de la population. L'expansion physique s'oriente vers les terrains vagues, en dehors des fortifications, dans le faubourg Saint-Jean. À la suite du lotissement des terrains des religieuses de l'Hôtel-Dieu, entre le coteau Sainte-Geneviève et la rue Saint-Jean, ce secteur voit sa population doubler entre 1795 et 1805; plus de la moitié des nouveaux venus pendant cette décennie s'y établissent. Les impératifs militaires, qui exigent un terrain dégagé, limitent cependant les possibilités d'expansion à l'extérieur des fortifications; ce qui explique pourquoi la construction, à partir de 1805, des tours Martello, première ligne de défense sur les hauteurs, à quelque 800 mètres des murs, ralentit considérablement le développement de cette zone. Les militaires en acquièrent 119 acres entre 1811 et 1822 et, en 1850, ils sont propriétaires de 35% de la superficie»[41]. Entre 1805 et 1818, la croissance du faubourg Saint-Jean se fait donc plus lentement que celle de l'ensemble de l'agglomération urbaine, puisque seulement 22% des nouveaux venus s'y installent; cela représente néanmoins 1500 personnes de plus dans un quartier qui en compte déjà 2000 en 1805. C'est pendant cette période aussi que se peuple le secteur appelé plus tard le faubourg Saint-Louis, à l'extérieur de la porte du même nom; il compte déjà plus de 400 personnes en 1818.

Aussi longtemps que Saint-Jean offre des terrains nombreux et bon marché, Saint-Roch voit son expansion limitée par les difficultés de communication avec les autres parties de la ville. Malgré tout, entre 1795 et 1805, quelque 670 personnes viennent s'ajouter aux 830 déjà installées; ces gens habitent entre les rues Saint-Roch, Saint-Vallier et Grant[42]. Devant l'entassement du faubourg Saint-Jean et la difficulté de s'y procurer des emplacements, les Canadiens qui arrivent en grand nombre à partir de 1805-1806, s'orientent surtout vers Saint-Roch[43]; ce quartier voit sa population augmenter de 3200 personnes entre 1805 et 1818, soit un taux de croissance de presque 10% par année, plus du double de celui de la ville même. La première expansion de Saint-Roch, au-delà du secteur du Palais, se fait sur les terrains de William Grant, acquis en 1810 par John Mure pour la partie sud-ouest et

Angle de la rue Saint-Jean et de la rue du Palais où l'on peut observer quelques lanternes (détail). (ROM: 951.205.17)

par John Richardson pour la partie nord, sur la rive de la Saint-Charles[44]. En 1811, un terrain de 40 pieds sur 60, rue des Fossés, se vend 60 livres à raison de 3 livres par année[45]. Mure ouvre ainsi tout le secteur entre la rue Craig à l'est, les anciennes terres des Jésuites à l'ouest (la Vacherie), la rue Sainte-Marguerite au sud et la rivière Saint-Charles au nord. Il fait même cadeau d'un terrain pour une église à Saint-Roch, peut-être avec l'intention d'inciter les gens à s'y établir.

Le régime seigneurial peut-il entraver les développements urbains? Il est certain qu'après 1760, les servitudes du régime créent une situation ambiguë[46]. À la suite du traité de Paris, les propriétaires de terrains sur le domaine royal doivent verser les cens à la Couronne; en plus, ils sont obligés de payer une taxe d'un douzième (lods et ventes) sur chaque transaction immobilière. Or, très peu acquittent ces droits. C'est ainsi qu'à plusieurs reprises la Couronne tente de forcer les débiteurs à régler leurs obligations. À chaque tentative, les propriétaires répondent par des pétitions forçant le gouverneur à retarder toute action, en attendant la décision du gouvernement britannique sur la légalité des droits exigés. En avril 1801, la législature provinciale vote une loi «pour le soulagement des personnes qui tiennent des terres ou immeubles de Sa Majesté en roture, sur lesquels des lods et ventes sont dus». Cette loi prévoit l'effacement de la dette pour ceux dont la valeur des biens est quatre fois moindre que le montant dû; elle exempte également toute personne qui a servi pendant le siège de Québec de 1775 et dont la propriété a été endommagée. La réaction parmi la population est néanmoins très vive et le gouvernement doit remettre à une autre fois le règlement de ce problème épineux.

Enfin, en 1834, les lods et ventes impayés sont annulés; les censitaires paient seulement ce qu'ils doivent personnellement au domaine du roi, par paiement différé[47]. Robert Christie, alors président du tribunal des magistrats, prétend que les obligations seigneuriales ont retardé le développement de la ville[48]. Mais il semble que ce soient surtout les dédales d'un système juridique peu connu des Britanniques qui expliquent les nombreuses pétitions contre le régime. En fait, les censitaires de la ville ne s'occupent guère des obligations seigneuriales, surtout sur le domaine royal. Il reste que certains propriétaires profitent des ambiguïtés de la situation. Ainsi, William Grant, se considérant seigneur de Saint-Roch, impose, à partir de 1765, des obligations seigneuriales à ses «censitaires». En 1805, la Couronne entreprend des poursuites pour récupérer les droits seigneuriaux que Grant a illégalement perçus[49]. Les habitants de Saint-Roch qui les ont versés, eux, ne seront jamais remboursés.

Voici amorcé le mouvement d'expansion rapide le long des rives de la Saint-Charles, que décrit bien Joseph Bouchette en 1815: «Un espace de dix années a produit dans cette partie de la ville une grande augmentation, tant pour les bâtiments que pour la population et il y a toute apparence qu'elle continuera d'une manière encore plus considérable[50].» Cette expansion qui s'accomplit sans planification apparente cause de graves problèmes aux habitants. À partir de 1809, ils rédigent de nombreuses pétitions, se plaignant que les eaux usées du faubourg Saint-Jean s'y écoulent continuellement et que seule la voie principale, la rue Saint-Vallier, soit quelque peu entretenue. Les canaux d'écoulement et les drains sont inadéquats et en mauvais état. Tout cela engendre une situation déplorable: bourbiers et ornières impraticables dans les rues, mares d'eau stagnante, cours de maisons et caves inondées; déchets et immondices croupissant partout[51]. La faible pression de la population francophone et ouvrière ne pousse pas les autorités à améliorer l'état des faubourgs, surtout celui de Saint-Roch. Ces quartiers sont d'ailleurs mal approvisionnés; ils sont loin des marchés et ne comptent que peu de bouchers et de boulangers.

LA VIE URBAINE

L'expansion des activités économiques au tournant du siècle attire un grand nombre de travailleurs des paroisses environnantes, autant que les immigrants des îles Britanniques; des nombreux navires qui arrivent au port descend aussi une population flottante en quête de plaisirs après de longues semaines sur l'océan. Les institutions en place ont de la difficulté à s'adapter aux transformations rapides qui en résultent. Le grand nombre de matelots en liberté et la présence d'une garnison importante rendent la situation particulièrement mouvementée. On se plaint continuellement des bagarres et des scènes de débauche; les délits des soldats et des matelots sont nombreux: ivresse, vols, vandalisme, viols et meurtres! La désertion des soldats pose aussi un problème épineux. Parmi les citoyens en vue qui en souffrent, il y a Joseph-François Perrault (1753-1844), greffier de la cour; en avril 1800, revenant à sa maison sur le chemin Saint-Louis en compagnie de sa femme qui attend un enfant, ils rencontrent une bande de soldats avinés et turbulents à la porte même de leur demeure; saisie d'une très vive frayeur, Ursule Perrault meurt le lendemain[52]. D'autre part, les enlèvements forcés d'hommes pour le service maritime suscitent de nombreux incidents violents. La mort de Simon Latresse, le 13 septembre 1807, des suites d'un coup de feu tiré par des matelots presseurs du vaisseau de Sa Majesté, le *Blossom*, est l'occasion d'une dénonciation dans les journaux[53].

Afin de réduire quelque peu cette violence, on s'attaque à la prolifération des débits d'alcool. Selon les magistrats, «l'ivrognerie, nourrice de l'impudicité, du désordre et de tous les crimes les plus odieux, voit tous les jours, en dépit de l'autorité des lois, des milliers de nourrissons s'échapper des bras de l'innocence, pour se repaître effrontément de son lait envenimé. Les cabarets sont leurs repères ordinaires[54]». En 1791, on compte 73 cabarets, soit un débit par 90 personnes et, en 1811, il y en a 112. Le voyageur anglais

John Lambert signale que les habitants aiment passionnément le rhum et ceux qui viennent vendre leurs produits en ville s'en retournent rarement en parfait état de sobriété[55]. Selon Michel Bibaud, dans sa satire *Contre la paresse* (1818):

> Le rhum, en nos climats, fait d'horribles ravages,
> Et, sous tous les rapports, cause d'affreux dommages:
> Que de jeunes gens morts, pour en avoir trop pris[56]!

En effet, dans les premières décennies du siècle, la quantité de spiritueux importés se multiplie par dix[57]. Pendant quelque temps, les juges de paix s'occupent activement de poursuivre les aubergistes pour vente d'alcool le dimanche, mais sans beaucoup de succès. «On voit, écrit-on en 1810, ces hordes insolentes s'assembler à la porte de nos temples, y insulter des filles et des femmes vertueuses, par des paroles choquantes et obscènes[58].»

D'autre part, l'accroissement du nombre de prostituées fait aussi l'objet de dénonciations[59]. En 1792, un voyageur note que la ville est «infestée de prostituées de la plus basse condition qui sollicitent l'attention des passants même le midi[60].» Les magistrats estiment leur nombre entre 400 et 500, en 1811, ce qui serait tout de même considérable[61]! Décidant de sévir, ils annoncent qu'il y aura une réduction du nombre de maisons de rendez-vous ainsi que des tavernes[62]. Si certains prêchent la tolérance, considérant qu'il s'agit d'un mal nécessaire, surtout dans une ville portuaire et de garnison[63], d'autres «gémissent» sur la disparition des anciennes vertus. Une servante entrée vierge dans une maison de Québec, écrit *Le Vrai-Canadien* du 18 août 1809, n'y demeure pas trois mois «sans aller joindre le troupeau des filles publiques»; des pères et des fils se disputent les mêmes filles! On ajoute que les maladies vénériennes se répandent; même les campagnes en sont contaminées[64]. Aussi le nombre d'enfants illégitimes augmente, atteignant, entre 1801 et 1810, jusqu'à 5,8% des naissances[65]. Selon John Lambert, «le nombre de femmes infidèles, de maîtresses entretenues et de filles de peu de vertu, excède en proportion celui d'Angleterre[66].» On peut citer le cas du notaire et homme d'affaires, Michel-Flavien Sauvageau (1776-1851), qui aurait eu une dizaine d'enfants illégitimes dont Charles Sauvageau (1804-1849), musicien et compositeur[67].

Au plan religieux, le tournant du siècle est marqué par la volonté des autorités ecclésiastiques de reprendre en main une population dont les mœurs ont été bouleversées par les transformations de la ville. Lorsque Joseph-Octave Plessis accède au siège épiscopal en 1805, cet ancien curé de la paroisse de Québec s'attaque à toute forme de loisir pouvant conduire au désordre, comme les courses de chevaux, la danse et les spectacles. Les fêtes religieuses étant devenues des occasions de «débauche», il lui semble essentiel d'en réduire le nombre, à la grande satisfaction aussi des patrons protestants qui avaient critiqué sévèrement une telle perte de temps; certains maîtres avaient même déjà limité le nombre de congés dans les contrats d'engagement.

En 1815, Mgr Plessis se remémore avec nostalgie cette période plus calme où «les fidèles étaient plus dociles et encore à l'abri des effrayants progrès qu'ont fait, dans leurs esprits, les principes de la liberté et de la démocratie propagées par notre nouvelle constitution et par l'exemple contagieux de la Révolution française[68]». L'image traditionnelle de la paroisse paisible sous la direction d'un curé autoritaire semble peu compatible avec l'urbanisation; le clergé peut mener un combat d'arrière-garde, mais le mouvement amorcé s'intègre dans le long processus de la sécularisation de la société; la réduction des fêtes d'obligation éloigne progressivement les gens de l'église tout en augmentant le nombre de jours de travail.

Une administration inadéquate

Les juges de paix qui n'exercent leurs fonctions qu'à temps partiel, ne peuvent compter que sur les services de six baillis pour faire respecter les règlements. Si, en 1810, un Anglophone loue «l'attitude britannique où le citoyen tient la place qui dans presque tous les autres pays est remplie par des informateurs engagés», il ne peut s'empêcher de constater que «le vol n'est plus une offense rare et nous ne sommes pas exempts des larcins d'une magnitude rarement dépassée dans les autres pays[69]». Déjà en 1796, les commerçants et les propriétaires mettent sur pied un système de patrouille de nuit, pour contrer l'augmentation du nombre de vols et d'incendies criminels. La ville est divisée en cinq secteurs et, du coucher du soleil à l'aube, des équipes de cinq hommes patrouillent les rues afin de prévenir les troubles et les incendies; il y a deux équipes dans chaque secteur, et elles se relayent toutes les deux heures. Il semble que ces patrouilleurs proviennent surtout du milieu des affaires. Ils ne sont cependant pas à l'abri des critiques; dans un document de 1803, on les avertit en effet de faire bien attention à ne pas inquiéter ou rudoyer les citoyens respectueux de la loi[70]. Voulant rendre cette surveillance plus efficace, on oblige, à partir de 1802, les cabaretiers à maintenir une lampe allumée à la porte de leur établissement. Cependant, il faut attendre jusqu'en 1818 avant de voir l'installation de lampadaires aux coins des rues.

Cette patrouille volontaire organisée par la bourgeoisie a comme fonction principale la protection de la propriété privée. Le contrôle de la criminalité et l'application des règlements relèvent toujours des baillis. Or, l'absence d'une corporation municipale avec ses propres revenus rend impossible le recrutement d'une force policière efficace. Comme expédient, les magistrats décident, en 1798, d'assermenter des constables spéciaux; ils sont 25 jusqu'en 1812 et une quarantaine par la suite[71]. Tout en conservant leurs métiers habituels, ils travaillent selon un horaire flexible et reçoivent, comme rémunération, la moitié des amendes. Le corps de métier le plus représenté parmi ces constables est celui de cabaretier (24% en 1799 et 54% en 1807)[72].

Comme on peut l'imaginer, les abus sont nombreux puisque les amendes les plus fortes proviennent des gens qui ne respectent pas les règlements sur la vente de l'alcool; les constables se trouvent donc souvent en conflit d'intérêt. Les magistrats, choisis surtout parmi les commerçants britanniques, tendent à concentrer le travail des constables dans la vieille partie de la ville, délaissant ainsi les faubourgs. C'est pourquoi, en 1812, à la suite de plaintes répétées, on ajoute une quinzaine de constables spécifiquement pour Saint-Jean et Saint-Roch. Malgré ces mesures, le système policier à Québec au début du XIXe siècle n'arrive pas à contrôler les activités d'une population mobile, dans une ville portuaire en pleine croissance.

Le nombre accru de jeunes ouvriers effraie aussi les esprits conservateurs, puisque le soir et les journées de congé, ces jeunes «oisifs» cherchent des occasions de se distraire. En 1801, la législature vote donc une loi interdisant aux apprentis et aux domestiques de jouer au billard et de se livrer aux jeux d'argent; l'année suivante, on doit réglementer les relations de travail à cause du nombre d'apprentis qui abandonnent leurs maîtres. En 1811, Ross Cuthbert, président du tribunal des magistrats, décrit ainsi la conduite de ces jeunes:

> En groupe, ils sont insolents, paresseux et immoraux. Il n'y a pas longtemps, ils constituaient la majeure partie de ces groupes dont le seul dessein était de se livrer à la débauche la plus corruptrice dans certaines maisons mal famées, qui ont depuis été supprimées. On s'est rendu compte qu'ils avaient joué un rôle actif dans la plupart des scènes de désordre ou de dépravation qui avaient nécessité une enquête publique; et il est maintenant certain qu'ils ont contribué plus qu'aucun autre groupe à cette somme de malheur et d'inconvenance publique[73].

Il estime que ces désordres s'expliquent par le fait que ni les apprentis ni les maîtres ne respectent les obligations qui leur sont imposées par le contrat d'apprentissage et par la loi. En fait, les jeunes n'acceptent plus les conditions sévères imposées par une conception périmée de l'apprentissage; ils veulent recevoir une certaine somme d'argent et pouvoir en disposer à leur guise.

La voirie donne toujours des maux de tête considérables aux magistrats; en 1795, dans une requête devant le comité spécial de l'Assemblée sur l'état des routes de la province, ils exposent les problèmes d'un système qui dépend en grande partie de la bonne volonté des citadins. Devant l'ampleur des besoins et le fait que tous tirent avantage des améliorations, les juges suggèrent que soit établi «un droit modéré sur les revenus des maisons et autres édifices dans la ville et les faubourgs». C'est la première fois qu'il est question d'un impôt, d'une cotisation sur la propriété au Québec. La loi des chemins, votée en 1796, prévoit une organisation plus efficace pour les villes; les juges de paix dans leurs sessions trimestrielles, peuvent établir, élargir et changer les chemins, ponts, marchés ou places publiques lorsque la nécessité en aura été établie sous serment par douze des principaux résidants. Ils

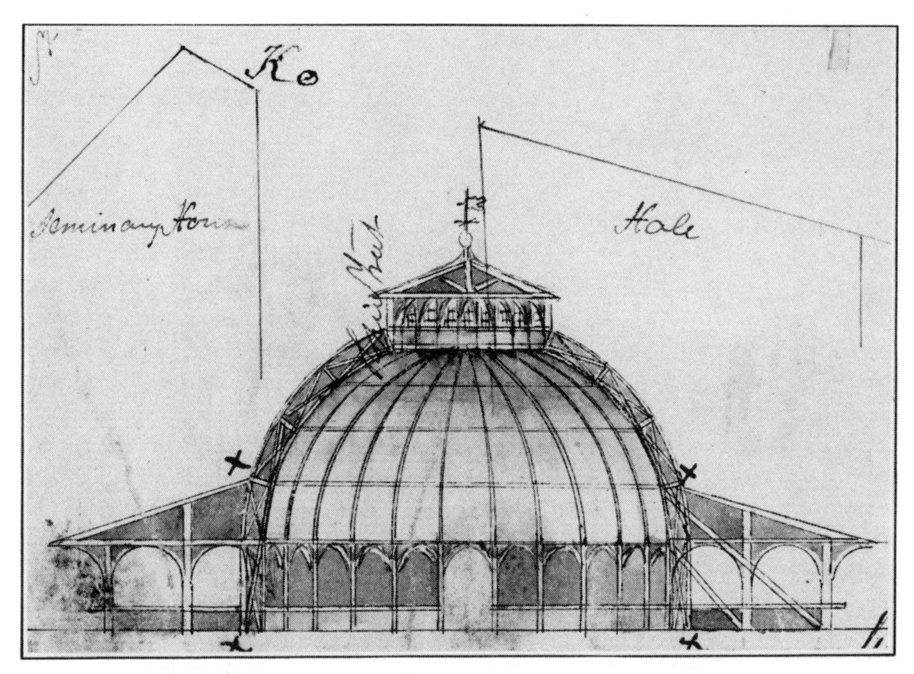

Détail de la coupole du marché de la Haute-Ville, en 1806. (APC)

nomment aussi un trésorier, un inspecteur des chemins et des sous-inspecteurs. Tout homme âgé de 18 à 60 ans doit fournir six jours de travail ou l'équivalent en argent; à tout propriétaire de chevaux, on impose l'obligation de quatre jours supplémentaires de travail pour chaque cheval. Dans le cas où la corvée imposée ne suffit pas, les magistrats peuvent fixer le taux d'une cotisation répartie sur tout occupant d'un immeuble, en proportion de la valeur établie annuellement par des cotiseurs nommés à cette fin. Cette loi marque donc le début d'un service municipal de voirie ainsi que l'établissement d'une taxe ou cotisation sur la propriété aux fins des services de la municipalité.

La cotisation annuelle, fixée à quatre deniers par livre de valeur (un taux de 1,66%), doit servir aux travaux de voirie, et à la construction et à l'entretien des marchés. Or, la répartition des travaux dans les différents quartiers constitue toujours un problème, puisqu'on tend à dépenser l'argent surtout dans les vieux quartiers. En 1809, les résidants des faubourgs demandent à l'Assemblée de prendre les mesures nécessaires pour que les sommes prélevées soient dépensées d'une façon qui tienne compte des besoins. Le comité auquel sont référées ces pétitions reconnaît que les rues des faubourgs sont en mauvais état et que, dans Saint-Roch, il n'y a de trottoirs que devant un quart des maisons. Le comité donne raison aux pétitionnaires et suggère des amendements à l'Acte des chemins[74]; mais rien ne se fait avant plusieurs années.

Les travaux des halles du marché de la Haute-Ville, à partir de 1807, accaparent une partie importante des fonds de la voirie, soit 400 livres en 1809 (24% des cotisations), malgré une subvention importante de la législature. Cette halle du marché n'ouvre ses portes qu'en 1811. D'une laideur déconcertante, ce bâtiment rond, de 112 pieds de circonférence, surmonté d'une immense coupole couverte de planches se terminant par une lanterne en bois, est la cible des commentaires désobligeants des visiteurs et des citadins. Dès 1815, des citoyens éminents présentent une pétition à l'Assemblée demandant sa destruction; on explique que si l'édifice prend feu, la coupole d'une hauteur de 100 pieds, ne pourrait être atteinte par les pompes, ce qui mettrait en danger toute la place du Marché (anciennement place Notre-Dame). D'autre part, le coût de finition, soit 2500 livres, est équivalent à ce qui reste à rembourser des frais déjà encourus pour la construction. En plus, il y aura des frais de 1500 livres pour corriger l'insalubrité de l'édifice: les deux réservoirs dans le soubassement sont remplis d'immondices et les vapeurs qui s'en dégagent contraignent les commerçants à s'installer à l'extérieur. À peine cinq ans après son ouverture, on doit donc démolir cet édifice et en construire un autre[75]. Devant un tel gaspillage de fonds, il n'est pas surprenant qu'il n'y ait pas suffisamment d'argent pour l'entretien des rues des faubourgs.

Un autre problème auquel les magistrats ne répondent qu'avec beaucoup de retard est celui des communications entre la Basse-Ville et Saint-Roch; là, en effet, l'eau, qui touche la falaise, empêche de passer à moins d'emprunter la Canoterie qui n'est qu'un sentier passable à marée basse seulement. Voici comment Philippe Aubert de Gaspé décrit la situation en 1807:

> Les charretiers attendaient, en jurant comme des païens, qu'il plût à madame la marée de leur livrer passage. Quant aux piétons, il y avait une ressource, grâce aux dispositions débonnaires de nos bons Canadiens, dont les maisons, construites sur les bords d'un quai situé au pied du Cap, et munies de galeries se communiquant sans interruption, invitaient les passants à se servir de cette voie de communication[76].

L'augmentation du trafic maritime et de la circulation forcent les magistrats à chercher une solution; en 1811, ils font ouvrir une route le long de la grève, la future rue Saint-Paul. Cependant, il faut acheter le terrain nécessaire du Séminaire et, puisque la grève est couverte à marée haute, il y aura plusieurs centaines de pieds de quais à construire. En 1812, une pétition à l'Assemblée demande une subvention de 4000 livres. Enfin, en 1815, le gouvernement accorde les avances nécessaires; mais les travaux ne seront pas terminés avant 1817.

Les routes de banlieue conduisant à la ville se trouvent en très mauvais état. En 1815, les propriétaires le long de ces chemins demandent l'aide du gouvernement, faisant état du grand nombre de voitures qui y circulent, un trafic qui ne leur apporte rien mais dont ils ont à faire les frais puisqu'ils sont responsables de l'entretien de la portion de la route devant leurs propriétés. Le trésorier des chemins à Québec déclare que la ville dans la mesure où elle ne perçoit que 1800 livres en cotisations annuelles, ne peut accorder plus de 100 livres à l'entretien de ces voies publiques. Il faudra attendre encore une dizaine d'années avant de voir certaines améliorations au réseau routier autour de Québec.

Une vie politique agitée

La proclamation du 7 mai 1792 portant sur la division de la province en circonscriptions électorales, fixe aussi les limites de la ville de Québec; elles demeurent inchangées jusqu'aux annexions de 1889. Selon le texte officiel, «la cité et ville de Québec comprendra toute cette étendue de terre ou promontoire entre les rivières Saint-Laurent et Saint-Charles, bornée par derrière par une ligne droite courant le long du front est du couvent appelé l'Hôpital-Général, et continuée de rivière en rivière». La ville est divisée alors en deux circonscriptions, chacune élisant deux députés; la Basse-Ville comprend tout le territoire depuis l'Hôpital-Général jusqu'au cap Blanc, le long de la Saint-Charles et du fleuve; la Haute-Ville comprend tout le territoire sur le plateau, soit la Haute-Ville proprement dite et le faubourg Saint-Jean.

Aux premières élections qui se déroulent pendant l'été de 1792, Robert Lester et John Young sont élus à la Basse-Ville, William Grant et Jean-Antoine Panet à la Haute-Ville. Faut-il attribuer à un sentiment de reconnaissance le fait que les électeurs en majorité francophones votent en faveur de candidats britanniques? Jean Baillairgé, un des candidats défaits à la Basse-Ville, porte plainte contre les tactiques illégales de John Young, copropriétaire de la brasserie Young et Ainslie, qui aurait promis d'engager des artisans et des journaliers à des salaires plus élevés qu'à l'ordinaire[77]. William Grant, riche marchand écossais, est aussi l'objet d'une plainte de la part de quinze électeurs puisqu'il aurait distribué une grande quantité de rhum pendant le scrutin. Grant doit son élection aux marchands, tant britanniques que canadiens, ainsi qu'aux gens de métiers de la Haute-Ville; les résidants du faubourg Saint-Jean par contre lui font une opposition unanime, manifestant probablement leur mécontentement à l'endroit d'un marchand qui avait contribué à la hausse des prix du blé en 1789 et 1790. Il semble cependant que Jean-Antoine Panet, futur président de l'Assemblée, doive son élection aux suffrages de ces gens défavorisés; il les remercie en distribuant 100 louis d'or aux «plus nécessiteux», soit à quelque 374 pauvres.

Les événements de 1789 en France bouleversent l'élite de la colonie. Si le clergé en général et les fonctionnaires ne s'y montrent pas favorables, certains Canadiens saluent la Révolution comme un bienfait. Henri Mezière, jeune démocrate, rapporte que les gens des villes dévorent les œuvres des philosophes, les journaux français et la déclaration des Droits de l'Homme[78].

Pourtant, la bourgeoisie dans son ensemble n'est pas révolutionnaire et la décapitation de Louis XVI, puis la guerre entre l'Angleterre et la France à partir de 1793, transforment ses sentiments. Néanmoins, le procureur général Monk, constatant avec un certain étonnement la pénétration des expressions et du vocabulaire révolutionnaire jusqu'aux couches populaires, conseille au gouvernement britannique l'envoi de troupes additionnelles. En même temps, il préside à la fondation d'une Association pour le maintien des lois, de la constitution et du gouvernement de la province du Bas-Canada. Le premier groupe ainsi formé à Québec en juin 1794, compte déjà 1320 membres en juillet[79] dont l'objet est de dépister des foyers révolutionnaires, puisqu'on ne tolère désormais aucune sympathie pour la France. Le gouvernement pourchasse sans merci toute personne soupçonnée de sédition. Le jeune John Neilson, par exemple, propriétaire de la plus grosse imprimerie de la province, doit se réfugier aux États-Unis pendant l'hiver de 1794-1795, à cause de ses convictions démocratiques.

En mai 1794, confronté au danger de guerre avec les États-Unis, le gouverneur appelle la milice aux armes, malgré ses craintes au sujet de l'état d'esprit des habitants. Et de fait, seulement 8 des 42 paroisses répondent à l'appel. De Charlesbourg à Beauport, au nord de la ville, des groupes armés de mousquets, de bâtons et de fourches, parcourent la campagne, s'attaquant aux curés trop ouvertement loyaux, aux seigneurs et aux Britanniques. Une nouvelle flambée de violence éclate au mois d'août 1796, à la suite d'une mauvaise récolte et de l'imposition de corvées supplémentaires pour l'entretien des chemins. Dans les faubourgs, les habitants enlèvent les roues de leurs charrettes afin d'arrêter les travaux; l'arrestation de cinq des meneurs, malgré les menaces d'une centaine de femmes, calme les esprits de nouveau[80].

L'exécution publique de David McLane pour sédition, au pied de la côte des Glacis, le 21 juillet 1797, frappe aussi les gens de stupeur par sa cruauté calculée. McLane, un Américain un peu naïf, arrivé à Québec en mai avec l'intention de fomenter un complot contre le gouvernement, est arrêté le 11 mai, et condamné à mort le 7 juillet. Philippe Aubert de Gaspé, à peine âgé d'onze ans, se souvient encore en 1863 des horreurs de l'exécution:

> J'ai tout vu, de mes yeux: un grand écolier, nommé Boudriault, me soulevait de temps à autre dans ses bras, afin que je ne perdisse rien de cette dégoûtante boucherie. Le vieux Dr Duvert était près de nous; il tira sa montre aussitôt que Ward, le bourreau, renversa l'échelle sur laquelle McLane, la corde au cou, et attaché au haut de la potence, était étendu sur le dos; le corps, lancé de côté par cette brusque action frappa un des poteaux de la potence, et demeura ensuite stationnaire après quelques faibles oscillations. Il est bien mort, dit le Dr Duvert, lorsque le bourreau coupa la corde à l'expiration de vingt-cinq minutes ... le malheureux était bien mort quand Ward lui ouvrit le ventre, en

Le gouverneur George Prévost, 1811-1815, poursuit une politique de réconciliation entre les leaders canadiens et les administrateurs anglais. (McCord)

> tira le cœur et les entrailles qu'il brûla sur un réchaud, et qu'il lui coupa la tête pour la montrer toute sanglante au peuple[81].

Les agitations se calment à la suite des mesures répressives et grâce à l'abondance des récoltes au tournant du siècle et à la prospérité qui s'ensuit.

À partir de 1805, les mouvements de contestation émanent de l'Assemblée législative. En janvier, les Britanniques opposés aux concessions accordées aux Canadiens fondent *The Quebec Mercury*, journal qui ridiculise les Canadiens et les idées politiques de leurs chefs parlementaires. Devant la tournure des événements, ces derniers décident de fonder leur propre journal, *Le Canadien*, afin de répondre aux attaques du *Mercury*. Dès les premiers numéros, en novembre 1806, *Le Canadien* reproche au parti anglais ou «anti-canadien» de fomenter la «guerre civile» dans la colonie. Autour de cet organe de propagande, la majorité canadienne en Chambre prend l'allure d'un véritable parti politique, ayant un bureau de direction — les «propriétaires de l'imprimerie canadienne» —, des candidats et un réseau de communication.

Au cours de la campagne électorale de 1808, *Le Canadien* consacre 85% de son espace aux élections: propagande, extraits de discours, nouvelles, et

L'évêque anglican, Jacob Mountain. (McCord)

Le ministre presbytérien Alexander Spark. (AVQ)

surtout des commentaires. Les autres périodiques par contre consacrent moins de 10% de leurs pages aux élections. Les exemplaires du *Canadien* parviennent dans tous les coins de la province et le texte en est commenté dans des assemblées locales[82]. Les dirigeants dès lors prennent peur; dans une lettre du 4 décembre 1809, Mgr Plessis s'indigne des «ravages que fait ce misérable papier dans le public et le clergé. Il tend à anéantir tous les principes de subordination, et à mettre le feu dans la province.»Exaspéré, le gouverneur Craig ordonne la saisie des presses et l'arrestation des principaux rédacteurs en mars 1810, sous l'empire de la loi «pour la meilleure préservation du gouvernement». Il émet une proclamation quelques jours plus tard, exigeant qu'elle soit lue et commentée dans chaque paroisse: «Vu qu'il a été imprimé, publié et dispersé divers écrits méchants, séditieux et traîtres [...] il m'a été impossible de passer plus longtemps sous silence ou de souffrir des pratiques qui tendent si directement à renverser le gouvernement.» Voilà une preuve éclatante du rôle de plus en plus important de la ville comme foyer agissant et rayonnant[83].

Des institutions débordées

Devant les besoins d'une population qui augmente continuellement, l'Église est débordée. Le recrutement des prêtres et des religieuses est insuffisant; dans la ville comme dans l'ensemble de la région de Québec, le personnel demeure stable entre 1790 et 1815. Il semble aussi que les catholiques commu-

Service de communion offert à l'Église anglicane de Québec par le roi d'Angleterre, vers 1806. Les armoiries royales et celles du diocèse qui y sont dessinées symbolisent les liens étroits entre le pouvoir impérial et les membres de cette Église. (Église anglicane, Québec)

niants aient de plus en plus de difficulté à assister à la messe. Si, à la suite de l'incendie de l'église des Récollets en 1796, on ajoute des galeries et des bancs dans les allées de la cathédrale Notre-Dame, il reste qu'en 1818, avant l'ouverture de l'église Saint-Roch, la cathédrale doit desservir 13 000 catholiques, soit une moyenne de 5,5 personnes par place assise. Notre-Dame de Québec se trouve aussi dans un état lamentable; les paroissiens y grelottent en hiver puisqu'il n'y a aucun chauffage avant 1819. Voici une description de l'intérieur de la cathédrale en 1807: «Des bancs vieux, sales et noircis, des planchers à demi pourris; au lieu d'une voûte, un plafond enfumé qui donnait passage à la pluie et à la neige; des ornements tombant de vétusté[84].» Les institutions religieuses semblent incapables de répondre adéquatement aux besoins d'une population urbaine en expansion.

Pour les paroissiens des faubourgs, la distance à parcourir chaque dimanche et jour d'obligation est considérable. En 1811, une requête signée par 241 chefs de famille demande la permission de construire une église à Saint-Roch. En mai, John Mure cède à Mgr Plessis un terrain à cette fin[85]. On dit qu'étant élu député de la Basse-Ville grâce au soutien des gens de Saint-Roch, c'est pour les récompenser qu'il fait ce don. Son désintéressement n'est pas sans calcul cependant puisque l'établissement d'un lieu de culte aurait une influence bénéfique sur la vente de ses terrains. En 1813, Mgr Plessis, prévoyant les progrès rapides du quartier, s'assure la propriété du reste du terrain jusqu'à la rue Sainte-Anne et, l'année suivante, il fait l'acquisition de tout le terrain en face de l'église[86].

Le 3 juin 1811, les syndics invitent Mgr Plessis à venir bénir une grande croix à l'emplacement de la future église dont la construction débute en août, d'après un plan dressé par François Baillairgé. Les travaux de menuiserie sont au point d'achèvement lorsqu'un incendie éclate, détruisant tout l'intérieur. Voici qu'en rapporte *La Gazette de Québec* du 19 décembre 1816:

> Le feu avait tellement gagné le corps de l'église avant qu'on s'en aperçût que tous les efforts pour l'arrêter furent inutiles. Tout ce que l'on put faire cependant fut effectué par les grands efforts du militaire, du clergé et des citoyens. Leurs efforts, et le vent qui venait du nord-est, sauvèrent les maisons du voisinage et un grand bâtiment en pierre appartenant à l'église.

On se met résolument à la reconstruction dès 1817, en gardant les mêmes murs; cette nouvelle église est inaugurée en 1818, comme succursale de la cathédrale. Quant aux catholiques du faubourg Saint-Jean, ils doivent attendre encore un quart de siècle avant d'avoir leur propre lieu de culte.

Pour l'évêque anglican, Jacob Mountain, nommé en 1793, il n'est guère concevable que l'Église de la Grande-Bretagne doive s'accommoder de lieux de culte de fortune. C'est ainsi qu'à la suite de l'incendie du couvent des Récollets le gouvernement décide d'y bâtir la nouvelle cathédrale anglicane. Élevée de 1799 à 1804, d'après les plans des ingénieurs militaires, l'édifice est une réplique de l'église londonienne de Saint Martin in the Fields. De style palladien, la cathédrale frappe par sa simplicité toute classique. Longue de 136 pieds et large de 75, elle est bâtie en pierre grise; le clocher est haut, léger et élégant. Selon Joseph Bouchette: «C'est peut-être le plus bel édifice moderne de la ville; il règne dans l'intérieur une élégance propre et simple[87].» En 1816, le poids de la neige oblige les constructeurs à exhausser la toiture pour lui donner une plus forte pente. C'est ainsi que les principes architecturaux européens doivent toujours s'adapter au climat nordique du Québec. Deux autres chapelles sont construites pendant cette période: l'église presbytérienne Saint Andrews entre 1808 et 1810, et la chapelle méthodiste de la rue Sainte-Anne, en 1816[88].

Les Écossais presbytériens commencent à se faire plus nombreux au tournant du siècle[89]: de 11 baptêmes en 1790, on passe à 52 en 1800 et à 84 en 1815. Leur pasteur, Alexander Sparks, participe activement à la vie communautaire jusqu'à sa mort en 1819. Grand responsable de la construction de l'église, il publie plusieurs sermons. Conseiller de la famille Neilson, il est nommé tuteur de John Neilson et rédacteur de *La Gazette de Québec* entre 1793 et 1796. Il s'occupe également du soulagement des pauvres, non seulement

Église presbytérienne, construite au début du XIXe siècle. (AVQ: GH772-28)

de ceux de sa communauté, mais aussi de ceux des autres religions. Toute sa vie, Alexander Sparks travaille à la promotion de l'éducation auprès des ouvriers; il préconise même l'établissement d'institutions non confessionnelles. Son influence sur la communauté anglo-protestante est grande et elle se fait encore sentir plusieurs années après sa disparition[90].

Malgré l'augmentation de la population, la situation scolaire n'évolue guère. Si les gens à l'aise peuvent compter sur les nombreux cours privés, la masse des enfants n'ont que peu de moyens de s'instruire en dépit d'efforts isolés. En 1792, lorsque Joseph-Octave Plessis est nommé curé de la paroisse catholique, il ouvre des écoles dans les différents quartiers: rue Sainte-Ursule, à la Haute-Ville; rue Sault-au-Matelot, à la Basse-Ville; à l'angle des rues Grant et des Fossés, à Saint-Roch; et rue Richelieu, à Saint-Jean[91]. Ces quatre écoles, dirigées par des laïcs et soutenues par les Jésuites à même les revenus de leurs seigneuries, comptent 150 élèves à la fin du siècle[92]. Cependant, lors du dénombrement de la population en 1818, ces quatre écoles sont toujours les seules. À cette époque, le Séminaire de Québec compte une centaine d'étudiants dont quelque 40 pensionnaires; les Ursulines, pour leur part, dispensent l'instruction à 90 pensionnaires. Autour des années 1820, des citoyens éclairés réagiront au manque de moyens d'instruction pour l'ensemble de la population.

De nouveaux divertissements

L'Assemblée de Québec se réunit une fois par mois au cours de la saison dans la grande salle de l'hôtel Union, sur la place d'Armes, un hôtel ouvert avec grand éclat en 1805. Si les marchands et les boutiquiers y sont admis moyennant une souscription, la haute bourgeoisie, les *fashionables*, le dédaignent. Pour eux, on organise des bals, des levées et des *routes*, une ou deux fois par semaine, au château Saint-Louis. Le gouverneur Craig (1807-1811) loue comme résidence d'été une charmante habitation sur le chemin Saint-Louis, Powell Place (plus tard connu sous le nom de Spencer Wood) où il donne plusieurs fêtes champêtres qui font époque dans la société québécoise. Aubert de Gaspé y consacre tout un chapitre de ses *Mémoires*: d'après son récit, la fête dure toute la journée, les invités arrivant dès huit heures et demie du matin. Des tables sont dressées sur une espèce de plate-forme de madriers. Après le repas, on enlève les tables et on danse à qui mieux mieux dans cette salle de bal improvisée en plein air sous les grands arbres.

Aubert de Gaspé évoque ainsi une soirée chez l'évêque anglican Mountain:

> La soirée fut d'abord assez froide. Madame Mountain et ses enfants étaient seuls au salon lorsque nous arrivâmes et, après les saluts d'usage, nous prîmes des sièges à l'entour de la chambre: les messieurs d'un côté et les dames de l'autre. Le lord bishop fit ensuite son entrée et se retira, pour ne plus revenir, au bout d'un petit quart d'heure [...] Quelques dames se mirent au piano et jouèrent et chantèrent jusqu'à l'heure du souper. Comme il n'y avait à cette époque, je crois, que trois pianos dans la ville de Québec, savoir chez l'évêque anglican et chez mes deux oncles de Lanaudière et Baby, les musiciennes demandèrent bien vite grâce; aussi, comme les cartes étaient interdites dans le palais épiscopal, nous causâmes de notre mieux sans laisser nos places jusqu'à l'heure du souper[93].

Grâce à l'aide financière du prince Edouard, arrivé avec son régiment en 1791, on peut aménager une salle de spectacle dans une des casemates du bastion Saint-Louis. À l'ouverture de la nouvelle salle le 18 février 1792, les Jeunes Messieurs Canadiens de la Société dramatique présentent deux pièces de Molière devant le prince, les gouverneurs du Bas et du Haut-Canada et «une compagnie nombreuse et brillante». Il semble cependant que cette nouvelle salle ne servît que pendant quelques mois. En décembre, lors de la reprise des activités théâtrales, tout indique qu'on utilisa une salle appartenant à Alexandre Menut, rue Saint-Jean[94]. La troupe monte huit pièces: *L'Avare* et *Les Précieuses Ridicules* (le 27 décembre), *Le Barbier de Séville* et *L'Avocat Patelin* de Brueys (le 11 janvier 1793), *George Dandin* et *Le Retour imprévu* (le 25 janvier), *Le Bourgeois Gentilhomme* et *Monsieur de Pourceaugnac* (le 8 février). Après une saison sans spectacles, une nouvelle compagnie est organisée en novembre 1795, dont John Neilson, François Baillairgé, Roger Lelièvre et le comédien Ménard font partie. On présente six pièces entre novembre et avril. Par la suite, il n'y a aucune activité théâtrale avant 1804, sauf deux pièces présentées par les élèves du Séminaire de Québec, en décembre 1803[95].

Devant la pénurie de spectacles, des amateurs se réunissent en 1802 chez Pierre-Louis Panet et forment un «Théâtre de Société». Parmi les sociétaires, se trouvent le seigneur Louis de Salaberry; l'imprimeur John Neilson; François Romain, bibliothécaire de la *Quebec Library* et fondateur de la Société littéraire en 1808; Michel-Flavien Sauvageau, marchand; et Claude Dénéchaud, haut fonctionnaire et futur Grand Maître des francs-maçons. On joue à partir du 15 octobre 1804 au théâtre Patagon, petite salle près de la porte Hope. Or, malgré la venue d'une troupe anglaise dirigée par M. Ormsby, la salle ne fait pas ses frais; elle disparaît en 1805. Neilson profite de l'occasion pour lancer une souscription pour la construction d'un théâtre convenable: «Dans tous pays, écrit-il, où les habitants sont parvenus à un certain degré de raffinement, le théâtre a toujours été soutenu et encouragé[96].» Il propose donc une souscription de 80 livres divisée en 160 parts.

La nouvelle salle située au-dessus de la taverne de M. Armstrong (sur le site de l'hôtel Clarendon) ouvre ses portes le 11 janvier 1806. Pendant une vingtaine d'années, cette salle est la seule de la ville. Les Messieurs Canadiens y présentent des pièces jusqu'en 1808; cependant, les interdictions de Mgr Plessis rendent difficile la présentation de théâtre en français. Les troupes de langue anglaise continuent de s'y produire jusqu'en 1812, présentant plus de 240 soirées de théâtre. Mais les visiteurs ne sont pas impressionnés par la salle et, en 1818, un lecteur écrit au *Quebec Mercury*:

> C'est un sujet d'étonnement pour les étrangers que la capitale du Bas-Canada, une ville si prospère et si populeuse, ne possède pas un seul endroit d'amusement public, pas même un théâtre. Car je conçois que ce serait un libelle de donner le nom de théâtre à la boîte en ruine où joue actuellement la compagnie qui doit rester quelques mois parmi nous[97].

La musique se développe aussi. La fin du XVIIIe siècle voit l'arrivée d'amateurs et de musiciens dont Vogler et Frederick Glackemeyer qui donnent des leçons de musique aux élites. Par la suite, ces derniers sont invités à présenter des spectacles dans les salons bourgeois. Glackmeyer anime une fanfare qui donne des concerts sur l'Esplanade entre 1792 et 1794, sous le patronage du prince Edouard. En 1820, il organise la Société harmonique de Québec qui présente des concerts à l'hôtel Union. Pendant l'hiver 1790-1791, des amateurs, sous la direction de Jonathan Sewell, organisent des concerts à la Salle des francs-maçons; ils ont pu attirer 104 souscripteurs pour la première série de vingt-quatre concerts donnés par un petit orchestre de sept musiciens[98]. Ces

Piano-forte, importé de Londres au début du XIXe siècle. (MBAM)

concerts continuent avec plus ou moins de régularité par la suite pendant plusieurs années.

À cette époque, la franc-maçonnerie joue un rôle social et culturel important. Les processions publiques des membres en tenue sont annoncées dans les journaux; on les remarque lors de l'ouverture de l'hôtel Union en 1805 et de la pose de la pierre angulaire de la prison, rue Saint-Stanislas. Parmi les sociétaires, il y a Thomas Cary, rédacteur du *Quebec Mercury*, Louis Plamondon, secrétaire de la Société littéraire, Claude Dénéchaud, directeur du Théâtre de Société en 1802 ainsi que du Théâtre de la rue des Jardins en 1808-1809, et Joseph-François Perrault. Ils organisent des bals et des concerts; la plupart des animateurs du théâtre à Québec sont des francs-maçons. L'appartenance des Canadiens à cette société peut surprendre lorsqu'on sait que l'Église a toujours condamné la franc-maçonnerie. Mais les Canadiens en quête de promotion sociale ne peuvent guère ignorer l'importance des loges parmi l'élite anglophone[99]. La guerre ouverte menée par l'évêque Plessis contre les troupes de théâtre, les bals publics et les événements mondains ne s'explique-t-elle pas aussi par l'influence grandissante de la franc-maçonnerie parmi la haute bourgeoisie canadienne?

Les divertissements populaires demeurent d'un tout autre ordre que ceux de l'élite; il s'agit de parades militaires et de processions religieuses, d'illuminations et de feux d'artifice, de cirques et de spectacles donnés par des bateleurs. Pendant l'été de 1798, le cirque Ricketts, de Philadelphie, présente des exercices équestres et d'équilibre dans un théâtre temporaire

Claude Dénéchaud, grand maître des francs-maçons. (AMQ: G470.131)

sur les Plaines; on engage même des Hurons de Lorette. Une seconde troupe visite la ville en août 1811. Au tournant du siècle et jusqu'à la guerre de 1812, des bateleurs de tous genres se produisent dans les hôtels, les tavernes et des salles d'occasion. Il y a des ventriloques, des illusionnistes, des jongleurs, des équilibristes sur corde.

Les militaires introduisent certains sports: le curling et, à partir de 1810, le cricket[100]. Pendant l'hiver les citadins patinent, glissent, se promènent en carriole, tandis que d'autres jouent au billard, aux échecs, au tric-trac et aux cartes. Durant l'été, les pique-niques, la natation, la pêche et la chasse au pigeon et à la perdrix sont les loisirs d'un grand nombre de personnes. Un musée de cire s'ouvre en 1816 et, en décembre 1817, le panorama de la «Grande Bataille de Waterloo», long de 4240 pieds, y est déroulé devant un public enthousiaste[101].

* * *

Le début du XIXe siècle amorce une ère de prospérité et d'expansion à Québec. Après deux siècles, la ville commence à jouer pleinement son rôle de port de mer intérieur. Au tournant du siècle un changement fondamental

Défilé militaire sur l'esplanade. (APC: C1050)

Les officiers britanniques et leurs compagnes visitant le village de Jeune-Lorette où ils observent les rites indiens, comme cette danse d'accueil, vers 1805. (Galerie d'art de Windsor)

dans l'économie coloniale s'opère; le marché britannique pour le bois de la colonie agit comme force accélératrice sur l'activité maritime et portuaire de Québec. Devenant une colonie lucrative, Québec doit assurer la défense de son port; la fonction militaire de la ville devient donc primordiale et en est par le fait même accentuée.

Pendant les cinq mois de la saison de navigation, le bassin de Québec et les rives du fleuve depuis Cap Rouge sont occupés jour et nuit par des milliers de marins et d'arrimeurs qui trient des billots de bois et les montent à bord de centaines de navires. Pendant l'hiver, des chantiers de construction navale fournissent du travail à plusieurs centaines d'hommes de métier — charpentiers, forgerons, voiliers — sans oublier des charretiers et des journaliers. Il y a place aussi pour un nombre croissant de fournisseurs de services — approvisionnements, achat et vente de matières premières, assurances, finances et crédit — sans oublier bien sûr ceux qui s'occupent des besoins plus immédiats de tout ce monde: les cabaretiers, les aubergistes et les femmes de mœurs légères.

Toute cette activité attire les habitants des régions environnantes; des immigrés de plus en plus nombreux viennent s'y établir de façon permanente. La présence anglophone augmente nettement et le nombre de protestants double en l'espace d'une décennie, ce qui bouleverse les structures socioculturelles. Ce bouillonnement démographique se répercute sur l'évolution physique et le paysage urbain. Le développement portuaire et l'extension des faubourgs, notamment, ne sont pas sans causer des problèmes aux magistrats et aux institutions qui se trouvent débordés devant la nécessité d'organiser les services dont aurait besoin cette ville en pleine croissance.

Chapitre quatre

LES ANNÉES DE GRANDE CROISSANCE, 1815-1854

Les voiles blanches des navires et des bateaux étincelaient au soleil, donnant de la beauté et de l'animation à la scène; tandis que les cages près des bords du fleuve enfermant le bois qui forme une portion si grande de la richesse du Canada avant son expédition vers l'Europe et les États-Unis, suggéraient que Québec n'était pas seulement une citadelle et une forteresse, mais un centre important d'un commerce lucratif et croissant.

Charles Mackay, *Life and Liberty in America: or Sketches of a Tour in the United States and Canada, 1859.*

Pendant la première moitié du XIXe siècle, Québec connaît une période de croissance tout à fait remarquable: les changements qu'elle enregistre transforment la société et l'économie urbaines tout en créant à la fois de nouvelles possibilités et de nombreux problèmes pour la population. Moteur de développement, le commerce du bois amène la croissance de tous les secteurs économiques de la région en même temps qu'une nouvelle élite d'entrepreneurs britanniques. D'autre part, la croissance du commerce maritime résultant de cette activité conduit à Québec des milliers de matelots, qui forment une partie importante de la classe populaire. La construction de la citadelle et la création d'une zone militaire autour des fortifications stimulent l'économie locale et renforcent la position britannique dans la société; les officiers s'intègrent dans les rangs des hauts administrateurs et marchands importateurs, tandis que les soldats font concurrence aux matelots dans la fréquentation des tavernes et des maisons de tolérance.

Port de débarquement d'immigrants, Québec reçoit un grand nombre de nouveaux arrivants, dont une partie seulement y élisent domicile. Mais leur passage gonfle considérablement la population flottante. Ils constituent ainsi un groupe considérable dont on ne saurait sous-estimer l'impact. Pendant que les soldats transforment la Haute-Ville en une véritable réserve militaire, les matelots, les flotteurs de bois et les immigrants font de la Basse-Ville un centre ouvrier cosmopolite. Ces groupes modifient les rapports ethniques, si bien que pendant les mois d'été et d'automne, ce sont les anglophones qui prédominent et qui, à partir du début du XIXe siècle, prennent effectivement les commandes de l'économie: ils sont sur-représentés dans les occupations commerciales et professionnelles, dans la fonction publique et, bien sûr, dans l'armée. Seules certaines catégories comme le clergé[1], les journaliers et, dans une moindre mesure, les artisans, sont dominées par les Canadiens. Ainsi, pour la plupart des emplois, l'immigration britannique donne lieu à une compétition entre Canadiens et immigrants.

Cette nouvelle configuration démographique a des effets sur le poids relatif des différents quartiers: alors que les anciens doublent le nombre de leurs habitants entre 1795 et 1842, les faubourgs le décuplent; ils rassemblent déjà 60% de la population en 1831. Cette importance grandissante coïncide avec une stratification sociale de plus en plus poussée, due en partie à la croissance du commerce du bois et de la construction navale. Le faubourg Saint-Roch, par exemple, est devenu un quartier essentiellement ouvrier et francophone vers le milieu du XIXe siècle.

Le poids de la ville de Québec et de son arrière-pays immédiat diminue progressivement dans l'ensemble des deux Canadas, à mesure que s'accélère

---

Panorama du port et aperçu de l'activité maritime de la Basse-Ville, vus du parapet de la Haute-Ville, en 1833.

Dans la Haute-Ville, en 1829, la présence des militaires et des soldats est manifeste. (APC: C12536)

le peuplement de la plaine de Montréal et surtout du Haut-Canada. Comme centre urbain, Québec conserve le premier rang des villes canadiennes jusque dans les années 1830 alors qu'elle est dépassée par Montréal[2], et ce n'est qu'en 1880 qu'elle perd le deuxième rang pour le céder à Toronto.

UNE ÉCONOMIE CENTRÉE SUR LE PORT

Malgré ce déplacement graduel des activités économiques principales vers l'Ouest, Québec demeure le seul port de mer pour les deux Canadas pendant la période où les navires à voile dominent encore le transport maritime. Jusqu'en 1854, la faible profondeur des eaux du lac Saint-Pierre limite le passage des navires jusqu'à Montréal. Le projet d'y creuser un chenal occupe les hommes d'affaires montréalais à partir de 1825. Conscients des dangers que représente une telle entreprise pour la prospérité de leur ville, les pilotes établis à Québec protestent contre ce projet, invoquant sans succès le fait qu'il coûterait très cher et que le port de Québec suffit entièrement aux besoins de la navigation[3]. En 1853, par exemple, ce dernier expédie 62% de

Place de débarquement dans la Basse-Ville, vers 1825. (ROM: 951.66.3)

la production des colonies qui formeront le Canada, alors que Montréal n'en représente que 19%. Cependant, une huitaine d'années après le canalisation du lac Saint-Pierre, la part de Québec est tombée à 23%, derrière Montréal[4]. Les berges du fleuve autour de Québec continuent néanmoins à fournir des sites naturels pour l'entreposage et le transbordement des billots, lesquels comptent pour plus de la moitié de la valeur des exportations, jusqu'au milieu du siècle, et même au-delà.

L'économie de la ville repose encore essentiellement sur le port, ce qui ne va pas sans problèmes. Limitée à cinq ou six mois par année, l'activité portuaire connaît des périodes de chômage prolongées; dépendante d'un seul marché, celui de la Grande-Bretagne, elle en subit les fluctuations. Tirant profit de la quantité de bois disponible et d'une main-d'œuvre expérimentée, les hommes d'affaires restent actifs dans la construction navale, qui continue aussi pendant l'hiver. Comme l'écrit Lord Elgin: «Peu de ports offrent autant de facilités que Québec pour la construction des bâtiments, tous les matériaux employés dans la construction des navires y étant à bon marché, la main-d'œuvre abondante et peu chère durant l'hiver et les chargements toujours certains[5].»

Le port

La seule construction des navires et le trafic du bois auraient suffi à assurer au port une prospérité. Or, les bateaux apportent aussi des objets manufacturés et ils transportent également des immigrants. Ainsi le mouvement des navires s'accroît: de 200 par saison vers 1815, on passe à plus de 1300 vers 1850 (voir le tableau 1). Le 26 mai 1826, 211 bateaux se trouvent ensemble dans le port, la plupart ancrés au fleuve. Pendant les meilleures années, il arrive même qu'une cinquantaine de navires se présentent en une seule journée; le 14 septembre 1840, 116 font ainsi leur apparition devant Québec[6]. Pendant ces années, Québec occupe le troisième rang sur le continent pour le tonnage des navires sortant du port. En 1830, les 922 vaisseaux jaugeant 236 499 tonneaux qui quittent le port de Québec le placent derrière New York et La Nouvelle-Orléans, mais devant Boston[7].

Arrivages de navires au port de Québec en 1829

Provenance	%
Angleterre	60
Irlande	18
Maritimes	11
Antilles	6
Europe	2
États-Unis	1

Chantier naval et anse à bois de messieurs Irwin et Gilmour, vers 1840. (ROM: 950.61.13)

D'où proviennent-ils? En 1829, par exemple, 898 navires y font escale après un voyage sur l'Atlantique; plus de 80% proviennent des îles Britanniques en raison des lois de la navigation qui, jusqu'en 1849, limitent le trafic entre les colonies et la Grande-Bretagne aux seuls navires britanniques[8]. Le commerce du bois qui accapare à peu près 75% de la valeur totale des exportations exige une flotte considérable[9]. En plus du bois et de ses produits, on compte quelque 65 000 minots de céréales, 11 000 barils de farine et 77 000 pelleteries, derniers vestiges du commerce qui a tant marqué la colonie jusqu'au tournant du XIXe siècle. Une analyse des manifestes des navires quittant les ports de Montréal et de Québec pour les années 1818, 1825 et 1832, dans *The Quebec Commercial List*, indique le partage des activités entre les deux ports, bien que tous les produits de Montréal dussent être transbordés sur des voiliers transatlantiques à Québec. Cinq produits constituent plus de 90% des exportations en valeur: le bois de Québec; la potasse de Montréal; le blé, surtout de Montréal après 1832, bien que la farine provienne de la région de Québec; enfin, le porc de Québec[10]. L'activité portuaire injecte un montant d'argent considérable dans l'économie de la ville. (À raison de 1000 vaisseaux par saison, on peut évaluer à 120 000 livres le montant mis en circulation par les navires y faisant escale.)

Centre de l'activité de la ville au XIXe siècle, le port se développe à un rythme accéléré: 29 quais, en 1822, et 39, en 1842. Au milieu du siècle, tout le rivage du Saint-Laurent, depuis l'anse Victoria (à l'est de l'actuel pont de Québec) jusqu'à la Pointe-aux-Lièvres sur la rivière Saint-Charles, se trouve couvert d'installations reliées aux activités portuaires. La rive nord de la Saint-Charles et la rive sud du Saint-Laurent, du côté de Lévis, sont aussi

Chantier naval de Gingras et Vallerand, au milieu du XIXe siècle. (ANQ: N874.268)

bordées de quais, d'anses et de moulins à scie. Du côté de Québec, les installations se divisent en trois zones assez distinctes, chacune correspondant à la nature du fond des cours d'eau. D'abord, sur la Saint-Charles en haut du marché Saint-Paul (au quai du gouvernement), il y a des chantiers navals; l'eau y est peu profonde sauf au moment des grandes marées du mois de mai, temps propice au lancement des navires construits pendant l'hiver. Ces chantiers se trouvent à proximité du faubourg Saint-Roch où demeurent la plupart des ouvriers. Vient ensuite la zone des quais de débarquement, située entre le marché Saint-Paul et la Pointe-à-Carcy au confluent de la Saint-Charles et du Saint-Laurent. Ici, l'eau profonde à marée haute facilite l'installation de quais permanents. Enfin, la zone des chantiers de bois se trouve à l'ouest du cap Blanc, depuis l'anse au Foulon jusqu'à l'anse Victoria. Dans cette partie du fleuve, la pente du fond favorise l'entreposage, la préparation et le transbordement des billots. Il s'y fait aussi de la construction de navires; souvent les marchands de bois pallient ainsi l'inactivité forcée de l'hiver.

En 1829, James George, qui est le premier à instaurer un service de voiliers entre Québec et la Chine pour le commerce du thé, propose la construction d'un quai à la Pointe-à-Carcy qui, en s'étendant jusqu'à Beauport[11], ferait du port «l'égal, sinon le plus beau de tous ceux du continent américain[12]».

Son rapport est aussitôt étudié par un comité de l'Assemblée législative; malgré un avis favorable, l'ensemble du projet ne sera réalisé qu'à partir de 1874. Entre 1829 et 1842, des particuliers, des hommes d'affaires britanniques surtout, développent des quais permanents à la Pointe-à-Carcy, prolongeant les rues Saint-Pierre et Dalhousie et ouvrant les rues Bell et Arthur[13]. Voici comment, en 1847, Thomas Olivier annonce son quai, le «East India Flotting Dock», sur la Pointe-à-Carcy: «Les vaisseaux de 12 à 15 pieds de tirant d'eau y trouvent accès. Le quai est construit pour accepter des vaisseaux de 190 pieds de longueur. Toute commande pour réparations sera bien reçue et fidèlement remplie[14].» Dans le Cul-de-Sac se trouve le principal débarcadère pour les bateaux qui viennent au marché. Les embarcations bordent le rivage de leurs proues; cependant, des radeaux de bois de chauffage les empêchent souvent d'aborder au port. Vers 1840, on y construit des quais pour répondre à la croissance du trafic et permettre à plus de bateaux d'y accoster. C'est ainsi qu'au moins deux fois par semaine, les goélettes faisant la navette entre les paroisses agricoles sises le long du fleuve, à l'île d'Orléans surtout, y débarquent tous les produits dont la population grandissante a besoin. Quant au bois de chauffage, c'est dans le havre du palais, sur la rivière Saint-Charles, qu'il faut aller le chercher.

Il devient nécessaire aussi de bâtir des installations douanières plus spacieuses et mieux situées[15]. En 1828, la Chambre d'Assemblée est saisie de la question. Certains marchands suggèrent une construction près de la nouvelle bourse (*Merchant's Exchange*) qu'on est en train d'ériger sur le quai Bell, au coin des rues Saint-Pierre et Saint-Paul, d'autres proposent plutôt le quai du roi qui appartient déjà à la province. Sir James Kempt, le gouverneur, opte pour ce dernier site, sur le côté ouest du Cul-de-Sac. L'édifice est construit entre 1830 et 1839, d'après les plans de l'architecte Blaiklock. Autre signe du développement du port, la croissance du nombre de fonctionnaires qui y sont affectés. En 1805, on en compte 72, dont 6 officiers de douane et 55 pilotes. Un quart de siècle plus tard, on ne rencontre pas moins de 284 personnes s'occupant de la navigation et des activités portuaires, dont 195 pilotes et 59 inspecteurs du bois. Enfin, en 1847, il y a au moins 465 fonctionnaires, dont 330 pilotes et 102 inspecteurs du bois, sans oublier ceux qui travaillent à l'établissement de Grosse-Isle, où se fait la quarantaine des bateaux depuis 1832, et à l'hôpital de la Marine ouvert en 1834[16].

Le commerce du bois

L'embarquement, l'équarrissage et le triage des billots exportés depuis Québec se fait le long du chemin des Foulons. Au début, ce n'est qu'un sentier bien rudimentaire, mais, en 1830, on entreprend des travaux importants afin de le rendre carrossable; en 1841, à l'établissement des chemins à barrière, le chemin des Foulons est pavé en madriers de bois[17]. Lorsque le commerce

Outils de calfatage de la région de Québec, au milieu du XIXe siècle. (MCC)

du bois bat son plein au milieu du siècle, on ne rencontre pas moins d'une vingtaine de chantiers en opération dans des anses le long du fleuve[18]. Allan Gilmour et compagnie, la plus importante société engagée dans ce commerce, se trouve à l'anse au Foulon. Chantier naval de première importance également, cette société, établie en 1828, est une des filiales de la compagnie Pollock et Gilmour de Liverpool en Angleterre. En 1835, elle emploie 150 hommes directement. Une autre famille de Liverpool, les Sharples, s'établit à la Pointe-à-Pizeau de Sillery, vers 1830. La plupart des sociétés s'occupant de l'exploitation du bois sont d'ailleurs, à l'origine, des filiales de grandes compagnies britanniques. Si l'entreprise canadienne possède son identité propre, ce n'est que dans le but de réduire les risques; elle dépend néanmoins de la maison mère pour son financement et pour son personnel de cadres qui, même établi à Québec, fait instruire ses enfants en Angleterre, prolongeant ainsi les traditions commerciales britanniques, parfois jusqu'à la troisième génération[19].

À côté des grands entrepreneurs britanniques, on rencontre des centaines d'ouvriers, des Canadiens français et des Irlandais surtout, s'occupant du flottage, de la préparation et du transbordement des billots. Le flottage du bois depuis Bytown, sur l'Outaouais, et Kingston, sur le lac Ontario, se fait par trains de bois sur lesquels on peut compter une vingtaine d'hommes, des *cageux* de légende et de chanson. La descente du fleuve, de Montréal à Québec, prend un certain temps au début du siècle, puisqu'on n'a que des chaloupes à rames et des voiles pour pousser le train. Le développement des remorqueurs à vapeur, à partir des années 1820, améliore considérablement le mouvement des radeaux. L'arrivée des trains de bois à Québec commence dès la descente des glaces, au printemps, et se poursuit sans interruption jusqu'à la fin d'octobre. Une fois parvenu à Québec, le bois est déposé dans les anses le long du chemin des Foulons et du côté de Lévis[20]. Enfin, les cageux, libérés de leurs navires d'occasion, passent quelques jours dans la ville à s'amuser.

Une fois les billots qui forment les cages de bois distribués dans les anses, commence le classement. Aussitôt ce triage terminé, les marchands préparent les commandes qu'ils ont reçues des grandes maisons d'importation de Grande-Bretagne. Toutes les pièces sont ensuite fixées à une chaîne et touées auprès d'un voilier ancré dans le fleuve. Le chargement prend en moyenne de deux à trois semaines, car les gros billots sont manipulés exclusivement à bras d'homme. Les ouvriers travaillent sous la direction d'un arrimeur attitré; sa besogne, lourde de responsabilité, consiste à disposer méthodiquement tout ce qui entre dans la cargaison d'un bâtiment, de telle sorte que celui-ci peut tenir la haute mer et garder son équilibre dans le gros temps[21].

Le commerce du bois suit un mouvement cyclique de prospérité et de crise[22] qui rend la vie difficile aux commerçants et aux ouvriers à leur emploi. C'est ainsi que la crise de l'après-guerre, de 1815 à 1822, provoque une faillite retentissante, celle de John Caldwell, receveur général, incapable de remettre les 219 000 livres des fonds publics qu'il avait détournés pour construire des moulins à scie. Devant la demande croissante de produits de bois en Angleterre, surtout pendant la guerre avec la France de Napoléon, Caldwell s'était lancé dans la préparation et l'exportation de planches et de pièces de bois semifinies de sa seigneurie de Lauzon, ce qui avait exigé un investissement élevé pour la construction de moulins à scie. Tout alla bien jusqu'à la crise de 1819. Les procédures juridiques traîneront pendant plusieurs années et le trésor public ne pourra jamais récupérer les sommes ainsi utilisées par Caldwell[23].

D'autres commerçants, qui amassent péniblement leur capital de façon plus honnête, voient leurs investissements s'envoler à la suite de crises temporaires, comme François Buteau (1789-1872), établi à Québec vers 1820. Ses affaires augmentent régulièrement et, au bout d'une vingtaine d'années, il est devenu le négociant canadien-français le plus en vue de Québec. Or, la crise financière de 1837-1842 lui rend la situation difficile. Si, pour des négociants britanniques, avec des attaches auprès de maisons commerciales de la Grande-Bretagne, il est relativement facile de traverser des crises passagères, dans la colonie les sources de capital sont en revanche limitées. En avril 1844, Buteau assiste à la vente de toutes ses propriétés; en quelques heures, quinze maisons qu'il possède dans le quartier commercial passent à d'autres; le quai Buteau, un des rares aux mains d'un Canadien français, lui est également enlevé[24].

En 1831, le gouvernement britannique propose une augmentation générale des droits de douane sur le bois. Quoique défaite en Chambre, la question d'une augmentation des tarifs est discutée à plusieurs reprises au cours des années suivantes; tous ceux qui font le commerce du bois avancent des arguments en faveur d'une préférence coloniale. En 1834, le ministère whig passe de nouveau à l'attaque, nommant une commission d'enquête qui étudie à fond tout le commerce du bois[25]. En 1836, le Conseil législatif du Bas-Canada institue sa propre enquête auprès des négociants établis au Canada. Dans son rapport, le Conseil conclut que, si la structure des tarifs est réaménagée, au moins les deux tiers du commerce du bois canadien pourrait disparaître[26].

L'augmentation du tarif entre enfin en vigueur en 1847, malgré des protestations rituelles. Elle survient au moment où se manifeste une période de ralentissement, après les meilleures années qu'ait connues l'histoire du commerce du bois; la construction effrénée des chemins de fer en Angleterre entraîne une forte augmentation de la demande et, en 1845, on exporte plus de 20 millions de pieds cubes! Au cours de l'hiver, tous les chantiers forestiers travaillent à pleine capacité; le port de Québec reçoit au-delà de 37 millions de pieds cubes pendant l'été de 1846. Même si le marché anglais absorbe la même quantité qu'en 1845, il reste en stock une grande quantité à la fermeture de la navigation. L'augmentation du tarif en 1847 et la crise financière créent une baisse de la demande; à l'automne, les anses regorgent de billots, 25 millions de pieds cubes de bois pavent littéralement les rives du Saint-Laurent. L'année suivante, les exportations de chêne diminuent de 50% et les autres produits subissent des baisses semblables. Les banques doivent réduire le nombre de billets en circulation ainsi que leurs dividendes; c'est le krach[27]!

Les effets de ce mouvement dépressif sont désastreux pour les ouvriers et plusieurs centaines d'entre eux émigrent aux États-Unis. La crise secoue profondément le commerce du bois à Québec; il y aura encore de belles années, mais ce commerce perd de son importance. Le marché britannique recherche plutôt le bois fini ou semi-fini; les avantages du port de Québec ne jouent dès lors pas autant que lorsqu'il s'agissait du transport de billots.

La construction navale

L'essor du commerce du bois entraîne celui de la construction navale, puisque la production de cette dernière industrie est destinée essentiellement au transport des produits des forêts canadiennes. Cette situation la rend sensible aux mouvements cycliques que connaît le commerce du bois. À la fin des guerres napoléoniennes par exemple, elle subit une baisse semblable à celle

Le *Columbus*, un des plus gros navires en bois au monde, construit à Québec en 1820. (APC: C40770)

ressentie par les produits forestiers. Néanmoins, le nombre moyen des navires construits à Québec ou dans la région augmente chaque année jusqu'en 1860. Cette industrie se pratique dans une douzaine de chantiers situés sur les bords de la Saint-Charles, sans oublier les quelques autres établis sur le fleuve: un au Cul-de-Sac, un autre à cap Blanc, un à l'anse au Foulon et un quatrième à Sillery; il y en a aussi quelques autres à Lévis et à Neuville. Enfin, au bout de l'île d'Orléans se situe le chantier où sont construits en 1824 et en 1825, les plus gros navires en bois de tout le XIXe siècle: le *Columbus* à 3700 tonneaux et le *Baron Renfrew*, long de 309 pieds, large de 60 et jaugeant 5888 tonneaux. Des milliers de Québécois assistent au lancement de ces mastodontes, événements uniques dans les annales du port[28].

La construction des navires, qui demande une main-d'œuvre qualifiée, occupe des milliers d'hommes, des Canadiens français surtout, pendant l'hiver. Leur nombre fluctue beaucoup cependant, en fonction des mouvements cycliques; cette sensibilité à la demande se répercute directement aussi sur les salaires. Pour l'ensemble de la région, on compte au moins 3300 ouvriers en 1825, nombre qui baisse jusqu'à 1100 en 1831. L'année 1833 marque le début d'une lente reprise des activités, freinée seulement quelque peu en 1837 et en 1838, à la fois par les soulèvements armés et la récession en Angleterre. Bientôt la production reprend et les années 1839 et 1840 donnent lieu à une véritable explosion: on passe de 16 navires en 1838 à 45 en 1840[29]. Or, si cette augmentation se reflète dans les profits accrus des constructeurs, les salaires restent assez bas. Voilà pourquoi les artisans se réunissent en

Le *Ocean Monarch*, construit à Québec. (*Illustrated London News*, 1855; APC: C10382)

décembre 1840 afin de fonder une association ouvrière, la Société amicale et bienveillante des charpentiers de vaisseaux de Québec.

Pendant l'hiver de 1840-1841, les chantiers occupent 2800 ouvriers[30]. Mais à l'automne, les prévisions sont très mauvaises: le marché britannique est encombré de navires invendus. On s'inquiète du sort des ouvriers et de leurs familles. Selon un journaliste:

> Les âmes compatissantes se préoccupent déjà de la situation dans laquelle vont se trouver des centaines de familles, des milliers d'individus l'hiver prochain en cette ville, lorsqu'auront cessé les travaux d'été; lesquels ne doivent pas être cette année, comme les années précédentes, suivis de l'ouverture des chantiers. Que de souffrances et de misères notre population ouvrière n'a-t-elle pas en perspective[31].

Ces prévisions se révèlent justes et le tonnage moyen des navires en construction diminue de moitié pendant les hivers suivants: «l'industrie ne fonctionne que grâce aux bas salaires qui ont été réduits de moitié sur ceux de l'année dernière», écrit en 1842 un journaliste[32]. Les ouvriers ne recoivent plus que deux shillings par jour; or, un gros pain de six livres se vend un demi shilling... Il y aura donc des grèves et des manifestations. En 1847, la construction reprend et on enregistre un nouveau sommet: 52 navires; les salaires des 2000 ouvriers augmentent jusqu'à cinq et même sept shillings par jour, puisque la main-d'œuvre se fait rare et que les constructeurs doivent l'attirer par des gages élevés. L'association des charpentiers, reprenant de la force, demande son incorporation en 1850; la Chambre de commerce s'y oppose, alléguant que le monopole demandé privera une partie de la population d'un revenu d'appoint pendant l'hiver et augmentera les prix des navires[33]. En 1851, il y a neuf chantiers dans les limites de la ville, dont sept en activité, occupant quelques 1300 ouvriers[34].

Les autres secteurs d'activité économique

La croissance de la population pendant cette période de prospérité se répercute sur les métiers reliés à la construction domiciliaire[35]: en 1821, le rôle d'évaluation énumère 1946 immeubles à Québec, à l'exclusion des édifices du gouvernement et des communautés religieuses; en 1851, le recensement indique un total de 5425 immeubles (4549 maisons, 810 magasins et 66 auberges). De plus, il a fallu reconstruire des milliers de maisons, des quais et des édifices publics à la suite des incendies qui ont dévasté les quartiers Saint-Jean et Saint-Roch en 1845. La construction représente donc un secteur d'activité fort important, qui emploie de 20 à 25% des artisans de la ville, et où l'on retrouve des centaines d'entrepreneurs.

En plein essor, l'industrie du cuir occupe près de 15% des ouvriers. En effet, l'abondance d'eau et d'écorce de pruche favorisent l'implantation de tanneries au bas du coteau Sainte-Geneviève, le long de la rue Saint-Vallier. En 1842, on en compte une bonne trentaine. Dix ans plus tard, nous en retrouvons deux douzaines, employant 1300 personnes, et produisant quelques soixante mille peaux qui servent surtout à la fabrication de harnais, de bottes et de chaussures. Le nombre de cordonniers et de bottiers augmente rapidement, passant de 77 en 1818, à 224 en 1832 et à 424 au milieu du siècle[36]. Même si les techniques traditionnelles de la cordonnerie — l'artisan fabriquant toute la chaussure lui-même, aidé de deux ou trois apprentis[37] — continuent d'exister, il y a de plus en plus d'ateliers où plusieurs ouvriers font diverses parties du soulier.

Plusieurs maîtres-artisans se transforment en entrepreneurs, s'occupant surtout des affaires, et laissant de côté la formation et l'entretien de leurs apprentis. C'est pendant cette période qu'on voit se développer la pratique de payer les compagnons non au nombre de souliers fabriqués, mais à la quantité de pièces ou parties de souliers produites. Cette tendance à utiliser une main-d'œuvre bon marché, à diviser les tâches et à produire des objets standardisés en grande quantité est annonciatrice de la production industrielle[38].

C'est autour de l'année 1820 qu'on voit se développer à Québec les grandes institutions financières qui encouragent l'expansion industrielle de la ville[39]. Dans les années 1820, la ville compte trois banques: la Banque de Québec[40], une succursale de la Banque de Montréal, et la Caisse d'épargne de Québec[41], cette dernière étant surtout destinée aux artisans et ouvriers. En 1850, deux autres viennent s'y ajouter, la Banque de l'Amérique britannique

Lancement du *Royal William*, le 29 avril 1831. Dessiné par le jeune ingénieur de construction navale, James Goudie, ce vaisseau fut probablement le premier à traverser l'Atlantique, mû par la vapeur seulement. Entouré d'autres vapeurs, le *Royal William* n'est que partiellement visible sur la droite de l'aquarelle de Cockburn. (APC : C12649)

Le *Royal William* (ROM : 950.224.16)

du Nord[42] et la Banque de la Cité[43]. En plus, on y relève une demi-douzaine de compagnies d'assurances.

La période 1847-1854 marque un temps fort de l'influence de Québec qui, en dépit de l'absence d'un arrière-pays important, contrôle encore une bonne partie du commerce maritime des deux Canadas. Après la crise de 1847, l'exportation du bois et la construction navale reprennent de plus belle, à tel point que Narcisse Rosa, constructeur de navires, qualifie les années de 1852 à 1854 d'*âge d'or*[44]. Le port ne peut plus contenir tous les navires, tous les radeaux de bois qui arrivent par dizaines, par centaines, chaque jour au cours de l'été. En 1854, le maire Ulric Tessier lance un cri d'alarme et les plans d'aménagement de quais à la Pointe-à-Carcy sont relancés[45]. Mais lorsque les travaux débuteront enfin en 1875, le port de Québec aura déjà perdu de son importance au profit de Montréal.

LE BRASSAGE DE POPULATIONS

Entre 1818 et 1851, la population de la ville triple, passant de 15 839 à 45 940. En 1830, au moment de son apogée, elle est au sixième rang des villes du continent, peu après La Nouvelle-Orléans. Au cours de la période subséquente, son taux de croissance ralentit (voir le tableau 10). C'est ainsi que, malgré l'immigration massive des îles Britanniques, la situation de Québec dans l'ensemble du continent régresse; en 1860, la ville glisse au seizième rang, un peu derrière Washington.

Pour évaluer la population totale, il faut tenir compte aussi de la population flottante et de la garnison. Après avoir atteint un sommet dans les années 1810 à 1816, les effectifs de la garnison se stabilisent jusqu'en 1845 autour de 1400. Par la suite, ils baissent; entre 1846 et 1856, la moyenne est de 1100 soldats. Il faut noter qu'après la rébellion de 1837 et jusqu'en 1850, les effectifs de la garnison de Montréal sont plus importants que ceux de Québec. En effet, à partir de 1836, le chef-lieu de l'armée britannique au Canada se trouve à Montréal[46]. Par ailleurs, la population flottante de soldats à Québec est élevée, surtout au début de l'été; presque tous les détachements qui arrivent ou partent du Canada, y passent, ce qui permet l'achat de provisions et le ravitaillement des navires.

D'autre part, la ville constitue toujours le port commercial le plus important du Canada. Chaque été des milliers de matelots font de la Basse-Ville, comme l'indique le voyageur anglais E. A. Talbot, un véritable centre cosmopolite: «entassé par une traînée variée de toutes les nations, des zones torrides, frigides et tempérées; parmi laquelle il était impossible de distinguer qui des descendants de Shem, Cham ou Japheth, étaient les plus nombreux. Ce groupe bigarré se composait d'Africains, d'Indiens, d'Américains, d'Européens et d'Asiatiques[47].» On peut évaluer à 7600 le nombre de matelots

Soldats de l'infanterie légère à Québec, 1839. (ANQ)

À gauche, la taverne de Lévis; à droite, celle de la rue Saint-Jean de la Haute-Ville. (ROM: 942.48.53 et APC)

qui arrivent annuellement dans le port entre 1819 et 1828; ils sont environ 13 000 entre 1829 et 1839 et 17 000 entre 1840 et 1849[48]. Ces matelots ne sont évidemment que de passage dans la ville, néanmoins, selon l'évêque anglican Mountain, il y a en moyenne 3000 matelots présents à Québec à tout moment, du début mai au début décembre[49].

Leur venue ne peut certes pas passer inaperçue. C'est le branle-bas dans les tavernes et chez les «hôtesses»; tous les petits requins des quais savent que les matelots dépensent sans compter et offrent des tournées générales. Même lorsqu'il a la permission d'aller à terre, le marin ne voit pas grand-chose du pays. Pour lui, la couleur locale se limite à la nature de l'alcool et à la rencontre des filles de joie. Lorsque la ville regorge de ces hommes en quête d'aventures, les cabaretiers et les prostituées font des affaires d'or; à Québec, certains quartiers demeurent assez mal famés, comme un secteur du faubourg Saint-Jean nommé le «fort Chougen». Les aventures d'un marin britannique à Québec servent d'ailleurs d'intrigue à un roman pour jeunes publié à Londres en 1820; après beaucoup de déboires, le héros triomphe des tentations grâce à ses vertus[50].

Des marins s'amusent à des jeux innocents, comme le groupe de *midshipmen* du *HMS Inconstant* qui, en 1838, enlève la statue du général Wolfe d'une maison au coin des rues Saint-Jean et du Palais. Après lui avoir fait traverser les mers, on rapporte la statue au maire de la ville[51]. Les marins sous l'influence de Bacchus sont des proies faciles pour les capitaines peu scrupuleux à la recherche de matelots; c'est le shangaiage ou le *crimping* comme on l'appelle à l'époque. Il semble même que des marins à demi ivres soient kidnappés sur le chemin du retour à leur navire. Ce trafic continue longtemps, malgré des tentatives du gouvernement d'y mettre fin[52]. L'insubordination des matelots ainsi engagés cause de graves soucis aux autorités.

Le port de Québec est aussi un lieu de débarquement des immigrants. Les rapports des agents d'immigration indiquent qu'entre 1829 et 1865, pas moins de 1 084 765 personnes de la Grande-Bretagne passent par Québec, soit en moyenne 30 000 par année. Il y en a parfois beaucoup plus; en 1831, 51 728 arrivent, transportés sur 960 bateaux[53]. Au début du siècle, la majorité vient de l'Angleterre, mais la situation tragique de l'Irlande, à la suite des disettes, augmente de façon spectaculaire l'émigration irlandaise qui, entre 1833 et 1837, représente 60% de l'immigration des îles Britanniques. Le recensement de 1851-1852 indique que 6766 Irlandais établis à Québec sont nés à l'extérieur du pays. Bien sûr, seulement une fraction des immigrants demeure à Québec; la plupart se dirigent vers le Haut-Canada et les États-Unis. Mais leur passage gonfle considérablement la population pendant la belle saison. Les plus dépourvus doivent accumuler de l'argent avant de se diriger ailleurs; ils trouvent souvent du travail comme débardeurs ou journaliers pour quelques semaines. Cette immigration massive apporte aussi des vagues successives d'épidémies qui déferlent sur le Canada à partir de 1832. Les soldats, les marins et les immigrants de passage constituent ainsi une population temporaire considérable dont l'impact sur la ville est très important.

Se pose aussi le problème de l'attrait de la ville pour les habitants des régions rurales. S'il reste impossible de bien saisir le phénomène de la main-d'œuvre saisonnière, on peut mesurer l'ampleur de la migration plus stable: entre 1818 et 1851, une fois l'excédent des naissances enlevé, l'agglomération urbaine reçoit quelque 6500 Canadiens français arrivés des paroisses rurales, ce qui représente à peu près 40% de l'augmentation de ce groupe à Québec.

Ce mouvement de la population se répercute sur la pyramide des âges: le groupe âgé de 20 à 40 ans est sur-représenté, atteignant jusqu'à 6% de plus que la moyenne provinciale pour les hommes et 7,5% pour les femmes. La proportion de femmes de 15 à 30 ans, par rapport aux hommes, est élevée pendant toute la période, atteignant plus de 1260 femmes pour 1000 hommes en 1851 (voir le tableau 16). Ce phénomène n'est pas particulier à Québec; dans toutes les grandes villes de l'Occident, des jeunes filles viennent s'installer à la recherche de travail et d'un mari.

L'arrivée des Irlandais

L'arrivée massive des Irlandais bouleverse la répartition entre catholiques et protestants et entre anglophones et francophones, puisque les Irlandais sont à la fois de langue anglaise et de religion catholique. Déjà en 1819, lorsqu'ils célèbrent une messe en honneur de Saint-Patrice, affirmant pour la première fois leur autonomie religieuse, les Irlandais sont près d'un millier.

Néanmoins, encore à ce moment, lord Dalhousie, en visite pour la première fois pendant l'été de 1820, peut décrire Québec comme «une ville entièrement française. À peine entend-on d'autre langue que le français au marché et dans les magasins. Des moines et des prêtres à chaque tournant. Le tout donne l'impression que nous sommes ici en France parmi des Français[54].»

Au cours de la décennie 1820-1830, le rameau irlandais prend de l'ampleur, à tel point qu'en 1830 on estime que les Irlandais catholiques forment plus d'un cinquième et peut-être un bon quart de la ville[55]. En 1834, le curé de la paroisse Notre-Dame, qui comprend toute la ville et une partie de la banlieue à l'exception du faubourg Saint-Roch, évalue la population de sa cure à 10 291 Canadiens français et 6270 Irlandais, sur une population totale de 23 343 personnes[56]. En 1851, le nombre d'Irlandais à Québec atteint 9120, une augmentation de plus de 800% en trente ans! De ce fait, les francophones ne comptent plus que pour 60% de la population. Ce mouvement s'accentue même au cours de la décennie 1850-1860, puisqu'en 1861 les Irlandais forment près du tiers de la population.

Les Irlandais, catholiques dans l'ensemble, ne ressentent que peu d'affinité pour les Anglo-Écossais protestants. En 1851, déjà plus de 70% de ces derniers sont nés au pays, tandis que seulement 25% des Irlandais ont vu le jour au Canada. Même s'ils partagent la même religion, les Irlandais et les Canadiens français se trouvent divisés par la langue et par les traditions. Par conséquent, trois groupes se disputent l'espace et le pouvoir. Généralement pauvres et sans instruction, les Irlandais disputent des emplois de manœuvres et de journaliers aux Canadiens français; ils s'établissent dans le quartier Champlain à la Basse-Ville.

Charles Lever, romancier irlandais qui visite la ville au cours des années 1830, laisse un portrait saisissant du quartier Champlain après l'arrivée en masse de ses compatriotes:

> Choqués d'abord et ensuite terrifiés par leur turbulence et leur ivrognerie, par la violence insouciante de toutes leurs habitudes, les Canadiens quittèrent le quartier, l'abandonnant à la race nouvelle, sachant combien il était impossible de cohabiter avec de tels associés... Des crimes de tout genre proliféraient et il ne s'y trouvait aucun habitant de la ville, possédant argent et caractère, qui s'aventurerait dans ce quartier après la tombée de la nuit. Les cris qui perçaient le silence de la nuit étaient entendus à la Haute-Ville; et lorsque des cris de supplice ou des appels déchirants au secours s'entendaient, des citoyens prudents fermaient des volets disant: «Encore des Irlandais de la Basse-Ville...»[57].

Les hommes d'affaires

Il n'est pas surprenant de constater que l'activité commerciale est essentiellement entre les mains des Britanniques, compte tenu du besoin de capital pour se lancer en affaires et de l'importance du contexte impérial dans lequel se trouvait le port. Dans l'annuaire de 1822, parmi ceux qui sont qualifiés de marchands, on compte 106 Britanniques et seulement 23 Canadiens français. La même année, les membres du nouveau Comité du commerce formé de marchands de bois et de constructeurs de navires sont tous des Britanniques; quant à la Chambre de commerce qui lui succède en 1842, elle compte 47 Britanniques sur 52 participants, la première année[58]. L'emprise des Anglo-protestants sur la vie commerciale se reflète encore dans les annuaires de Hawkins à partir de 1844: la liste alphabétique des «*merchants, traders,* etc.» comprend 895 Britanniques qui en représentent les deux tiers et, sur les 59 sociétés commerciales, il n'y en a que 7 appartenant aux Canadiens français. En 1847, parmi les 40 officiers des institutions financières, il se trouve 29 Britanniques[59].

La carrière de James Bell Forsyth (1802-1869) est typique des grands hommes d'affaires britanniques[60]. Allié par son père à des maisons importantes de Londres et de Montréal (Phyn, Ellice and Company et Forsyth, Richardson and Company), il forme une société avec William Walker, grand commerçant de bois et futur conseiller exécutif, et se fixe à Québec en 1821. À l'instar de ses associés de Montréal, la société Forsyth et Walker s'occupe de diverses affaires: vente d'assurances, transport maritime à titre d'agent de la East India Company de Londres, et spéculation immobilière. Entre 1834 et 1839, elle recoit des concessions importantes à la Basse-Ville afin de construire des quais.

Forsyth s'intéresse avant tout au commerce du bois. Il se rend régulièrement en Angleterre et, dans les années 1840, la liste de prix et le rapport annuel qu'il publie sous le titre de *Forsyth, Bell Timber Circular* fait autorité comme indice courant des prix. Entrepreneur actif, ses relations et ses liens de famille lui procurent une place dans plusieurs conseils d'administration. Il joue un rôle de premier plan dans le Bureau de commerce lequel, jusqu'aux années 1850, sert avant tout de tribune au groupe de marchands anglo-écossais. Après son mariage en 1828 à la fille de Matthew Bell, riche homme d'affaires de Trois-Rivières, Forsyth s'installe d'abord dans une élégante maison de la rue Sainte-Anne. Propriétaire du domaine de Cataraqui à Sillery, il y construit une maison luxueuse où il emménage avec sa famille en 1840. C'est là, sur les falaises qui dominent le Saint-Laurent, parmi les vastes propriétés des magnats du bois, que James Forsyth vit jusqu'à la mort de sa femme en 1850.

Parmi ses voisins, il y a William Sheppard (1784-1867), riche marchand de bois, propriétaire du domaine de Woodfield à partir de 1816, et du village de Sheppardville ou Bergerville (aujourd'hui partie de Sillery). Avec son épouse, la sœur du notaire Archibald Campbell, Sheppard y installe une riche bibliothèque, une galerie de peinture et même un petit musée d'histoire naturelle. Après un incendie en 1842, une nouvelle villa encore plus somptueuse est construite. Et la famille Sheppard y reçoit la bonne société anglo-canadienne jusqu'en 1847, lorsque des revers de fortune la contraignent à se défaire de Woodfield[61].

Retranchés derrière leurs relations d'affaires, leurs églises et leurs clubs, ces riches hommes d'affaires anglo-écossais ont très peu de contacts avec les Canadiens français et les Irlandais. Ils mènent une existence protégée, coupée du reste de la population. Louis-Joseph Papineau, chef du parti patriote, se plaint de l'esprit de domination des négociants britanniques de Québec. En 1828, il écrit à sa femme:

> J'ai répondu à plusieurs invitations à diner, toutes anglaises. Eux seuls ont le ton et la fortune nécessaire pour recevoir. Il n'y a pas une seule maison canadienne qui le puisse faire. Les ressources du pays sont dévorées par les nouveaux venus, et quoique j'aie le plaisir de rencontrer parmi eux des hommes instruits, estimables, qui me voient aussi avec plaisir, la pensée que mes compatriotes sont injustement exclus de participer aux mêmes avantages m'attriste au milieu de leurs relations et me rendrait le séjour de Québec désagréable[62].

Si le grand commerce échappe aux Canadiens français, leur position s'améliore dans le commerce de détail au cours des années 1840. En 1844, déjà 55% des boutiques recensées dans l'annuaire de Hawkins sont dans les mains des Canadiens français[63]. En 1844, les frères Crémazie ouvrent la première librairie française; le jeune Octave, futur poète national, n'a que dix-sept ans. Si l'on trouve alors quelques imprimeries françaises, comme celles de Stanislas Drapeau et d'Augustin Côté depuis 1842, il est toujours difficile de se procurer des livres français. Un projet de librairie semblable lancé par Napoléon Aubin en 1842 avait échoué. Pourtant il y a une clientèle: les membres des professions libérales et les commissions scolaires nouvellement constituées.

En 1847, Jean-Baptiste Renaud ouvre un magasin de provisions; jusque-là, les Britanniques avaient le monopole du commerce de l'alimentation. En 1848, les vins de Champagne et de Bordeaux s'ajoutent à la liste de produits importés de France et offerts par la librairie Crémazie; cette même année, une annonce dans *Le Canadien* signale l'arrivée de 8000 volumes français. Avec le temps, les Crémazie acquièrent une réputation de richesse; leur librairie, «À l'enseigne du livre d'or», rue de la Fabrique, devient un centre de rayonnement culturel important. «Les frères Crémazie ont fait fortune en dix ans», écrit le libraire français Bossange en 1855; l'année précédente, Augustin Côté et ses amis assurent Octave Crémazie de leur appui, quand il passe des commandes en Europe pour un montant de plus de 65 000 dollars[64].

En 1852, Étienne Parent, journaliste de marque, soulignant le progrès économique réalisé à Québec depuis dix ans sous l'Union, note spécialement le rôle des Canadiens français dans le commerce de détail:

Joseph-Octave Crémazie, célèbre poète canadien né à Québec en 1822 et mort au Havre en 1879. (AVQ: 9940)

> Aujourd'hui ce doit être pour nous un sujet d'orgueil et d'encouragement que de pouvoir compter des maisons canadiennes à la tête de plusieurs branches importantes de notre commerce ... Ils ont relevé le caractère de notre race aux yeux des étrangers et de nos compatriotes d'adoption, en même temps qu'ils seront un exemple et un sujet d'émulation à plusieurs des nôtres. Et si par hasard cet entretien parvient à nos suivants, apprenons-leur qu'en l'an de grâce 1852, nous avions dans Québec, tenant le premier rang... les grandes maisons Langevin, Masson, Thibodeau et Cie, de Méthot, Chinic, Simard et Cie, de L. et C. Têtu, de L. Bilodeau, de J. et O. Crémazie, et autres dont on pourrait faire une mention honorable[65].

Les ouvriers et les relations de travail

Les caractéristiques du monde ouvrier urbain, pendant la première moitié du siècle, sont modifiées par l'expansion du marché intérieur, par l'arrivée d'un nombre considérable d'immigrants et par l'introduction de la mécanisation[66]. L'immigration entraîne une augmentation d'artisans anglophones, surtout présents dans les métiers du vêtement et de la cordonnerie (67% en 1831). Les Canadiens français conservent leur position dans les métiers réliés au bois, à la construction et au cuir. Par contre, chez les

DESERTEUR.

DEUX SOUS DE RECOMPENSE.

PAUL PELTIER, apprenti tailleur s'étant échappé de son service, le soussigné donnera la somme de deux sous à quiconque le ramènera chez
EDOUARD THIVIERGE.
Mtre Tailleur.
St. Roch. Rue Craig.
21 Novembre 1842.

La désertion d'un apprenti tailleur, annoncée dans *Le Fantasque* en 1842.

journaliers, les anglophones dépassent les francophones en 1831, par suite de l'immigration irlandaise. Ce mouvement s'amenuise au cours de la décennie 1830-1840 pour aboutir, au début des années 1840, à une diminution relative de la main-d'œuvre anglophone[67].

La ville attire aussi des centaines de jeunes femmes; la plupart d'entre elles deviennent des domestiques. Le recensement de 1851-1852 permet de mesurer, quoique imparfaitement, le travail féminin[68]. C'est ainsi que 19% des personnes dont la profession est connue sont des femmes, domestiques surtout[69], mais aussi modistes, couturières ou tailleuses. Elles occupent le bas de l'échelle et comptent pour un tiers des travailleurs non qualifiés au milieu du siècle. Cette proportion va croître avec l'industrialisation. Les veuves tiennent souvent des maisons de pension et des cabarets; en 1852, par exemple, 11 des 37 débits de boisson de la rue Champlain à la Basse-Ville, sont au nom d'Irlandaises. Par ailleurs, les difficultés économiques poussent plusieurs femmes à se livrer à la prostitution; il est cependant impossible de connaître leur nombre avec précision.

Les conditions de travail restent difficiles. Le phénomène le plus important est sans doute l'ampleur du chômage saisonnier qui frappe d'abord massivement les journaliers employés au chargement des navires et aux autres activités portuaires. Il touche également la construction navale, où seulement 15% des charpentiers de navires travaillent à l'année longue, alors que près de 80% ne sont embauchés que pour des périodes de six mois. Par ricochet, il atteint de nombreux autres emplois: ainsi, seulement 40% des compagnons boulangers sont employés à l'année longue alors que 34% ne travaillent que de quatre à huit mois. Pendant ces longues périodes de chômage, les travailleurs ne peuvent compter que sur leurs propres ressources.

Lorsqu'ils ont un emploi, les ouvriers sont soumis à une discipline rigoureuse. Leurs heures sont longues. Ils travaillent habituellement de cinq heures du matin à sept heures du soir, avec une heure et demie de pause pour les repas. Quand il y a une forte demande de main-d'œuvre, certains, comme les charpentiers de navire, parviennent à obtenir une journée remarquablement courte pour la période: 8 heures en hiver et 10 heures en été; mais la plupart font des semaines de 70 heures. Les apprentis et les journaliers ont des journées de travail plus longues; ceux qui travaillent aux scieries de Saint-Roch et de Lauzon sont obligés «d'y faire le quart ou veiller une nuit sur deux comme tous les autres employés... et de travailler à toutes et chacune des heures qu'il plaira à John Caldwell[70]». Plusieurs doivent aussi travailler au moins un dimanche sur trois, d'autres sont à l'œuvre les jours de fêtes. Quant aux domestiques, ils doivent être prêts en tout temps, n'ayant pas de jours précis de repos[71].

Par ailleurs, la plupart des patrons ont une attitude sévère en ce qui concerne l'absence au travail. Quelques-uns obligent leurs employés à verser une caution; d'autres retiennent le salaire de la première semaine de travail jusqu'à la fin du contrat. Si la plupart des travailleurs ne font que perdre leur traitement pour les journées d'absence, beaucoup sont obligés de rembourser deux jours de salaire pour chaque jour d'absence; aux scieries de John Caldwell à Lauzon, les ouvriers doivent parfois verser une amende équivalente à quatre fois leur salaire quotidien! C'est encore Caldwell qui réduit le salaire de ses journaliers de 30 à 50% durant l'hiver[72].

Les relations de travail entre les apprentis et leurs maîtres, entre les employés et leurs patrons, se transforment autour des années 1830; les confrontations deviennent de plus en plus fréquentes. En effet, l'augmentation du nombre de mises à pied, suivies d'une baisse de salaire, due aux mouvements cycliques plus prononcés de l'économie, force les ouvriers à s'organiser. Ils créent d'abord des sociétés bienveillantes qui se chargent de secourir les compagnons dans le besoin. Mais bientôt, on s'occupe des conditions de travail. L'Association des typographes est fondée à l'automne de 1827; en août 1830, il y a un premier arrêt de travail à la suite d'une rupture de contrat; le propriétaire du *Quebec Mercury*, guère sympathique à la classe ouvrière, s'indigne de ce geste qui ne s'accorde pas, selon lui, avec les bons traitements des patrons. Les noms des deux chefs de ce mouvement sont dévoilés dans les journaux et les employeurs sont priés de ne pas les embaucher de crainte de voir se répandre la «contamination» dans leurs ateliers[73].

En 1835, devant l'insécurité du marché du travail à la suite de l'arrivée d'un nombre croissant de cordonniers de Grande-Bretagne, les compagnons cordonniers s'unissent pour former la Quebec Journeymen Shoemakers' Society qui se donne comme objectifs de créer un meilleur climat de travail et de soutenir les compagnons qui sont malades. De nouveau, les patrons se plaignent des compagnons qui, par des menaces de grèves, veulent avoir leur mot à dire sur les conditions de travail[74].

Les années 1840-1842 marquent une période de relations de travail particulièrement turbulente. D'abord, en décembre 1840, la Société des charpentiers de vaisseaux de Québec affronte les constructeurs de navires, Munn et Oliver surtout, qui ont formé «une alliance, un pacte de famine, contre la classe des travaillants[75]». Plus de 1200 ouvriers font la grève afin de gagner une augmentation de salaire de 50 à 75 sous par jour. Un des rares notables à soutenir les ouvriers est le notaire Joseph Laurin, qui devient secrétaire de la nouvelle association. Le 21 décembre, il félicite les sociétaires «dans leur noble résolution de faire une opposition vive et constante au monopole odieux des maîtres constructeurs de vaisseaux, qui, non contents d'avoir profité du travail et des sueurs des pauvres charpentiers pour amasser des richesses, veulent encore dans cette saison rigoureuse les priver tout à coup, eux et leurs familles de tous les moyens de subsistance en leur offrant un vil prix[76]». Enfin, après dix-huit jours de grève, les ouvriers obtiennent gain de cause[77] et, le 28 décembre, quelque 800 d'entre eux se rendent au chantier de William Black le féliciter de son attitude conciliante pendant cette période difficile[78].

La récession des années 1841-1842 rend difficiles les activités de ces premiers syndicats. Si, pour forcer les autorités à leur verser les salaires en retard de plusieurs mois, les policiers de la ville menacent de cesser leur travail en septembre 1842, ils n'y donnent pas suite. Au cours de l'hiver, on compte quelque 2500 ouvriers en chômage[79], et certains patrons en profitent pour réduire les gages. Jean-Baptiste Fréchette, propriétaire du *Canadien*, organise même une réunion des autres imprimeurs et leur explique l'avantage qu'il y aurait de réduire de moitié les salaires de leurs ouvriers; il leur démontre que «n'ayant l'ouvrage dans aucune autre branche d'industrie, et la navigation étant close, les typographes se trouveraient forcés d'accepter ce qu'on leur offrirait[80]». Ce mouvement ne réussit pas dans le cas des typographes, à cause du haut niveau de compétence exigé, mais chez les ouvriers moins qualifiés, les salaires ont tendance à diminuer et les heures de travail à augmenter pendant les périodes de récession. Malgré une certaine prise de conscience, par les travailleurs, des problèmes qui les frappent, les premières tentatives d'organisation syndicale n'ont qu'un succès mitigé devant les forces économiques et juridiques liguées contre eux.

La pauvreté omniprésente

Le manque de stabilité dans l'emploi et le peu de protection des ouvriers par rapport aux patrons placent une proportion importante des Québécois dans une situation de pauvreté relative. Comment un ouvrier peut-il vivre et élever une famille avec les maigres salaires de l'époque? Un journalier travaillant 20 jours par mois ne peut gagner plus de 12 ou 13 livres par an, et même l'achat quotidien d'un gros pain lui coûte presque 40% de son salaire! La situation est encore plus grave pour les familles privées d'un revenu régulier. Voici comment un journaliste décrit la misère dans le quartier Saint-Roch pendant l'hiver 1836-1837:

> Le quartier renferme 95 à 110 veuves[81] qui gagnent leur vie à la journée, et dont une grande partie a bien souvent de la peine à trouver de l'ouvrage dans cette saison. Elles ont avec elles environ 200 orphelins. L'âge, la maladie, les infirmités rendent un grand nombre de ces pauvres femmes incapables de travailler une partie de l'hiver. Il y a encore dans Saint-Roch 100 à 110 pauvres familles. Un certain nombre d'elles, il est vrai, est réduit à la misère par les suites de la boisson, dont l'usage est si funeste et si répandu parmi nos classes ouvrières. À côté de ces familles si souffrantes par la faute de leur chef, il est un grand nombre dont la misère ne vient qu'à la suite des maladies contagieuses qui règnent presque continuellement au milieu de notre population pauvre, ou n'est encore que les tristes suites des accidents auxquels les ouvriers qui travaillent dans les chantiers sont journellement exposés[82].

Devant la misère généralisée pendant l'hiver, le gouvernement permet aux pauvres de se loger dans l'ancien hôpital des émigrés du quartier Saint-Jean qui devient ainsi une maison de refuge et d'industrie (*a house of industry for destitute individuals*), la première du genre à Québec. Or, les conditions hygiéniques y sont si mauvaises que plusieurs cas de fièvre typhoïde se déclarent dans ces logements vétustes. Pour comble de malheur, le 4 mars 1837, le feu détruit les bâtisses, jetant 190 hommes, femmes et enfants de nouveau sur le pavé[83].

En 1821, devant un comité spécial de l'Assemblée, Joseph-François Perrault affirme qu'il y a environ mille enfants dans la cité et les faubourgs qui ne peuvent s'inscrire dans une école puisque «les parents étaient économiquement hors d'état de leur faire assurer l'instruction élémentaire indispensable pour une intégration normale à la société». Selon lui, «si l'on pouvait fournir des souliers à ceux des enfants qui n'ont pas les moyens d'en avoir», il serait possible de maintenir une certaine stabilité dans la fréquentation scolaire. C'est ainsi qu'il dépense et son argent et son temps à fonder et à soutenir plusieurs écoles élémentaires pendant une vingtaine d'années, où de 200 à 300 garçons et filles peuvent s'instruire chaque année. Napoléon Lacasse (1824-1907), pédagogue bien connu dans la dernière moitié du siècle, qui avait suivi gratuitement les cours à l'École des garçons entre 1831 et 1836, se souviendra comment Perrault attirait les enfants pauvres en fournissant tout le matériel scolaire ainsi que de la nourriture, des vêtements et des souliers[84].

École élémentaire française de M. Perreault, protonotaire à Québec, 1830. (ANQ: L12)

Devant l'insuffisance des mesures sociales et l'augmentation de la misère, la pensée pédagogique de Perrault évolue. Le 21 novembre 1835, dans une lettre publiée dans *La Gazette de Québec*, il regrette qu'il n'y ait pas d'ateliers «où l'on pourrait renfermer les jeunes vagabonds et les forcer à apprendre un métier qui leur procurerait le moyen de soutenir leur existence et débarrasser la ville et les campagnes de leurs déprédations». L'orientation sociale de Perrault se heurte à la résistance des milieux conservateurs et lorsque, en 1833, il préconise l'instruction élémentaire obligatoire pour tous les jeunes de six à quinze ans, on s'élève contre ce projet qui rend le gouvernement civil responsable de l'instruction des enfants[85]. La pauvreté, soutient-on, n'est qu'une des conséquences de la hiérarchie sociale: «l'inégalité des conditions est le résultat nécessaire, obligé, inévitable et par conséquent perpétuel de toutes les différences entre les hommes; cette inégalité des conditions est nécessaire au progrès humain», écrit *Le Courrier du Canada*, le 24 février 1857.

La condition déplorable des immigrants à leur arrivée inquiète aussi la population plus stable de Québec; déjà en 1819, on organise la Quebec Emigrant Society dont les souscriptions doivent servir à alléger la misère des indigents, trouver du travail aux nécessiteux et surtout les aider à poursuivre leur route. De 1826 à 1832, pendant les semaines suivant l'ouverture de la navigation, presque tous les espaces libres autour de la ville se couvrent de tentes; Québec regorge de gens en quête de subsistance ou de moyens de poursuivre leur route vers l'intérieur du continent par le Saint-Laurent. Les souscriptions privées ne suffisant plus, la législature accorde 950 livres en 1826 et 1000 en 1827. Le gouvernement britannique doit même fournir davantage pour aider les immigrants dans la détresse; du 2 février au 19 avril 1832, la Société s'occupe ainsi de 803 personnes. Encore en 1837, l'agent de l'immigration dénombre au moins 1500 personnes sans ressources arrivées au cours de l'été. Afin d'alléger le fardeau de la ville, le gouvernement, par l'entremise de la Société d'émigrants, assume le coût du transport des familles dans le besoin vers l'intérieur; en 1853, 4698 des 36 699 immigrants débarqués à Québec voient leur passage de Québec à Montréal ou ailleurs ainsi payé[86].

La communauté anglo-protestante montre une préoccupation qui ne se dément pas à l'endroit du bien-être des immigrants et des pauvres de langue anglaise; on fonde ainsi plusieurs associations charitables comme The Female Compassionate Society for the Relief of Distressed lying in Married Women (1820), The Society for Promoting Education, Industry and Moral Improvement of the Prisoners in the Quebec Jail (1820), The Quebec Public Baking Society (1840). Il faut aussi loger des centaines d'orphelins laissés par les épidémies qui déferlent sur la ville dans les années 1830. En 1832, l'évêque anglican Mountain prend en main quarante orphelins et convoque tous les anglicans de Québec afin de trouver des tuteurs. À la même époque sont fondés deux foyers pour enfants, dirigés par des femmes catholiques, un à la Basse-Ville et l'autre à Saint-Roch; en 1834, les deux groupes fusionnent leurs efforts sous le nom de Société des dames charitables de Québec, et ouvrent un asile à l'extérieur de la porte Saint-Jean, rue Richelieu. Entre 1832 et 1842, cette société s'occupe de 1547 enfants. En 1845, l'édifice est détruit par l'incendie qui ravage le quartier Saint-Jean et l'évêque catholique demande aux Sœurs Grises de Montréal de s'installer à Québec pour prendre la relève. À leur arrivée, en août 1849, commence un nouveau chapitre dans les soins des orphelins maintenant pris en main par l'Église[87].

C'est en 1850 que s'ouvre la Maison du Bon-Pasteur rue de la Chevrotière, dirigée par une association de pieuses laïques dont le but premier est la réhabilitation des jeunes filles. Cette fondation est due à George Muir (1810-1882), greffier de l'Assemblée et membre actif de la Société de Saint-Vincent-de-Paul. Il visite fréquemment la prison; un jour qu'il exhorte quelques jeunes prostituées à renoncer à leur genre de vie, elles lui répondent: «Que voulez-vous? Quand même nous en aurions la volonté, nous ne le pourrions pas. Une fois perdues, nous sommes sans ressources, personne ne veut plus nous recevoir...[88]» Ainsi est née la Maison du Bon-Pasteur qui se transforme en communauté religieuse en 1856. Cette œuvre se complète par l'Hospice de la Miséricorde[89], rue Couillard, maison destinée aux mères célibataires, fondée en 1852 par l'abbé Joseph Auclair (1813-1887), curé de la cathédrale.

En novembre 1846, apparaît à Québec la première conférence de la Société de Saint-Vincent-de-Paul, pour prendre en main l'aide aux familles catholiques pauvres. Cette fondation à Québec est due aux initiatives de

Joseph-Louis Painchaud (1819-1855) qui, lors de ses études médicales à Paris en 1845, s'intéresse au mouvement lancé quelques années plus tôt. Pendant son séjour en France, le jeune Painchaud fait le vœu de se dévouer aux pauvres. C'est ainsi, que de 1846 à 1849, treize conférences sont instituées dans tous les coins de la ville, dont six dans la seule paroisse de Saint-Roch. Sous la direction d'un bureau élu, les membres recueillent des fonds et visitent régulièrement les pauvres. Encore plus, en mars 1848 la Société organise une caisse d'économie, première tentative de coopération financière[90].

La charité dispensée au compte-gouttes est un soulagement bien partiel de la misère. Le problème de la pauvreté de la masse de la population et ses effets sur la qualité de la vie ne disparaissent pas pour autant. La nature cyclique de l'économie et le chômage prolongé, sans oublier les effets désastreux des grands incendies de 1845, poussent enfin plusieurs centaines d'ouvriers à chercher du travail ailleurs. En 1849, on évalue à 4000 individus de la région immédiate, dont 1500 ouvriers de la ville, le nombre de ceux qui ont émigré depuis cinq ans[91].

Dans ces conditions, il n'est pas surprenant que l'ivrognerie soit très répandue. L'alcool coûte à peine plus cher que le pain, les cabarets se multiplient. En 1826, le curé affirme que dans le seul district de Québec, l'ivrognerie a causé la mort de 224 personnes au cours des années précédentes[92]. Les rixes sont fréquentes, surtout à la Basse-Ville, où trop de cabarets offrent leurs tentations bacchiques, la plupart situés rue Champlain. Le mouvement de tempérance, lancé en 1831 par les principaux hommes d'affaires, dont John Neilson et Elzéar Bédard, pour contrer ce fléau, fait naître des associations de tempérance; celle de Saint-Roch compte 7500 membres en 1845, dont près de 5500 se déclarent abstinents complets[93].Mais l'usage des boissons alcooliques est si bien ancré dans les mœurs qu'il faut plus que des prédications et des sociétés de tempérance pour changer les habitudes[94]. En 1860, 1667 des 3784 personnes arrêtées par la police municipale le sont pour ivresse[95].

Les victimes de ce fléau sont nombreuses; certains cas pathétiques, comme celui de François-Xavier Julien, soulèvent l'indignation générale. Ce compagnon ébéniste revient à Québec en 1845 auprès de sa femme et de sa fillette, après deux ans passés à New York. Entre le 1er et le 6 janvier, Julien se soûle tellement que sa femme doit trouver refuge chez son père. Après avoir tenté en vain de revoir sa femme, Julien s'introduit chez son beau-père et la tue à coups de ciseau. Au procès, Julien plaide coupable; son avocat plaide la folie attribuable à l'alcool que l'accusé avait ingurgité en trop grande quantité. Condamné à être pendu, Julien bénéficie d'une commutation de peine. C'est qu'une grande assemblée de citoyens s'est tenue à la salle de lecture de Saint-Roch pour protester contre cette condamnation à mort. Québec n'a pas vu de pendaisons depuis 1839 et ne tient pas à en voir une autre[96].

La criminalité

En fait, les meurtres prémédités sont plutôt rares; il n'y a qu'une dizaine de pendaisons entre 1814 et 1839. Elles ont lieu en public, à la prison, rue Saint-Stanislas[97]. Habituellement les peines capitales sont commuées en emprisonnement à perpétuité. Pour des délits mineurs, on se sert surtout du pilori, sorte de poteau muni d'une chaîne et d'un collier de fer où les criminels sont exposés à l'indignation publique. Cette forme de punition est abolie par l'Assemblée en 1841. Par la suite, on multiplie les condamnations à l'emprisonnement; cette forme de répression touche surtout les pauvres et la classe laborieuse[98].

Un récit pittoresque, publié à Québec en 1837, décrit les activités des bandes criminelles et leurs repaires habituels:

> Les plaines d'Abraham et les bois environnants, particulièrement celui de Carouge [Cap-Rouge], sont le rendez-vous ordinaire d'une classe industrielle qui trouve plus commode de ne point travailler et de vivre sur le bien commun. Tous les printemps, quand les prisons se vident, et que la navigation jette sur nos bords ses flots de populations diverses, ce troupeau infecté se répand dans les champs et se grossit chaque jour d'habitués de prisons, de matelots mécontents, d'aventuriers, de fénéants et de débauchés[99].

La grande quantité de bois dans le port pendant la saison estivale offre des tentations énormes à la population flottante en quête d'argent facile. George Waterworth, immigré irlandais et membre de la bande criminelle la plus célèbre pendant la première moitié du siècle, celle de Chambers, décrit ainsi les opérations de ces gens qu'on appelle des «écumeurs» et qui profitent de tout le bois qui flotte:

> Nous allions couper les câbles des petites cages de plançons destinés au chargement des navires, et attendre au-dessous du courant notre proie qui venait nous trouver; nous nous entendions avec les guides des grandes cages du Haut-Canada, qui nous faisaient bon marché des effets de leur bourgeois; nous avions à nos gages des journaliers pour enlever la marque des bois, et des écumeurs pour courir les grèves après les orages[100].

Ces requins du fleuve, comme on les appelle parfois, sont à la recherche de toute pièce de bois détachée. Les propriétaires des anses sont obligés par les règlements de la Maison de la Trinité de rembourser ces navigateurs indépendants pour chaque morceau de bois ainsi «retrouvé».

Si Québec, malgré l'importance de sa population flottante, ne connaît que de petits larcins et des bagarres dues à l'ivresse, pendant toute l'année 1834 et une partie de celle de 1835, la ville et les paroisses environnantes vivent sous un régime de terreur; les vols, les attaques à main armée et même les assassinats se succèdent; les citoyens terrifiés se barricadent dans leurs maisons de peur d'être attaqués pendant la nuit.

Un dernier attentat soulève la colère générale: dans la nuit du 9 au 10 février 1835, des malfaiteurs s'introduisent dans la chapelle de la Congrégation, au coin des rues Sainte-Anne et d'Auteuil, y enlevant les vases sacrés. Les juges de paix poussés par les protestations publiques contre le peu de protection accordée aux citoyens et à la propriété, offrent une récompense de cinq livres pour des renseignements. Une prostituée, qui se trouvait à l'auberge de madame Anderson à la Basse-Ville où avait été organisé le vol, se rend à la police et lui fait part de ses soupçons. Une fois Chambers et ses complices arrêtés, on se plaint que la police ait laissé en liberté la plupart des membres de la bande que l'imagination populaire fixe à 25 ou 30!

Lors des procès, en 1836 et 1837, on apprend que Chambers n'a jamais eu plus de cinq ou six complices. Condamné à la peine capitale, il joue si bien la comédie qu'il réussit à convaincre des ministres protestants et le célèbre abbé Chiniquy, alors vicaire à Saint-Roch, d'intercéder en sa faveur. C'est ainsi que les membres de la bande sont embarqués le 27 mai 1837, à bord du brick *Ceres*, avec une soixantaine d'autres condamnés en route pour l'exil en Australie. On rapporte que Chambers aurait tenté de soulever les prisonniers et que le capitaine l'aurait fait jeter à l'eau[101].

La présence de quelques milliers de soldats contribue aussi pour une large part aux désordres. Selon lord Dalhousie, en 1820, l'ivrognerie est responsable des quatre cinquièmes des délits commis par les soldats; la plupart se tiennent à demi ivres, «muzzy» comme ils disent, afin d'oublier les rigueurs de la vie militaire. Des bagarres entre militaires et citadins sont fréquentes; en août 1835, on doit interdire aux soldats de se servir de leur baïonnette dans une querelle personnelle sous peine de punition sévère. Le problème des désertions est très grave aussi: on estime à une centaine le nombre de soldats qui désertent chaque année[102]. Le quartier Saint-Jean semble être le lieu de prédilection des déserteurs et des soldats en quête d'aventures. On y voit affluer également les matelots qui montent de la rade voisine par les escaliers des plaines d'Abraham. Les gens paisibles ne s'engagent pas le soir, sans quelque crainte, dans certaines rues où l'on ne rencontre guère que des passants en habits rouges ou des matelots à moitié ivres[103].

La santé menacée

Le taux de mortalité à Québec augmente continuellement au cours des premières décennies du siècle. D'après les chiffres publiés par le gouvernement à l'époque, on estime ce taux à 54,3 par 1000 entre 1825 et 1832[104]. Ne sachant pas les causes véritables des maladies contagieuses, on accuse les immigrants. Et bien sûr, chaque été, la mortalité augmente. Il est facile d'en conclure

ST. ROCH.

Prière à St. Roch contre le Choléra.

Bienheureux St. Roch, vous que la charité porta à voyager en pélerin dans les villes infestées de la peste pour visiter les hôpitaux et soigner les malades, et à qui Dieu rendit la santé sans le secours des hommes lorsque vous fûtes atteint de la contagion, priez pour nous et secourez-nous. Vous avez, par votre intercession, fait cesser ce fléau dans plusieurs villes, et l'Eglise reconnait dans ses annales que la bénédiction de votre main guérissait les personnes affligées de l'épidémie. Que le même secours soit accordé à notre confiance et que votre protection puissante nous obtienne d'être exempts des ravages du choléra.

MARIE, *consolatrice des affligés et santés des malades, priez pour nous.*

Effrayés par les épidémies de choléra que les médecins ne savent pas traiter, les gens cherchent dans la religion les secours aux fléaux qui les frappent. (BNM) que l'arrivée des navires, avec leur cargaison de pauvres immigrants, en est la cause. Depuis 1823, on tente de les isoler, mais la quarantaine se fait dans le port même, et encore seulement dans le cas où l'immigrant porte des signes évidents de la maladie.

La croissance du nombre d'immigrants à partir des années 1820 rend très difficile le contrôle; ils débarquent rapidement des navires et, souvent sans le sou, ils s'entassent dans des tavernes, des auberges de troisième ordre et même dans des caves où ils ne se trouvent guère mieux qu'à bord des navires qui les avaient menés au Canada. Dans de telles conditions, quand il y a épidémie, la contagion se répand très rapidement parmi les habitants de la ville, atteignant bientôt les autres régions de la vallée du Saint-Laurent et le Haut-Canada, à mesure que les immigrants pénètrent à l'intérieur du pays. Partout les habitants de la province, dans la région de Montréal surtout, soutiennent que «l'Angleterre était responsable des ravages du choléra, parce qu'elle avait envoyé dans le pays une immense émigration qui portait en elle les germes du fléau[105]».

En 1832, craignant les ravages du choléra, déjà épidémique en Europe, les autorités décident enfin de prendre des mesures élémentaires de protection, notamment le déplacement de la station de quarantaine du port de Québec à Grosse-Île. Cette mesure reste cependant inefficace, puisque plusieurs navires se rendent à Québec sans même s'arrêter à la station de Grosse-Île. En 1832, le choléra emporte plus de 3000 victimes dans la ville, dont au moins 2200 résidents permanents[106]; en 1834, il y a plus de 2000 nouvelles victimes. En ville, la nomination de comités de santé n'a pas l'effet escompté; les mesures de protection, telles que le nettoyage et la désinfection des rues, se révèlent inutiles. De même, les précautions lors des sépultures ne sont pas toujours respectées: un charnier du cimetière des cholériques du faubourg Saint-Louis est laissé plus ou moins ouvert et les cercueils mis en terre ne sont pas suffisamment recouverts[107].

La situation s'améliore quelque peu dans la deuxième moitié du siècle même si, en 1849, le choléra emporte 1200 autres personnes; les pires années après 1850, le nombre ne dépasse guère 200 ou 300[108]. La station à la Grosse-Île, 40 kilomètres à l'est de Québec, semble avoir protégé la population contre les dangers de la contagion, surtout en 1847 et 1848, lors de l'épidémie de typhus qu'on appelle alors «la fièvre des navires». S'il y a un seul cas douteux, tous les passagers sont tenus de débarquer, les uns pour hospitalisation, les autres pour observation. Déjà, le 31 mai 1847, il s'y trouve 15 000 immigrants sur une quarantaine de navires qui attendent la visite des inspecteurs. Plus de 5000 Irlandais sont enterrés à la Grosse-Île pendant l'été de 1847; des centaines d'orphelins trouvent refuge dans des foyers de la ville et de la région[109].

Les épidémies propagées par les immigrants ne sont cependant pas les seules causes de la mortalité; les conditions sanitaires déplorables de la ville y contribuent également. L'absence de système d'aqueduc et la mauvaise

Après avoir puisé de l'eau «potable» dans la Saint-Charles et le Saint-Laurent, les charretiers livrent celle-ci aux maisons à travers la ville. (APC: C39279)

condition des égouts sont sans doute en grande partie responsables de la propagation des maladies puisque les eaux usées s'infiltrent dans le sol et passent dans les citernes et les puits. Ces eaux s'écoulent soit dans les rigoles de chaque côté des rues, soit dans des tuyaux rudimentaires de bois ou de grès; la décharge de ces égouts se fait, pour le quartier Saint-Roch, dans la rivière Saint-Charles et, pour les secteurs de la ville au sud, dans le fleuve où, à marée basse, les saletés croupissent sur les rivages.

C'est le long des rives de ces cours d'eau que les charretiers puisent l'eau potable qu'ils vendent de porte en porte. Plusieurs familles utilisent des puits, surtout à Saint-Roch; ces sources d'eau se trouvent souvent à quelques mètres des fosses d'aisance, de sorte qu'au printemps ou durant les journées de grandes pluies, elles sont contaminées par toutes sortes de matières qui flottent dans les cours. Lorsque les cabinets extérieurs deviennent trop pleins, on fait un trou à côté et on y replace la cabane!

Certains citadins doivent partager l'espace avec le cheval, animal domestique essentiel au système de transport. En 1826, le rôle d'évaluation énumère 228 chevaux de luxe; si l'on ajoute les chevaux de trait des quelque 180 charretiers et tous ceux qui sont utilisés par l'armée, on peut estimer à 700 au moins le nombre des chevaux, sans oublier les chiens, les vaches, les poules et les porcs. De plus, les dépotoirs sont situés à l'intérieur même de la ville, on jette les ordures dans le fleuve ou on s'en sert comme remplissage pour les prolongements des rues. C'est surtout après les grandes épidémies des années 1830 qu'on se plaint de l'air impur et de l'odeur causée par les déchets et les égouts à ciel ouvert. Ce n'est qu'en 1855 qu'on interdira les cimetières à l'intérieur des murs[110]. La densité de la population et l'insuffisance des vents concourent à rendre encore plus sensibles les effets de l'amoncellement des fumiers et des saletés[111].

Est-il surprenant alors que la mortalité soit si élevée, même pendant les années où il n'y a pas d'épidémie? Plus de la moitié des jeunes nés en ville meurent avant l'âge de 15 ans. Leur taux de mortalité dépasse 280 pour mille naissances pendant la période 1820-1840; d'après Philip Carpenter, de Montréal, ce taux est un des plus hauts de l'Occident[112]. Il y a écart certain entre le taux de mortalité de la ville et celui de l'ensemble de la province, le premier dépassant le second d'une moyenne de 60% pour la période 1815-1850. À Saint-Roch par ailleurs, entre 1829, date de l'ouverture des registres, et 1850, le taux de mortalité est de 15% supérieur à celui de la ville!

En 1837, William Kelly, médecin de l'armée, effrayé par l'accroissement de la mortalité, décrit longuement les conditions sanitaires qui en sont la cause principale:

> Très peu d'argent a été investi dans le pavage et le drainage des rues. Voilà pourtant des causes importantes de maladie; et lorsqu'on ajoute la situation des journaliers vivant dans la pauvreté (*labouring poor*), composés surtout d'immigrants qui arrivent dans des conditions d'indigence; que leur disposition habituelle à s'entasser dans des habitations misérables se trouve renforcée par le prix excessif des loyers et le coût élevé du combustible en hiver; et que la saleté résultant d'une telle situation est augmentée par le manque d'eau; nous ne devons pas nous surprendre de rencontrer tant de maladie et tant de mortalité[113].

UN TERRITOIRE EN EXPANSION

Les voyageurs du XIXe siècle n'hésitent pas à utiliser les termes les plus forts lorsqu'ils vantent la splendeur de Québec. Rien n'égale l'horizon de la vieille capitale en grandeur et en sublimité. Louis-H. Fréchette (1839-1908) se souvient avec extase du paysage qu'il contemplait de la maison familiale, sur le fleuve, en face de la ville. «Le bassin de Québec, écrit-il, présente un des plus beaux coups d'œil qui soit au monde[114].»

La densité de la ville passe de 560 personnes au kilomètre carré, en 1818, à 1540 en 1851; pourtant la zone urbanisée de Québec, avec ses 29,9 kilomètres carrés, est la deuxième en superficie des villes au Canada au XIXe siècle. Cet entassement a des conséquences sur le développement des quartiers de la ville proprement dite. Il devient évident que l'expansion physique de la ville devra se faire vers l'ouest. Alors qu'en 1818 les vieux quartiers comptent la moitié de la population, en 1861, ils n'en ont plus qu'un tiers. Entre 1818 et 1861, la Basse-Ville et la Haute-Ville augmentent de 2 et de 1,7% par année respectivement, tandis que Saint-Jean et Saint-Roch ont des taux annuels d'accroissement de 3,5 et de 3,2%. À la suite des incendies qui ravagent Saint-Jean et Saint-Roch en 1845, les terrains à l'ouest de l'Hôpital Général et au nord de la Saint-Charles reçoivent des centaines d'anciens habitants des quartiers détruits. En 1851, près de 4000 personnes habitent cette banlieue, hors des limites officielles de la ville, soit 8,5% de la population urbaine; le mouvement s'accentue singulièrement dans les décennies subséquentes, pour toucher plus de 25% de la population en 1871.

On relève une forte proportion de locataires — 44% en 1825 — et les déménagements sont fréquents. Le cas de Jacques Crémazie, père d'Octave, est typique de la mobilité résidentielle du milieu populaire. Entre 1813 et 1838, il habite pas moins de 13 logements différents à Québec, sans compter deux ans à la baie Saint-Paul[115]. Les recensements effectués à dix ou douze ans d'intervalle ne permettent donc qu'une saisie statique, comme une série de portraits, et ne tiennent pas compte du mouvement dynamique d'une population en pleine ébullition.

La croissance des faubourgs coïncide avec une stratification sociale plus poussée. La Haute-Ville se divise en deux grands secteurs: celui du nord, entre le Séminaire et l'Hôtel-Dieu, semble être le lieu de prédilection de nombreux artisans et ouvriers; une forte proportion de membres des professions libérales et de militaires établissent par contre leurs résidences au sud le long de la rue Saint-Louis. La Basse-Ville est d'abord le quartier des marchands, le long de la rue Saint-Pierre, et des aubergistes et des ouvriers du port, rue Champlain. À partir des années 1830, des immigrants irlandais prennent la place laissée vacante par les marchands qui, apeurés par le choléra, commencent à émigrer vers les hauteurs.

Entre 1805 et 1830, on voit le développement d'un quartier presque uniquement ouvrier, Saint-Roch. Le faubourg Saint-Jean pour sa part se trouve divisé entre ouvriers, journaliers et charretiers pour la plupart, qui habitent entre la rue Saint-Jean et le coteau Sainte-Geneviève, et les marchands et administrateurs qui tentent de s'approcher du chemin Saint-Louis, dans le secteur du faubourg Saint-Jean qui prend le nom de quartier Saint-Louis. Les rôles d'évaluation reflètent cette ségrégation sociale. En 1826, les propriétés sont évaluées entre 5 livres, 10 shillings et 250 livres pour fins de taxation municipale. Si la valeur moyenne se situe à 25 livres, celle des faubourgs n'est que de 11 livres, tandis que la propriété moyenne des vieux quartiers est évaluée à 53 livres. Saint-Roch fait figure de quartier pauvre avec seulement 12% de la valeur bien qu'il contienne 30% de la population. Le facteur ethnique joue aussi: la valeur moyenne des propriétés des anglophones est de 56 livres, alors que celle des Canadiens français n'est que de 18 livres[116].

Rue Saint-Pierre, une des principales artères commerciales de la ville, avec ses grandes maisons en pierre à trois étages, ses lanternes, et ses trottoirs en bois, 1829. (ROM: 951.205.14)

La Basse-Ville

Au début du siècle, c'est la Basse-Ville qui profite le plus de l'activité débordante du port. Par des comblements et la construction de quais, on double la superficie du terrain en façade du fleuve. La Basse-Ville s'étire aux deux extrémités, le long du Saint-Laurent, pour atteindre l'anse au Foulon au sud et l'estuaire de la Saint-Charles au nord. La rue Saint-Pierre, prolongée grâce à des comblements jusqu'à la Pointe-à-Carcy, est rejointe en 1830 par la rue Saint-Paul. Celle-ci, ouverte en 1816, donne un accès facile à la plaine de la Saint-Charles et au faubourg Saint-Roch en plein essor. Autour de la Pointe-à-Carcy, l'expansion des quais permet l'ouverture des rues Arthur et Dalhousie en 1831. D'autre part, la place de débarquement et la place du marché sont agrandies de beaucoup entre 1837 et 1842.

C'est toujours une zone domiciliaire importante, avec un taux d'accroissement annuel de 3,3% entre 1818 et 1842. Une analyse des marchés de construction entre 1800 et 1840 nous permet de mieux saisir la nature des maisons de ce quartier où les commerçants habitent aux étages supérieurs de leurs magasins[117]. En effet, les deux tiers des bâtiments ont au moins trois étages et une superficie de 900 pieds carrés, alors que dans les faubourgs, les maisons n'en ont qu'environ 700. Mais peu à peu les banques, les bureaux et les entrepôts y dominent. À partir de 1839, les Ursulines, voulant assainir leurs finances, concèdent au puissant armateur Lampson, leurs terrains à l'anse des Mères, en plus d'autres terres dans la région de Québec; en retour, elles acquièrent le quai du Cul-de-Sac et neuf maisons à revenus du centre-ville. C'est ainsi que les congrégations religieuses profitent de la spéculation immobilière intense[118].

En 1833, un voyageur décrit cette partie de la ville ainsi:

> Les rues en sont étroites, longues et obscures, les quais assez malpropres, ainsi que les abords du fleuve; le faubourg qui remonte vers Montréal (la rue Champlain et le chemin des Foulons) peut avoir un mille de long, et n'est qu'une rue monotone, dominée par des rochers à pic... on n'y voit que tavernes et cabarets où les matelots passent les jours et les nuits à boire, à fumer et à se battre ... Lorsqu'on sort de ces rues sales et ténébreuses, l'air devient graduellement plus vif, plus léger: la rue de la Montagne serpente à travers des maisons propres et bien alignées, des magasins riches et élégants[119].

Alors qu'en 1818, la plupart des maisons sont en pierre, en 1845, le nombre de constructions et de hangars en bois a augmenté considérablement et beaucoup de bâtiments ont des recouvrements en bois[120]. Par la suite, ce quartier perd sa vocation domiciliaire et, entre 1842 et 1861, le taux d'accroissement n'est que de 0,7% par année, une augmentation d'à peine mille personnes en vingt ans.

La Haute-Ville

C'est à la Haute-Ville et sur le plateau que logent les marchands britanniques, les officiers de la garnison et les hauts fonctionnaires. Mais, encerclé par les fortifications et en partie soumis aux grands propriétaires institutionnels — le gouvernement et les communautés religieuses —, ce quartier subit l'entassement et la croissance verticale. Les riches Anglo-Écossais s'installent sur les pentes du cap Diamant forçant les journaliers, et des laitiers habitant l'ancienne vacherie, à déménager dans les faubourgs ou dans la partie basse

Rue Sault-au-matelot, habitée surtout par les familles ouvrières. Leurs domiciles et surtout les abris de bois sont adossés à une dangereuse falaise. Vers 1830. (APC: C40044)

En 1827 la ségrégation sociale et spatiale de la Haute-Ville est déjà bien évidente. Tandis que les hautes maisons de pierre à deux ou trois étages appartiennent aux membres de l'élite anglophone, les petites bâtisses sont habitées surtout par les francophones. Aquarelle de James Cockburn. (ROM: 942.48.82)

du quartier. Si les Anglo-Écossais ne détiennent en moyenne que 20% des propriétés, celles-ci sont estimées à au moins 45% de la valeur globale des propriétés de la Haute-Ville. Entre 1818 et 1842, le taux d'accroissement se situe autour de 0,9% par année, tandis que la ville augmente à un rythme trois fois plus rapide.

À partir de 1820, à la suite d'une activité de construction intense, les terrains à l'intérieur des lignes de fortifications sont rapidement occupés. De nouvelles rues sont ouvertes, d'autres sont prolongées et, en quelques décennies, elles se couvrent de maisons de maçonnerie surtout, mais aussi de maisons en brique[121]. Le peu d'espace libre dans ce secteur privilégié conduit à un développement vertical accentué. Les maisons à trois étages à la Haute-Ville représentent plus de 60% des constructions entre 1820 et 1842. On relève aussi de nombreux ajouts d'étages ou de nouvelles ailes, et des reconstructions de maisons.

De plus en plus, les emplacements des anciens jardins et des cours sont occupés par des maisons. La construction de maisons contiguës ou en rangées est aussi significative. Toutes ces transformations contribuent à augmenter le capital immobilier de la Haute-Ville[122]. Entre 1843 et 1850, les Ursulines subdivisent à peu près le tiers des terrains entourant leur monastère

Construites en 1831, ces deux maisons, rue Sainte-Ursule, témoignent de la croissance verticale que connaissent les propriétés de la Haute-Ville. (Parcs Canada)

La Basse-Ville vue de la Citadelle, vers 1840. (ROM: 960.66.47)

en lots à bâtir; elles en concèdent une centaine dans le secteur des rues des Jardins, Saint-Louis, Sainte-Ursule et Sainte-Anne[123]. Entre 1842 et 1861, la population de ce quartier augmente au rythme de 2,8% par an, soit plus rapidement que pendant les décennies précédentes.

La mainmise de la population anglophone sur la Haute-Ville devient aussi très perceptible à partir de la deuxième décennie du siècle, ce qu'illustre très bien la multiplication de ses lieux de culte. Bordée par le château Saint-Louis, la place d'Armes est au centre de la vie mondaine de cette population anglo-écossaise. C'est ici que les gens de la bonne société viennent se promener à pied en été ou en carriole en hiver. Cette fonction sociale s'accentue lorsque, en 1838, on aménage une terrasse sur les ruines du château ravagé par un incendie quatre ans plus tôt. Devenue lieu touristique, la terrasse est élargie une première fois lorsque les jardins des gouverneurs sont ouverts au public en 1854. La fonction militaire de la Haute-Ville commence à céder le pas à la détente.

Le système défensif

La guerre de 1812 conduit à une révision de la stratégie de défense au Canada; les États-Unis sont maintenant encore plus redoutés. L'importance stratégique de Québec s'en trouve accrue puisque, selon le plan défensif du

La porte de la Citadelle, vers 1830. (MQ)

gouverneur Richmond en 1818, la reddition de la ville demeure l'objectif ultime de toute invasion du Canada. Il faut donc à tout prix consolider les ouvrages de défense de la capitale. Entre 1819 et 1831, bien que la Grande-Bretagne cherche à limiter les dépenses, la fonction militaire de Québec atteint un sommet avec la construction de la Citadelle. Celle-ci vise un triple but: protéger le port en balayant de son tir toute la largeur du fleuve; empêcher l'ennemi de s'installer sur les plaines d'Abraham; et, enfin, agir comme réduit ultime si l'ennemi fait une brèche dans l'enceinte ou si une insurrection éclate à l'intérieur de la ville.

Les travaux de construction commencent en mai 1820 et se terminent en 1831. Pendant cette période, des centaines d'artisans et de journaliers travaillent sur les chantiers: en 1828, on en compte tout près de 900. Ils s'affairent non seulement à ériger les escarpes et contrescarpes, à construire les parapets, les portes et les poternes et à faire les terrassements nécessaires aux terre-pleins, mais aussi à construire les nombreux édifices à l'intérieur de la Citadelle. Car celle-ci se veut un système de défense autosuffisant. On y retrouve donc casernes, quartiers d'officiers, armurerie, entrepôts d'équipement et de combustibles, magasins de vivres, ateliers divers, poudrières, hangars, écuries, plusieurs puits et citernes, bref tout ce qui est nécessaire à une défense prolongée. À la fin de 1831, la Citadelle a déjà coûté 240 680 livres. Et les travaux reprennent dans les années 1840; on y érige notamment un hôpital à l'épreuve des bombes et une prison.

L'entrée des casernes de l'Artillerie, lesquelles se trouvent à l'intérieur des murs, près de la porte du palais et de l'Hôtel-Dieu, 1830., (ROM: 942.48.67)

L'aménagement de la Citadelle s'accompagne évidemment d'expropriations foncières et immobilières, notamment pour former les glacis la séparant de la ville. Les plus importantes se font dans le faubourg Saint-Jean, puisque l'expansion urbaine à l'ouest de l'enceinte risque de rendre les fortifications inefficaces. Pour résoudre ce problème, les militaires poursuivent activement, à partir de la première décennie du siècle, un programme d'acquisitions de terrains: entre 1811 et 1822, ils s'approprient environ 120 acres à l'extérieur de l'enceinte mais à l'intérieur des limites de la ville. Ces acquisitions sont précipitées par une nouvelle tentative des autorités municipales, en 1818, d'établir un plan d'expansion urbaine.

Par ailleurs, les propriétaires de terrains dans ce faubourg cherchent à tirer profit des besoins militaires et de ceux d'une population urbaine en croissance; ils demandent souvent des prix exorbitants. Les militaires poursuivent néanmoins leurs projets. En 1850, ils possèdent au total 357 acres de terrain dans la ville; leur présence est surtout marquée à la Haute-Ville, où ils ont 42% de la superficie du quartier, et au faubourg Saint-Jean, où leurs propriétés occupent 35% de l'espace, au milieu du XIXe siècle.

La fonction militaire se traduit aussi, comme nous l'avons déjà remarqué, par la présence d'une garnison importante. Il en résulte, pour la population,

La cour des casernes de l'Artillerie. (ROM: 951.205.7)

surtout celle de la Haute-Ville, un contact plus fréquent et plus direct avec les militaires. Si ceux-ci contribuent à la vie urbaine en participant au service de police et d'incendie, ils sont également cause en partie de la croissance du désordre. L'augmentation du nombre de débits d'alcool et des maisons de prostitution semble ainsi reliée à la présence de la garnison. Les militaires sont parfois en conflit avec les autorités civiles. Leur opposition à la fermeture des portes de la ville pendant la nuit, à la suite de la Rébellion de 1837, illustre bien les conceptions différentes qu'ils ont de la ville. Les deux parties réclament la responsabilité de la sécurité de la ville, mais le maire considère la sécurité du citoyen, alors que les militaires pensent à celle de la place forte face à un ennemi éventuel. Pour les autorités militaires, Québec est avant tout une place de guerre; les habitants n'ont qu'à se soumettre à sa réglementation et à son mode de vie particulier[124].

La croissance des faubourgs

La première moitié du XIXe siècle voit le développement effréné des faubourgs ouvriers et l'essor du domaine des villas, sur les hauteurs d'Abraham. Les années 1820 marquent un nouveau départ de l'architecture domestique: c'est

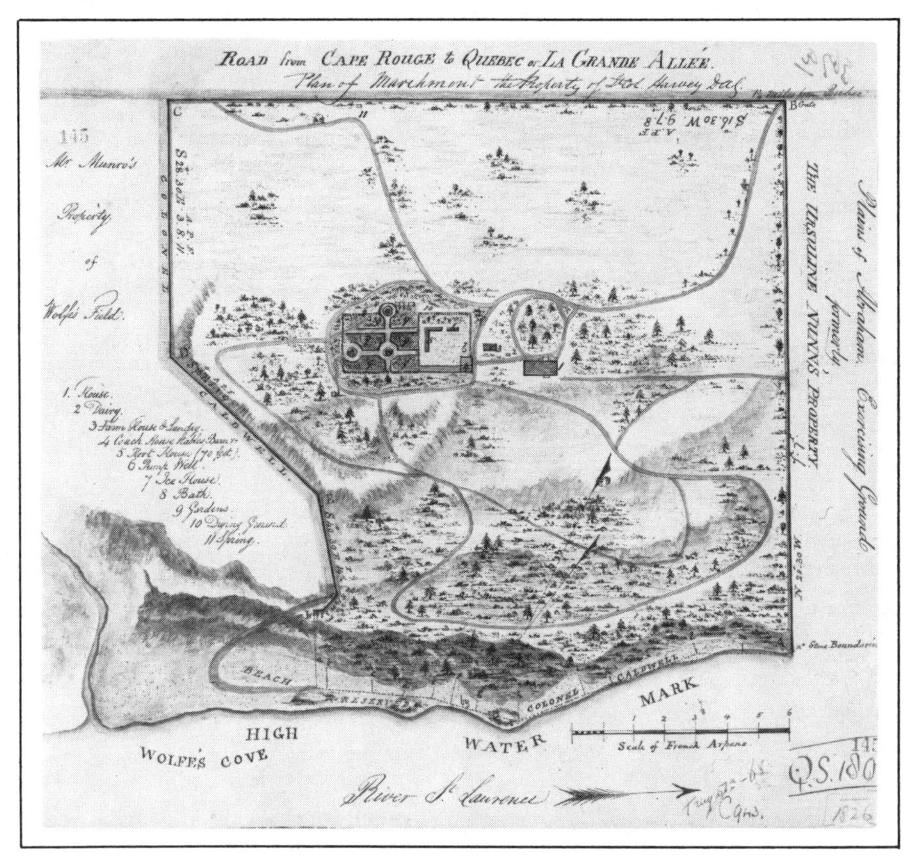

Cette immense propriété, d'environ 70 acres, située sur les plaines d'Abraham, est occupée par le lieutenant-colonel Harvey. (*Plan of Marchmont...*, 1826; APC: C55346)

l'époque des résidences monumentales érigées à grands frais, notamment de la porte Saint-Louis au Cap Rouge. Les villas entourent Québec d'une véritable couronne de jardins le long de la falaise. D'abord résidences d'été, elles deviennent rapidement des habitations permanentes, propriétés des Britanniques enrichis. La vie dans ces grandes propriétés de même que les aménagements reflètent bien le romantisme de l'époque auquel le site se prête admirablement bien. Elles ont jardins, serres, salles de musique, salles de dessin, etc. Spencer Wood (Bois-de-Coulonge), par exemple, devient la résidence officielle du gouverneur en 1849. Son propriétaire de 1833 à 1849, Henry Atkinson, riche négociant et premier président de la Société d'horticulture de Québec, avait déjà fait construire une des premières serres chaudes de la région, dans sa maison du Cap Rouge. À Spencer Wood, il installe de grands déploiements de fleurs, de fruits et de jets d'eau.

Spencer Wood près de Québec, vers 1840. Henry Atkinson en est le propriétaire de 1833 à 1849, année où il le vend au gouvernement. (APC: C3688)

Ce goût des jardins se manifeste lors de l'aménagement en 1849 du cimetière protestant Mount Hermon, sur un vaste terrain de 32 acres à Sillery. On engage le major Douglas, paysagiste américain reconnu. Hôte d'Atkinson, il assiste plusieurs propriétaires des villas environnantes dans l'ornementation de leurs parcs et de leurs jardins. «Grâce aux habiles jardiniers que l'Angleterre et surtout l'Écosse nous a envoyés, nous pouvons admirer autour de Québec un genre de culture fort soigné, de riches conservatoires pour les fleurs tropicales en hiver, de vastes et belles serres-chaudes où mûrissent, sous le verre, le raisin le plus délectable, des pêches succulentes, de suaves nectarines, des abricots, des bananes[125]», écrit sir James Le Moine, propriétaire de Spencer Grange, villa construite par Atkinson lorsqu'il vend Spencer Wood au gouvernement en 1849. Les autres villas somptueuses se nomment Bandon Lodge, Elm Grove, Wolfefield, Marchmont, Beauvoir... Isolé par les nombreux terrains militaires qui l'entourent, le domaine des villas le long de la Grande Allée et à l'ouest de la ville, présente un contraste remarquable avec les faubourgs Saint-Jean et Saint-Roch.

Le faubourg Saint-Jean connaît un taux de croissance élevé pendant cette période: 3,5% par année jusqu'en 1842 et 2,9% entre 1842 et 1861. Son expansion est entravée cependant par les terrains militaires avoisinant les

Portrait de famille dans un jardin, milieu du XIXe siècle. (APC: C4357)

tours Martello et qui divisent tout le territoire en deux parties. Elle doit donc s'orienter vers les secteurs où les terrains sont encore libres. L'ouverture de la Côte-à-Coton en 1818, entre la rue des Glacis et le faubourg Saint-Roch, permet un accès plus direct aux chantiers de construction navale pour les ouvriers qui habitent dans le secteur avoisinant la porte Saint-Jean[126]. Les grandes propriétés de Jean Guillot, de Vallières de Saint-Réal, sur le coteau Sainte-Geneviève, et celles de Michel et Amable Berthelot, au sud de la rue Saint-Jean, sont alors subdivisées en îlots de lotissement permettant l'ouverture des rues Sainte-Geneviève, Latourelle, Richmond et Scott, le prolongement d'autre rues et l'aménagement du marché Berthelot[127]. En 1848-1849, on y érige l'église la plus vaste de la ville, celle de Saint-Jean-Baptiste, qui peut contenir 3000 personnes.

Le faubourg Saint-Roch connaît une expansion spontanée et linéaire en direction de l'Hôpital Général. Entre 1795 et 1842, le nombre de ses maisons, presque toutes en bois, décuple, occupant une bonne partie de la basse terrasse de la Saint-Charles. Saint-Roch connaît ainsi le taux le plus élevé de croissance: 3,8% par année de 1818 à 1842 et 3% jusqu'en 1861. En 1825, George Pozer, riche marchand excentrique, fait l'acquisition de toutes les propriétés de John Mure. Pozer détient ainsi des hypothèques sur 165 terrains de Saint-Roch, tous dans le secteur de l'église, ce qui représente à peu près 30% de la superficie de ce quartier[128].

Maison de campagne, construite vers 1850. (Parcs Canada)

Petite maison en briques du quartier Saint-Jean, construite au milieu du XIXe siècle. (Parcs Canada)

Mais l'expansion vers l'ouest se trouve entravée par la Vacherie, grande terre de plusieurs arpents entre les rues actuelles de la Couronne et Dorchester, tenue anciennement par les Jésuites. Dès 1822, les commissaires des biens des Jésuites préparent des plans de lotissement; mais, même si certains emplacements sont concédés en 1829, ce n'est qu'après 1830 que les terrains se vendent régulièrement, bien que le tracé des rues dans ce secteur existe déjà en 1829. Le 26 septembre 1829, Saint-Roch est érigé en paroisse qui comprend aussi les villages Stadacona et Limoilou (Saint-Roch nord) sur l'autre rive de la Saint-Charles.

Saint-Roch, le quartier le plus peuplé, compte, en 1842, 10 850 habitants dans la partie sise à l'intérieur de la ville. Dans ses rues droites, en damier, bordées de petites maisons de bois, se fixe une population ouvrière, des Canadiens français pour la plupart, bien qu'il s'y trouve 2260 Anglais et Irlandais (21%). La congestion commence déjà à se faire sentir; le grand incendie du 28 mai 1845 détruit rapidement plus de 1600 demeures. En 1842, le quartier compte 1640 ouvriers parmi les 1920 travailleurs recensés (85%); il s'agit essentiellement de journaliers et d'artisans œuvrant surtout dans la construction navale, ainsi que de la presque totalité des tanneurs, ces derniers installés le long de la rue Saint-Vallier[129]. Voici le portrait du quartier que trace son curé vers 1840: «Cette population, composée en grande partie d'ouvriers travaillant en plein air, dans les chantiers de construction, soumise à un travail considérable, gagnant de bons prix généralement, était rude, ignorante et généreuse. Son intelligence presqu'inoccupée laissait un libre champ à la violence et au désordre qui en sont les conséquences[130].» Son église, construite en 1817-1818 et agrandie en 1842, peut à peine contenir tout ce monde.

À partir des années 1840, le faubourg Saint-Roch ne peut plus accueillir les ouvriers des chantiers navals, puisque tous les terrains sont déjà occupés. L'expansion de Québec atteint la seigneurie des religieuses de l'Hôpital Général. Elles comprennent qu'il vaut mieux profiter de la conjoncture économique favorable pour retirer le plus possible du peuplement de leurs seigneuries le long de la Saint-Charles et ainsi consacrer les revenus fonciers à l'amélioration de leur institution. De cette façon, elles pourront accueillir plus de malades une fois les aliénés transférés à l'asile de Beauport en 1845[131]. Le peuplement de leur seigneurie correspond aux meilleures années de la construction navale, entre 1846 et 1855. C'est ainsi que de juillet 1846 à la fin 1847, elles font 238 concessions, suivies de 210 autres entre 1848 et 1854; enfin en 1855, elles concèdent encore 139 terrains. Ces terrains de 40 sur 60 pieds sont vendus ou concédés, moyennant une rente foncière, surtout aux constructeurs de navires (63%)[132].

D'autres profitent également de l'expansion. En 1845, Pierre Boisseau fait l'acquisition des terres appartenant à Michel Sauvageau, situées à l'ouest de celles des religieuses. À la suite de l'incendie de 1845, il commence à y vendre des terrains; déjà, en 1852, près de 3000 personnes sont établies dans

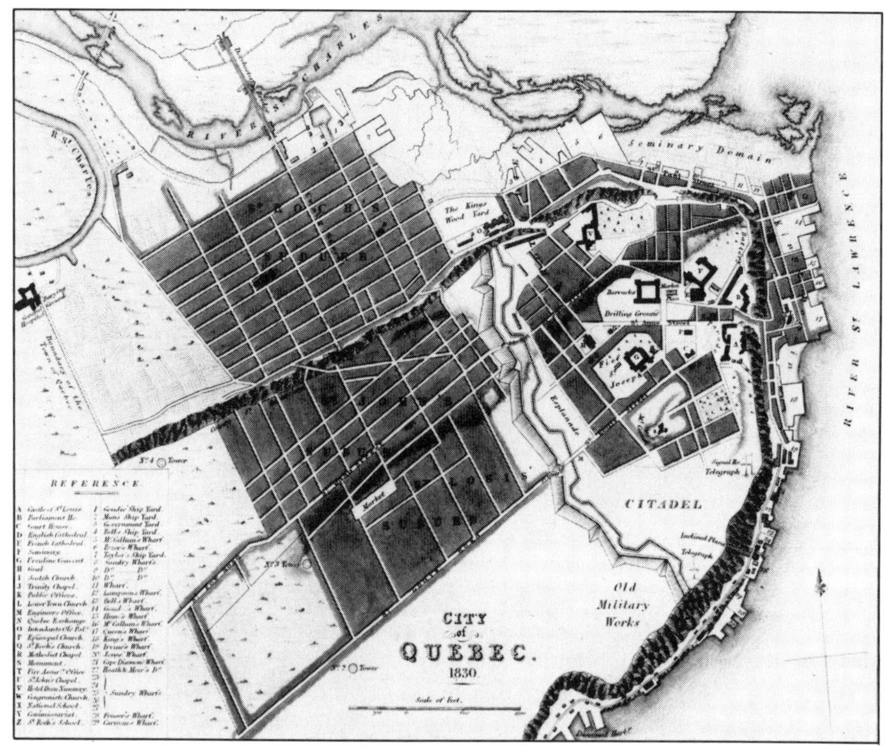

Carte de Québec en 1830 où l'on distingue bien les quartiers de la ville et le vaste espace occupé par les faubourgs. (Collection privée)

le village Saint-Sauveur (Boisseauville), en dehors des limites de la ville, mais sur le territoire de la paroisse de Saint-Roch. En 1850, Boisseau cède à la fabrique le terrain nécessaire pour y bâtir une église, un presbytère et un couvent[133].

Les voies de communication

Les communications entre la ville et la rive sud sont difficiles avant la construction du pont de Québec au XXe siècle. Il reste bien sûr le service de traversiers, ainsi que le pont de glace sur le fleuve pendant quelques mois en hiver. Dans les années 1810, le gouvernement construit une route depuis Saint-Gilles, sur la rive sud, jusque dans les Cantons de l'Est; elle doit permettre la colonisation de cette partie de la province et l'amélioration du ravitaillement de Québec. La région se trouve reliée à l'extérieur par trois autres routes qui sont l'objet de travaux d'amélioration à partir de 1841: la route Québec-Montréal, sur la rive nord; le chemin Kempt, qui va jusqu'au

Péage ou chemin à barrière construit en 1841. (*Canadian Illustrated News*, 1872; ROM: 960.276.118)

Nouveau-Brunswick, et la route Gentilly-Blandford, seul débouché des Bois-Francs sur le fleuve[134].

L'entretien des voies de communication pose toujours des problèmes cependant. D'après les lois en vigueur depuis 1796, il revient aux propriétaires de s'en occuper. Mais l'entretien devient trop coûteux, les chemins autour de la ville étant presque toujours en mauvais état à cause du grand nombre de voitures qui y circulent. À partir de 1815, l'Assemblée est saisie de plusieurs pétitions à l'effet d'obtenir la création d'un système de péage ou de chemins à barrière (*toll roads*). De cette façon les usagers paieraient leur part de l'entretien. En 1829, la législature approuve la mise sur pied d'un tel système, tout en votant un montant important pour la réparation et le pavage des routes autour de la ville. En 1867, les syndics de la voirie de la région de Québec gèrent plus de 260 kilomètres de chemins[135].

Au nord, la traversée de la Saint-Charles est facilitée, depuis 1789, par le pont Dorchester, mais il se trouve toujours trop à l'ouest à cette époque; un nouveau pont, au pied de la rue Craig, est donc ouvert en 1820, rendant l'accès de la ville plus facile aux habitants de la côte de Beaupré[136]. En 1831, les juges de paix ouvrent aussi un marché public rue Saint-Paul. En 1834, l'achèvement de l'hôpital de la Marine, au bout de la rue Dorchester, tout près de la rivière Saint-Charles, crée un deuxième pôle d'attraction dans la partie ouest du faubourg. Or, Saint-Roch étant construit sur des anciens

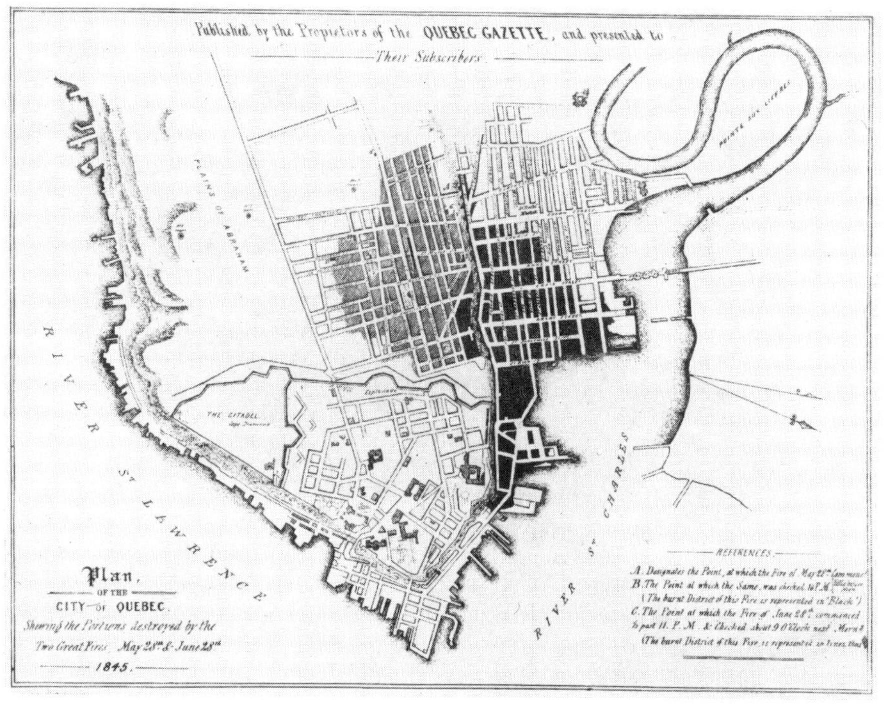

Plan montrant l'étendue des incendies de 1845 et la dévastation des quartiers Saint-Roch et Saint-Jean. (APC: C23558)

marécages, ne peut guère soutenir tant de construction et de circulation. Les eaux usées du faubourg Saint-Jean et de la Haute-Ville s'y écoulent continuellement. Tous ces facteurs, en plus du fait que les décharges de Saint-Roch sont inadéquates et en très mauvais état, engendrent une situation déplorable: bourbiers et ornières impraticables dans les rues, mares d'eau stagnante, cours de maisons et caves inondées. Il n'est pas surprenant alors que les ouvriers déménagent nombreux dans les secteurs plus libres, le long de la Saint-Charles, à l'ouest de l'Hôpital Général.

La plaie des incendies

Parmi les fléaux qui s'abattent sur la ville à partir de 1832 comme conséquence de l'entassement et du manque de planification, on ne peut oublier les incendies qui ravagent différents quartiers avec une régularité croissante; seule la Haute-Ville est épargnée. Jusqu'en 1845, les incendies les plus importants se limitent à la Basse-Ville: la conflagration du 10 septembre 1836 détruit une quarantaine de bâtiments dans le secteur des rues Sous-le-Fort et Saint-Pierre; de nouveau, le 30 septembre 1840, les mêmes maisons et magasins, reconstruits à grand prix, sont la proie des flammes. Josiah Bloomfield, agent de la compagnie d'assurance Phœnix, explique ainsi les dangers de l'incendie à la Basse-Ville: «L'apparence de la Basse-Ville est très défavorable en ce qui concerne l'assurance — les rues sont étroites et la plupart des maisons se trouvent exposées aux vents de l'est et du nord-est; celles qui sont des constructions solides sont couvertes en planches et ont des toits en bardeaux; ce quartier ressemble donc à une ville en bois (*timber town*)[137].» Ces observations valent encore davantage pour les faubourgs. Les règlements qui, depuis le XVIIIe siècle, interdisent les constructions recouvertes en bois, ne sont plus observés. Un nouveau règlement, en 1844, limite cette fois l'interdiction aux quartiers des élites, soit Saint-Louis, du Palais, Saint-Pierre et une partie de Champlain.

Le 28 mai 1845, par une journée chaude et de grand vent, vers les onze heures du matin, le tocsin se fait entendre: les grandes tanneries Osborne et Richardson, de la rue Arago, sont en flammes. Pendant une heure, l'incendie y est circonscrit; puis le vent transporte des tisons et l'incendie prend deux directions: au sud, sur la falaise, et vers l'est, le long de la rue Saint-Vallier. Le feu se répand partout à la fois, se propageant malgré les efforts des pompiers volontaires et des soldats; les rues Saint-Georges (la côte d'Abraham), jusqu'à Saint-Olivier, et des Glacis, dans le quartier Saint-Jean, disparaissent avec toutes leurs maisons; à Saint-Roch, tout le secteur jusqu'à la rue Craig et la rue Saint-Charles brûle. Le sinistre n'est arrêté qu'à six heures du soir. Presque tout Saint-Roch, sauf du côté nord de la rue Saint-François, entre les rues de la Couronne et Craig, est en cendres; il ne reste debout que deux édifices: le couvent de la congrégation d'hommes, rue de la Couronne, et la chapelle des Morts. Près d'une trentaine de rues ne sont plus que ruines[138]. D'urgence, on ouvre les écoles et les autres édifices publics à ceux qui n'ont pas trouvé asile chez des amis. Un tel désastre permet aussi bien à la charité qu'à la cupidité de se révéler: par exemple, si des boulangers distribuent du pain gratuitement, d'autres, spéculant sur le malheur public, le vendent à des prix exorbitants[139].

À la suite de cet incendie, le Conseil de ville, dès le 19 juin, réglemente la construction et l'entretien des édifices, en vue d'interdire l'usage du bois comme matériau extérieur; mais un autre incendie à la fin du même mois, force le Conseil à revoir ce règlement, afin de le rendre plus restrictif et plus sévère encore. En effet, le 28 juin 1845, à onze heures du soir, le feu se déclare dans un hangar, à l'extérieur de la porte Saint-Jean. Poussées par un vent violent, les flammes se propagent d'un toit à l'autre et le faubourg Saint-Jean est à son tour réduit en cendres. Les deux incendies laissent quelque 20 000 personnes sans abri, détruisant au moins 3000 maisons et autant de hangars[140], faisant des dommages évalués à 560 000 livres que les assurances couvraient pour 125 000 seulement. L'Assurance mutuelle de Saint-Roch, pour sa part, est complètement ruinée et ne peut même pas rembourser ses clients.

Les principaux citoyens adressent des appels de secours au gouvernement et même au peuple de la Grande-Bretagne:

> Pensant avec alarme à ce que nous deviendrons, à l'approche de l'hiver, avec deux tiers de la ville en ruines, et deux tiers de la population, la portion productive et industrieuse, abaissés jusqu'au niveau de l'indigence; mais cependant, désirant les conserver au milieu de nous, et rappeler ceux qui sont partis, nous faisons de nouveau appel à nos co-sujets. Sans un nouveau secours de leur part, Québec, la plus large source d'alimentation pour la marine britannique de ce côté de l'Océan et un marché considérable pour le commerce britannique, doit longtemps rester ce qu'il est maintenant, une ville presque entièrement ruinée et dépeuplée[141].

Devant l'étendue du désastre, le pire sinistre en Amérique du Nord jusqu'à cette date, la réponse est généreuse: le fonds de secours recueille au-delà de 100 000 livres en Angleterre et aux États-Unis; le gouvernement met pour sa part 75 000 livres à la disposition de la ville pour sa reconstruction[142]. C'est ainsi que, en l'espace de quelques mois, les quartiers détruits renaissent. De toutes les villes du Canada, Québec a connu le plus grand nombre d'incendies d'importance pendant le siècle, à partir de 1815: la vieille capitale se situe même au tout premier rang dans toute l'Amérique du Nord. Quel triste bilan[143]! Bilan qui aura des conséquences sérieuses, désastreuses même sur la vie de ses habitants.

Si le Conseil revoit effectivement son règlement en 1845, après les incendies, et défend la construction de toute maison en bois dans la ville, il permet néanmoins la reconstruction de «bâtisses temporaires» en bois[144]. Ce règlement explique sans doute pourquoi les faubourgs incendiés ont pu renaître en quelques mois. Il faut y voir aussi l'explication du fait qu'en 1861, d'après le recensement, Saint-Roch et Saint-Jean sont toujours des faubourgs de maisons de bois, qui seront encore la proie des flammes en 1862, 1865, 1866, 1870, 1876 et 1881.

ORGANISER LA VILLE

La fin des juges de paix

L'administration des juges de paix se révèle peu efficace pour répondre aux besoins de la ville dans une période d'expansion vertigineuse, puisque ces administrateurs ne le sont qu'à temps partiel. Même si le nombre de juges augmente au cours de la période, passant de 9 en 1814 à 41 en 1831, la minorité britannique garde une influence prédominante[145]. De plus, les faubourgs ne sont pas bien représentés. La nature de cette administration et

François Blanchet, un des députés de l'Assemblée, partisan de l'incorporation de la ville en 1817. (ANQ)

les problèmes engendrés par l'expansion rapide de Québec auront comme conséquence un développement inégal des services essentiels. Malgré les plaintes des habitants des faubourgs, les fonds publics servent surtout à l'amélioration des services à la Haute et à la Basse-Ville[146].

S'opposant systématiquement à ce que les citoyens puissent choisir eux-mêmes leurs administrateurs, les gouverneurs de la colonie exercent un contrôle direct sur le travail des juges qu'ils nomment. Le tribunal des juges de paix ne semble rendre aucun compte public de son administration, et il en résulte des abus et des négligences. Déjà, le 21 octobre 1817, une assemblée publique s'est tenue à l'hôtel Union, sous la présidence de François Blanchet, député à l'Assemblée, afin de préparer un projet d'incorporation, demande rejetée par le Conseil législatif.

Les luttes acerbes entre le Parti canadien et le parti ministériel, font sentir leurs effets sur l'administration municipale. Cette hostilité atteint un point de crise dans la décennie 1820; au plus fort de l'impasse, en 1827, tous les députés du Parti canadien perdent leur poste de juges de paix. En 1829, les magistrats sont de nouveau la cible d'attaques par les députés canadiens-français, lorsqu'un comité d'enquête, nommé par l'Assemblée, se penche particulièrement sur la situation de Québec: on accuse le député Robert Christie, président des magistrats de la ville, d'avoir agi contre les intérêts du peuple et il est expulsé de l'Assemblée[147].

En 1830, l'Assemblée est saisie de nouveau de plaintes contre l'administration municipale. Elles visent cette fois le bureau de la police; on apprend

Robert Christie, président des magistrats, accusé en 1829 d'avoir agi contre les intérêts du public. (ANQ)

que les accusés peuvent composer avec les agents en leur versant la moitié de l'amende à laquelle ils pourraient être condamnés[148]. À la session suivante, on apprend que certains juges ne répondent pas aux prescriptions légales nécessaires à leur qualification, c'est-à-dire qu'ils soient propriétaires pour une valeur d'au moins 300 livres; que d'autres n'ont perçu aucune amende et que plusieurs les remettent avec des retards injustifiés[149]. Est-il surprenant alors que l'Assemblée refuse de voter les sommes nécessaires aux traitements du président des magistrats et de l'inspecteur de la police, tous deux fonctionnaires nommés par le gouverneur?

L'administration des juges connaît donc une fin de règne peu reluisante. À la session de 1830, le projet de loi d'incorporation de la Cité de Québec est de nouveau présenté et référé à un comité spécial. Un groupe de propriétaires et de locataires présente alors une pétition à l'appui d'un tel système; le gouvernement cède enfin et la loi est votée le 31 mars 1831 et sanctionnée le 5 juin 1832. L'ensemble des citoyens de la ville devient donc un corps politique incorporé sous le nom légal de la Corporation de la Cité, avec droit de propriété, de succession, d'action en justice et autres, comme celui de

Elzéar Bédard, avocat et premier maire de Québec, 1833-34. (AVQ: 392)

Réné-Édouard Caron, avocat et deuxième maire de la ville, 1834-1836 et 1840-1845. (AVQ: 3932)

posséder un sceau. Pour être membre de la nouvelle corporation, et jouir du droit de vote, il faut être âgé de 21 ans et posséder un immeuble inscrit au rôle d'évaluation. Le 25 avril 1833, en vertu de cette première charte, les juges de paix procèdent aux élections à scrutin ouvert dans les dix quartiers de la ville[150]. En 1836, la loi n'étant pas renouvelée, on revient au système des juges de paix et, en 1837, au régime militaire pendant la période des troubles. Cependant, dès 1840, on adopte de nouveau le mode d'administration par une corporation municipale.

Le Conseil de ville

Chaque année, à leur première réunion, les conseillers doivent choisir le maire parmi eux. Il faut attendre 1856 pour que le maire soit élu directement par les citoyens. Le 1er mai 1833, le premier conseil choisit à l'unanimité l'avocat Elzéar Bédard (1799-1849). Or, Bédard est mêlé de près aux luttes politiques acerbes de l'époque, puisqu'il est député depuis 1832 et se range du côté du parti réformiste de Papineau. À cause de cela, il est défait lors de sa tentative d'obtenir un deuxième mandat à la mairie; le 31 mars 1834, le Conseil lui préfère Réné-Édouard Caron (1800-1876) à une majorité de dix contre huit. Ce dernier, avocat lui aussi, est maire de la ville jusqu'en 1836, et de nouveau de 1840 à 1845. La coutume d'élire un maire avocat est entrée dans les mœurs; entre 1833 et 1854, les six maires le sont tous et, lorsque le docteur Joseph Morrin est élu, en 1855, il croit bon de s'excuser du fait qu'il ne soit pas avocat[151].

Les émoluments attachés à la fonction de maire, seul membre du Conseil touchant un traitement, ne peuvent guère couvrir toutes les dépenses qu'encourt le premier magistrat: de 400 dollars, au début, ils montent à 600, en 1852, puis à 1200, à partir de 1854. Le docteur Olivier Robitaille, maire en 1856, rapporte qu'il doit dépenser plusieurs milliers de dollars de sa poche au cours de son seul mandat à la mairie! Ce poste est donc réservé, en fait sinon en principe, à un homme possédant une certaine aisance financière et pouvant disposer de temps libre sans trop nuire à sa carrière.

La nouvelle charte de 1841 (*4 Victoria, cap.35*) élargit la corporation pour y inclure les locataires habitant un logement ayant une porte séparée donnant sur la rue, depuis au moins douze mois; l'importance de cette disposition se mesure par l'ampleur du nombre de locataires: en 1842, sur les 1955 chefs de ménage recensés à Saint-Roch, il n'y a que 730 propriétaires résidants (37%). Le nombre de quartiers est ramené à six, chacun devant élire trois conseillers. Cette division défavorise Saint-Roch et Saint-Jean nettement plus populeux que les autres; en 1845, on ajoute donc un quatrième conseiller pour ces deux quartiers. Il reste qu'au XIXe siècle, la représentation n'est pas proportionnelle à la densité de la population mais plutôt à la participation financière; Saint-Roch et Saint-Jean, malgré leur population de plus en plus nombreuse, ne contribuent que pour 30% des revenus de la ville.

Si, au début, le vote se déroule en deux jours consécutifs, par la suite, on augmente ce délai à tel point que les élections peuvent durer plus d'une semaine, avec toutes les occasions de désordre que cela engendre, surtout dans un système de scrutin ouvert, où chaque électeur doit annoncer à haute voix le candidat de son choix; le vote secret n'est adopté qu'en 1855. À plusieurs reprises, le Conseil doit payer les dommages faits aux locaux servant de bureau de vote. Les Irlandais particulièrement ont la réputation de batailleurs en temps d'élection, souvent avec la complicité des policiers de même origine. Voici le témoignage d'Angus McDonald, Écossais protestant, responsable d'un bureau de votation, en février 1853:

> Je me trouvais alors dans une petite chambre où se prenaient les votes; j'étais derrière une espèce de comptoir où les électeurs venaient voter. La pièce était remplie de policiers. Je fus tiré de derrière le comptoir et traîné jusque dans la rue par une troupe d'Irlandais de la rue Champlain malgré ma résistance et l'aide de quelques amis. Quand ils m'eurent dans la rue, ils me frappèrent à coups de bâton et de pied, me tirant par les cheveux, jusqu'au moment où mes amis me secoururent. Les policiers qui étaient dans la pièce n'intervinrent en aucune manière[152].

Toutefois, le cens d'éligibilité est élevé: pour devenir candidat, il faut être propriétaire d'immeubles valant au moins 1000 livres pour le maire et les échevins et de 500 livres pour les conseillers, ce qui limite la participation des éléments populaires à la vie municipale. Ainsi plus de 65% des conseillers sont élus par acclamation, faute probablement de candidats ayant les qua-

Joseph Morrin, médecin et maire de Québec, en 1855 et 1857. (ANQ)

lifications financières exigées par la loi. Parmi ces conseillers élus par acclamation, la majorité sont des hommes d'affaires anglophones[153]. Pendant la période 1833-1855, les conseils de ville se composent en moyenne de 45% de membres des professions libérales, de 30% de commerçants et de 25% d'artisans.

Si le premier Conseil, de 1833 à 1836, est dominé par les Canadiens français avec 16 des 20 conseillers, le nombre de Britanniques augmente par la suite, dépassant même celui des Canadiens en 1847, alors qu'on compte 12 conseillers de langue anglaise et 8 de langue française. L'analyse des quelque 150 conseillers ou échevins élus entre 1833 et 1867, révèle une répartition presque égale entre les deux groupes. Par ailleurs, si 48% des conseillers francophones pratiquent une profession libérale, contre 23% du côté des anglophones, 56% de ceux-ci sont des commerçants, contre seulement 29% des Canadiens. Ces deux groupes, les hommes de profession et les gens d'affaires, dominent nettement l'ensemble avec respectivement 36 et 42% des conseillers[154].

Si les Canadiens français jouent un rôle important au sein du Conseil, les marchands anglophones contrôlent les comités. Les interventions des Canadiens n'altèrent donc pas fondamentalement l'influence des marchands britanniques et, par conséquent, servent peu à améliorer les conditions urbaines. Les contrastes qu'on note dans les conditions urbaines et l'inégalité dans la répartition des services sous le régime des juges de paix se poursuivent donc et s'accentuent même sous l'administration du Conseil de ville. L'incorporation municipale ne change guère l'administration des services avant le milieu du siècle, même si les élus participent maintenant aux comités permanents: comités des chemins, des marchés, de police, d'hygiène, du feu et des finances. En fait, les grands projets sont toujours préparés, financés et construits par le gouvernement, comme la halle du marché Saint-Paul entre 1831 et 1833, l'hôpital de la Marine et le parlement, en 1834.

La voirie urbaine

À partir de 1796, la largeur des rues est fixée à 30 pieds; un demi-siècle plus tard, seulement la moitié ont la largeur réglementaire, et 15% ne sont que des sentiers d'à peine 10 pieds de largeur. La mise en place d'un réseau efficace est rendue difficile par les contraintes d'une occupation du territoire, déjà ancienne. Un plan rationnel de voirie, dressé en 1818 par Jean-Baptiste Larue, est rejeté par les juges de paix, au grand regret de *La Gazette de Québec* qui y voit surtout l'influence des spéculateurs. Tout au long de la première moitié du siècle, les inspecteurs des chemins se plaignent des manœuvres de ces mêmes spéculateurs qui tracent des rues à leur avantage, faisant des lotissements souvent très irréguliers, afin de pouvoir vendre le plus de terrains possible. Ils ne laissent que des sentiers très étroits pour communiquer dans les différents secteurs; ils vendent même des terrains sur le tracé des rues. Près du port, ils concèdent de grandes étendues de grève sans réserver d'espace pour des rues communiquant avec le fleuve[155].

Avant l'incorporation, les cotisations sur la propriété doivent servir uniquement à la construction et à l'entretien des rues. Au début du siècle, on fait paver uniquement les rues les plus importantes, soit avec des cailloux sur du sable, soit en pierre. Après 1820, il y a des tentatives d'utiliser le système de pavage Macadam[156] et, entre 1835 et 1840, du pavage en dalles de bois. Mais, d'une façon générale, très peu de rues sont pavées; en 1831, environ la moitié de celles de la Haute-Ville et de la Basse-Ville n'ont aucun revêtement et, dans les faubourgs, seulement les routes d'accès sont pavées en cailloux ou en bois. Il n'est pas surprenant alors que les citoyens et les visiteurs se plaignent continuellement de l'état des rues; boueuses après les pluies et au printemps, poussiéreuses en été et remplies de neige en hiver. Dans les années 1840, la voirie accapare plus de la moitié du budget municipal[157].

La police

En juin 1838, des agents municipaux remplacent l'ancien corps de 24 hommes de guet, qui patrouillent durant la nuit depuis une vingtaine d'années[158]; ces agents remplacent aussi les constables chargés d'appliquer les règlements municipaux, sous la surveillance du président des sessions de la paix. Recrutés surtout chez les journaliers et les aubergistes, ces constables reçoivent une somme fixe pour l'exécution de chaque prise de corps; il est notoire qu'ils composent souvent avec les gens arrêtés. Le peu d'efficacité d'un tel système dans une ville portuaire d'importance donne lieu à plusieurs plaintes: *La Gazette de Québec* du 30 octobre 1833, ne peut s'empêcher de s'indigner du «spectacle révoltant et indécent» de batailles presque quotidiennes entre ivrognes se roulant demi nus dans la boue, sans policiers pour y mettre de l'ordre ou pour pourchasser les voleurs, et suggère la formation d'un corps de policiers, comme dans les villes britanniques. Les troubles de 1837-1838 forcent les autorités à envisager la mise en place d'une bonne organisation policière et, en juin 1838, le gouvernement recrute 158 agents sous la direction de Louis-Basile Pinguet. En tant que juge de paix, celui-ci peut émettre des mandats de perquisition. Le budget des services de police relève alors du gouverneur[159].

En 1843, les services de la police sont placés sous la responsabilité de la Corporation municipale, mais le chef est toujours nommé par le gouverneur; Robert Henry Russell, ancien officier de l'armée, peut compter alors sur 28 agents. Il y a deux postes de police: au château Haldimand à la Haute-Ville et rue Saint-Pierre à la Basse-Ville. Québec, ville de garnison, fréquentée pendant l'été par des milliers de marins et hommes de cages, n'est pas de toute tranquillité; le nombre d'agents est porté à 33 en 1847 et celui des postes à cinq: trois à la Basse-Ville et deux à la Haute-Ville[160].

Les bagarres et les échauffourées sont toujours fréquentes. L'émeute la plus célèbre est celle du 6 juin 1853, à la suite de la deuxième conférence du moine italien défroqué Gavazzi, dans l'église Chalmers[161]. Ses attaques violentes contre le pape et l'Église catholique soulèvent la colère des Irlandais qui saccagent le temple protestant. La conduite de la police à cette occasion suscite un certain mécontentement, d'autant plus que l'Assemblée législative siège à Québec et que les députés anti-catholiques comme George Brown, rédacteur du *Globe* de Toronto, y voient les signes évidents d'un complot papiste.

Le gouvernement décide de nommer une commission d'enquête qui juge que «la police actuelle est à peine suffisante, même pour les besoins ordinaires de la cité de Québec». Les causes de cette inefficacité sont nombreuses: conflit d'autorité entre le chef et le Comité de police de la ville, insubordination des agents, absence de règles de discipline et d'un système de promotion encourageant la compétence et l'ambition. Les commissaires observent aussi que les policiers n'ont pas l'estime du public, ce qui empêche un recrutement de qualité; François-Xavier Garneau, greffier de la ville, déclare pour sa part: «Il n'y a que la classe paresseuse et la moins respectable de la société qui s'y engage[162].»

Au milieu du siècle donc, le Conseil se trouve confronté à toute une série de problèmes que l'élite commerciale et professionnelle avait refusé de résoudre jusqu'alors: le corps de police est inefficace et le service de prévention des incendies se compose de volontaires qui reçoivent un montant minime pour chaque sortie; et, fait plus grave, il n'existe pas encore de système d'aqueduc. Les incendies désastreux de 1845 ainsi que les épidémies de typhus de 1847-1848 amènent le Conseil à envisager la construction d'un réseau de distribution d'eau ainsi que d'écoulement des égouts, en raison surtout du coût élevé de l'assurance, argument fort convaincant pour les hommes d'affaires. Or, ces grands travaux exigent des ressources massives et une réorganisation des finances. La source principale des revenus demeure la taxe foncière; mais à cause du manque de contrôle des cotiseurs dans chaque quartier, la valeur imposée diminue entre 1848 et 1853. De plus, les retards dans la rentrée des taxes et la fluctuation sensible dans le montant reçu chaque année contraignent le Conseil à emprunter auprès des banques; l'intérêt sur la dette accumulée devient ainsi important avant même l'ère des grands travaux. Cependant, lorsque Québec entreprend la canalisation et le pavage des rues, à partir de 1850, le marché financier, celui de Londres particulièrement, est très favorable aux emprunts que la ville y effectue. L'expansion continuelle depuis un demi-siècle a créé un climat d'optimisme, au moment même où la population décide enfin de se doter de services modernes et efficaces.

Le siège de la vie politique nationale

La ville de Québec est le théâtre de la vie politique du Bas-Canada jusqu'à l'Acte d'Union. À partir de 1840, la nouvelle législature siège d'abord à Kingston, puis à Montréal et à Toronto, avant de revenir à Québec en 1852. Les deux circonscriptions de la ville avant 1840, celle de la Haute-Ville comprenant Saint-Jean, et celle de la Basse-Ville comprenant Saint-Roch, élisent chacune deux députés. Entre 1792 et 1837, elles choisissent 27 personnes différentes à ces postes, dont 11 Britanniques[163]. Pour Louis-Joseph Papineau, montréalais de naissance et chef du parti réformiste, devenu le Parti patriote à partir de 1828, les hommes politiques de la vieille capitale se trouvent trop influencés par la présence prédominante des Anglo-Écossais, autant dans le domaine commercial que dans l'administration civile de la province, sans oublier la présence d'une garnison importante de militaires britanniques[164].

Les luttes politiques sont parfois acerbes, comme en 1836, lorsque le docteur Joseph Painchaud se porte candidat au siège vacant de la Haute-Ville. Son adversaire, Andrew Stuart, est un des ennemis acharnés de Papineau depuis leur rupture en 1833. La campagne dure six jours et le vote, trois; la ville devient le théâtre d'échauffourées entre les partisans des deux camps. Le docteur Painchaud doit même panser et raccommoder plusieurs de ses amis maltraités. La situation s'aggrave et le curé irlandais McMahon dénonce en chaire le Parti patriote; on parle de faire appel aux troupes pour maintenir

Le parlement à Québec, 1848. (APC: C13429)

l'ordre. Painchaud, voyant dans ces interventions l'étincelle qui pourrait déclencher un mouvement de révolte dans toute la province, prend peur et se retire; c'est ainsi que Stuart est élu par défaut, au grand mécontentement des partisans du Parti patriote qui se considèrent trahis par Painchaud; d'un mouvement de colère, ils le brûlent en effigie[165].

En novembre 1837, à la suite des batailles dans la région de Montréal, certains prétendus chefs patriotes de Québec sont arrêtés et, lorsqu'on les relâche après quelques jours, l'effervescence populaire est à son point culminant. Le 19 novembre, un dimanche, plus de 1000 patriotes réunis au marché Saint-Paul, après avoir été harangués par Joseph-Édouard Turcotte, vont pousser des hourras devant les résidences de ceux qui avaient été emprisonnés. Les loyalistes à leur tour se manifestent, brisant les carreaux des résidences des ex-prisonniers[166]. L'excitation devient alors si intense que les autorités militaires décident de fermer les portes de la ville à huit heures du soir. De plus, les banques transportent tout leur argent à la Citadelle et lord Gosford autorise l'organisation de plusieurs corps de milice volontaire parmi la population anglaise. Ces miliciens remplacent les soldats britanniques appelés d'urgence à Montréal[167]. Pendant l'hiver 1837-1838, Québec vit sous un régime de terreur alimentée par des rumeurs voulant que des bandes de patriotes armés soient sur le point d'attaquer la ville.

La Chapel of The Holy Trinity, construite en 1824. (ANQ: GH772.32)

Les deux circonscriptions de la ville sont réunies en une seule par l'Acte d'Union de 1840; Québec est représentée par deux députés, situation qui dure jusqu'en 1860. Entre 1841 et 1854, il y a six députés dont quatre Britanniques. Le plus connu des deux Canadiens demeure sans doute l'avocat Jean Chabot, qui représente la ville de 1843 à 1856. Commissaire des travaux publics dans divers ministères entre 1849 et 1854, il est nommé juge de la Cour supérieure en 1856.

De nouveaux lieux de culte

Entre 1816 et 1854, dix nouvelles églises et chapelles protestantes sont érigées à Québec, dont sept dans la Haute-Ville[168]. Les congrégations non conformistes se contentent de chapelles, souvent sans ornements, comme la Saint John's Chapel des congrégationalistes, construite en 1816 et transformée en salle de réunion en 1857, ou la petite chapelle baptiste, au coin des rues D'Auteuil et McMahon. L'Église anglicane, plus riche et plus puissante, peut compter sur l'appui de la haute bourgeoisie. C'est ainsi qu'en 1824, le juge en chef Sewell fait construire à ses frais une belle église, rue Saint-Stanislas. Édifice élégant d'inspiration georgienne, à façade en pierre de taille, il peut accueillir

Patrick McMahon, nommé vicaire des Irlandais catholiques en 1822. (ANQ)

700 personnes. Propriété personnelle de son premier recteur, Edmund W. Sewell, deuxième fils du juge, cette église, Holy Trinity, offre des services en français et en allemand à l'occasion. L'église des méthodistes wesleyens est bâtie entre 1848 et 1850, rue Saint-Stanislas, d'après les plans d'Edward Stavely, premier d'une famille d'architectes exerçant à Québec jusqu'aux années 1950. Enfin, les fidèles de l'Église libre d'Écosse construisent en 1853 une des plus somptueuses églises de la ville, au sommet de la rue Sainte-Ursule. C'est ainsi que la haute bourgeoisie anglo-écossaise établit ses quartiers de prédilection le long de la falaise, depuis la place d'Armes.

À l'Église catholique, composée presque exclusivement de francophones, l'arrivée des Irlandais crée des problèmes. En 1822, on organise une messe en anglais à la cathédrale et on nomme un vicaire, l'abbé Patrick McMahon, pour s'occuper d'eux. Or, cette messe à huit heures ne peut guère répondre aux besoins des Irlandais. En 1828, on aménage la petite église Notre-Dame-des-Victoires à la Basse-Ville à leur intention. Mais devant la croissance du nombre des Irlandais, cette chapelle ne peut suffire et des centaines de fidèles doivent entendre la messe à l'extérieur. En 1830, un comité recueille 2500 livres dans le but de construire un lieu de culte pour les Irlandais. Cependant, les marguilliers de la paroisse Notre-Dame s'y opposent, car ils craignent la

La chapelle Saint John's, construite en 1816. (ANQ: GH772.29)

perte de revenus; l'évêque, pour sa part, ne veut pas déroger aux principes de paroisses établies sur une base territoriale.

En 1831, voulant forcer la main aux autorités, le comité fait l'acquisition d'un vaste terrain sur la rue Saint-Stanislas, au bas de la rue Saint-Jean; le 7 juillet 1833, l'église Saint-Patrice ouvre ses portes. Une fois les galeries aménagées en 1836, cette église peut contenir 2350 personnes assises, le même nombre que la cathédrale. Les Irlandais possèdent enfin un centre spirituel où peuvent s'assembler les catholiques anglophones demeurant soit à la Basse-Ville soit au faubourg Saint-Jean[169]. Il semble que les Canadiens français n'y ont pas contribué; les protestants par contre présentent, en 1836, une bourse de plusieurs centaines de livres en vue de l'acquisition d'un orgue, en témoignage de reconnaissance du dévouement de l'abbé McMahon lors des épidémies de choléra.

La paroisse Saint-Roch, en pleine expansion, doit agrandir son église primitive en 1842. À la suite de l'incendie de 1845, qui détruit l'édifice, le curé Charest fait construire une vaste église en pierre pouvant contenir plus de 4000 personnes. L'augmentation du nombre de familles demeurant à l'ouest de la paroisse, en dehors des limites de la ville, dans le futur Saint-Sauveur, conduit la fabrique à y faire construire une église dans les années 1852-1853[170]. Placée sous la direction des Oblats, elle demeure une desserte de Saint-Roch jusqu'en 1866. La situation est semblable dans le quartier Saint-Jean où les autorités doivent faire construire un lieu de culte en 1848[171].

La deuxième église du faubourg Saint-Roch, dessinée par l'architecte Thomas Baillairgé après l'incendie de 1845. (APC: C8591)

La chapelle des méthodistes, construite entre 1848 et 1850. (ANQ: GH772.30)

Les insuffisances du système scolaire

Le système scolaire demeure très peu développé, malgré les efforts éclairés d'un Joseph-François Perrault. Les écoles sont rares et insuffisantes à plusieurs égards, mais la situation s'améliore à partir des années 1840. Le curé Charest fonde le couvent des Sœurs de Notre-Dame à Saint-Roch en 1844; à cette époque aussi les Frères des Écoles chrétiennes s'installent à Québec, ouvrant des écoles dans les quartiers Saint-Roch et Saint-Jean, ainsi qu'à l'anse des Mères. En 1853, le docteur Pierre-Martial Bardy, inspecteur des écoles catholiques, décrit, dans son rapport annuel, la situation au milieu du siècle: il y a le couvent des Sœurs à Saint-Roch avec 770 jeunes filles, dont 500 externes instruites gratuitement ou presque, et les quatre écoles dirigées par les Frères, groupant 1475 jeunes garçons, ainsi que 22 autres petites écoles partout en ville, avec 1640 jeunes. Il y a bien sûr le Séminaire et les Ursulines avec chacun à peu près 350 élèves dont 60% viennent de la ville[172]. On compte aussi un millier d'élèves protestants dans leurs propres institutions.

Une carrière dans les professions libérales n'est généralement accessible qu'aux enfants des gens à l'aise. Le Séminaire de Québec, seul collège francophone de la région, ne peut recevoir qu'une vingtaine de nouveaux par année; le nombre total d'externes, venant de la ville, se chiffre à une centaine,

Hôpital de la marine à Saint-Roch, 1858. (ANQ: N973.43)

en 1818, et à 212, en 1847. En 1818, Mgr Plessis fonde un collège dans le presbytère de Saint-Roch[173]. Situé au milieu d'une population ouvrière et encore peu nombreuse, ce collège n'a pas de ressources suffisantes et doit fermer ses portes en 1827. Pour les enfants du milieu populaire, l'accession aux professions libérales est donc difficile, mais non impossible, comme montre la carrière de François-Xavier Garneau (1809-1866), notaire, greffier de la ville et écrivain bien connu[174].

La formation des médecins

La profession médicale, dans les premières décennies du siècle, est dominée par les Britanniques. Dans la plupart des cas, ces médecins admis à la pratique avaient reçu leur formation dans des institutions européennes et américaines. Malgré les difficultés, quelques Canadiens de Québec se rendent à l'étranger, comme François Blanchet (1776-1830), qui étudie à Harvard et à New York, où il publie sa thèse, *Recherches sur la médecine*, en 1800; Olivier Robitaille (1811-1897), maire de la ville en 1856-1857, étudie aussi à Harvard en 1837. Des médecins organisent des cours dans la ville même; Joseph Painchaud (1787-1871) raconte de façon humoristique ses études médicales et la seule dissection, ratée d'ailleurs, qu'il a pu pratiquer sur un pendu sous la direction des docteurs Blanchet et Laterrière.

En 1820, le docteur Antoine von Iffland (1799-1876), né à Québec, après des études à Londres, à Paris et à Edimbourg, revient et ouvre un dispensaire pour les pauvres à la Basse-Ville où il organise des conférences anatomiques, les premières du genre au Canada. Mais des gens qui ne prisent pas la dissection saccagent sa demeure en 1823 et il doit se réfugier à Sorel[175]. Le respect des morts rend difficile l'approvisionnement des salles d'anatomie et les étudiants doivent s'improviser voleurs de cadavres pour leurs travaux de laboratoire. Ces *résurrectionistes* font le sujet de plusieurs chroniques et contes macabres. *Le Canadien* annonce ainsi le 18 février 1843: «Avis aux étudiants en médecine: Après huit heures au cimetière, on tire!»

Le jeune François-Xavier Tessier (1800-1835), admis à la pratique en 1823 après des études à New York, voit avec inquiétude l'état de la médecine de sa ville; c'est ainsi qu'il lance, en janvier 1826, *Le Journal de médecine de Québec*. En 1826 aussi, les docteurs Morrin, Painchaud et Tessier fondent la Société médicale de Québec et invitent le docteur James Douglas, chirurgien éminent des États-Unis, à venir s'établir à Québec, où il ouvre une salle d'anatomie dans la maison du docteur Painchaud, en face de l'Hôtel-Dieu. En juillet 1831, les 30 médecins de la ville élisent le premier bureau d'examinateurs composé de trois anglophones et de neuf francophones[176]. Lors de l'ouverture, en 1834, de l'hôpital de la Marine à Saint-Roch, on y organise des cours. Enfin, en mars 1845, le gouvernement adopte des lois créant deux écoles de médecine, l'une à Québec, l'autre à Montréal; celle de Québec ouvre ses portes en 1848 et forme une vingtaine de médecins, des Canadiens français surtout, jusqu'en 1854, date de la création de la faculté de médecine de l'Université Laval[177].

LE RÈGNE DE LA BONNE SOCIÉTÉ

«Nous avons un dîner de 22 couverts deux fois la semaine et une danse de 240 personnes une fois la semaine ou par quinzaine. La société d'ici est bien tolérable et on y compte des personnes agréables. Les dames s'habillent beaucoup mieux que l'on me l'avait laissé entendre et plusieurs d'entre elles font venir une partie de leurs toilettes de Londres et de Paris...», écrit Lady Aylmer, dans son *Journal* en 1831.

Le portrait de la bonne société québécoise des années 1830 que laisse l'épouse du gouverneur, soit celui d'une vie sociale centrée sur le château Saint-Louis, sera repris par plusieurs voyageurs et militaires de passage. Que de fêtes et de bals! Toutes les occasions semblent bonnes pour en organiser[178]. Il va de soi que la compagnie qui y participe est choisie: hauts fonctionnaires, officiers de la garnison, membres des familles seigneuriales canadiennes et de la haute bourgeoisie anglaise.

Même après la disparition du château, lors de l'incendie de 1834, et pendant la période plus sombre des épidémies et des troubles, les Québécois fortunés aiment toujours les plaisirs des bals et des sorties. En 1838, Napoléon

Aubin décrit l'aventure de deux jeunes époux qui s'endettent pour assister à un bal à la résidence du gouverneur dans un récit intitulé «Le Bal[179]». Pour Auguste Soulard, avocat et fervent des lettres, le bal plonge le danseur dans un univers de rêve:

> Que le bal est joyeux ! vois ces nombreux quadrilles;
> Le plaisir fait briller ces yeux de jeunes filles, [...]
> Il pare la danseuse à la peau blanche et rose
> De ses plus riantes couleurs[180].

James M. Le Moine (1825-1912), qui participe activement à la vie sociale de l'époque, raconte les circonstances de la fondation du Quebec Quadrille Club, pendant l'hiver 1848-1849; de jeunes galants organisent des soirées de danse, afin de permettre aux femmes de s'adonner à cette activité, malgré l'interdiction du clergé de danser en public pendant le carnaval[181].

Les officiers galants amènent de jolies femmes aux chutes de Montmorency ou, en hiver, en carriole sur le fleuve; le Tandem and Carriole Club est fondé vers 1818[182]. Selon Lady Aylmer, «le spectacle dépasse de beaucoup ce que l'on peut voir dans Hyde Park[183]». Pour les sportifs, il y a le Quebec Curling Club, créé en 1821, et les joutes de cricket sur l'Esplanade, grand terrain à l'intérieur des fortifications, rue d'Auteuil. Aussi, pendant les belles soirées, peut-on s'y promener aux sons des fanfares militaires. Le Jockey Club organise des courses de chevaux sur un terrain aménagé sur les plaines d'Abraham, en 1823, selon les plans du colonel Durnford[184], le grand responsable de la construction de la Citadelle.

Dès le début du siècle, des gens à l'aise des États-Unis viennent l'été visiter la ville. Ce mouvement prend de l'ampleur au cours des années 1820 avec l'amélioration des réseaux de communications. Le géographe Bouchette signale, en 1832, cette venue régulière d'Américains «fashionables», dont la tournée va des chutes du Niagara à celles de Montmorency, d'où ils retournent aux États-Unis par Montréal[185]. Entre 1826 et 1834 paraissent, à leur intention, quatre guides historiques et touristiques sur Québec[186]. La ville peut se vanter de posséder des hôtels de bonne qualité; en 1826, l'annuaire de Smith en signale trois, soulignant aussi le nombre et la variété de maisons de logement «qui conviennent aux rangs et conditions de vie différentes[187]».

La vie de l'esprit n'est pas négligée: entre 1816 et 1839, la ville compte 14 journaux dont 8 en français. Si la plupart ont une existence éphémère, d'autres auront une longue carrière et marqueront la vie intellectuelle, comme *Le Canadien* dirigé par Étienne Parent jusqu'en 1842, *Le Journal de Québec* fondé la même année par Joseph Cauchon et *The Morning Chronicle* qui paraît à partir de 1847. Il y a aussi la création de sociétés culturelles dont The Literary and Historical Society of Quebec, fondée lors d'une réunion, le 15 mars 1824, au château Saint-Louis, sous le patronage de lord Dalhousie. Cette société, vouée à la conservation de documents historiques sur le Québec

Glissade aux chutes de Montmorency, 1842. (APC: C831)

et à l'histoire naturelle, commence, en 1828, la longue série des *Transactions* qui durera pendant plus d'un siècle[188]. Elle ouvre une bibliothèque et absorbe graduellement d'autres associations comme La Bibliothèque de Québec (The Quebec Library). Cette société se compose presque exclusivement de Britanniques, ce qui pousse Joseph Bouchette, avec le concours de Louis Plamondon, Vallières de Saint-Réal et du docteur Tessier, à fonder, en avril 1827, la Société pour l'encouragement des sciences et des arts en Canada; en 1831, cette dernière fusionne avec la Literary and Historical Society.

La tournée au Canada du Français Alexandre Vattemare, afin de créer des échanges de livres et de conférenciers entre les instituts culturels canadiens et français, soulève un enthousiasme certain chez les jeunes intellectuels; le 12 mars 1841, on annonce la formation d'un comité dont le but est la fondation d'un institut à partir de toutes les associations culturelles de la ville. Le projet n'aboutit pas, car la Literary and Historical Society veut conserver son autonomie. Par la suite, de jeunes Canadiens français fondent la Société Saint-Jean-Baptiste en 1842 et, en 1843, la Société scientifique et littéraire, qui ne dure que quelques années. Enfin, en décembre 1847, trois ans après la fondation de l'Institut canadien de Montréal, l'Institut canadien de Québec

François-Xavier Garneau (1809-1866), auteur de l'*Histoire du Canada*. (AVQ: 776)

voit le jour, sous l'impulsion notamment de François-Xavier Garneau, d'Octave Crémazie et de Pierre-Joseph-Olivier Chauveau; on organise des conférences, tout en jetant les bases d'une bibliothèque[189]. En 1853, la ville compte dix associations culturelles avec plus de 2300 membres[190].

La réalisation la plus importante qui ressort de ce renouveau d'intérêt chez des Canadiens français pour les choses de l'esprit est sans doute l'*Histoire du Canada* de Garneau dont la première édition en quatre tomes paraît entre 1845 et 1852. Dans une période où les publications d'ouvrages se font à compte d'auteur et où les archives n'existent pratiquement pas, Garneau réussit à force d'un travail acharné et grâce à l'aide de patrons comme Amable Berthelot (1777-1847), avocat qui s'enrichit dans la spéculation immobilière. Il reçoit également l'appui sympathique du Conseil de ville, dont il est le greffier depuis 1844, et du gouvernement. Son *Histoire du Canada* marque une date dans la vie intellectuelle québécoise; elle inspire aussi des poètes et romanciers tout au cours de la dernière moitié du siècle.

Pour la grande masse de la population, les loisirs se prennent dans la rue, pendant la belle saison surtout. On peut toujours flâner sur les quais ou, à l'Esplanade, regarder passer les militaires et assister aux manœuvres. Le soir, il y a parfois des feux de joie comme celui du 4 juin 1848, jour anniversaire de la reine; après le bal et la réception pour l'élite, la ville est

Pont de glace entre Québec et Lévis en 1831. (APC: C12694)

Chasse au renard à Québec, 1852. (ROM: 956.53.6)

Œuvre humoristique : un charretier conduisant un officier britannique et sa compagne vers la Basse-Ville. (APC : C40288)

illuminée ainsi que les navires de guerre dans le port[191]. Il y a des expositions de la Société agricole de Québec à partir des années 1820, ainsi que la venue occasionnelle de cirques comme celui de New York qui monte sa tente en dehors de la porte Saint-Louis, dans la semaine du 5 septembre 1844[192]. Philippe Aubert de Gaspé parle d'un musée de cire ambulant[193]. Bien sûr, on peut s'amuser à des jeux plus violents comme les batailles de coqs[194], ou s'abreuver dans des tavernes et des auberges, où les hommes en profitent pour noyer leurs chagrins ou rencontrer des femmes de mœurs légères. Ce sont ces lieux que George Waterworth, un des complices de Chambers, décrit lorsqu'il relate comment on l'a entraîné au crime dans une petite auberge malfamée du faubourg Saint-Jean, «quartier connu sous le nom de Fort-Pique[195]».

* * *

Québec connaît donc son apogée vers le milieu du XIXe siècle. Malgré des conditions climatiques difficiles, son port contrôle une bonne partie du commerce extérieur des deux Canadas (le Québec et l'Ontario). Il s'ensuit de

Le port de Québec en fête au milieu du XIXe siècle. (APC)

fortes périodes de prospérité et le gouvernement britannique dépense des sommes énormes pour mettre la ville à l'abri de toute attaque en provenance des États-Unis. Les hommes d'affaires érigent aussi des quais et des chantiers; la construction navale prend un essor considérable. Certes l'absence d'une région rurale bien développée et le dynamisme des hommes d'affaires de Montréal peuvent inquiéter les Québécois, mais l'activité débordante sur les rives du Saint-Laurent et de la Saint-Charles semble donner raison aux plus optimistes sur l'avenir de la ville. Moteur de développement, le commerce du bois stimule tous les secteurs économiques de la région et fait naître une nouvelle élite commerciale. Même les épidémies et les incendies n'arrêtent pas l'expansion de la ville, ni l'enthousiasme des artisans, des marchands et des membres des professions libérales qui se livrent à leurs diverses activités sans désemparer. L'expansion de la ville et l'augmentation vertigineuse de sa population appellent aussi une croissance institutionnelle: le nombre d'églises, d'écoles, etc., augmente considérablement.

Cependant, l'importance des produits agricoles d'abord, et du bois ensuite, dans l'ensemble des exportations, place le port et les ouvriers qui en dépendent dans une situation de vulnérabilité à cause des fluctuations de la demande; aussi, l'économie connaît des périodes de grande prospérité suivies de crises et de récessions. Rares sont ceux qui échappent aux fluctuations; des fortunes gagnées rapidement disparaissent aussi vite; les ouvriers connaissent souvent des périodes de chômage prolongées, après des mois où les gages sont très élevés. À cette époque, il y a peu de manufactures capables de renforcer cette infrastructure fragile: à peine quelques tanneries et fabriques de textiles, quelques brasseries et des fonderies. Tout le monde en souffre, mais les plus vulnérables sont ceux qui sont incapables de se prémunir contre les caprices de la fortune: les familles de journaliers et les pauvres s'adaptent difficilement aux crises économiques.

Port de débarquement de milliers d'immigrants, des Irlandais surtout qui fuient les conditions épouvantables de leur patrie, la ville se trouve souvent débordée de cas pathétiques pendant l'été. Cette population flottante ne demeure guère plus de quelques semaines; mais les Québécois en subissent les contrecoups, dont les épidémies ne sont que les plus évidents.

Pourtant, au cours des années 1850, après les meilleures années dans les annales du port, on pourrait croire que la ville est sur le point d'entrer dans une nouvelle ère de prospérité. Aussi le Conseil municipal est à la veille de mettre en place un système de canalisations et d'aqueduc. De nouveau siège du gouvernement, la ville se dote d'institutions culturelles et elle est fière de ses écrivains comme Octave Crémazie et François-Xavier Garneau. Tout lui semble possible.

Chapitre 5

CONSOLIDATION ET DÉCLIN, 1855-1871

Au milieu du siècle, l'avenir de la ville de Québec semble plus brillant que jamais. Les chantiers navals connaissent une intense activité, des millions de pieds cubes de bois arrivent chaque année à Québec, en provenance surtout de l'Outaouais. Au printemps, de grands voiliers y touchent terre pour se charger de bois équarri. Le fleuve, devant la ville, offre alors un spectacle unique: une véritable forêt de mâts tapisse ses eaux. Le 1er juillet 1853, pas moins de 124 vaisseaux mouillent dans le lit du courant. Déjà, le 9 mai, le premier vapeur à réaliser en vingt jours la traversée entre l'Angleterre et Québec, le *Genova*, jette l'ancre devant la ville. Mais aussi, cette même année, le chenal dans le lac Saint-Pierre est creusé plus profondément pour permettre aux grands navires de monter le fleuve jusqu'à Montréal; le *Genova* se rend ainsi à Montréal après son escale à Québec, tandis que les bateaux de la ligne Allen y vont directement dès 1856, sans s'arrêter à Québec.

La ville connaîtra encore de belles années, mais, après 1860, elle perd son rôle de premier port, de principale place forte et de capitale du Canada. Bref, son influence économique et politique diminue sensiblement. Ce déclin marquera les groupes en présence qui, dès lors, doivent repenser le rôle traditionnel de la ville la plus ancienne du Canada, une ville qui a toujours tiré profit de sa situation géographique comme seul port de mer de l'Amérique, mille kilomètres à l'intérieur du continent.

UNE ÉCONOMIE EN TRANSFORMATION

Les avantages naturels de la ville lui ont procuré une prospérité florissante pendant la première moitié du siècle. En dépit de la nature cyclique de la demande de ses produits principaux, le bois équarri et les navires, chaque hausse porte les activités à un nouveau sommet; pendant l'été, le port et les grèves regorgent de bois, pendant l'hiver, les chantiers fournissent de l'emploi à plus d'un millier d'artisans spécialisés. En 1851-1852, les sept chantiers de la ville emploient 1338 ouvriers[1]. En 1854, on prétend que ceux de la région de Québec-Lévis en ont 5000[2]; si le chiffre paraît quelque peu exagéré, il indique la nature cyclique de cette industrie[3]. C'est pourquoi la crise aiguë de 1857, qui provoque un déclin important dans l'exportation de bois et dans le nombre de navires en construction, ne décourage pas les hommes d'affaires. Leur optimisme semble d'ailleurs bien fondé puisque les années 1863-1865 voient un autre sommet dans ces deux activités. Le déclin inévitable ne pouvait que présager une reprise comme dans le passé[4]. Pourtant la belle période du port est terminée.

La Basse-Ville et le port en 1876. (APC: C3529)

Anses à bois en 1872. (Notman, McCord)

Un port en perte de vitesse

L'avènement des gros navires et de la navigation à vapeur ne peut guère s'accommoder des anciens quais au bord du fleuve; l'estuaire de la Saint-Charles reste toujours, de son côté, impraticable aux navires de fort tonnage. En 1849, le Comité spécial de l'Assemblée législative sur les causes de l'émigration aux États-Unis avait suggéré des améliorations au port de Québec, en particulier, la construction de quais et de bassins le long de la Saint-Charles[5]. Il faut donc moderniser les installations et en améliorer l'accès. Inutile de songer à utiliser à cette fin les petits quais de la Basse-Ville, bordés de plusieurs rangées de maisons serrées, où ne s'ouvrent que des rues étroites et déjà encombrées. La rue Saint-Pierre, où sont situées les grandes maisons commerciales et les banques, bloque tout développement de voies d'accès plus larges.

À partir de 1852, Lévis, sur la rive sud du Saint-Laurent, est pourvue d'une voie ferrée reliée à Montréal (le Grand Tronc) et elle draine par conséquent une partie de plus en plus importante du trafic, au détriment de Québec. C'est ainsi qu'en 1853, le maire Ulric Tessier, reprenant le projet du capitaine Boxer, expose un plan pour l'amélioration du port par la construction de bassins dans l'embouchure de la Saint-Charles. En 1858, l'Assemblée législative,

Deux bateaux en train d'être chargés, 1872. (Notman, McCord)

Thomas Pope, maire de Québec, 1861-1863.
(AVQ)

à la suite des requêtes répétées du Conseil de ville et de la Chambre de commerce, promulgue une loi pour «pourvoir à l'amélioration du havre de Québec et à son administration»; un des articles crée une Commission du havre qui devient propriétaire des droits de la Couronne sur les grèves et le lit du fleuve.

Dans son rapport pour l'année 1861, le maire Thomas Pope, membre ex-officio de la Commission du havre, fait état des travaux entrepris à la Pointe-à-Carcy, où l'on projette la construction d'un brise-lame de 875 pieds, ainsi que des efforts pour organiser une société qui s'occuperait de l'exportation des céréales; en mai 1863, un silo à grain, construit à Montréal, est ainsi transporté au port de Québec. En 1862, une drague à vapeur entre en service et, au cours des années suivantes, la Saint-Charles est nettoyée jusque au-delà des chantiers navals. Ce début de modernisation reste modeste. Ce n'est qu'après 1870 qu'un plan d'ensemble est dressé par deux ingénieurs d'Angleterre; les travaux, autorisés en 1873, ne commencent qu'en 1877.

L'expansion de la navigation à vapeur, coïncidant avec l'ouverture du chenal dans le lac Saint-Pierre, favorise surtout le port de Montréal qui voit croître rapidement son trafic maritime: en 1864, les navires de mer accostant directement à Montréal atteignent 200 000 tonnes et, en 1867, 400 000. Le rôle du port de Montréal ira toujours croissant, au détriment de celui de Québec[6]. Les céréales, les bêtes à cornes et le bois seront expédiés de Montréal en été et de Portland en hiver (depuis 1853, en effet, Montréal est reliée à cette ville du Maine par une ligne de chemin de fer). En 1858, la métropole

Intérieur du grand vapeur *Québec*, vers 1870. (APC: C35637)

est reliée à Toronto et aux villes du Middle West des États-Unis puis, quelques années plus tard, à Halifax.

Québec, desservie indirectement par Lévis, devra attendre jusqu'en 1879 pour faire partie du réseau ferroviaire canadien. Mais elle a déjà perdu la bataille du grand commerce d'exportation. Elle conserve néanmoins une vocation régionale de point d'acheminement des marchandises pour la Beauce, le Saguenay, le Lac Saint-Jean et le Bas-du-fleuve. Pendant l'hiver de 1867, des hommes d'affaires fondent la Compagnie de vapeurs de Québec et du golfe (plus tard la *Quebec Steamship Company*) qui relie Québec, le Bas-du-fleuve et les provinces maritimes. Cependant, dans les années 1880, Montréal supplantera Québec dans le ravitaillement des villages du golfe[7].

Les années 1860 sont critiques pour Québec. Plusieurs facteurs se conjuguent pour lui faire perdre population et influence économique: déclin du trafic de bois et de la construction navale, départ de fonctionnaires et de leurs familles vers Ottawa, et incendies désastreux dans les quartiers ouvriers.

Grue flottante de la Commission du port de Québec avec ancres et chaînes repêchées, 1877. (APC: C3999)

Le déclin du trafic du bois équarri s'explique par l'abolition des tarifs préférentiels et par les difficultés d'approvisionnement des essences les plus recherchées, le pin et le chêne surtout, si intensément exploitées pendant soixante ans, dans tout le bassin du Saint-Laurent. De plus, le marché britannique demande maintenant surtout le bois déjà scié et travaillé, ce qui favorise Montréal, mieux relié à l'intérieur par tout un réseau de chemins de fer. Le nombre de bateaux emportant le bois équarri du port de Québec, bien supérieur à 1000 par année vers 1860, tombe de moitié avant la fin de la décennie[8].

Plus grave encore est le déclin subit de la construction navale. Incapables, semble-t-il, de se convertir aux nouvelles techniques de construction, la coque en fer étant mieux adaptée à la navigation à vapeur, les chantiers disparaissent les uns après les autres. En 1861, ils emploient encore quelque 2000 hommes. Il y a une dernière poussée en 1863 et 1864, les constructeurs s'efforçant de lancer le plus grand nombre possible de navires afin de profiter de la conjoncture de la guerre américaine et du traité de réciprocité. Mais

Navire en cale sèche, vers 1860. (APC: C8042)

Ouvriers préparant le bois équarri pour le chargement de navires, 1872. (McCord)

Projet d'édifice parlementaire dessiné par Charles Baillairgé, 1859. (AVQ)

ces navires en bois demeurent difficiles à vendre sur le marché britannique. En 1873 un observateur explique ainsi cette décadence: «En même temps que l'abrogation du traité de réciprocité fermait les ports des États-Unis à nos vaisseaux, la construction des voiliers en fer rendait la vente des navires en bois presque impossible[9].» Le nombre de navires lancés tombe à une vingtaine par année après 1870; en 1871, il n'y a plus que douze chantiers dans la région, occupant 1281 ouvriers, et, deux ans plus tard, à peine 800 hommes[10].

La perte du siège du gouvernement

La question du siège permanent du gouvernement excite les esprits depuis 1841, date où la première session du premier parlement de l'Union s'ouvre à Kingston. En 1844, le gouvernement déménage à Montréal; mais, à la suite de l'incendie du parlement en 1849, commence la période de gouvernement «ambulant»: à Toronto de 1849 à 1851 et de 1855 à 1859, à Québec de 1851 à 1855 et de 1859 à 1865. Ce système de plus en plus coûteux ne peut durer; au cours des années 1850, six villes, Toronto, Kingston, Ottawa, Hamilton, Montréal et Québec, envoient à Londres des mémoires montrant tous les avantages qu'elles offriraient comme siège du gouvernement[11]. En 1856, après une discussion des plus vives, il est décidé, par un vote de 62 contre 51, que Québec serait la capitale permanente à partir de 1859. Le choix de Québec, placée à l'extrémité de la province, déplaît cependant à plusieurs et le Conseil législatif refuse les subsides nécessaires à la construction des bâtiments. Selon George-Étienne Cartier, le meilleur moyen de régler les difficultés serait de laisser au gouvernement impérial le choix du site de la capitale.

Édifice du parlement en 1865. (APC: C53037)

Il devient vite évident qu'en référant la question à Londres, «le Bas-Canada fut sacrifié», selon Louis-Philippe Turcotte, historien de Québec[12]. Il ajoute, avec amertume, «on n'accorda aucun égard à Québec, le principal port de mer du Canada, à la position fortifiée de cette ville, aux garanties de sûreté qu'elle présentait, à ses titres d'ancienne capitale, de ville historique et scientifique, surtout à sa position centrale dans le cas d'une confédération avec les provinces maritimes». En effet, la question de la centralité est la pierre d'achoppement du choix de Québec comme siège du gouvernement, malgré ses titres anciens. Il semble que la cité de Champlain ait déjà perdu la bataille; sir Edmund Head, gouverneur général, dans un mémoire secret à la reine Victoria écrit: «Québec est bien protégée contre toute attaque militaire et elle est très accessible de l'Angleterre; mais l'influence de Québec diminue. La tendance de croissance de la richesse et du commerce se déplace vers l'Ouest et Québec est pratiquement à une extrémité de la colonie: toute la région en bas n'a qu'une importance secondaire[13].» La reine choisit par conséquent la ville d'Ottawa, un site plus central.

En 1865, les fonctionnaires, les hommes politiques et leurs familles quittent donc Québec pour s'établir à Ottawa. Il s'agit en fait d'environ mille personnes (le gouvernement compte 265 fonctionnaires[14], en 1864, sans oublier les députés). Cette perte sera compensée quelque peu par le lent développement d'un service civil provincial, puisque Québec devient la capitale de la province en juillet 1867. Néanmoins, il s'écoulera quelques décennies

L'hivernage du *H.M.S. Aurora*, navire de guerre britannique, 1866-1867. (APC: C77871)

avant que la masse salariale perdue ne soit remplacée par les dépenses du gouvernement du Québec. Plus grave encore pour l'économie de la ville est le départ des militaires britanniques, en 1871; selon James Le Moine, cette retraite de la garnison, comptant au moins 3000 personnes, soldats, commis et leurs dépendants, fait perdre 400 000 $ par année à l'économie de la ville[15].

Au déclin des activités économiques traditionnelles, et au départ des fonctionnaires et militaires, s'ajoutent des incendies désastreux, comme celui d'octobre 1866 qui détruit une partie de Saint-Roch et de Saint-Sauveur, jetant plusieurs milliers d'ouvriers dans la rue. Découragés par le manque de travail, un grand nombre d'entre eux quittent la région. À la suite d'un autre sinistre, le 25 mai 1870, on écrit: «Une foule d'ouvriers qui resteront sans ouvrage, se proposent, nous dit-on, de quitter notre ville pour aller travailler sur l'Intercolonial [le chemin de fer]. Nous sommes presque certains qu'ils ne s'adresseront pas en vain aux entrepreneurs, car nous savons que deux d'entre eux devront avoir à leur service au moins 4000 hommes[16].»

Le salut par l'industrie

Québec doit sa survie comme centre urbain d'importance à l'expansion des industries déjà existantes[17], surtout celles reliées aux produits de cuir. En 1851, les tanneries emploient 130 hommes; en 1861, il y a 35 tanneries et leur capital est passé à 400 000 $. Grâce à l'implantation des manufactures de chaussures, et des investissements de 950 000 $, les 42 tanneries comptent 260 ouvriers en 1871. Mais c'est surtout la mécanisation de la fabrication des

Surplus de guerre sur un quai, 1871. (*Canadian Illustrated News*, APC: C56594)

Départ des militaires britanniques, 1871. (APC)

Imprimeurs et contremaître devant leurs machines, vers 1870. (APC: 24088)

chaussures qui inaugure l'ère industrielle à Québec. En 1861, on compte quelque 560 cordonniers qui travaillent essentiellement dans de petits ateliers.

La cordonnerie mécanique est introduite, semble-t-il, en 1864, par Guillaume Bresse et les frères Côté, Canadiens qui avaient œuvré dans des grandes fabriques du Massachusetts. Bientôt d'autres entrepreneurs, comme les frères Woodley et Paul Couture, achètent une machinerie semblable et commencent à produire des chaussures sur une grande échelle. À la fin de la décennie, les deux fabriques de Woodley, avec leurs 700 ouvriers, produisent de 2000 à 2500 paires de souliers par jour[18]. Cependant, en dépit de leurs premiers succès, plusieurs manufactures ne résistent pas à la concurrence: les Woodley, Guillaume Boivin et Félix Fortin font faillite[19]. Ces difficultés n'empêchent pas l'industrie de la chaussure de connaître, en l'espace de dix ans, une impressionnante expansion. En 1871, il y a sept grandes manufactures dont six aux mains de Canadiens français; elles fournissent de l'emploi à plus de 2200 ouvriers et fabriquent annuellement 1 500 000 paires de chaussures valant au moins 2 300 000 $. La mécanisation gagne bientôt d'autres genres d'entreprises. On crée de nouvelles fabriques de meubles, et, en 1871, cette industrie occupe 300 hommes. La fonderie produisant des outillages variés, des chaudières et des ressorts, se développe avec une vingtaine d'usines et

QUEBEC DIRECTORY. 467

PIERRE ROY,

CABINET MAKER & UPHOLSTERER,

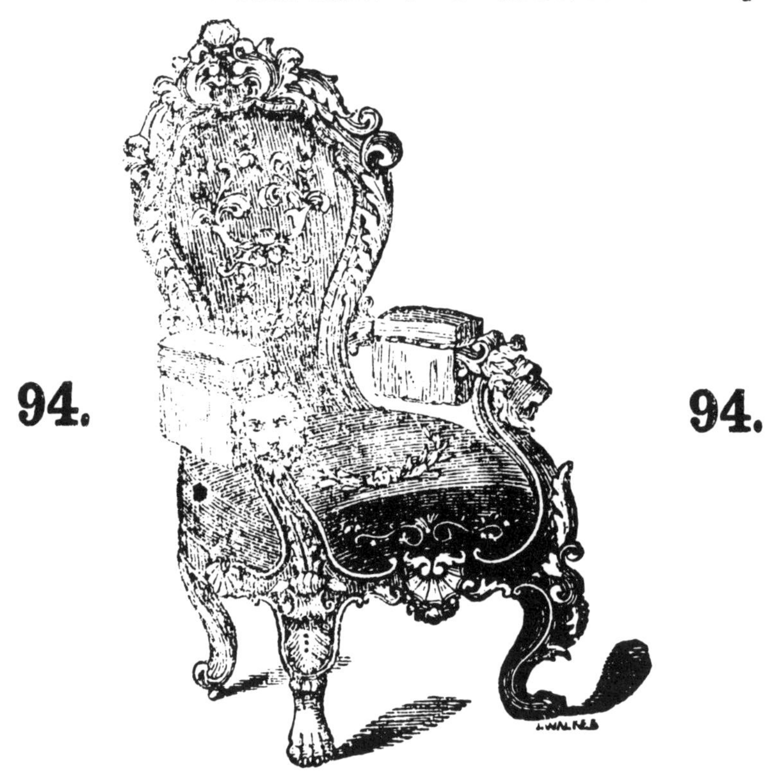

ST. VALIER AND 29 FLEURIE STS., ST. ROCH'S.,

SHOW ROOM,

94 ST. VALIER STREET ST. ROCH SUB.

Begs to inform his friends and the public in general that he has always on hand, and constantly makes the best and most fashionable

FURNITURE, Plain and Carved,

After the styles Louis XIV, XV, XVI, and à la Renaissance.

Seats and arm chairs covered with paper hangings recently arrived from Paris.

He hopes to merit a share of the public patronage by his care and punctuality in executing all commands.

Quebec, July, 1863.

Annonce d'un ébéniste en 1863. (MCC)

plus de 400 travailleurs. Un autre Canadien français ouvre, en 1869, une fabrique d'articles de caoutchouc et il a déjà 118 ouvriers en 1871. Il y a des établissements de produits pharmaceutiques, d'outils, de meules, de brosses et balais, de ciment, de colle, d'allumettes, de savon, de chandelles, etc. L'imprimerie compte, en 1871, douze établissements, avec 376 ouvriers. Enfin, la confection des vêtements a quitté le stade artisanal; en 1871, elle occupe 567 hommes et femmes, dans une centaine de maisons dont une vingtaine avec plus de 15 employés. C'est une véritable éclosion; les banques commencent à se montrer mieux disposées à investir dans ces secteurs industriels.

Parmi les facteurs qui expliquent un tel mouvement, on peut citer l'abondance de la main-d'œuvre que le déclin du trafic du bois et de la construction navale avait laissée sans ressources. Malgré les départs, il reste quelques milliers d'ouvriers en quête de travail. La ville jouit toujours de conditions de transport fort avantageuses, disposant aussi d'un marché facilement accessible pour les produits de ses industries. La fermeture des chantiers navals laisse aussi de grands emplacements libres au bord de l'eau, où peuvent s'installer à peu de frais les nouvelles industries.

Ces mutations économiques créent des ouvertures aux entrepreneurs canadiens-français. Les Britanniques commencent à déménager à Montréal et ceux qui restent doivent partager de plus en plus le champ du commerce avec les Canadiens; ils conservent toutefois leur emprise sur les institutions bancaires et les maisons de commission et d'exportation du bois. Quant aux Canadiens, ils dirigent sept des neuf grosses entreprises de métallurgie; ils s'établissent dans la fabrication des chaussures et des meubles; ils s'emparent même de ce qui reste de la construction navale[20]. En 1871, la Chambre de commerce de la ville élit son premier président de langue française.

Au début des années 1870, Hubert Larue examinant la situation industrielle de Québec, s'étonne que les manufacturiers ne puissent s'approvisionner en matières premières dans la région immédiate: plus de 75% des peaux utilisées par les tanneries viennent de l'Ontario et des États-Unis; les graisses et le suif utilisés dans les fabriques de savons et de chandelles sont issus de Montréal. Cette «anomalie» s'explique, selon Larue, par l'absence d'arrière-pays. Montréal, par contre, située au milieu d'une région plus prospère et comptant une population en pleine expansion, s'industrialise plus rapidement que Québec[21]. Québec doit aussi concurrencer Toronto qui peut compter sur une grande région très prospère. Voilà autant d'éléments qui expliquent les difficultés de Québec dans les dernières décennies du siècle[22].

Le recensement de 1870-1871 permet de mesurer l'ampleur de la diversification industrielle à la fin de la longue période. Saint-Roch et sa banlieue de Saint-Sauveur rassemblent plus de 65% des établissements les plus importants par le nombre d'employés et la valeur des produits, bien que le capital investi ne se chiffre qu'à 23% de l'ensemble. C'est ainsi que la Basse-

Ville concentre toujours la plus grande partie de capital, même si elle ne compte que 20% des employés et le même pourcentage de la production industrielle totale. À la Haute-Ville, on trouve encore des fabriques de vêtements[23].

Dans le tableau des industries de Québec en 1871, l'importance des fabriques de produits de cuir et de l'équipement de transport (les navires et les voitures) ressort clairement: ces deux secteurs occupent la moitié des ouvriers industriels[24] et représentent 44% de la valeur ajoutée. Pourtant, il s'agit de secteurs peu profitables et le rendement des ouvriers de Québec est inférieur à la moyenne canadienne. C'est une des explications de l'écart du salaire moyen entre la province de Québec et la province de l'Ontario, entre les villes de Québec et de Montréal[25]. Pourtant le dynamisme de la nouvelle élite commerciale de Québec, profitant de tous les avantages naturels et d'une main-d'œuvre abondante, réussit à maintenir un certain niveau d'activité économique pendant la période de déclin inévitable qui suit la restructuration du grand commerce nord-américain dans la dernière moitié du XIXe siècle[26].

UNE POPULATION OUVRIÈRE

Le déclin des activités traditionnelles, conjugué au départ des fonctionnaires et de la garnison, ne peut manquer de se répercuter sur la population. En 1851, la ville et sa banlieue comptent 45 940 habitants; en 1861, on en dénombre 59 900, bien que des erreurs de calcul[27] obligent à réduire ce chiffre à un peu plus de 57 300, une augmentation quand même de 25% en dix ans. En 1871, le recensement, fait avec plus de soin, indique une population de 59 699, ce qui ne représente qu'une augmentation d'à peine 5%. La ville n'arrive même pas à conserver son excédent naturel et, pendant la décennie, il y a une perte nette de plus de 5000 catholiques[28]. Et même si les comtés environnants voient leur population s'accroître entre 1861 et 1871, l'augmentation en pourcentage n'est que la moitié de celle de la décennie précédente. Les difficultés économiques de Québec se répercutent donc sur l'ensemble de la région, puisque l'excédent de la population rurale n'y trouve plus de travail; les jeunes doivent par conséquent déménager ailleurs, à Montréal ou aux États-Unis. Après 1871, la population de Québec n'augmente que très peu, à un taux toujours inférieur à l'excédent naturel. Tout au plus, l'industrialisation stabilise-t-elle la situation.

Au moment où les hommes d'affaires francophones prennent en main la direction de l'activité économique de la ville, la position des Canadiens français dans l'ensemble de la population augmente aussi. Ils comptent pour 70% en 1871, une augmentation de 10% depuis 1861, alors que les Irlandais ne sont que 20% et les Anglo-Écossais, 9%. C'est ainsi que la décennie de

Vue de la rue Champlain et du carrefour du Petit Champlain, 1880. (*L'Opinion publique*, ANQ)

«Fille du marché de Québec», vers 1870. (ROM: 952.170)

1860 mérite bien d'être appelée une nouvelle phase «française» de l'évolution de la ville. Québec devient de plus en plus un centre homogène qui n'attire que des gens de sa région immédiate. En 1871, près de 90% des habitants sont de religion catholique et seulement 12% sont nés à l'extérieur du Canada.

La main-d'œuvre

Le portrait d'ensemble de la main-d'œuvre avait peu varié jusqu'au milieu du siècle: il y avait toujours un groupe considérable de journaliers, de domestiques et de gens sans métier à côté des artisans de petits ateliers. Mais pendant la deuxième moitié du siècle, de plus en plus d'ouvriers travaillent dans le secteur manufacturier: l'effectif industriel à Québec est de 7250 travailleurs en 1871 dont 4800 hommes au-dessus de 16 ans. Ces ouvriers se concentrent surtout dans de grands ateliers: plus de 4600 œuvrent dans des fabriques de 20 employés et plus.

Si cette main-d'œuvre est essentiellement masculine, âgée de 16 ans et plus, on dénombre pas moins de 1700 femmes (25%). Elles se rencontrent surtout dans le vêtement et la chaussure où elles représentent respectivement 83% et 49% du personnel. Comme partout ailleurs, ces femmes ne gagnent qu'une fraction du salaire des hommes. Malgré les conditions de vie difficiles

Religieuses agenouillées devant les lits des malades de l'Hôtel-Dieu, vers 1870. (APC: C35634)

de la main-d'œuvre féminine, la ville attire toujours des jeunes filles de la campagne à la recherche d'une situation stable: la proportion de femmes dans le groupe d'âge de 15 à 40 ans reste élevée. En 1871, la proportion atteint 148 femmes pour chaque 100 hommes dans le groupe des 20 à 29 ans. Pour les femmes, les perspectives ne sont guères reluisantes: si l'on compte 9280 femmes mariées en 1871, il y a aussi 9021 célibataires de 16 ans et plus. Que peuvent-elles faire pour vivre? On les retrouve partiellement dans la liste des occupations recensées: domestiques, modistes, coiffeuses, couturières, blanchisseuses, sans oublier les religieuses et les travailleuses industrielles; ces femmes au travail, 5036 au total en 1871, représentent 26% de la population active[29].

Les relations de travail

Les ouvriers n'ont que peu de contrôle sur leur situation au travail. Dans le cas des arrimeurs, par exemple, occupation où les Irlandais sont en majorité, les dangers sont multiples; il n'est pas rare que des hommes soient écrasés

Répartition de la main-d'œuvre
dans les divers secteurs d'emploi, Québec, 1871

Secteur	%
Cuir	36
Transport	20
Bois	12
Textiles	8
Fer	7
Imprimerie	5
Divers	3
Aliments	3
Caoutchouc	1
Tabac	1

par des billots énormes à l'intérieur des cales. Les gages de 90 cents à 1,00 $ par journée de onze heures et demie ne permettent guère d'épargne et, lorsqu'un homme meurt, les autres doivent se cotiser afin de lui acheter un cercueil. Souvent aussi, les capitaines quittent le port sans avoir réglé complètement les salaires[30]. La situation des débardeurs est révélatrice de celle des simples ouvriers pendant ces années. Cependant, ils commencent à se grouper en association afin de faire pression sur les employeurs. En 1855, les débardeurs font une première grève mais, après cinq jours, ils doivent rentrer sans avoir eu gain de cause. À l'automne de 1857, la situation se détériore et les ouvriers des divers corps de métiers organisent des réunions à Saint-Roch, ainsi que des marches de protestations contre le chômage et la réduction des gages. Il y a des grèves spontanées, comme celle des chantiers d'Isidore Samson, marquée par un incident malheureux: un ouvrier qui persiste à travailler malgré les appels de ses compagnons, est jeté en bas des échafauds et meurt[31]. En 1857, les Irlandais fondent la Quebec Ship Labourer's Benevolent Society, ayant comme but principal la constitution d'un fonds de secours pour les journaliers accidentés. Incorporée en 1862, cette société compte alors 900 membres et permet aux débardeurs d'améliorer quelque peu leur situation[32].

Après les années de prospérité, entre 1863 et 1865, les salaires diminuent encore en 1866, tandis que le chômage guette de nouveau les arrimeurs et les charpentiers de navire. La Ship Labourer's Society, sous la direction de son secrétaire, James Paul, décide de régulariser les taux qu'elle compte imposer aux propriétaire de navires. En juillet 1866, à la suite du refus des propriétaires, les débardeurs décident d'arrêter tout chargement dans le port. Les hommes d'affaires, voulant briser la Société une fois pour toutes, déplacent leurs navires à Lévis où les arrimeurs ne font pas partie de l'association. Le 14 juillet, les ouvriers de Québec traversent le fleuve et s'attaquent aux débardeurs de Lauzon; la même journée, on envahit les chantiers de la marine britannique à Saint-Roch et on en malmène le gérant. Enfin, le 23 juillet, les propriétaires capitulent, acceptant les termes de la Société, au grand désespoir des marchands de la ville qui répugnent à l'idée que les ouvriers puissent réglementer leurs conditions de travail[33].

En 1868, les arrimeurs font de nouveau la grève afin d'obtenir une augmentation des gages. Cette fois, les propriétaires décident de ne pas accepter les conditions proposées; après plusieurs jours de violence et à la suite de l'arrestation de leurs chefs, les débardeurs retournent au travail sans avoir pu obtenir d'augmentation. Les patrons proposent même de ne plus employer des ouvriers affiliés à l'association, ce qui fait dire au *Morning Chronicle* que cette décision devrait entraîner la dissolution de la société syndicale[34]. Les arrimeurs réagissent pourtant avec fermeté et, lorsqu'un nommé Clarke interdit à ses hommes d'appartenir au syndicat, à la fin d'août 1869, la Ship Labourer's Society décrète un boycottage de tous les navires qui passent entre les mains de Clarke. Le mouvement se généralise et les commerçants doivent intervenir: le 6 septembre, les patrons et les délégués de la Société s'entendent sur un règlement: «Les membres de la Société des Ship Labourers de Québec retournent à leur travail, les marchands consentiront à n'exercer aucune influence indue pour forcer un maître de navire à employer un arrimeur de préférence à un autre. Aucun arrimeur et ses ouvriers ne seront molestés par la Société, et celle-ci emploiera son influence pour empêcher toute intervention de cette nature[35].»

À l'automne de 1867, les charpentiers de navire à leur tour veulent des augmentations; leur salaire, tombé à 90 cents par jour, ne permet plus aux artisans de faire vivre une famille. Ils demandent 1,25 $ tandis que les patrons n'offrent que 1,00 $ par jour. Pour éviter l'arrêt de travail, les propriétaires décident de n'engager, à partir du 25 septembre, que des charpentiers indépendants. Les membres de l'association font la grève et forcent la fermeture des chantiers. À la fin d'octobre, les esprits sont surchauffés et, le 28, une grande manifestation à Saint-Roch se termine par une rixe générale qui fait plusieurs blessés et au moins un mort. Devant la tournure des événements, on déclare la loi martiale et, le 30 octobre, les autorités arrêtent dix-neuf des meneurs, qui ne sont relâchés qu'après avoir versé des cautionnements élevés. Les militaires patrouillent les chantiers, protégeant ainsi les charpentiers indépendants. En décembre, les grévistes multiplient les manifestations à travers la ville afin de montrer leur détermination à obtenir un règlement satisfaisant. Les patrons, pour leur part, effrayés par les pertes de contrats, finissent par accepter de légères augmentations de salaires et le réengagement de tous les grévistes. Enfin, les chantiers fonctionnent de nouveau à partir du 24 décembre; encore une fois les ouvriers ont eu gain de cause[36]. Cependant, les belles années de la construction navale et de l'exportation du bois sont

Une ancienne maison canadienne, rue Saint-Jean, vers 1860. (APC: 23519)

bien terminées; les ouvriers doivent se recycler ou partir s'ils ne veulent pas crever de faim[37].

La réorganisation industrielle compensera quelque peu les difficultés économiques qui font fuir des milliers de gens. Tout au plus, une certaine restructuration empêche-t-elle un déclin dramatique de la population. Or, puisque le Québec connaît toujours un taux de croissance élevé, la ville ne peut même pas garder son excédent naturel. Cependant, les anglophones se déplacent plus facilement; parfois ce déménagement est commandé par les circonstances, comme dans le cas des fonctionnaires et des militaires.

DES DISTINCTIONS INSCRITES DANS LE PAYSAGE URBAIN

À la fin du XIXe siècle, les quartiers correspondent plus nettement qu'auparavant à une division géographique basée sur une hiérarchie sociale: tandis que la plupart des marchands, des professions libérales et des fonctionnaires habitent les hauteurs, le monde ouvrier, lui, reste dans la partie basse de la ville. La croissance se fait essentiellement dans le secteur de la Saint-Charles. En 1871, Saint-Roch et sa banlieue, le village Saint-Sauveur et la petite rivière Saint-Charles, comptent 28 305 personnes, soit 47% de la population de l'agglomération urbaine. Le quartier Saint-Jean rassemble 31% de la population, tandis que la Haute et la Basse-Ville n'en ont plus que 22% avec moins de 19% des habitations[38]. Même à l'intérieur des limites officielles de la ville,

Construction d'une maison de faubourg en pièces sur pièces, vers 1875. (APC: 135243)

les quartiers Saint-Jean et Saint-Roch groupent plus de 70% de la population et presque les trois quarts des bâtiments. Néanmoins, la Haute et la Basse-Ville fournissent plus de 60% des cotisations puisque les propriétés y ont une valeur cinq fois plus élevée en moyenne que celles des autres quartiers.

La Haute-Ville

Pendant la deuxième moitié du XIXe siècle, la Haute-Ville, ainsi que l'ancien faubourg Saint-Louis, situé à l'extérieur des murs, restent le lieu privilégié de l'élite. Les marchands de la Basse-Ville et les membres des professions libérales provenant de la Haute-Ville se sont établis autour du chemin Saint-Louis, une des plus importantes voies de communication entre la ville et la campagne. Voici comment un contemporain décrit la distinction de classe qu'une résidence dans ce secteur confère aux citoyens:

> À Québec on dirait même que les différences du niveau social correspondent à celles du niveau topographique, et qu'habiter la Haute-Ville ou la Grande-Allée confère une certaine supériorité. Voyez tel ou tel

Somptueuse villa du colonel Macpherson en bordure de Québec. (APC: 51697) Tous les éléments d'une maison bourgeoise de la fin du XIXe siècle s'y trouvent, notamment la grande serre et le nombre important d'îlots d'activité dans le salon. (APC: 51698)

Vue de la Haute-Ville en hiver, vers 1860. (APC: 139814)

> de nos concitoyens qui ont fait fortune dans le commerce et l'industrie, et qui ont habité pendant longtemps les parties basses de la ville ... que leur manquait-il pour prendre place au premier rang de l'échelle sociale? Rien, et cependant ils ont cru devoir changer de milieu et venir habiter la Haute-Ville ou la Grande-Allée[39].

Les guides touristiques sont pleins d'éloges pour cette partie de la ville. Ils notent en particulier les maisons bâties avec goût, les belles rues pavées et les jardins.

La présence des fortifications reste un problème, tant pour les résidents de la Haute-Ville que pour les visiteurs. Tout en empêchant l'expansion du quartier, elles rendent difficiles les communications. En 1854, le maire Tessier, dans son rapport annuel, se plaint de l'insuffisance des portes; on calcule qu'il passe 30 000 personnes par jour et une voiture par minute à la porte Saint-Jean, et celle-ci n'a que sept pieds de largeur[40]! Les autorités militaires hésitent à enlever ou à transformer les portes puisqu'elles constituent une partie essentielle des ouvrages défensifs de Québec. Pourtant le Conseil de ville revient continuellement à la charge et, en 1863, on dresse des plans prévoyant le remplacement de l'ancienne porte Saint-Jean. Les travaux de démolition commencent en octobre 1864 et la nouvelle porte est terminée en 1867. En ce qui concerne les autres portes, les militaires demeurent intransigeants: il faut attendre le déménagement de la garnison pour les enlever[41]. Au même moment, on abaisse l'enceinte rue des Remparts. Ces premiers travaux annoncent la fin de l'ère de la ville fortifiée. Les nouvelles portes Saint-Louis et Kent, érigées en 1878 dans le cadre d'un projet du gouverneur général Dufferin, relèvent plus des notions d'embellissement urbain que d'une stratégie de défense.

La destruction par le feu, dans la nuit du 1er février 1854, des édifices parlementaires au haut de la côte de la Montagne (sur le site de l'actuel parc Montmorency), aura des répercussions à long terme sur le développement de la ville. Le gouvernement du Canada-Uni n'aurait peut-être pas envisagé le déménagement du siège du gouvernement à Ottawa et la construction d'un édifice monumental, si le parlement à Québec n'était pas disparu si soudainement. Pour loger temporairement les administrateurs, les commissaires des travaux publics trouvent un grand édifice en construction, le couvent des Sœurs de la Charité, rue des Glacis, à l'extérieur de la porte Saint-Jean, que son propriétaire, l'archevêque, n'hésite pas à leur louer. Charles Baillairgé prépare sans délai de nouveaux plans d'aménagement, transformant la chapelle en assemblée législative. Mais les travaux à peine terminés, le feu rase le bâtiment dans la nuit du 3 mai. En attendant le retour des parlementaires de Toronto, prévu pour le printemps de 1856, on loue la salle de musique de la rue Saint-Louis, pour servir d'assemblée législative, privant ainsi la ville de la seule salle de spectacles convenable.

Après le choix d'Ottawa comme siège permanent du gouvernement, il est décidé en 1859 de déménager le gouvernement à Québec jusqu'à ce qu'aient été prises les dispositions nécessaires à Ottawa. Cette décision, qui apaise quelque peu les députés de Québec, crée beaucoup de problèmes, puisqu'il n'y a toujours pas de bâtiment adéquat. Comme on doit investir des sommes considérables dans les travaux à Ottawa, il ne peut être question de dépenser beaucoup dans la construction d'édifices temporaires à Québec. En avril 1859, on propose donc l'érection d'un bâtiment en brique, flanqué de deux ailes temporaires, sur le site du parlement incendié en 1854. Le gouvernement accepte le projet puisque, une fois le Parlement déménagé à Ottawa, l'édifice pourra servir de bureau de poste. Construit entre juillet 1859 et février 1860, le nouveau parlement, oeuvre de l'architecte F. P. Rubidge, n'offre rien de notable ni même d'intéressant du côté architectural[42]. Comme prévu, le Parlement de l'Union déménage à Ottawa à l'automne de 1865. L'édifice de Québec devient le siège de l'Assemblée législative de la nouvelle province de Québec à partir de 1867. Quant au bureau de poste qu'on avait pensé y aménager, il sera construit entre 1871 et 1873, à l'angle des rues Buade et du Fort, faisant disparaître ainsi des maisons très pittoresques de la ville, dont l'ancien hôtel du Chien d'or.

La prison, rue Saint-Stanislas, inaugurée en 1814, ne peut guère suffire à la tâche et, après bien des hésitations, le gouvernement signe en 1861 un

La porte Saint-Jean au début du XIXe siècle avant les travaux de rénovation. (MTLB)

La porte Saint-Jean reconstruite, 1867. (APC: C80179)

La nouvelle prison sur les plaines, vers 1865. (ANQ)

contrat pour la construction d'une nouvelle prison, sur les terrains faisant partie des plaines d'Abraham. Interrompu plusieurs fois, l'édifice n'est livré qu'en 1867. Les plans de Charles Baillairgé prévoient un bâtiment central et trois ailes, mais l'aile ouest ne sera jamais construite[43]. Quant à l'ancienne prison, certains auraient souhaité sa disparition au profit de nouvelles constructions. Cependant, les syndics du Morrin College, institution protestante inaugurée en 1862 grâce à une importante contribution du docteur Joseph Morrin, décident d'acheter l'édifice et de l'aménager en collège; ils l'occuperont de 1868 à 1902. La Literary and Historical Society of Quebec y maintient aussi sa bibliothèque et son musée à compter de 1868. C'est le dernier des édifices publics de cette époque encore debout; les deux autres bâtiments gouvernementaux de la période, le palais de Justice et le château Haldimand, vont disparaître plus tard, le premier incendié en février 1873, le second, en 1892, lors de la construction du château Frontenac.

Le Québec intra-muros se transforme ainsi, prenant de plus en plus l'allure que nous lui connaissons aujourd'hui. Le Séminaire de Québec construit des édifices devant abriter l'Université Laval sur ses propres terrains au haut de la côte de la Montagne et le long des remparts, enlevant ainsi en partie l'espace ouvert[44]. En 1858, à l'angle des rues Desjardins et Sainte-Anne, l'imprimeur Desbarats construit un édifice de quatre étages qui, à la suite du déménagement de l'imprimerie à Ottawa, devient le Russell House et, plus tard, l'hôtel Clarendon. Au début des années 1860, on construit aussi l'hôtel Saint-Louis, où se tient la conférence de Québec en 1864. Il est situé

Rue Champlain, où habitent les familles ouvrières, vers 1875. (APC: 112109)

dans le quartier «aristocratique» de la ville, près de la terrasse Durham (devenue plus tard la terrasse Dufferin), des jardins du gouverneur et de la place d'Armes, aménagée en parc en 1865. Conscient des attraits touristiques de la ville, le maire propose, en 1855, l'élargissement de la Grande-Allée pour en faire un boulevard jusqu'à Spencer Wood (Bois-de-Coulonge), résidence du gouverneur[45].

La Basse-Ville

La rue Saint-Pierre demeure toujours le centre du monde financier. La Basse-Ville conserve bien sûr ses activités portuaires et, si les nouveaux projets ne sont pas très nombreux, certains en modifient le visage. Devenue propriétaire du havre du Cul-de-Sac en 1853, la ville décide de transformer le site en marché public. Utilisant les matériaux provenant des ruines du parlement incendié en 1854, on remplit le Cul-de-Sac et on érige le marché Champlain ainsi que des quais y donnant accès. Ces travaux améliorent considérablement cette partie de la ville. Le nouvel édifice de la douane, sur la Pointe-à-Carcy,

La douane vers 1870. (ANQ)

construit à partir de 1856, est aménagé en 1860, et symbolise le mouvement du port vers le nord-est, sur la Saint-Charles. Cependant, le nombre d'édifices à la Basse-Ville diminue constamment[46]. Il en est ainsi pour un grand nombre de quais et d'entrepôts tombés en désuétude: c'est surtout le déclin des activités du port qui réduit le rôle économique et résidentiel de la Basse-Ville. Ce mouvement continue au cours des décennies suivantes: les quartiers Saint-Pierre et Champlain (la Basse-Ville) comptent plus de 18% des maisons de l'agglomération urbaine en 1861, et seulement 5,7%, en 1911[47].

Saint-Jean

Dans les dernières décennies du siècle, le quartier Saint-Jean devient le site des services administratifs du gouvernement du Québec, à la suite de la construction, en 1882-1884, de l'hôtel du Parlement sur le Cricket Field, terrain d'exercice militaire à proximité de la porte Saint-Louis. Or, déjà à partir des années 1850, des communautés religieuses catholiques et des associations de charité protestantes ouvrent des orphelinats, des hospices et des hôpitaux dans le secteur. Les Sœurs du Bon-Pasteur construisent plusieurs édifices sur un vaste terrain à l'ouest du Cricket Field: la maison du Bon-Pasteur en 1854-1856, la maison Sainte-Famille en 1860 et, en 1866, la chapelle[48]. Le Ladies Protestant Home est construit sur la Grande-Allée en 1865-1866, un des sites les «plus beaux et sains de la ville[49]». Et, sur le chemin Sainte-Foy, l'Église anglicane fait construire, en 1861-1862, un édifice de style gothique afin d'y loger les vieillards et les orphelins. Enfin, l'hôpital Jeffrey Hale, institution protestante fondée en 1865 à partir de legs d'un riche marchand, s'installe dans une maison, à l'angle des rues des Glacis et Saint-Olivier, qui est agrandie en 1873[50]. La salubrité des hauteurs attire aussi des institutions et des particuliers plus aisés, surtout le long de la Grande-Allée et, plus tard, dans le secteur entre les rues Cartier et des Érables, à l'extérieur des limites de la ville, connu plus tard comme la ville Montcalm; à l'automne de 1874, Léonard Boivin y met en vente 300 terrains destinés surtout à la bourgeoisie[51].

Saint-Roch et la banlieue

L'entassement progressif de ce quartier ouvrier crée des conditions sanitaires précaires. À la suite de l'incendie de 1866, les propriétaires en profitent pour morceler davantage les terrains et faire percer de nouvelles rues. Mais toute la population ouvrière ne peut y loger et, comme nous l'avons déjà vu, Saint-Sauveur (appelé diversement Boisseauville, Bijouville ou le village Saint-Sauveur) attire de plus en plus d'ouvriers à partir de 1845. En 1867, malgré l'incendie dévasteur de 1866, il s'y trouve quelque 9600 personnes, plus de 16% de la population totale; Saint-Roch nord, le futur Limoilou, quartier au nord de la Saint-Charles, compte pour sa part plus de 2800 personnes (5%).

L'augmentation de la population urbaine en dehors des limites de la ville inquiète les autorités municipales. En 1853, le maire Belleau déclare que parce que ces «faubourgs populeux... jouissent, par leur proximité, de certains avantages» auxquels ils ne contribuent point, le gouvernement doit agrandir les limites de la ville afin d'en augmenter les revenus[52]». En 1856, le maire Morrin revient à la charge. Il signale le manque de contrôle dans le tracé des rues «inspiré par l'intérêt ou le caprice des propriétaires et sans aucun égard à la commodité ou à l'avantage du public». Il prévoit que si le gouvernement n'y prête pas attention, on devra débourser plus tard des montants élevés afin de rectifier la situation[53]. Or, il faudra attendre encore plusieurs années avant de voir l'agrandissement du territoire de la ville: Saint-Sauveur sera annexé en 1889, Limoilou en 1909, et ville Montcalm en 1910.

Les incendies

À la suite des graves sinistres de 1845, le Conseil de ville réglemente l'usage du bois comme matériau de construction: tous les bâtiments en bois doivent recevoir un crépi de plâtre et toute nouvelle construction où l'on fait du feu doit avoir des murs de pierre, de brique ou d'autres matériaux incombustibles. Le service d'aqueduc, inauguré en 1854, et le remplacement des pompiers volontaires par un service permanent en 1858, peuvent faire croire aux citoyens que les pires dangers sont écartés[54]. Dans la décennie 1851-1861, la prospérité

Malgré la menace constante des incendies, les citadins démunis continuent de construire leurs habitations en bois. Maison du quartier Saint-Jean, datant d'environ 1850. (Parcs Canada)

Les maisons des faubourgs Saint-Roch et Saint-Sauveur sont construites surtout en bois. (McCord)

relative fait augmenter sensiblement la population et le nombre des habitations: en 1861, la cité compte environ 8200 maisons, soit 3700 de plus qu'en 1851. Or, plus de la moitié des demeures sont toujours en bois; 28% sont en pierre et 17% en briques. Bien sûr, les nouveaux règlements commencent à faire sentir leurs effets, puisque seulement 35% des nouvelles maisons construites entre 1851 et 1861 sont en bois[55]. Mais il y a toujours un danger de voir reparaître les incendies.

La décennie suivante est marquée par un retour des grands sinistres qui dévastent surtout les quartiers ouvriers. Lorsque, le 27 juin 1861, le feu se déclare dans la cheminée d'une maison de la rue Scott (au faubourg Saint-Jean), la pression de l'eau est tellement basse que les pompiers ne peuvent empêcher la destruction d'une soixantaine d'habitations. Selon *Le Journal de Québec*, il n'était «pas besoin de dire le mécontentement public en face de l'insuffisance du service des pompiers[56]». L'année suivante, le 7 juin, une centaine de maisons des rues Scott, Prévost, Duplessis, Drolet et Berthelot flambent, jetant désarroi et inquiétude dans les esprits[57].

Mais il y a pire: le 14 octobre 1866, le feu se déclare chez un épicier de la rue Saint-Joseph[58], près de la halle Jacques-Cartier. Poussé par un vent

Vue générale de l'incendie du 14 octobre 1866.

violent, l'incendie s'étend bientôt à la partie de Saint-Roch située à l'ouest de la rue de la Couronne et gagne le village de Saint-Sauveur, qu'il réduit en cendres jusqu'à la barrière Saint-Charles. «Près de 3000 maisons ont été détruites et ces vastes faubourgs où, il y a vingt-quatre heures seulement, l'on voyait régner la prospérité et le contentement, ne ressemblent plus maintenant qu'à un vaste cimetière d'où s'élèvent des milliers de cheminées qui nous semblent autant de monuments funèbres attestant que la main de Dieu a passé par là pour nous punir ou nous avertir», écrit *Le Canadien*[59].

L'enquête officielle fixe à 1837 le nombre de maisons détruites, dont seulement 180 semblent être assurées[60]. La plupart des sinistrés se trouvent donc ruinés et incapables d'entreprendre la reconstruction par leurs propres moyens. Les autorités lancent de nouveau un appel de secours et recueillent une somme de 393 395 $ permettant la reconstruction de 1519 maisons. En 1867, on remplace le système primitif du tocsin sonné aux cloches des églises par un système d'alarme électrique. Mais encore faut-il de l'eau et, trop souvent, le système d'aqueduc ne peut en fournir suffisamment qu'avec un certain retard, puisque l'aqueduc ne fonctionne qu'à des heures fixes de la journée. En mai 1870, à cause de cette insuffisance, les pompiers ne peuvent maîtriser un incendie qui détruit des chantiers de construction navale de la Saint-Charles.

L'amélioration des voies de communication

L'expansion de la ville oblige des habitants à se déplacer sur des distances de plus en plus grandes. On estime qu'entre 1830 et 1867, la superficie construite a presque doublé passant de 1,63 à 3,06 milles carrés[61]. Les riches

Bateau à voile et à manège utilisé entre Lévis et Québec. Ce genre de transport est progressivement remplacé par le bateau à vapeur. (APC: C16632)

ont leurs propres chevaux, ou ils peuvent louer une des centaines de voitures disponibles. Vers 1845, Samuel Hough, propriétaire d'une écurie, rue Sainte-Anne, met sur pied le Quebec and Cap Rouge Omnibus, une grande voiture qui fait le trajet le long du chemin Saint-Louis depuis la place d'Armes jusqu'au Cap Rouge. Les voitures partent de l'hôtel Payne trois fois par jour[62].

En 1863, la Compagnie de chemin de fer des rues de Québec (Quebec Street Railway Company) se voit accorder une charte pour la construction d'un chemin de fer à traction chevaline d'une longueur d'au moins un mille dans les rues de la partie basse de la ville. Dès 1865, les «p'tits chars», comme on les appelle, partent du marché Champlain et suivent les rues Saint-Pierre, Saint-Paul et Saint-Joseph jusqu'à la rue d'Argenson où se trouvent le terminus, la remise et les écuries. En 1874, la Compagnie établit un service semblable à la partie haute de la ville jusqu'à la barrière de péage, au coin de la rue de Salaberry[63].

Un service de traverse entre Québec et Lévis est essentiel au système de communications reliant la ville aux régions de la rive sud. Avant les bateaux à vapeur, les communications entre Québec et Lévis sont assurées par toute une gamme de véhicules comprenant canots, chaloupes, bateaux à voile et bateaux à manège (*horse boats*). Au début des années 1850, il y a en service jusqu'à quatre bateaux à vapeur, un à manège et des petites embarcations dont le nombre peut atteindre les trente-cinq. Ces petits bateaux ont de nombreux accidents, surtout en hiver. En 1851, on impose aux bateaux à manège un équipage de trois hommes, des rames, un crochet et une ancre de fonds de 60 livres. Ces *horse boats* cèdent peu à peu leur place aux navires à vapeur; un règlement, émis en 1859, force leur disparition. En 1858, le Conseil obtient l'autorité de régir lui-même les services de traversiers, mais dès 1863, il en cède l'exploitation exclusive à une société: la Compagnie de la traverse de Lévis. En 1864-1865, cette société lance cinq nouveaux traversiers motorisés mesurant entre 120 et 140 pieds de longueur[64].

En hiver, cependant, les navires cèdent la place au pont de glace, moyen très commode pour le transport des marchandises, surtout lorsque le chemin de fer se rend jusqu'à Lévis. En janvier 1861, le maire Thomas Pope déclare: «Le Conseil s'occupera sans doute de l'à propos de prendre des mesures pour la formation d'un pont de glace tous les ans ... ce pont est devenu tellement nécessaire qu'il est inutile d'en dire plus.» D'ailleurs, d'après les règlements de la ville, on peut imposer une amende au capitaine d'un navire qui empêche la formation d'un pont de glace. Le 31 janvier 1866, *The Quebec Gazette* propose même de faire circuler les «p'tits chars» sur le pont de glace, pour varier l'agrément des voyages.

La construction d'un pont au-dessus du fleuve est la solution par excellence aux communications entre les deux rives. En octobre 1851 donc, le Conseil engage Edward William Serrell, ingénieur civil américain, pour étudier la possibilité de construire un tel pont qui servirait essentiellement de voie ferrée. Dans son rapport, publié l'année suivante, Serrell retient trois sites: le premier, entre la terrasse du vieux château Saint-Louis et le plus haut des deux côtés de la Pointe Lévis; le deuxième, entre la Basse-Ville et Lévis, quelques centaines de pieds au nord du premier site; enfin, encore plus au nord-est, entre l'embouchure de la Chaudière et les hauteurs de Sillery. Il opte pour ce troisième site, le meilleur endroit pour la construction d'un pont suspendu; les sites dans la ville même exigeraient «un pont de 35 pieds plus haut que le site (à Sillery), à cause des grands vaisseaux de guerre qui viennent souvent dans le havre, mais qui ne remontent jamais au-delà de l'anse de Wolfe[65]». Néanmoins, ce site très éloigné du cœur de la ville, ne peut être développé convenablement sans la construction d'un chemin de fer jusqu'à Québec.

En 1854, des hommes d'affaires, sous la direction du maire Narcisse Belleau, conseiller législatif, futur ministre dans les cabinets Cartier-Macdonald entre 1862 et 1865, forment la Compagnie du pont de Québec (16 Vict. c.132), dont le capital autorisé est de £3 200 000. Le pont, qui serait érigé à une hauteur de 160 pieds au-dessus du fleuve à marée basse, pourrait servir au passage d'une voie ferrée ainsi qu'aux voitures et aux piétons. La loi prévoit cependant que la construction devrait être terminée avant l'année 1860. L'intérêt apporté à un tel projet s'explique par la nécessité de relier Québec au chemin de fer du Grand Tronc qui passe sur la rive sud. Or, le coût élevé du projet retarde sa réalisation jusqu'au XXe siècle.

Le fleuve, voie de communication par excellence et source de la prospérité du port de Québec dans la première moitié du XIXe siècle, devient un obstacle

Le marché Finlay vers 1865, dont les grands escaliers facilitent l'acheminement de produits agricoles.

au développement futur lorsque le chemin de fer de la rive sud, reliant Montréal et Portland, atteint Lévis à la fin de 1854. Pourtant, ce projet reçoit l'appui des financiers de Québec et le Conseil, en plus de se porter garant des dettes du chemin de fer, contribue à défrayer les travaux d'exploration[66]. Cette nouvelle voie profite surtout à Lévis au détriment de Québec. Déjà en 1835, un pamphlet anonyme (*The New Road to Ruin*), avait prévu que le chemin de fer entre la Nouvelle-Angleterre et la province de Québec serait une conquête du Canada par défaut et drainerait tout le commerce vers l'État du Maine.

Les marchandises de l'extérieur qui débarquent à la tête de l'estuaire sont transbordées à Lévis pour y être acheminées par train vers l'intérieur. L'immigration, un des gros éléments de l'activité du port, suit le même chemin; en 1871, le Conseil de ville de Lévis constate que neuf dixièmes des immigrants débarquent sur ses quais[67]. Personne en effet ne s'avise avant 1852 que Québec aurait intérêt à obtenir une voie ferrée vers Montréal et l'intérieur du Canada; on ne songe qu'à se relier, sur la rive sud du fleuve, aux lignes que les financiers de Montréal avec l'appui du gouvernement jettent à la fois vers la côte atlantique et vers l'Ouest. C'est ainsi qu'en 1859, on peut aller en chemin de fer de Portland (Maine) jusqu'au lac Huron, par Montréal, sans passer par Québec. Peu après, le gigantesque Canadien Pacifique ouvrira l'Ouest.

Il faut à tout prix relier directement Québec à Montréal et aux régions de l'Ouest si l'on veut que son port joue encore un rôle de première importance. En 1852, un comité sous la présidence de Gustave Joly publie un rapport sur les avantages d'une voie ferrée sur la rive nord du fleuve qui ne serait selon eux que la continuation de la voie de Québec à Halifax et Portland:

> Le temps est venu pour la cité de Québec et toute la rive du nord jusqu'à Montréal et au-delà, de montrer qu'elles apprécient les avantages du chemin de fer proposé. Il s'agit ici en effet d'une entreprise toute nationale. Ce chemin doit traverser le cœur de notre pays, relier ensemble nos deux principales villes, et répandre au milieu de la nombreuse et industrieuse population du Nord une activité toute nouvelle. Il s'agit de faire passer sur notre territoire l'immense trafic de l'Ouest qui nous appartient de droit[68].

Or, si les comités s'agitent et que la législature autorise la ville à appuyer de son crédit le projet, tout devient bientôt calme, les financiers de Montréal n'ayant que peu d'intérêt dans un projet qui drainerait une partie de leur trafic vers le port de Québec. En 1856, les plans et devis sont complétés et, en 1858, la ville emprunte £300 000 pour l'achat de 40 000 actions de la Compagnie du chemin de fer de la rive nord (Quebec North Shore Railway). Malgré cette aide et d'autres encore, ce n'est qu'en 1878 que cette voie ferrée fait enfin son entrée à Québec, après que le gouvernement provincial ait pris en main sa construction[69]. Comme écrit Raoul Blanchard, «la vieille capitale avait en fait raté l'aventure des chemins de fer[70]».

LA VIE URBAINE

L'administration municipale est conduite à jouer un rôle de plus en plus considérable et elle entreprend d'importants travaux d'infrastructure[71]. Le Conseil consacre des sommes considérables à la construction et à l'entretien des rues. Mais il construit aussi de vastes halles destinées aux marchés publics: à la Basse-Ville, les marchés Finlay en 1851 et Champlain entre 1855 et 1860; à Saint-Roch, le marché Jacques-Cartier en 1857 et une deuxième halle en 1866; à Saint-Jean, le marché Berthelot en 1865. Il faut aussi construire des quais au marché Saint-Paul, en 1854, et une jetée, en 1862, puisque les vents violents à l'embouchure de la Saint-Charles causent parfois des dégats considérables aux bateaux accostés. À partir de 1866, on érige des postes de pompiers et, en 1867, on installe un télégraphe d'alarmes.

Malgré l'importance de ces projets, la construction de l'aqueduc et des égouts est la plus grande entreprise de la corporation municipale dans la dernière moitié du siècle, surtout à cause de ses répercussions financières[72].

Le marché de Notre-Dame des Victoires, vers 1865. (*Picturesque Canada*, APC: C39326)

Les problèmes de l'approvisionnement de l'eau se posent de façon aiguë et, dès 1842, des hommes d'affaires britanniques, dont James Gibb, John Munn et John Jones, obtiennent une charte incorporant la Compagnie de l'eau et de l'éclairage au gaz de Québec. En retour du droit de faire les canalisations en ville, cette compagnie s'engage à installer vingt bouches d'incendie. L'inactivité de la Compagnie conduit à la révocation de sa charte en 1846, et la ville se fait octroyer le droit d'organiser un service d'éclairage et un service d'eau. Elle peut imposer une taxe d'eau dès que le service est opérationnel, et émettre des obligations pour £50 000. Or, cette somme se révèle insuffisante; elle est portée à £125 000, peu après, et à £175 000, en 1852. On fait appel aux services de George R. Baldwin, ingénieur de Boston qui

Le marché Montcalm, vers 1870. (ANQ)

avait surveillé l'installation du système d'éclairage au gaz, inauguré le 1er novembre 1849.

La prise d'eau est établie au débouché du lac Saint-Charles, sur la rivière du même nom. La canalisation atteint les limites de la ville en 1852. Or, la nécessité de construire des canaux d'égouts retarde la marche des travaux et augmente les coûts. Comme l'écrit le maire Ulric Tessier dans son rapport annuel de 1853, «s'il était nécessaire d'introduire une bonne eau dans chaque maison, il était aussi nécessaire d'égoutter chaque propriété pour assainir la ville». Enfin, l'inauguration de l'aqueduc a lieu en 1854. En 1863, l'ensemble des travaux a coûté 1 141 601 $; on compte 147 353 pieds de conduits d'eau et 97 861 pieds de canaux d'égouts, desservant 3266 édifices; néanmoins, il y a encore quelque 2000 maisons qui doivent s'approvisionner par des porteurs d'eau, distribuant au moyen de barriques fermées l'eau puisée aux fontaines établies en ville[73].

Mais bientôt la quantité d'eau fournie par l'aqueduc ne peut suffire à la demande. Dans la partie haute de la ville, on n'a l'eau dans les robinets qu'à 8 heures du matin et à 8 heures du soir, et cela pendant deux heures chaque fois. Les familles doivent recourir à des réservoirs domestiques qui se remplissent au cours de la période où l'eau est disponible. Bien qu'en théorie la quantité d'eau doive suffire à une population trois ou quatre fois plus considérable, le gaspillage, la tuyauterie défectueuse et l'abus industriel en réduisent l'efficacité. Dans une seule brasserie dont la consommation tarifée est de 6000 gallons par jour, l'installation d'un compteur révèle qu'elle est en réalité de 40 000! Dès 1863, on envisage d'installer une deuxième conduite ainsi qu'un réservoir sur la falaise. Cependant, devant les difficultés financières rencontrées par l'administration, il est impossible de réaliser ces projets avant la fin du siècle. Néanmoins, l'aqueduc et le système d'égouts inaugurés en 1854 contribuent à l'assainissement de la ville, puisqu'on n'est plus forcé de boire l'eau de la Saint-Charles ou du fleuve.

Le réseau routier urbain cause de nombreux problèmes puisqu'il faut redresser, élargir et prolonger les rues. Ce réaménagement des voies publiques ne peut se faire sans des sacrifices des propriétaires et des expropriations. Au milieu du siècle, les autorités héritent d'un système routier où les rues ont été tracées au gré des propriétaires et sans aucun égard à la commodité ou à l'avantage public. Comme le signale le maire Joseph Morrin dans son rapport de 1856: «Québec souffre plus de ce système qu'aucune autre ville peut-être du Canada; et il ne peut s'y soustraire sans faire des dépenses énormes, comme le prouve l'élargissement de la rue Saint-Joseph dans le faubourg Saint-Roch[74].» De plus, les murailles forment des barrières qui rendent difficile la communication entre les parties de la ville. Mais comme nous l'avons signalé plus haut, il faut attendre le départ des troupes britanniques pour régler ce problème. Dans les parties escarpées de la ville, les escaliers facilitent les allées et venues à pied: en 1855, on en érige un au bas de la rue Sainte-Claire, améliorant les communications entre les quartiers Saint-Jean et Saint-Roch; en 1863, on refait celui qui descend de la falaise vers la rue de la Couronne.

La nature du sol et la topographie accidentée posent des problèmes pour l'entretien des rues: «la partie basse de la ville, construite sur un terrain d'alluvions, se transformait à la moindre pluie et à la fonte des neiges en lacs de boue; d'autre part, les rues en pente de la Haute-Ville devenaient le lit d'autant de torrents, les jours d'orage.» Les travaux de l'aqueduc, alors qu'à partir de 1852 à peu près toutes les rues sont défoncées, imposent la réfection du pavage; 25 000 $ sont réservés pour «macadamiser» les rues ainsi que la place du Havre du Palais[75]. Et le maire d'ajouter: «Avec de pareils projets en voie d'exécution ... il ne faut que de l'économie et de l'intelligence pour faire de Québec une ville qui puisse se comparer à toutes celles du continent américain sous le rapport de la salubrité, de la propreté et des embellissements dignes d'une population industrieuse et prospère.» Dans une ville où la marche est le seul moyen pratique de communication pour une grande partie de la population, les trottoirs sont une nécessité. C'est ainsi que la ville construit 11 256 pieds de trottoirs en madriers entre 1855 et 1860.

Rue Petit Champlain, pavée en madriers, vers 1870. (APC: 23928)

En plus de causer des dégâts considérables aux rue pavées en madriers ou en macadam, l'hiver crée des difficultés énormes de circulation à cause de la grande quantité de neige qui tombe de novembre à mars. Jusqu'en 1866, les propriétaires demeurent responsables de l'entretien des rues devant leurs terrains en hiver. Un tel régime n'est pas sans créer des problèmes comme le souligne en 1856 Joseph Hamel, l'inspecteur de la cité:

> La loi qui règle l'entretien des chemins d'hiver et qui oblige chaque occupant de faire sa part des chemins, date déjà de 60 ans, alors que la ville n'était peuplée à peu près que de gens venant de la campagne et autres accoutumés à ces sortes de travaux, et quand l'on comptait à peine 100 voitures dans la cité, laquelle ne s'étendait guère au-delà des murs, tandis que l'on compte aujourd'hui au moins 2000 chevaux en ville, sans compter les habitants qui la fréquentent tous les jours. Or la population actuelle n'est pas adonnée à ces sortes d'ouvrages et ceux qui donnent l'entretien de leur chemin par contrat, le font sans s'entendre avec leurs voisins, de manière qu'il y a presque autant de contracteurs que d'occupants et que chacun travaillant à sa guise, il arrive souvent qu'un contracteur enlevant sa neige immédiatement après la chute, suivant le règlement, fait une excavation qui rend souvent la rue impassable et dangereuse et ce, parce que les autres contracteurs n'auront pas le temps de le faire en même temps[76].

Il propose donc que l'entretien soit fait par la ville moyennant une taxe spéciale, proposition adoptée à partir de 1866.

Pour financer les opérations ordinaires de la municipalité ainsi que les grands projets, le Conseil doit compter essentiellement sur les taxes foncières, personnelles, de ramonage des cheminées, les revenus des marchés, les licences sur le commerce, auxquels s'ajouteront après 1854, des taxes spéciales pour le service d'eau et, en 1866, pour le service des égouts. Or, pendant toute la période depuis l'octroi de la deuxième charte, en 1840, les dépenses de la ville dépassent les revenus[77].Il faut donc recourir d'abord à des emprunts à court terme auprès des banques pour équilibrer le budget. En 1851, à la suite de la première décennie d'administration, la Corporation doit ainsi 180 000 $, soit 4,30 $ per capita; cette dette ne représente que trois fois le montant des revenus ordinaires et quatre fois les cotisations. Or, au cours de la décennie suivante, la dette grimpe très vite, à la suite des travaux de canalisation: de 1 099 465 $ en 1853, elle atteint 2 003 904 $ en 1858. Afin d'augmenter les revenus, il est proposé d'ajouter six sous par dollar d'évaluation à la taxe foncière. Il y a des manifestations violentes contre le projet; une foule envahit même la salle de conseil pendant les délibérations. Le 28 avril 1858, François-Xavier Garneau, le greffier, écrit au maire Langevin, retenu à Toronto par la session législative, «sans la présence des troupes, les émeutiers auraient peut-être fait sauter les Conseillers par les fenêtres[78]».

Il ajoute, «en présence d'un tel état de choses, la Corporation doit diminuer ses dépenses...» Mais comment faire lorsqu'il faut même emprunter pour payer les intérêts et pour accumuler le fonds d'amortissement fixé à 2% de la dette consolidée?

Les cotisations demeurent l'élément de base des finances de la ville, représentant à peu près 60% des revenus[79]. Pendant cette période, l'évaluation des propriétés fluctue énormément, déjouant toute tentative de prévisions budgétaires: entre 1848 et 1852, la taxe foncière diminue de 17% dans une période où la valeur des propriétés s'est accrue d'au moins 20% selon le maire Tessier. En 1856, on décide de nommer des cotiseurs permanents et, par la suite, la taxe foncière augmente chaque année. Pour l'exercice financier 1869-1870, les cotisations imposées montent à 213 733 $ dont 40% en taxes foncières, 29% en taxes personnelles et 8% en taxes sur le commerce[80]. Les contribuables s'acquittent de leurs taxes avec beaucoup de retards. En 1860 par exemple, ils ne remettent que 70 582 $ des 120 416 $ dus. En 1856, la législature avait permis à la ville d'établir une cour municipale, appelée cour de recorder. Pendant la seule année 1862, la ville prend 1709 actions pour perceptions de cotisations et le tribunal permet 2753 saisies-arrêts. Et pourtant, le coût du maintien du tribunal dépasse les amendes et les frais perçus.

Malgré les augmentations des taxes spéciales et la poursuite des contribuables en retard, la proportion des revenus de la ville provenant de la vente d'obligations augmente chaque année. Comme solution, certains préconisent une taxe sur les revenus. La Chambre de commerce s'oppose à un tel impôt puisqu'on chasserait ainsi des entreprises au détriment du progrès de la ville; de plus, un tel impôt porterait sur les résidents des quartiers qui contribuent déjà pour une large part au revenu municipal, alors qu'il épargnerait ceux des quartiers moins favorisés[81]. En effet, les quartiers Saint-Pierre et Saint-Louis qui ne comptent que 15% de la population, payent 54% des cotisations, tandis que Saint-Roch, Jacques-Cartier, Saint-Jean et Montcalm, avec 70% de la population, n'assurent que 28% des revenus. La Chambre de commerce propose plutôt de remplacer toutes les taxes spéciales par un taux uniforme sur les propriétés. On juge aussi le temps venu d'abolir les exemptions accordées aux corporations religieuses et ecclésiastiques[82].

Le mode d'élection des conseillers contribue en partie, ici comme ailleurs en Amérique, à l'absence de planification financière à long terme. À partir de 1856, les électeurs qualifiés choisissent directement leur maire à un scrutin tenu au mois de décembre de chaque année. Les conseillers eux sont élus pour une période de trois ans, un siège par quartier devenant vacant chaque année. Pour voter, le citoyen doit être âgé de 21 ans et être propriétaire ou locataire, et avoir payé ses taxes. Or, puisqu'un nombre considérable des contribuables, surtout des quartiers populaires, ne peuvent acquitter leurs taxes en décembre, ils perdent leur droit de vote. En février 1861, le maire Thomas Pope, dans son discours inaugural, propose le maintien du droit

H.L. Langevin, maire de Québec de 1858 à 1860. (AVQ)

Joseph Cauchon, maire de la ville en 1866-1867. (AVQ)

de vote à tous les citoyens, expliquant que le suffrage limité à quelques individus a toujours des conséquences néfastes[83].

En décembre 1858, la tradition de l'élection du maire par acclamation prend fin. Devant les absences de Langevin à cause de son mandat comme député à l'Assemblée législative, et l'augmentation de l'endettement, Abraham Joseph, grossiste bien connu, se présente. «Je suis opposé, déclare-t-il, à l'augmentation de la dette de la ville, déjà lourde, pour aucune fin spéciale, sans avoir d'abord obtenu la sanction formelle des électeurs[84].» Néanmoins, il est battu par Langevin, qui obtient 1033 voix contre 656; les commerçants doivent attendre encore une décennie avant de pouvoir prendre en main l'administration municipale contrôlée jusqu'alors par les hommes de loi[85].

Une réforme fiscale s'impose cependant et, en 1859, on propose la préparation obligatoire d'un budget pour l'année à venir. On songe aussi à l'achat de la Compagnie de gaz qui affiche un bénéfice intéressant. Or, pour ce faire, il aurait fallu encore emprunter. Les années 1860 demeurent particulièrement difficiles à cause du ralentissement des activités commerciales et de la diminution de la population de la cité au profit de la banlieue. La situation devient tellement grave qu'en 1864 Joseph Cauchon, maire et rédacteur du *Journal de Québec*, considère que le seul remède aux problèmes de Québec c'est la suspension de la corporation élective et la nomination d'une commission.

En décembre 1867, John Lemesurier, représentant des commerçants, se présente contre Joseph Cauchon, maire sortant; la lutte est acerbe et

Lemesurier l'emporte avec 445 voix contre 150. Cauchon accuse Lemesurier et ses supporteurs de tactiques illégales. Or, il semble que le peu de votants reflète plutôt la situation difficile des contribuables: sur les 4000 électeurs, seulement 1200 ont payé leurs taxes. La situation empire au cours des années suivantes. En 1869, des contribuables demandent à l'Assemblée législative une réforme du Conseil: on veut que le maire soit nommé par le Conseil pour une période de deux ans. On propose une augmentation du cens électoral afin de donner plus de poids à ceux qui payent la plus grande part des revenus de la ville. Le projet de loi, soumis en janvier 1870, propose que le Conseil se compose du maire, d'un échevin et de deux conseillers par quartier, élus pour deux ans au mois d'avril; le maire serait choisi par le Conseil à sa première réunion parmi ses membres. Les échevins seraient élus par les propriétaires cotisés à 50 $ et plus; les conseillers par les propriétaires et autres ayant payé au moins 25 $ de cotisations. Or, au cours des débats, un amendement accepté réduit ce dernier montant à 10 $, ce qui augmente le nombre d'électeurs d'environ 2000. On estime donc à 5000 le nombre d'électeurs pouvant élire les conseillers, et à 2000 les échevins[86].

La transition au nouveau régime électoral ne se fait pas sans heurt. Aux élections de décembre 1869, tenues sous le système en vigueur depuis 1856, Adolphe Tourangeau, maire de 1863 à 1865, se présente de nouveau. Lui et ses supporteurs demeurent fermement opposés aux modifications qu'on veut apporter à la charte. Tourangeau l'emporte contre son adversaire, le docteur Blanchet, par 299 voix contre 177[87]. Dans son discours inaugural, le 10 janvier 1870, Tourangeau exprime le désir de poursuivre la politique expansionniste.

Après trois mois en poste, les conseillers élus en décembre 1869 doivent se présenter selon la nouvelle loi de 1870. Tourangeau, qui s'oppose aux nouvelles dispositions de la charte, refuse d'abord de signer les listes électorales parce qu'elles n'ont pas été entièrement révisées; il prétend qu'une élection tenue d'après ces listes serait nulle[88]. Néanmoins, lors des nominations, le lundi 11 avril, Tourangeau se présente comme conseiller dans le quartier Saint-Roch et est élu. Si deux des six échevins et quatre des seize conseillers sont élus par acclamation, le nombre des votants est élevé, 885 propriétaires et 2767 locataires, ce qui représente plus de la moitié des contribuables ayant droit de vote. Le nouveau conseil est dominé par les commerçants, 16 membres sur 24, qui élisent un des leurs à la mairie; mais non sans un coup de théâtre de la part de Tourangeau et de ses partisans.

Au moment où le greffier, L. A. Cannon, doit proclamer les noms des élus, Tourangeau et quelques anciens conseillers prennent possession de l'hôtel de ville. Considérant le scrutin tenu en avril comme illégal, ils ordonnent la démission de Cannon. Cependant, le 2 mai, des échevins et conseillers élus prêtent le serment d'office sur les marches de l'édifice. Devant les menaces de la foule, le nouveau conseil se retire au palais de Justice où Pierre Garneau est élu maire à l'unanimité. Avec son élection à la mairie,

Le siège de l'hôtel de ville. (BNQ)

c'est le monde commercial canadien-français qui prend enfin sa place au centre de la vie politique municipale. La passation du pouvoir ne se fait pas sans difficulté cependant; Tourangeau et ses amis, toujours à l'hôtel de ville, déclarent qu'ils ne sortiront que par la force; ils comptent évidemment sur l'appui de la police et du peuple. Mais le gouvernement provincial ordonne à la police d'obéir au nouveau maire. Tourangeau et ses confrères, abandonnés, persistent néanmoins dans leur siège. On décide alors de réduire les assiégés par la famine et on leur coupe l'eau. Trois jours plus tard, ils se rendent[89].

Une université à Québec

La situation scolaire se transforme notablement. En 1845, la direction des écoles passe à deux commissions, l'une catholique, l'autre protestante, chacune composée de six commissaires choisis par le Conseil de ville. Les subventions versées par la ville ne dépassent pas 3000 $ avant 1865; ce qui représente une dépense moyenne d'à peu près 10 $ par élève. Mais compte tenu des maigres salaires et du fait que les religieux dirigent de plus en plus d'écoles (en 1858, ils en contrôlent plus de la moitié), ces fonds permettent l'établissement d'un réseau d'écoles élémentaires.

Le recensement de 1851-1852 dénombre quelque 5700 jeunes fréquentant l'école ce qui représente 68% des jeunes âgés de 5 à 15 ans. En 1871, si le nombre a augmenté à 10 245, le pourcentage demeure le même. Cette année-là, le nombre d'analphabètes de 20 ans et plus se chiffre à 30%, résultat de l'amélioration de la situation scolaire. La seule ombre au tableau demeure le nombre élevé d'analphabètes parmi la population de Saint-Roch, soit 40%. Cependant, pour l'avenir de la communauté de langue française de la vieille capitale, l'expansion du réseau d'écoles élémentaires est prometteur[90].

La création de l'université Laval en 1852 permet à l'élite intellectuelle du Québec de se préparer à des carrières professionnelles. L'absence d'une institution similaire pour les anglophones de la ville en contraint plusieurs à se rendre à Montréal pour s'instruire au-delà d'un certain niveau; le Morrin College n'arrive jamais à remplir ce rôle à Québec. La fondation de l'université Laval est surtout l'œuvre de Louis-Joseph Casault (1808-1862), professeur de physique au Séminaire de Québec[91]. En 1851, les évêques du Québec émettent le vœu qu'une université catholique et française soit créée le plus tôt possible. Casault, supérieur du Séminaire à cette époque, propose, en mars 1852, son projet d'établissement d'une université au Québec, institution rattachée directement au Séminaire et dont l'autorité suprême sera l'archevêque de Québec. Après bien des hésitations, l'évêque de Montréal accepte cette proposition, quoique pour sa part il eût favorisé une université provinciale relevant des évêques de la province ecclésiastique. Mais seul le Séminaire de Québec possède les ressources nécessaires à l'entretien d'une telle institution à une époque où l'instruction supérieure relève de l'initiative privée.

Au début, lord Elgin, gouverneur général depuis 1846, hésite à octroyer une charte universitaire au Séminaire sous prétexte qu'il y a déjà trop d'universités au Canada. Or, Casault insiste pour que le groupe francophone catholique bénéficie des mêmes avantages que les anglophones. Enfin, le 8 décembre 1852, l'université Laval est dotée d'une charte royale; le 6 mars 1853, le pape Pie IX autorise l'archevêque de Québec à conférer les degrés en théologie. Mais ce n'est qu'en 1876 que l'Université se voit accorder une charte pontificale. Les facultés s'organisent lentement; d'abord, la Faculté de médecine ouvre ses portes en 1853 avec six professeurs de l'ancienne école de médecine; ensuite, la Faculté de droit, en 1854, avec deux professeurs. La Faculté de théologie ne sera mise sur pied qu'en 1866. Le Séminaire de Québec s'occupe aussi de construire des édifices sur ses terrains. La rue de l'Université, entre la rue Sainte-Famille et les remparts groupe bientôt, le long de son parcours, le pavillon central, dont la pierre angulaire est posée le 21 septembre 1854; le pavillon de la Faculté de médecine, édifié la même année; et le pensionnat, terminé en septembre 1855. C'est ainsi que le Séminaire investit plusieurs centaines de milliers de dollars dans la construction d'édifices

Entrée du Séminaire de Québec, vers 1875. (*Picturesque Canada*, APC)

qui abritent l'université Laval, jusqu'à l'aménagement de la cité universitaire à Sainte-Foy, un siècle plus tard[92].

Pourtant, les débuts sont très modestes, puisqu'en 1866-1867, on ne compte que 26 professeurs et 169 étudiants. Ne pouvant guère songer à l'organisation de l'enseignement supérieur des sciences et des lettres, l'Université institue plutôt des conférences publiques. Auguste-E. Aubry, un Français, les inaugure en septembre 1857, par un cours d'histoire universelle. Jean-Baptiste-Antoine Ferland (1805-1865), ancien supérieur du collège de Nicolet, est nommé professeur d'histoire du Canada. Après un séjour dans les dépôts d'archives européens, en 1856 et 1857, aux frais du Séminaire, il commence ces cours publics qui, échelonnés sur plusieurs années, attirent des auditoires atteignant de 300 à 400 personnes[93]. Cette série de conférences est publiée en deux volumes en 1861 et en 1865; des comptes rendus, publiés dans *Le Courrier du Canada* et *Le Journal de l'Instruction publique*, permettent à plusieurs autres de profiter du rayonnement de ce nouveau foyer intellectuel.

Si la plupart des étudiants habitent le pensionnat de la rue de l'Université, où ils sont soumis à un règlement sévère, d'autres peuvent profiter de façon plus libre de leur séjour. Il en est ainsi de Louis-H. Fréchette, jeune étudiant en droit, qui habite, au début des années 1860, une mansarde, rue du Palais, où se réunissent une douzaine de gens de talents, turbulents, tapageurs et gais, qui troublent la tranquillité de la bonne ville de Québec. «Des folies plein la tête, de la poésie plein le cœur, les poches remplies ... d'illusions», nous dit Fréchette, «nous vivions — oh! mais nous vivions! gais, amoureux, avides de savoir et d'aventures, emportés dans je ne sais quelle envolée d'émotions grisantes et de généreuses ambitions[94].» Cette confrérie de jeunes passe des soirées à rire et chanter, à parler et fumer, à projeter de nouvelles friponneries pour le lendemain. On discute politique et littérature; cette première génération d'étudiants universitaires participera pleinement au développement du la vie culturelle québécoise dans la dernière moitié du siècle.

LES UNIVERS CULTURELS

La vie sociale et culturelle de Québec se présente comme une série de cercles concentriques qui se touchent parfois sans vraiment se rencontrer. Ces divisions, à la fois linguistiques et religieuses, se trouvent accentuées par la géographie même de la ville. Entre la Haute-Ville et la Basse-Ville, entre les quartiers Saint-Louis et Saint-Roch, entre les falaises sur le Saint-Laurent et les plaines de la Saint-Charles, les distinctions socio-économiques, linguistiques et religieuses se cantonnent derrière des barrières physiques naturelles ou celles qu'ont érigées les militaires. La jeune Isabella Lucy Bird (1831-1904), fille d'un clergyman anglais, en visite à l'automne de 1854, décrit les divisions avec beaucoup de justesse.

Bateau à patins sur le Saint-Laurent, vers 1860. (APC: 118081)

Les boutiques de la ville où, selon l'Anglaise Lucy Bird en visite à Québec, «on trouve tout ce qu'on désire».

Sous le Cap où les enfants jouent dans la rue. (*Picturesque Canada, 1882*, APC: C20360)

> La bonne société est enfermée dans une très belle étendue à Québec. Ses *élites* sont groupées autour des remparts et au quartier Saint-Louis… Le petit monde de la partie haute de la ville est probablement le plus brillant qui puisse se trouver dans une si petite enceinte. Mais il y a un monde en bas, une autre nation, rarement mentionnée dans le quartier aristocratique de Saint-Louis, où le vice, le crime, la pauvreté et la misère se bousculent comme le plaisir et la politique à la Haute-Ville[95].

Mademoiselle Bird décrit les soirées, les bals, les sorties en carriole, la vie mondaine, de ce beau monde du quartier Saint-Louis et de Sillery. Les

Bal de départ, donné au soixantième régiment par des citoyens, 1871. (*Canadian Illustrated News*, APC: C56604)

officiers britanniques tiennent le haut du pavé; leur uniforme écarlate sert de passe-partout auprès des jeunes filles. À en croire Isabella Bird, «au commencement de l'hiver, qui est la saison gaie de ce Paris du nouveau monde, chaque célibataire ainsi incliné, choisit une jeune fille comme partenaire lors des nombreux amusements qui s'offrent[96]».

Cette élite militaire et commerciale a son club, The Stadacona Club, établi dans une maison spacieuse à l'angle des rues Sainte-Anne et de l'Esplanade, depuis 1861. Il disparaît en 1879, remplacé la même année par The Garrison Club. Cornelius Krieghoff, peintre hollandais, demeure à Québec une douzaine d'années, surtout entre 1853 et 1863, participant à toutes les activités de l'aristocratie britannique: la chasse, la pêche, les sports d'hiver et les soirées joyeuses dans les auberges à la campagne. Les centaines de tableaux qu'il produit pendant cette période reflètent à la fois ces activités et le goût de ce groupe[97]. Or, après un dernier séjour en 1870-1871, Krieghoff quitte la ville; la vie sociale centrée autour de la garnison prend fin le 11 novembre 1871, lorsque les quelque mille soldats traversent les rues de la cité jusqu'au cap Diamant, pendant que la fanfare joue *Goodbye, Sweetheart, Goodbye* et *Auld Lang Syne*. Au quai Saint-André, une foule immense, les visages marqués d'une certaine tristesse, les salue pour la dernière fois, tandis que les drapeaux en berne flottent mollement au vent. La vie sociale

La société opulente de la Haute-Ville, vers 1865. (Collection privée)

de l'élite, déjà compromise par le départ, en 1865, du gouverneur général et de plusieurs centaines de fonctionnaires pour Ottawa, est irrévocablement changée.

Québec exerce un attrait indéfinissable sur tous ceux qui l'habitent. Ainsi n'est-il par surprenant que la perspective d'un déménagement vers l'ancienne Bytown n'est pas sans causer une certaine commotion dans bien des familles québécoises. Dès l'automne de 1865, pourtant, les déménagements commencent, dépeuplant certains coins de la ville. «J'ai vu, écrit Benjamin Sulte, partir des caravanes l'une après l'autre. Pour les partants et les restants d'alors, c'était comme un exode du côté de la Patagonie. Que c'est loin Ottawa, gémissait-on, que c'est donc sauvage! Comment exister dans cette bourgade? Notre bonheur est fini! C'est l'exil pour toujours[98]!»

Parmi les souvenirs laissés derrière eux, comment ces «pauvres» peuvent-ils oublier l'arrivée de la *Capricieuse*, le 13 juillet 1855? Cette corvette[99], premier navire de la marine française à visiter Québec depuis 1759, soulève un élan de patriotisme parmi la population franco-québécoise. La terrasse Durham, les quais, tous les points avec vue sur le fleuve sont remplis d'une foule enthousiaste qui, aussitôt qu'elle aperçoit la corvette, se met à crier des hourras chaleureux. Le lendemain, *Le Journal de Québec* écrit: «Soyez les bienvenus, ô vous nos frères de la vieille Patrie! Nos cœurs et nos foyers vous sont ouverts: qu'il y a longtemps qu'on vous attendait! Le grand mur qui nous séparait depuis près d'un siècle est abaissé!» C'est pendant le séjour de la *Capricieuse* dans le port de Québec que Octave Crémazie publie son poème, *Le Vieux Soldat canadien*:

> [...] La France est revenue.
> Au sommet de nos murs voyez-vous dans la nue
> Son noble pavillon dérouler sa splendeur?
> Ah! ce jour glorieux où les Français, nos frères,
> Sont venus, pour nous voir, du pays de nos pères,
> Sera le plus aimé de nos jours de bonheur.

D'ailleurs, la librairie J. & O. Crémazie, située au 12, rue de la Fabrique, à partir du mois de décembre 1847, sera l'un des principaux foyers culturels de Québec. C'est là que les intellectuels canadiens-français, Pierre-J.-O. Chauveau, Joseph-Charles Taché, Antoine Gérin-Lajoie, Hubert Larue, Alfred Garneau, Louis-Honoré Fréchette et Henri-Raymond Casgrain, entre autres, se réunissent pour discuter littérature avec Octave Crémazie, celui qu'on surnomme «poète national», à la suite de la parution du *Drapeau de Carillon* en 1858. Dans un autre magasin de la rue Saint-Jean, entre 1850 et 1860, celui de Charles Hamel, les férus de l'histoire et de l'archéologie se réunissent aussi chaque après-midi pendant la «morte saison de l'hiver[100]».

Dès les premières semaines de 1861, le docteur Larue suggère à ses amis de fonder une revue destinée à promouvoir la littérature canadienne. L'idée fait rapidement son chemin et le premier numéro sort en mars, portant en épigraphe un mot de Charles Nodier: «Hâtons-nous de raconter les délicieuses histoires du peuple avant qu'il ne les ait oubliées.» À la fin de l'année, les douze livraisons des *Soirées canadiennes* forment un volume de 476 pages, reçues par plus de 850 abonnés d'un bout à l'autre du pays. Une scission au sein du comité donne naissance à une deuxième revue, *Le Foyer canadien*, en 1863. Or, comme un feu de paille, ces deux manifestations d'un réveil culturel à Québec vont s'éteindre: *Les Soirées* en 1865 après cinq volumes, et *Le Foyer*, en 1866, après quatre. D'ailleurs, en 1865, Antoine Gérin-Lajoie, responsable de la section française de la bibliothèque du parlement, déménage à Ottawa où il doit se débattre avec des difficultés énormes pour sortir les dernières livraisons du *Foyer*[101].

L'année 1867 marque ainsi la fin d'un mouvement littéraire, d'un moment important dans la vie culturelle de la vieille capitale; le groupe littéraire québécois, qui avait uni ses efforts à peine quelques années plus tôt, subit peu à peu l'effritement complet. Les historiens Ferland et Garneau disparaissent, l'un en 1865 et l'autre en 1866. Octave Crémazie vit en France depuis 1862 sous un nom d'emprunt pour éviter la prison pour fraude. Lors de la récession économique, à la fin des années 1850, il a contrefait des signatures au bas de billets promissoires afin de payer des achats de marchandises trop considérables. Plusieurs autres doivent quitter la ville lors du déménagement des fonctionnaires. Pendant un moment, cependant, la cité de Champlain, le berceau de la Nouvelle-France, a été le foyer ardent du réveil culturel du Canada français. Il suffit encore d'ouvrir l'une ou l'autre des nombreuses livraisons des *Soirées*, du *Foyer*, ou des volumes de prime, pour retrouver parmi tant de pages vieillies des figures qui intéressent toujours: Joseph-Charles Taché (*Forestiers et Voyageurs*), Philippe Aubert de Gaspé (*Les Anciens Canadiens*), Octave Crémazie (*Promenade des trois morts*), Antoine Gérin-Lajoie (*Jean Rivard*) et Ernest Gagnon (*Chansons populaires du Canada*).

* * *

Plusieurs facteurs contribuent à l'arrêt de la croissance de l'économie et de la population de Québec. Nous avons signalé entre autres le déclin du commerce du bois et de la construction navale; l'émigration des Canadiens vers les États-Unis et le déménagement des anglophones vers Montréal et vers l'Ouest canadien; la perte des fonctionnaires au profit d'Ottawa et le départ des troupes britanniques. Peut-on attribuer ce déclin à l'incapacité des autorités et des marchands à s'adapter à une série de changements dont la concurrence du port de Montréal et les innovations techniques dans la construction navale, ainsi qu'aux possibilités offertes par les chemins de fer? À l'époque, chaque groupe accuse l'autre d'en être responsable. D'après les marchands anglophones, le gouvernement n'a pas su investir assez de fonds pour l'amélioration des chantiers et du port. Selon l'homme d'État George-Étienne Cartier, à l'inverse, les difficultés économiques résultent de l'immobilisme traditionnel des marchands qui, gâtés par «ce facile commerce du bois qui lui venait de l'Outaouais», n'étaient pas prêts à investir dans d'autres secteurs de l'économie, ni à faire face aux transformations. Québec, souligne Cartier, «a produit plus de princes marchands que Montréal; elle produit aussi plus d'hommes qui peuvent se retirer des affaires et aller s'établir en Angleterre avec de grandes fortunes, et si les industries sont en aussi petit nombre dans le Bas-Canada et surtout à Québec, les capitalistes et les marchands en sont seuls responsables[102]». Évidemment, ni l'un ni l'autre de ces deux groupes n'ont de stratégies de développement à long terme.

Or, la vie continue malgré des changements. En 1868, Édouard Gingras, fabricant de voitures, construit un vélocipède et en donne des démonstrations sur la terrasse Dufferin, principal lieu de rencontres estivales des gens de la ville; bientôt, Gingras ouvre une école rue Sainte-Anne[103]. En même temps, deux Américains ouvrent leur propre école de vélocipède, rue Saint-Louis. *Le Canadien* suggère à ses lecteurs, amateurs de vélo, qu'ils doivent se faire

Vue de la ville dessinée sur une assiette, à titre de promotion touristique (fin du XIXe siècle). (MBAM)

«un devoir d'encourager préférablement un de nos citoyens plutôt que des étrangers[104]». Québec continue ainsi son petit bonhomme de chemin. Cependant, les heures de gloire semblent terminées.

CONCLUSION

Née dans la ferveur de la découverte, de l'exploration, de l'évangélisation et de la conquête du Nouveau Monde, Québec, point de pénétration du continent, comptoir de commerce et centre missionnaire, fait déjà l'objet de grands rêves au XVIIe siècle. La prise en main de la colonie par le roi en 1663 laisse tout espérer. Frontenac, émerveillé par le site de la ville, souhaite en faire la «capitale d'un grand empire». De fait, Québec jouit d'un site exceptionnel et d'une situation privilégiée. Dès cette époque, elle est le siège des pouvoirs civil, militaire et religieux, le terminus des voies de communications océaniques et le premier entrepôt de la colonie. Québec cumule ainsi des fonctions essentielles au développement colonial. Mais ces propriétés vitales, bien que constantes à Québec pendant plus de deux siècles, ne sauront pas toujours lui assurer une croissance dynamique.

Sous le Régime français, la fragilité de l'économie entrave constamment la croissance de la ville. Un siècle après sa fondation, Québec ne compte que 2000 habitants et, ce n'est qu'à partir des années 1720, avec la commercialisation des grains, qu'elle connaît un véritable essor, qui se maintient, après 1744, grâce à la guerre. Québec devient alors une plaque tournante d'hommes et de marchandises, animée par les enjeux impériaux de la métropole.

Le siège de Québec et la conquête de la colonie en 1760, suivie quinze ans plus tard par un autre siège de la part des Américains, portent de rudes coups au développement urbain. Au chapitre démographique, trente ans seront nécessaires pour récupérer la population perdue avec la Conquête. La reprise est lente, car la ville, à l'instar de la colonie, connaît une période peu prospère entre 1760 et 1790. Bien qu'elle conserve ses fonctions urbaines prédominantes, héritées du Régime français, Québec vit alors sous l'ombre de la stagnation économique.

À partir du début du XIXe siècle, la guerre en Europe et des bouleversements structuraux en Angleterre ravivent les fonctions portuaires commerciales et militaires de Québec. L'essor urbain qui en découle est le plus important de l'histoire de la ville. Au milieu du siècle, des milliers de débardeurs s'affairent à charger les navires de bois équarri. Le port, à «l'âge du bois et de la voile», déborde d'activité et tous les secteurs de l'économie urbaine en profitent. Les chantiers maritimes de la ville comptent alors parmi les plus importants de l'empire britannique.

L'essor du port, le développement de la forteresse et l'arrivée massive d'immigrants anglophones favorisent la croissance démographique de Québec tout en modifiant profondément, pendant un demi-siècle, sa composition ethnique. La prospérité économique entraîne aussi la montée de la bourgeoisie d'affaires, le développement du prolétariat urbain et l'avènement d'une population flottante énorme. La croissance rapide de l'agglomération pendant ces quelques décennies aggrave aussi les problèmes urbains: difficultés de circulation et d'entretien des rues; problèmes de santé et de pollution; pauvreté, détresse générale et criminalité accrue; fléaux tels les épidémies et les incendies.

Au milieu des années 1860, la croissance de la ville s'arrête brusquement et, lors du recensement de 1870-1871, l'on constate que la population de la ville n'a guère augmenté depuis dix ans. Voilà que se concrétise le déclin de Québec, celui du port, du commerce du bois et de la construction navale, celui de la capitale et de la forteresse. Le taux de croissance de la population de la ville n'est que de 0,45% entre 1861 et 1901; de fait, la population de langue anglaise diminue de moitié alors que les francophones augmentent de plus de 22 000 habitants. Si la ville réussit à se maintenir malgré le déclin de ses fonctions essentielles, c'est grâce à son essor manufacturier, notamment dans le secteur du cuir, et à de grands chantiers de construction, comme les travaux d'embellissement aux fortifications et le renouvellement portuaire avec la construction du bassin Louise. Mais ces chantiers et la construction d'édifices grandioses — l'hôtel du gouvernement (1886), le palais de Justice (1887), l'hôtel de ville (1895) et le château Frontenac (1894) — ne font alors que dissimuler le malaise économique et la perte de prestige évidente de la ville qui était auparavant la première du Canada.

Ces édifices dominent toujours la silhouette de la vieille cité, inscrite, en 1985, arrondissement historique sur la liste du patrimoine mondial. D'ailleurs, sous bien d'autres aspects, Québec est devenue, à la fin du XIXe siècle, la ville qu'on connaît aujourd'hui: une capitale provinciale, un haut lieu de tourisme, un centre de services régionaux et de petites industries, et un milieu culturel homogène.

ANNEXES

LES MAIRES DE QUÉBEC, 1833-1872

1re charte: 1833-1836

Élus par le Conseil

Juin 1833-juin 1834	Elzéar Bédard
1834-1835, 1835-1836	René-Édouard Caron

2e charte: 1840-(1872)

Nommé par le gouverneur

Juin 1840-déc. 1842	René-Édouard Caron

Élus annuellement par le Conseil

1843 à 1845	René-Édouard Caron
1846 à 1849	George O'Kill Stuart
1850 à 1852	Narcisse-Fortunat Belleau
1853	Ulric-Joseph Tessier
1854	Charles Alleyn
1855	Joseph Morrin
1856	Olivier Robitaille

Élus annuellement par les contribuables

1857	Joseph Morrin
1858 à 1860	Hector-L. Langevin
1861 à 1863	Thomas Pope
1863 (pour compléter le mandat de Pope)	Adolphe Tourangeau
1864, 1865	
1866, 1867	Joseph Cauchon
1868, 1869	John Lemesurier
1869 (pour compléter le mandat de Lemesurier)	Walter Hossack
Janvier-avril 1870	Adolphe Tourangeau

Élu pour deux ans par le Conseil

1870-1872	Pierre Garneau

Tableau 1

Entrée des navires au port de Québec, 1714-1873

Année	Nombre	Tonnage total	Équipage total	Tonnage moyen*
1714	9	1 190		132
1724**	12	1 235		103
1734	35	2 630		75
1743	51	4 732		93
1758	56	13 440		240
1764	67	5 496	568	82
1773	87	7 977	685	92
1783	69	8 792	724	127
1793	114	15 758	933	138
1803	167	28 744	1 530	172
1813	190	43 856	2 200	230
1823	569	132 634	6 130	233
1833	941	246 071	10 871	261
1843	1 227	433 087	16 603	353
1853	1 351	570 738	19 760	422
1863	1 661	807 640	25 591	486
1873	917	734 937	20 827	801

* Arthur Lower, dans *Great Britain's Woodyard*, Montréal, 1973, p. 239, propose les chiffres suivants:

1780	127 t.	1821	237 t.	1851	400 t.
1801	117 t.	1831	363 t.	1865	475 t.
1811	200 t.	1841	356 t.	1875	780 t.

** Pour les années 1724, 1734 et 1743, il y eut respectivement 2, 25 et 34 navires en provenance des Antilles.

Source: Pierre Dufour, *Esquisse de l'évolution physique du port de Québec des origines à 1900*, Québec, Parcs Canada, 1981.

Tableau 2

Valeur annuelle moyenne des exportations chargées à Québec et à Montréal, par périodes de cinq ans, 1841-1880 (en millions de dollars)

Période	Québec	Montréal
1841-1845	6,1	2,6
1846-1850	6,1	2,1
1851-1855	7,6	2,4
1856-1860	7,4	3,8
1861-1865	8,7*	7,5
1866-1870	9,2	11,7
1871-1875	12,6	23,4
1876-1880	8,8	24,3
Moyenne	8,3	9,7

* Moyenne des années 1861-1863 seulement.

Sources: Pour 1841-1850: Hector Langevin, *Le Canada...*, Québec, 1855, p. 86. Pour 1851-1880: Jean Hamelin et Yves Roby, *Histoire économique du Québec, 1851-1896*, Montréal, 1971, app. 2 et 13.

Tableau 3

Répartition des emplois à Québec, 1666-1775

	1666		1716		1744		1775*	
	n	%	n	%	n	%	n	%
«Bourgeois»	15	7,4			4	0,4		
Professions libérales	*2*	*1,0*	*7*	*1,8*	*17*	*1,6*	*6*	*0,7*
Architectes			1	0,3	1	0,1		
Chirurgiens			1	0,3	5	0,5		
Notaires	2	1,0	5	1,3	3	0,3		
Procureurs					8	0,8		
Fonctionnaires	5	2,5	24	6,1	36	3,4		
Militaires			14	3,6	28	2,7		
Commerçants	*13*	*6,4*	*51*	*13,0*	*104*	*9,9*	*29*	*4,9*
Aubergistes			18	4,6	34	3,2	10	1,2
Commis			2	0,5	1	0,1	2	0,2
Marchands	13	6,4	31	7,9	69	6,6	17	2,1
Artisans	*67*	*33,1*	*133*	*33,9*	*354*	*33,7*	*354*	*44,1*
Bouchers/boulangers	5	2,5	11	2,8	34	3,2	45	5,6
Charpentiers	3	1,5	24	6,1	85	8,1	41	5,1
Cordonniers	6	3,0	17	4,3	25	2,4	10	1,2
Forgerons	1	0,5	9	2,3	29	2,8	49	6,1
Maçons	7	3,5	9	2,3	26	2,5	45	5,6
Menuisiers	9	4,5	13	3,3	38	3,6	67	8,4
Tailleurs	8	4,0	7	1,8	14	1,3	10	1,2
Tonneliers	4	2,0	7	1,8	26	2,5	69	8,6
Autres	24	11,9	36	9,2	77	7,3	18	2,2
Sans qualifications	*100*	*49,5*	*163*	*41,6*	*508*	*48,3*	*323*	*40,3*
Charretiers			8	2,0	45	4,3	63	7,9
Domestiques hommes			29	7,4	99	9,4	21	2,6
Domestiques femmes			77	19,6	159	15,1		0,0
Engagés	93	46,0		0,0		0,0		0,0
Journaliers		0,0	28	7,1	114	10,8	142	17,7
Navigateurs	5	2,5	20	5,1	80	7,6	87	10,8
Autres	2	1,0	1	0,3	11	1,0	10	1,2

* En 1775, les hommes canadiens-français seulement.

Sources: *Recensements* et *Dénombrements*, 1666-1744; *Rôle de la milice*, 1775.

Tableau 4

Répartition des emplois à Québec, 1795-1871

	1795		1818		1831		1851		1871	
	n	%	n	%	n	%	n	%	n	%
Professions libérales	*43*	*3,2*	*65*	*2,9*	*112*	*2,6*	*408*	*4,8*	*1 106*	*5,8*
Avocats	7	0,5	14	0,6	44	1,0	90	0,9	134	0,7
Médecins	3	0,2	22	1,0	26	0,6	33	0,4	72	0,4
Notaires	5	0,4	9	0,4	25	0,6	50	0,6	79	0,4
Autres	28	2,1	20	0,9	17	0,4	245	2,9	821	4,3
'Commerçants	*231*	*17,8*	*373*	*16,4*	*837*	*19,6*	*1 758*	*20,9*	*3 362*	*17,5*
Aubergistes	58	4,5	97	4,3	127	3,0	90	1,1	198	1,0
Commis	8	0,6	6	0,3	64	1,5	710	8,4	1 371	7,1
Marchands	99	7,6	152	6,7	507	11,9	711	8,4	942	4,9
Épiciers	—		6	0,3	—		247	2,9	236	1,2
Autres	66	5,1	112	4,9	139	3,3	—		615	3,2
Artisans	*615*	*47,5*	*1 121*	*19,3*	*1 932*	*45,3*	*2 713*	*32,2*	*7 337*	*38,2*
Bouchers/ Boulangers	68	5,3	117	5,1	124	2,9	193	2,3	370	1,9
Charpentiers	66	5,1	145	6,4	248	5,8	847	10,0	1 686	8,8
Cordonniers	28	2,2	77	3,4	218	5,1	424	5,0	812	4,2
Forgerons	47	3,6	76	3,3	77	1,8	131	1,6	207	1,1
Maçons	58	4,5	109	4,8	182	4,3	169	2,0	279	1,5
Menuisiers	81	6,3	209	9,2	287	6,7	610	7,2	—	
Tonneliers	59	4,6	69	3,0	60	1,4	55	0,7	91	0,5
Autres	208	16,1	319	14,0	736	17,3	284	3,4	3 892	20,3
Sans qualifications	*406*	*31,4*	*727*	*31,9*	*1 405*	*32,9*	*3 550*	*42,1*	*7 409*	*38,6*
Arrimeurs	—		—		—		123	1,5	96	0,5
Charretiers	98	7,6	161	7,1	194	4,5	459	5,4	712	3,7
Domestiques	—		—		—		1 426	16,9	2 540	13,2
Journaliers	176	13,6	425	18,7	860	20,2	1 242	14,7	2,836	14,8
Navigateurs	70	5,4	50	2,2	—		184	2,2	160	0,8
Autres	62	4,8	91	4,0	351	8,2	116	1,4	1 065	5,5

Sources: *Dénombrements*, 1795, 1818; *Recensements*, 1831-1871.

Tableau 5

La construction navale pour les particuliers à Québec, 1732-1759*

Années	Nombre	Tonnage moyen
1732	11	809
1733	10	353
1734	9	620
1735	11	334
1736	10	1 060
1737	2	174
1738	4	735
1739	6	522
1740	9	750
1741	10	830
1742	13	975
1743	3	240
Total	98	7 402

* De 1744 à 1759, il s'est construit en plus une douzaine de vaisseaux pour la marine royale. Pour ce qui est des bateaux construits pour les particuliers, Réal Brisson présente des données légèrement différentes. Voir *La Charpenterie navale à Québec.*

Sources: Jacques Mathieu, *La Construction navale royale à Québec, 1739-1759*, Québec, SHQ, 1971; Pierre Dufour, *La Construction navale à Québec des débuts à 1825...*, Québec, Parcs Canada, 1981.

Tableau 6

La construction navale à Québec, 1787-1869

Périodes	Nombre de vaisseaux	Tonnage total	Tonnage moyen
1787-1789	6	422	70,3
1790-1799	38	6 215	163,5
1800-1809	96	21 129	220,1
1810-1819	79	22 337	282,7
1820-1829	203	52 824	260,2
1830-1839	162	71 324	440,3
1840-1849	347	207 722	598,6
1850-1859	419	324 000	773,3
1860-1869	426	309 045	725,5
Total	1 776	1 015 018	571,5

Source: Jean Benoît, *La Construction navale à Québec au XIXe siècle*, Québec, Parcs Canada, 1983, p. 26.

Tableau 7

La construction navale à Québec d'après le type de vaisseaux, 1820-1869

Périodes	Navires marchands	Barques	Bricks	Navires à vapeur	Goélettes
1820-1829	52	45	50	1	25
1830-1839	59	49	22	6	19
1840-1849	149	123	13	14	29
1850-1859	270	47	13	40	31
1860-1869	200	142	4	30	16

Source: Jean Benoît, *La Construction navale à Québec au XIXe siècle*, Québec, Parcs Canada, 1983.

Tableau 8

Les revenus municipaux, 1840-1870
(en dollars*)

	1841-40		1850		1860		1869-70	
Revenus	$	%	$	%	$	%	$	%
Cotisations	12 194	30,0	50 299	48,8	103 363	27,8	170 408	29,4
Permis	3 130	7,7	5 377	5,2	11 279	3,0	11 158	1,9
Ramonage	2 586	6,4	3 783	3,7	2 415	0,7	—	
Marchés/quais	2 561	6,3	5 768	5,6	29 207	7,9	31 908	5,5
Divers**	894	2,2	1 579	1,5	5 918	1,6	6 759	1,2
Aqueduc	—		—		53 244	14,3	67 539	11,6
Sous-total	*21 365*	*52,5*	*66 806*	*64,8*	*205 426*	*55,3*	*287 772*	*49,6*
Surplus	5 155	12,7	1 810	1,8	16 350	4,4	13 664	2,4
Intérêt	—		70	0,1	6 830	1,8	13 823	2,4
Fonds général &			—		—		—	
Vente d'actions	—		—		—		76,142	13,1
Sous-total	*5 155*	*12,7*	*1 880*	*1,8*	*23 180*	*6,2*	*103 629*	*17,9*
Emprunts	14 141	34,8	34 362	33,3	142 922	38,5	188 823	32,5
Total	*40 661*		*103 048*		*371 528*		*580 224*	

* Les livres cours de Québec ont été converties en dollars (1 livre = 4 $).
** Divers = amendes, loyers, vente de produits en surplus.

Source: Les *Rapports annuels* de la ville.

Tableau 9

Les dépenses courantes de la municipalité, 1840-1870 (en dollars*)

Poste	1840-1841 $	%	1850 $	%	1860-1864 $	%	1869-1870 $	%
Administration	9 149	22,5	15 588	15,1	19 763	5,3	40 536	7,0
Marchés	1 244	3,1	801	0,8	21 266	5,7	5 213	0,9
Police	5 839	14,4	8 078	7,8	25 132	6,8	27 179	4,7
Pompiers	3 062	7,5	6 359	6,2	3 207	,9	14 324	2,5
Voirie/éclairage	15 106	37,2	24 050	23,3	35 408	9,5	38 607	6,7
Écoles			2 813	2,7	4 395	1,2	2 406	0,4
Santé			186	0,2	—		151	0,0
Aqueduc			—		13 461	3,6	21 900	3,8
Cour municipale			—		3 857	1,0	3 799	0,7
Fonds d'amortissement	—		—		18 048	4,9	34 466	5,9
Surplus	143	10,2	6 092	5,9	49 521	13,3	2 083	0,4
Service de la dette	2 118	5,2	39 081	37,9	177 470	47,8	389 560	67,1
Total	40 661		103 048		371 528		580 224	

* Les livres cours de Québec ont été converties en dollars (1 livre = 4 $).

Source: Les *Rapports annuels* de la ville.

Tableau 10

La population de Québec, 1608-1871

Années	Total	Années	Total
1608	31	1784	6 491
1666	747	1795	7 162
1683	1 354	1805	8 968
1685	1 611	1818	15 839
1707	1 939	1825	22 101
1716	2 408*	1831	27 141
1726	2 704	1844	32 876
1737	4 721	1851	45 940
1744	5 010*	1861	57 375**
1755	7 215	1871	59 699
1762	3 497		

* N'inclut pas le clergé, estimé à 165 en 1716 et à 197 en 1744.
** Chiffres corrigés; voir note 27, p. 368.

Sources: Les *Recensements* et les *Dénombrements*.

Tableau 11

Répartition de la population selon les quartiers, 1716-1818

Quartier	1716*	1744*	1795	1805	1818
Basse-Ville	1379 *(57,3%)*	1831 *(36,5%)*	2512 *(35,1%)*	2446 *(27,3%)*	3 402 *(21,5%)*
Haute-Ville	707 *(29,4%)*	2242 *(44,8%)*	2813 *(39,3%)*	3006 *(33,5%)*	4 132 *(26,1%)*
Du Palais	146 *(6,1%)*	420 *(8,4%)*			
St-Jean			1008 *(14,1%)*	2019 *(22,5%)*	3 538 *(22,3%)*
St-Roch		245 *(4,9%)*	829 *(11,6%)*	1497 *(16,7%)*	4 767 *(30,1%)*
Banlieue	176 *(7,3%)*	272 *(5,4%)*			
Total	2408	5010	7162	8968	15 839

* Pour 1716 et 1744, les statistiques ne tiennent pas compte du clergé. La population des faubourgs Saint-Jean et Saint-Louis est intégrée à celle de la Haute-Ville.

Sources: L. Beaudet, *Recensement de la ville de Québec pour 1716,* Québec, 1887; Abbé Jacrau, «État ou recensement général de la paroisse de Québec, 1714», *RAPQ,* 1939-1940, p. 3-154; *Dénombrements,* 1795-1818.

Tableau 12

Répartition de la population selon les quartiers, 1842-1871

Quartiers	1842	1861**	1871
Basse-Ville			
Champlain	3 733 *(11,7%)*	4 970 *(8,7%)*	4 062 *(6,8%)*
St-Pierre	3 624 *(11,3%)*	3 435 *(6,0%)*	3 727 *(6,2%)*
Haute-Ville			
Du Palais	2 282 *(7,1%)*	3 020 *(5,3%)*	2 451 *(4,1%)*
St-Louis	2 797 *(8,7%)*	3 000 *(5,2%)*	2 868 *(4,8%)*
St-Jean	8 715 *(27,2%)*		
Montcalm		7 780 *(13,6%)*	7 745 *(13,0%)*
St-Jean		7 600 *(13,2%)*	7 913 *(13,3%)*
St-Roch	10 850 *(33,9%)*		
Jacques-Cartier		9 70 *(15,8%)*	8 922 *(14,9%)*
St-Roch		9 700 *(16,9%)*	6 850 *(11,5%)*
Banlieue			
Belvédère		1 800 *(3,1%)*	2 628 *(4,4%)*
St-Roch		7 000 *(12,2%)*	
St-Roch Nord*			2 853 *(4,8%)*
St-Roch Sud*			9 680 *(16,2%)*
Total	32 001	57 375	59 699

* Saint-Roch Nord: Limoilou; Saint-Roch Sud: Saint-Sauveur.
** 1861: Chiffres corrigés.

Source: *Recensements,* 1842-1871.

Tableau 13

Répartition de la population selon l'appartenance religieuse, à Québec, 1851 et 1871

	1851		1871	
	n	%	n	%
Catholique*	36 377	79,2	52 357	87,7
Protestante	6 109	13,3	6 642	11,1
Baptiste	51	0,1	166	0,3
Anglicane	3 914	8,5	4 059	6,8
Méthodiste	773	1,7	794	1,3
Presbytérienne	1 371	3,0	1 623	2,7
Juive	40	0,1	81	0,1
Autre et inconnue	3 454	7,5	619	1,0
Total	45 980**		59 699**	

* En 1795, on compte 82,3% de la population chez les catholiques; en 1805 et 1831, ce pourcentage passe à 83 et 74,8.

** L'agglomération urbaine.

Source: *Dénombrements*, 1795-1805; *Recensements*, 1831-1871.

Tableau 14

Origine ethnique de la population selon les quartiers, 1871

Quartier	Origine ethnique					
	Française	Irlandaise	Anglaise	Écossaise	Autre	Total
Basse-Ville	*3 062*	*4 012*	*358*	*268*	*89*	*7 789*
Champlain	882	2 932	129	108	11	4 062
St-Pierre	2 180	1 080	229	160	78	3 727
Haute-Ville	*2 377*	*1 311*	*1 024*	*488*	*119*	*5 319*
Du Palais	1 262	597	321	219	52	2 451
St-Louis	1 115	714	703	269	67	2 868
Saint-Jean	*11 249*	*4 703*	*1 605*	*580*	*149*	*18 286*
St-Jean	6 824	563	385	101	40	7 913
Montcalm	3 367	2 991	926	356	105	7 745
Banlieue	1 058	1 149	294	123	4	2 628
Saint-Roch	*24 202*	*2 319*	*987*	*525*	*272*	*28 305*
St-Roch	5 756	728	205	90	71	6 850
Jacques-Cartier	7 631	661	396	173	61	8 922
St-Roch Sud	8 928	406	152	100	94	9 680
St-Roch Nord	1 887	524	234	162	46	2 853
Total	*40 890*	*12 345*	*3 974*	*1 861*	*629*	*59 699*

Source: Le *Recensement* de 1871.

Tableau 15

Lieux de naissance de la population de Québec, 1844-1871

Lieu	1844 Nombre	1844 %	1851 Nombre	1851 %	1871 Nombre	1871 %
Canada	*25 036*	*76,2*	*34 911*	*76,0*	*52 676*	*88,3*
Origine française	19 476	59,2	27 310	59,4	40 816	68 4
Autre	5 560	16,9	7 601	16,5	11 860	19,9
Grande-Bretagne	*7 357*	*22,4*	*8 847*	*19,3*	*6 555*	*11,0*
Irlande	5 432	16,5	6 766	14,7	4 941	8,3
Angleterre	1 193	3,6	1 362	3,0	1 127	1,9
Écosse	732	2,2	719	1,6	487	0,8
Amérique	*122*	*0,4*	*194*	*0,4*	*263*	*0,4*
Europe	*361*	*1,1*	*103*	*0,2*	*181*	*0,3*
France	0	0,0	49	0,1	74	0,1
Allemagne	0	0,0	36	0,1	60	0,1
Autres			18	0,0	47	0,1
Inconnus	*0*	*0,0*	*1 885*	*4,1*	*24*	*0,0*
Total	*32 876*		*45 940**		*59 699**	

* L'agglomération urbaine.

Source: Les *Recensements*.

Tableau 16

Nombre de femmes pour 1000 hommes, à Québec, 1744-1871

Groupes d'âge	1744	1831	1844	1851	1861	1871
Québec (ville)						
– 15	949	—	999	977	1 002	982
15-19	1 333	—	1 196	1 268	1 130	1 279
20-29	1 403	—	1 218	1 264	1 235	1 486
30-39	933	—	—	1 066	1 101	1 248
40 +	903	—	1 016	1 047	983	1 085
Tous	990	1 063	1 086	1 086	1 066	1 138
Montréal						
Tous	—	1 026	1 028	1 081	1 062	1 130
Québec (province)						
Tous	—	957	1 004	986	961	999

Source: Les *Recensements*.

L'excédent des naissances de 1660 à 1874

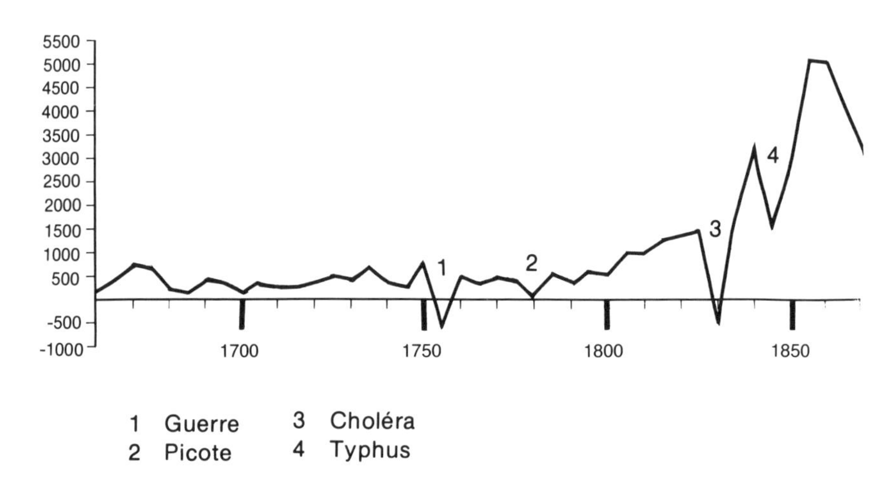

Source: *Recensement de 1870-1871*, t. V.

L'immigration, de 1815 à 1860

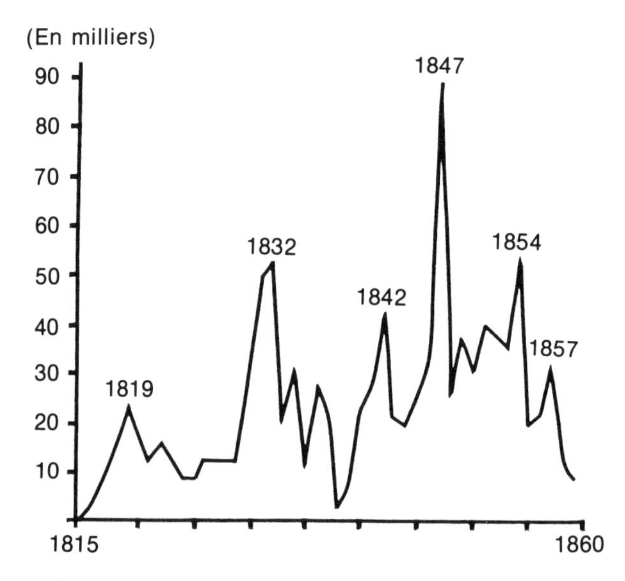

Source: *Parliamentary Papers.*

La main-d'œuvre industrielle, selon le recensement de 1871

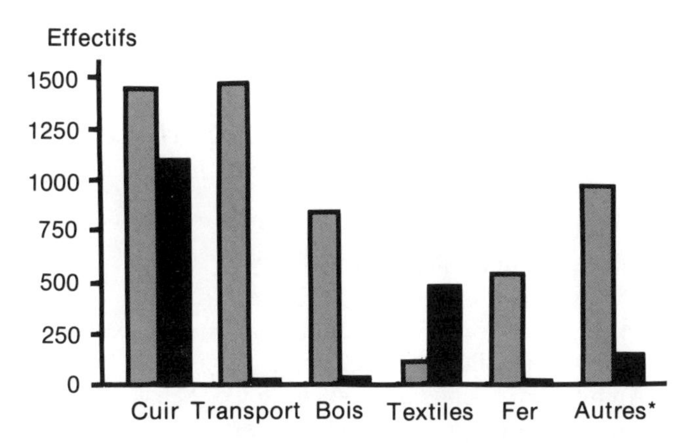

Les types de maisons en 1860

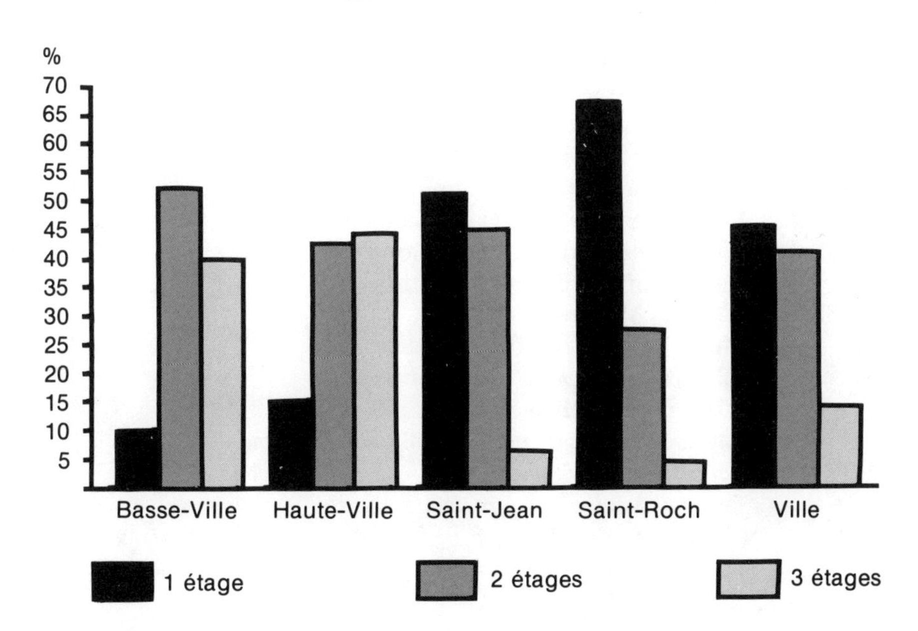

LISTE DES SIGLES ET ABRÉVIATIONS

AN	Archives nationales (France)
ANQ	Archives nationales du Québec
ANQM	Archives nationales du Québec à Montréal
ANQQ	Archives nationales du Québec à Québec
APC	Archives publiques du Canada
APJQ	Archives du palais de Justice de Québec
ASQ	Archives du Séminaire de Québec
AVQ	Archives de la ville de Québec
BNM	Bibliothèque nationale, Montréal
BRH	*Bulletin des recherches historiques*
CHR	*Canadian Historical Review*
DBC	*Dictionnaire biographique du Canada*
DFC	Dépôt des fortifications des colonies
HS	*Histoire sociale*
IJDCS	Inventaire des Jugements et délibérations du Conseil Souverain
IQRC	Institut québécois de recherche sur la culture
JDCS	Jugements et délibérations du Conseil souverain
MAC	Ministère des Affaires culturelles
MASL	Musée d'art de Saint-Laurent
MBAC	Musée des Beaux-Arts du Canada
MBAM	Musée des Beaux-Arts de Montréal
MCC	Musée canadien des civilisations
McCORD	McCord Museum, Montréal
MNC	Musées nationaux du Canada
MSRC	*Mémoires de la Société royale du Canada*
MQ	Musée du Québec
RAC	*Rapport sur les Archives publiques du Canada*
RAPQ	*Rapport de l'Archiviste de la province de Québec*
RHAF	*Revue d'histoire de l'Amérique française*
ROM	Royal Ontario Museum
RSCHEC	*Rapport de la Société canadienne d'histoire de l'Église catholique*
RUO	*Revue de l'Université d'Ottawa*
SQ	Séminaire de Québec

NOTES

Avant-propos

1. Joseph Bouchette, *Description topographique de la province du Bas-Canada...*, Londres, 1815 (Montréal, Éditions Élysée, 1978), p. 446.
2. Raoul Blanchard, *L'Est du Canada français*, Montréal, Beauchemin, 1935, t. 2, p. 177.

I – L'établissement de la ville, 1608-1759

1. Complétées par les récits des Récollets et des Jésuites, les *Œuvres de Champlain*, Charles-Henri Laverdière (dir.), Québec, G.E. Desbarats, 1870, 6 volumes, ainsi que l'édition H.P. Biggar, *The Works of Samuel de Champlain*, Toronto, The Champlain Society, 1922-1936, 6 volumes, demeurent la source fondamentale sur les origines et l'établissement de Québec. L'étude la plus approfondie est celle de Marcel Trudel, *Histoire de la Nouvelle-France, II — Le comptoir 1604-1627*, Montréal, Fides, 1966, 554 pages. Voir aussi *Nouveaux documents sur Champlain et son époque*, compilés par Robert Leblant et René Baudry, vol. 1 (1560-1622), Ottawa, Archives publiques du Canada, publication n° 15, 1967, et Robert Leblant, «Les prémices de la fondation de Québec, 1607-1608», *RHAF*, vol. XX, n° 1, juin 1966, p. 44-55.
2. Robert Leblant et René Baudry, *Nouveaux documents sur Champlain*, p. 16 et 122, «Lettres patentes nommant Henri de Bourbon, prince de Condé lieutenant-général en Nouvelle-France», 13 novembre 1612; Marcel Trudel, *Histoire de la Nouvelle-France, II*, p. 151-208; Gustave Lanctot, *Histoire du Canada. Des origines au régime royal*, Montréal, Beauchemin, 1960, p. 141-156; H.P. Biggar, *The Early Trading Companies of New France. A Contribution to the History of Commerce and Discovery in North America*, Toronto, University of Toronto Library, 1901, p. 83-95.
3. Allana Reid, *The Development and Importance of the Town of Quebec*, thèse de Ph.D., McGill University, 1952, p. 13-18; Robert Leblant et René Baudry, *Nouveaux documents sur Champlain*, p. 361; Marcel Trudel, *Histoire de la Nouvelle-France, II*, p. 206-276.
4. Sur Ludovica et le programme de peuplement: André Charbonneau, Yvon Desloges et Marc Lafrance, *Québec ville fortifiée du XVIIe au XIXe siècle*, Québec, Pélican, 1982, p. 329-330; Marcel Trudel, *Histoire de la Nouvelle-France, II*, p. 248-269, 280-291, Gustave Lanctot, *Histoire du Canada. Des origines...*, p. 153-156, 159-162; Sixte Le Tac, *Histoire chronologique de la Nouvelle-France au Canada depuis sa découverte (mil cinq cents quatre) jusques en l'an mil six cents trente deux par le Père Sixte Le Tac, Récollet*, publié par Eug. Réveillaud, Paris, 1888, réédition Leméac, 1980, p. 176-178; «Articles de la commission votée en assemblée générale des Français rési-

dant au Canada ...», 18 août 1621. Sur le fort Saint-Louis: Jeannine Laurent et Jacques Saint-Pierre, *Les forts et le château Saint-Louis, 1620-1760*, Rapport sur microfiches n° 40, Québec, Parcs Canada, 1982, p. 6-39.

5. Description citée dans Lionel Groulx, *Histoire du Canada français*, Montréal, Fides, 1960, p. 37.
6. Marcel Trudel, *Histoire de la Nouvelle-France, II*; P.G. Roy, *La ville de Québec sous le Régime français*, Québec, Rédempti Paradis, 1930, vol. 1, p. 93-101, 107-108. André Charbonneau *et al.*, *Québec, ville fortifiée*, p. 21-22; Robert Leblant et René Baudry, *Nouveaux documents sur Champlain*, p. xii-xvi.
7. Marcel Trudel, *Histoire de la Nouvelle-France, III: La seigneurie des Cent-Associés 1627-1663*, tome 1, *Les événements*, Montréal, Fides, 1979, 489 p., est l'étude la plus détaillée sur la période 1627-1663. On peut compléter avec *Les débuts du régime seigneurial au Canada*, Montréal, Fides, 1974, 312 pages, du même auteur; et avec les études de Lucien Campeau: *Les finances publiques de la Nouvelle-France sous les Cent-Associés, 1632-1665*, Montréal, Bellarmin, 1975, 222 p.; *Les Cent-Associés et le peuplement de la Nouvelle-France (1633-1663)*, Montréal, Bellarmin, 1974, 174 p. et *Les Commencements du Collège de Québec (1626-1670)*, Montréal, Bellarmin, 1972, p. 51-83. Gustave Lanctot, *Histoire du Canada. Des origines au régime royal*, p. 198-336; et P.G. Roy, *La ville de Québec sous le Régime français*, vol. 1, p. 113-304, sont encore utiles.
8. Lucien Campeau, *Les Cent-Associés*, p. 19-21; *id.*, *La première mission des Jésuites ...*, p. 59-76; P.G. Roy, *La ville de Québec ...*, vol. 1, p. 117-118; et Marcel Trudel, *Histoire de la Nouvelle-France, III*, tome 1, p. 130-145.
9. Le concept du plan de Montmagny est reconstitué dans Marc Lafrance, «Évolution physique et politiques urbaines: Québec sous le Régime français», *Revue d'histoire urbaine*, n° 3, 1976, p. 3-6; et André Charbonneau *et al.*, *Québec, ville fortifiée*, p. 331-334.
10. Marcel Trudel, *Les débuts du régime seigneurial*, p. 82-87; Lucien Campeau, *Les Cent-Associés*, p. 24-34.
11. Lucien Campeau, *Les Cent-Associés*, p. 24-34; P.G. Roy, *La ville de Québec*, vol. I, p. 155-170.
12. Lettre du père Ragueneau en 1650 citée dans Antoine Roy, *Les Lettres, les sciences et les arts au Canada sous le Régime français*, Paris, Jouve et Cie, 1930, p. 211, note 4.
13. *Marguerite Bourgeoys*, Textes choisis et présentés par Hélène Bernier, Montréal, Fides, 1974, p. 31.
14. Marcel Trudel, *Histoire de la Nouvelle-France, III*, tome 1, p. 147-152, 207-208; Gustave Lanctot, *Histoire du Canada. Des origines au régime royal*, p. 233-234.
15. Marcel Trudel, *Histoire de la Nouvelle-France, III* tome 1, p. 210-237; Lucien Campeau, *Les finances publiques*, p. 65-72, 110-133; Gustave Lanctot, *Histoire du Canada. Des origines...*, p. 272 et 396; J. Delalande, *Le Conseil Souverain de la Nouvelle-France*, Québec, Proulx, 1927, p. 34; Gustave Lanctot, «The Elective Council of Quebec 1657», *The Canadian Historical Review*, vol. XV, n° 2, juin 1934, p. 123-132.
16. Marcel Trudel, *Les débuts du régime seigneurial ...*, p. 86-87; *Le terrier du Saint-Laurent en 1663*, Ottawa, Éditions de l'université d'Ottawa, 1973, p. 119-202; Lucien Campeau, *Les Cent-Associés et le peuplement de la Nouvelle-France*, p. 44-48, 60-63.
17. Antoine Roy, «Bois et pierre», *Cahiers des Dix*, n° 25, 1950, p. 237-238; Peter N. Moogk, *Building a House in New France, An Account of the Perplexities of Client and Craftsmen in Early Canada*, Toronto, McClelland and Stewart, 1977, p. 23-24; P.G. Roy, *La ville de Québec*, p. 149-150, 159-160, 179-180, 231-232; Marie de l'Incarnation, *Correspondance* (éd. Guy Oury), Solesme, Abbaye Saint-Pierre, 1971, p. 219, lettre LXXX, à son fils, 26 août 1644.
18. Marcel Trudel, *Histoire de la Nouvelle-France, III*, p. 210-230, 249-259; André Charbonneau *et al.*, *Québec, ville fortifiée*, p. 24-25.

19. *Relations des Jésuites 1637-1641*, tome 2, Relation de 1639, p. 8.
20. Jean Léon Allie, «La Nouvelle-France et les premiers monuments de sa foi en l'Immaculée-Conception», *Revue de l'université d'Ottawa*, vol. XII, n° 4, 1942, p. 494-513; Adrien Pouliot, «Le troisième centenaire de la Congrégation de la Haute-ville de Québec», La Société canadienne d'histoire de l'Église catholique, *Rapport de 1955-1956*, p. 103-121; Jean-Marie Beauregard, «L'établissement du rosaire en Nouvelle-France», SCHEC, *Rapport de 1954-1955*, p. 67-83 et André Rayez, «Marie de l'Incarnation et le climat spirituel de la Nouvelle-France», *RHAF*, vol. XVI, n° 1, juin 1962, p. 3-36.
21. Des Amérindiens de différentes nations sont souvent de passage à Québec. Leur présence est encore plus importante après la destruction de la Huronie. En 1650, environ 400 Hurons sont cabanés près de l'Hôtel-Dieu. Vers 1656, les Hurons réfugiés sur l'île d'Orléans se mettent à l'abri à Québec. On érige une palissade, «le fort des Sauvages» tout près du fort Saint-Louis pour leur servir de refuge. Voir, entre autres: *Relations des Jésuites, 1647-1655*, tome 4, Relation de 1648, p. 17; Relation de 1650, p. 28 et 51; tome 5, Relation de 1660, p. 14.
22. P.G. Roy, *La ville de Québec*, p. 151-152; Gustave Lanctot, *Histoire du Canada. Des origines...*, p. 214 et 392-393; Émile Salone, *La colonisation de la Nouvelle-France*, Trois-Rivières, réédition Boréal Express, 1970, p. 134-136; *Relations des Jésuites, 1647-1655*, tome 4, Relation de 1654, p. 30-31.
23. P.G. Roy, *La ville de Québec*, p. 83-84 et 171-176; Gustave Lanctot, *Histoire du Canada. Des origines...*, p. 394-395.
24. Sur la juridiction de l'archevêque de Rouen au Canada, la création d'un vicariat apostolique et la querelle de 1659-1661, voir: Jean Blain, «L'Archevêque de Rouen, l'Église du Canada et les historiens, un exemple de déformation historique», *RHAF*, vol. XXI, n° 2, sept. 1967, p. 199-216; et Lucien Campeau, *L'évêché de Québec (1674). Aux origines du premier diocèse érigé en Amérique française*, Québec, La Société historique de Québec, 1974, p. 51-74.
25. Voir, entre autres: Cornelius J. Jaenan, «Church-State Relations in Canada, 1604-1685», *The Canadian Historical Association, Historical Papers*, 1967, p. 20-40; Jean Blain, «Les structures de l'Église et la conjoncture coloniale en Nouvelle-France 1632-1674», *RHAF*, vol. XXI, n° 4, mars 1968, p. 749-756; W.J. Eccles, *Canada under Louis XIV 1663-1701*, Toronto, McClelland and Stewart, 1964, p. 9-12; Marie Baboyant, «Jean Peronne Dumesnil», *DBC*, vol. I, p. 550-551.
26. Marcel Trudel, *Histoire de la Nouvelle-France, III*, tome 1, p. 316-319; Robert-Lionel Séguin, *La sorcellerie au Canada français du XVIIe au XIXe siècles*, Montréal, Librairie Ducharme, 1961, p. 32-36, 51-71; Paul Ragueneau, *La vie de la mère Catherine de Saint-Augustin, religieuse hospitalière de la Miséricorde de Québec*, Paris, F. Lambert, 1671, p. 163-166, 291-292; *Relations des Jésuites*, 1656-1665, tome 5, Relation de 1660, p. 30-34.
27. Jean Blain, «Les structures de l'Église...», p. 749-750; Marcel Trudel, *La population du Canada en 1663*, Montréal, Fides, 1973, p. 92. André Rayez («Marie de l'Incarnation...», p. 26-27) avance l'hypothèse qu'il y a peut-être eu à Québec quelque mimétisme avec l'épisode d'envoûtement des Ursulines de Loudun (1632-1637).
28. Marcel Trudel, *La population du Canada en 1663*, p. 19-22, 57-68, 92-104; Rémi Chénier, *L'urbanisation de la ville de Québec 1660-1690*, manuscrit classé, Québec, Parcs Canada, 1979, p. 187-191, 258-262.
29. Marie de l'Incarnation, *Correspondance*, p. 710, lettre CCVII, à son fils, septembre-octobre 1663.
30. Les Québécois sont favorisés par cette mesure: pendant que les marchandises y sont entreposées, ils peuvent les acheter en gros et au détail. Allana Reid, *The Development and Importance of the Town of Quebec*, p. 165; Rémi Chénier, *L'urbanisation de la ville de Québec*, p. 213.

Les Montréalais doivent aussi payer plus cher. Pour le baron de La Hontan, (*Voyages du baron de La Hontan dans l'Amérique Septentrionale*, Amsterdam, François L'Honoré, 1705, p. 77), les marchandises se vendent 50% plus cher à Montréal qu'à Québec. En 1743, le contrôleur de la marine Varin informe le ministre Maurepas qu'il est préférable de faire les achats nécessaires au service du roi à Québec, car les marchandises se vendent au moins 25% plus cher à Montréal, AN, Col. C^{11}A 80: 310-310v, Varin à Maurepas, 3 novembre 1743.

31. Voir l'étude de Dale Miquelon, *Dugard of Rouen: French Trade to Canada and The West Indies 1729-1770*, Montréal, McGill-Queen's University Press, 1978, p. 69-90, sur les activités de Havy et Lefebvre, représentants de la compagnie Dugard à Québec.
32. AN, Col. C^{11}A 49: 494, Observations sur l'ordonnance de police de Dupuy sur les cabarets, 22 novembre 1726.
33. A.L. Leymarie, «Lettres de Mère Marie-Andrée Duplessis de Sainte-Hélène, supérieure des Hospitalières de l'Hôtel-Dieu de Québec», *Nova Francia*, vol. III, n° 1, octobre 1927, p. 56, à madame Hecquet, 23 octobre 1730.
34. Jacques Mathieu, *La construction navale royale à Québec, 1739-1759*, Québec, La Société historique de Québec, 1971, p. 2. AN, Col. C^{11}A 75: 9v, Observations sur le mémoire du sieur Desauniers, 1741; Jean Elizabeth Lunn, *Economic Development in New France, 1713-1760*, Thèse de doctorat, McGill University, 1942, p. 354. Allana Reid, *The Development and Importance of the Town of Quebec*, p. 393; W.J. Eccles, *Canada under Louis XIV 1663-1701*, p. 142.
35. Pour une excellente description de l'activité portuaire à Québec: Jacques Mathieu, *Le commerce entre la Nouvelle-France et les Antilles au XVIII*e *siècle*, Montréal, Fides, 1981, p. 17, 76-80, 112-115, 121-123.
36. Allana Reid, (*The Development and Importance of the Town of Quebec*, p. 233-261) brosse un tableau d'ensemble des diverses petites industries de transformation de Québec.
37. Richard Colebrook Harris, *The Seigneurial System in Early Canada, A Geographical Study*, Madison, University of Wisconsin Press, Québec, PUL, 1968, p. 114-115.
38. Jacques Mathieu, («Les relations ville-campagne, Québec et sa région au XVIIIe siècle», *Société rurale dans la France de l'Ouest et au Québec (XVII*e *— XX*e *siècles)*, Actes des colloques de 1979 et 1980, Québec, EHESS, 1981, p. 201) conclut que la proximité de Québec a peu d'influence sur le niveau d'exploitation des terres.
39. J.P. Hardy et D.T. Ruddel, *Les apprentis artisans à Québec 1660-1815*, Montréal, Presses de l'université du Québec, 1977, p. 25-29, 65-66; Peter N. Moogk, «Apprenticeship Indentures: A Key to Artisan Life in New France», La Société historique du Canada, *Communications historiques*, 1971, p. 69-73.
40. André Charbonneau, Yvon Desloges et Marc Lafrance, *Québec, ville fortifiée du XVII*e *au XIX*e *siècle*, p. 248-253.
41. Jacques Mathieu, *La construction navale royale à Québec, 1739-1759*, p. 82-84.
42. Réal Brisson, *La charpenterie navale à Québec sous le Régime français*, Québec, IQRC, 1983, p. 83-89; Marise Thivierge, «Les artisans du cuir à Québec (1660-1760)», *RHAF*, vol. 34, n° 3, décembre 1980, p. 346-348.
43. Dale Miquelon, *Dugard of Rouen*, p. 76.
44. Ainsi, à la fin du XVIIe siècle, la part des dépenses affectées à Québec à partir des fonds prélevés sur le Domaine peut atteindre 60% du budget colonial. La part de l'État du roi est peut-être aussi importante. Rémi Chénier, *L'urbanisation de la ville de Québec*, p. 206. Voir aussi Allana Reid, *The Development and Importance of the Town of Quebec*, p. 140-141, sur le rôle de Québec dans les finances coloniales. Sur les différents contrats d'approvisionnement, de construction et d'affrètement de l'État: Cameron Nish, *Les bourgeois-gentilshommes de la Nouvelle-France 1729-1748*, Montréal, Fides, 1968, p. 63-75; et

André Charbonneau *et al.*, *Québec, ville fortifiée*, p. 297-319.

45. W.J. Eccles, *Canada under Louis XIV*, p. 39-56; Émile Salone, *La colonisation de la Nouvelle-France*, p. 156-172.
46. Jean Hamelin, *Économie et société en Nouvelle-France*, Québec, PUL, p. 23-24 et 100; Roland Lamontagne, *Succès d'intendance de Talon*, Montréal, Leméac, 1964, p. 41-50; Jacques Girard, «Les industries de transformation de la Nouvelle-France», *Mélanges géographiques canadiens offerts à Raoul Blanchard*, Québec, PUL, 1959, p. 306-313; James Pritchard, *Ships, Men and Commerce: A Study of Maritime Activity in New France*, thèse de doctorat, University of Toronto, 1971, p. 124-126; M. Delafosse, «La Rochelle et le Canada au XVIIe siècle», *RHAF*, vol. 4 n° 4, mars 1951, p. 469-511; Réal Brisson, *La charpenterie navale à Québec*, p. 25-30.
47. W.J. Eccles, *Canada under Louis XIV*, p. 99-100; James Pritchard, *Ships, Men and Commerce*, p. 93-94.
48. Louise Dechêne, *Habitants et marchands de Montréal au XVIIe* siècle, Paris, Plon, 1974, p. 174 et 215-216; Louise Dechêne, «La croissance de Montréal au XVIIIe siècle», *RHAF*, vol. 27, n° 2, septembre 1973, p. 165-166; *Voyages du baron de La Hontan dans l'Amérique septentrionale*, p. 76.
49. James Pritchard, *Ships, Men and Commerce*, p. 157 et 227-231; Réal Brisson, *La charpenterie navale à Québec*, p. 35 et 220-223; André Charbonneau *et al.*, *Québec, ville fortifiée*, p. 245-247 et 303; Rémi Chénier, *L'urbanisation de la ville de Québec*, p. 115-116; Allana Reid, «Intercolonial Trade during the French Regime», *CHR*, vol. XXXII n° 3, septembre 1951, p. 236-251.
50. AN, Col. C[11]A 125: 365-370, «Liste générale des Intéressez en la compagnie de la colonie ...», Raudot, 1709. Sur la Compagnie de la colonie: Guy Frégault, *Le XVIIIe siècle canadien, études*, Montréal, HMH, 1968, p. 242-288.
51. Jean Hamelin, *Économie et société*, p. 29 et 50; James Pritchard, *Ships, Men and Commerce*, p. 252-267.
52. André Charbonneau *et al.*, *Québec, ville fortifiée*, p. 303.
53. Jean Hamelin, *Économie et Société*, p. 29; Guy Frégault, *Le XVIIIe siècle canadien*, p. 310-311; Gustave Lanctot, *Histoire du Canada. Du Traité d'Utrecht au Traité de Paris, 1713-1763*, Montréal, Beauchemin, 1965, p. 16-17; Allana Reid, *The Development and Importance of the Town of Quebec*, p. 207-208. Des 73 actionnaires québécois de la Compagnie de la colonie qui ont souscrit plus de 1000 livres, l'intendant Raudot, en 1709, juge que 43 sont insolvables, endettés ou sans bien (AN, Col. C[11]A 125: 365-370).
54. James Pritchard, *Ships, Men and Commerce*, p. 268-278; Allana Reid, «Intercolonial Trade during the French Regime», p. 238-239.
55. Réal Brisson, *La charpenterie navale à Québec*, p. 75, 224-225; Marise Thivierge, «Les artisans du cuir à Québec (1660-1760)», p. 343-347.
56. Guy Frégault, *Le XVIIIe siècle canadien*, p. 316-321; Gustave Lanctot, *Histoire du Canada. Du Traité d'Utrecht au Traité de Paris*, p. 18; Jean Lunn, *Economic Development in New France*, p. 388-396; Guy Frégault, *La civilisation de la Nouvelle-France 1713-1744*, Montréal, Fides, 1969, p. 77; AN, Col. C[11]A 36v: 43-44. «Mémoire Instructif de Sa Majesté pour le Gouverneur et l'Intendant du Canada».
57. Jacques Mathieu, *Le commerce entre la Nouvelle-France et les Antilles*, p. 152-153; James Pritchard, *Ships, Men and Commerce*, p. 352; Réal Brisson, *La charpenterie navale à Québec*, p. 226-227.
58. André Charbonneau *et al.*, *Québec, ville fortifiée*, p. 47-49; Louise Dechêne, «La croissance de Montréal au XVIIIe siècle», p. 167.
59. La valeur du commerce de la colonie passe de 2 817 742 livres en 1730 à 4 880 048 livres en 1743. La colonie atteint même pendant quelques années un équilibre commercial favorable. Jean Lunn, *Economic Development in New France*, p. 477, signale les imperfections de ces chiffres. Cameron Nish, (*Les bourgeois-gentilshommes*, p. 31) considère

que les chiffres de l'exportation sont sous-estimés.

60. Voir Jacques Mathieu, *Le commerce entre la Nouvelle-France et les Antilles*, p. 90-92, 157, 214-225; Allana Reid, *The Development and Importance of the Town of Quebec*, p. 240-242; Guy Frégault, *La civilisation de la Nouvelle-France*, p. 80-81; James Pritchard, *Ships, Men and Commerce*, p. 262-270; Jean Hamelin, *Économie et Société*, p. 58.
61. Jacques Mathieu, *Le commerce entre la Nouvelle-France et les Antilles*, p. 112-121.
62. Réal Brisson, *La charpenterie navale à Québec*, p. 111-112, 199-200; Jacques Mathieu, *Le commerce entre la Nouvelle-France et les Antilles*, p. 218.
63. Jacques Girard, «Les industries de transformation de la Nouvelle-France», p. 314-318; Jean Lunn, *Economic Development in New France*, p. 94; Allana Reid, *The Development and Importance of the Town of Quebec 1608-1763*, p. 233-261.
64. Jean Lunn, *Economic Development in New France*, p. 96-101; Jacques Mathieu, *Le commerce entre la Nouvelle-France et les Antilles*, p. 159.
65. James Pritchard, *Ships, Men and Commerce*, p. 388-429.
66. *Ibid.*; Jacques Mathieu, *Le commerce entre la Nouvelle-France et les Antilles*, p. 87.
67. Pendant la guerre, les Amérindiens affluent à Québec. En 1747, par exemple, ils sont 2000, campés près de la ville, qu'il faut nourrir, armer et vêtir. Guy Frégault, *Le XVIIIe siècle canadien*, p. 334.
68. James Pritchard, *Ships, Men and Commerce*, p. 431-469; J.F. Bosher, «Joseph Cadet», *DBC*, tome IV, p. 134-139.
69. Jacques Mathieu, *La construction navale royale à Québec, 1739-1759*, p. 70-71, 79; Jean Hamelin, *Économie et Société*, p. 116-117.
70. André Charbonneau *et al.*, *Québec, ville fortifiée*, p. 302-306.
71. Guy Frégault, *Le XVIIIe siècle canadien*, p. 336.
72. Sur les profiteurs de guerre, il faut toujours lire Guy Frégault, *François Bigot, administrateur français*, Ottawa, IHAF, 1948, 2 volumes, mais aussi la biographie révisionniste de J.F. Bosher et J.-C. Dubé, «François Bigot», *DBC*, tome IV, p. 65-77.
73. P. De Charlevoix, *Histoire de la Nouvelle-France*, tome III, *Journal d'un voyage fait par ordre du Roi dans l'Amérique septentrionale*, Paris, Nyon fils, 1744, p. 78-79; H.R. Casgrain (dir.), *Journal du marquis de Montcalm durant ses campagnes en Canada de 1756 à 1759*, Québec, L.J. Demers, 1895, p. 145.
74. Voir les tableaux 10 et 11.
75. Hubert Charbonneau, (*Vie et mort de nos ancêtres, étude démographique*, Montréal, PUM, 1975, p. 33-39) fait un bilan critique des études sur le mouvement migratoire.
76. Malgré le fait que les limites de la paroisse sont définies depuis 1664, les baptêmes et sépultures qui y sont enregistrés (jusqu'en 1683) proviennent souvent des côtes voisines de Québec comme Beauport, Charlesbourg et la Pointe-Lévy même s'ils sont désignés comme étant «dans cette paroisse». Marcel Trudel, *La population du Canada en 1663*, p. 19 à 22.
77. Silvio Dumas, *Les filles du roi en Nouvelle-France, étude historique avec répertoire biographique*, Québec, La Société historique de Québec, 1972, 382 pages. En nous basant sur le répertoire de Dumas, 50% des 774 filles du roi qui arrivent au Canada entre 1663 et 1673 prennent époux à Québec.
78. Rémi Chénier, *L'urbanisation de la ville de Québec, 1660-1690*, p. 187-195. Voir aussi Hubert Charbonneau, Yolande Lavoie et Jacques Légaré, «Le recensement nominatif du Canada en 1681», *Histoire sociale*, n° 7, avril 1971, p. 77-98.
79. Québec, Législature, *Jugements et délibérations du Conseil souverain de la Nouvelle-France* (JDCS), Québec, A. Côté, 1885-1891, vol. II, p. 871, 26 avril 1683.
80. AN, Outre-Mer, DFC, n° d'ordre 390, Mémoire de Morville, 1715.
81. Sur les épidémies: P.G. Roy, «Les épidémies à Québec», *BRH*, vol. XLIX, n° 7, juillet 1943, p. 206-209; Arthur Vallée, *Un biologiste canadien, Michel*

Sarrazin, 1659-1735, Québec, Ls-A. Proulx, 1927, p. 52-56; François Rousseau, *L'œuvre de chère en Nouvelle-France, Le régime des malades à l'Hôtel-Dieu de Québec*, Québec, PUL, 1983, p. 34-38.

82. Les statistiques sur les naissances et les décès enregistrés à Notre-Dame de Québec et à l'Hôtel-Dieu, qui précèdent et qui suivent, ont été tirées de Hubert Charbonneau et Jacques Légaré, *Répertoire des actes de baptême, mariage, sépulture et des recensements du Québec ancien*, volumes 1, 3, 8 et 18, Montréal, PUM, 1981. Notre travail d'analyse a été grandement facilité grâce à la collaboration d'Yvon Desloges qui nous a donné accès à ses compilations.
83. Louise Dechêne, «La croissance de Montréal au XVIIIe siècle», p. 167; Jean Hamelin, *Économie et société en Nouvelle-France*, p. 115; J.P. Hardy et D.T. Ruddel, *Les apprentis artisans à Québec, 1660-1815*, p. 30-40.
84. Ces données proviennent d'une étude en préparation par Yvon Desloges. Nous le remercions de nous avoir donné accès à son manuscrit.
85. AN, Col. C[11]A 57:191, Beauharnois et Hocquart au Ministre, 15 octobre 1732.
86. Jean Elizabeth Lunn, *Economic Development in New-France, 1713-1760*, p. 7-10, 441-442; Jean Hamelin, *Economie et société*, p. 87-88; Paul-Émile Renaud, *Les origines économiques du Canada: l'œuvre de la France*, Mamers, Gabriel Enault, 1928, p. 284-287; Réal Brisson, *La charpenterie navale à Québec sous le Régime français*, p. 111-112; Marise Thivierge, «Les artisans du cuir à Québec (1660-1760)», p. 346-347; Eileen Marcil, *Les tonneliers du Québec*, collection Mercure, n° 34, Ottawa, Musée national de l'Homme, 1983, p. 69-70; J.P. Hardy et D.T. Ruddel, *Les apprentis artisans à Québec*, p. 30-40.
87. Sur la disette, le chômage et le problème des mendiants: AN, Col. C[11]A 60:40-44, Hocquart au Ministre, 3 octobre 1733; 68:237v, Michel au Ministre, 19 octobre 1737; 69:191-199, Hocquart au Ministre, 12 mai 1738; 78:308 et 410, Évêque de Québec au Ministre, 22 et 25 août 1742; 82:236, même au même, 30 octobre 1744.
88. *Édits et ordonnances*, vol. II, p. 399, 20 avril 1749.
89. Selon Francine Barry, plus de 65% des domestiques féminines identifiées au recensement de 1744 dont le lieu de résidence et la profession du père sont connus sont des filles d'habitants résidant à l'extérieur des limites de Québec. («Familles et domesticité féminine au milieu du 18e siècle», dans Nadia Fahmy-Eid et Micheline Dumont, *Maîtresses de maison, maîtresses d'école. Femmes, famille et éducation dans l'histoire du Québec*, Montréal, Boréal Express, 1983, p. 228-229).
90. AN, Col. C[11]A 98:264-265, Bigot au Ministre, 25 octobre 1752.
91. André Charbonneau, Yvon Desloges et Marc Lafrance, *Québec, ville fortifiée du XVIIe au XVIIIe siècle*, p. 256-262; Gilles Proulx, *Soldat à Québec, 1748-1759*, Travail inédit n° 242, Ottawa, Parcs Canada, 1978, p. 10-11; AN, Col. C[11]A 95:335-336, La Jonquière au Ministre, 1er novembre 1750.
92. Sur l'arrivée de soldats, d'Acadiens et de prisonniers anglais à Québec: «Le Journal de M. de Bougainville», *RAPQ*, 1923-1924, p. 243-244; ASQ, Séminaire 7 n° 72A, «Journal (par M. Récher, ptre)»; P.G. Roy, *La ville de Québec sous le Régime français*, II, p. 249-250, 267-268, 285-288, 295-296; «Lettres de Doreil», *RAPQ*, 1944-1945, p. 3-171, *passim*; Gilles Archambault, «La question des vivres au Canada au cours de l'hiver 1757-1758», *RHAF*, XXI (1967-1968), p. 27-29.
93. Gilles Proulx, *Soldat à Québec*, p. 62-71.
94. Christian Rioux, *Quelques aspects des effets sociaux et urbains de la présence d'une garnison britannique à Québec entre 1759 et 1871*, Rapport sur microfiches #112, Ottawa, Parcs Canada, 1983, p. 28-31.
95. Guy Frégault, *Le XVIIIe siècle canadien*, p. 98-104.
96. Ce rapport est basé sur l'ensemble de la population. Si nous éliminons les enfants de moins de 15 ans, le rapport s'établit ainsi: un religieux pour 26

hommes; une religieuse pour 8,5 femmes en 1737.

97. Guy Frégault, *Le XVIIIe siècle canadien*, p. 131.
98. Cornelius J. Jaenan, *The Role of the Church in New France*, Toronto, McGraw-Hill Ryerson, 1976, p. 99-101, 117 et 156; Lionel Groulx, *Histoire du Canada français*, tome I, Montréal, Fides, 1960, p. 313; Gérard Filteau, *La naissance d'une nation*, Montréal, Éditions de l'ACF, 1937, p. 100-105; Noël Baillargeon, *Le Séminaire de Québec de 1685 à 1760*, Québec, PUL, 1977, p. 264-265; Micheline D'Allaire, «Origine sociale des religieuses de l'Hôpital Général de Québec (1692-1764)», *RHAF*, vol. XXIII, n° 4, mars 1970, p. 566-570; 576-579; Pierre Hurtubise, «Origine sociale des vocations canadiennes de Nouvelle-France», Société canadienne d'histoire de l'Église catholique, *Session d'étude 1978*, p. 53-55.
99. Cornelius Jaenan, *The Role of the Church in New France*, p. 39-54; Guy Frégault, *Le XVIIIe siècle canadien*, p. 114-122; Allana Reid, *The Development and Importance of the Town of Quebec, 1608-1760*, p. 335-337; Henri Têtu, «Le chapitre de la cathédrale de Québec et ses délégués en France», *BRH*, vol. 13, n° 8, août 1907, p. 232-233; Lucien Campeau, *L'évêché de Québec (1674)*, p. 80-81.
100. Cornelius Jaenan, *The Role of the Church in New France*, p. 128-131, 153-154; Allana Reid, *The Development and Importance of the Town of Quebec*, p. 332-337; Marie-Aimée Cliche, *La Confrérie de la Sainte-Famille à Québec, 1663-1763*, mémoire de maîtrise, Université Laval, Québec, 1976, p. 38-82.
101. Il s'agit de Guillaume Couillard (1654), Robert Giffard (1658), Louis Couillard de Lespinay (1668), Simon Denys de La Trinité (1668), Nicolas Dupont de Neuville (1669), Nicolas Juchereau de Saint-Denis (1692) et Charles Aubert de La Chesnaye (1693).
102. Nos constatations sur la noblesse sont surtout le résultat de notre lecture des biographies de divers membres des familles nobles dans le *DBC*, volumes I à IV, et des nombreux articles de P.G. Roy sur les familles canadiennes du Régime français.
103. W.J. Eccles, «The Social, Economic and Political Significance of the Military Establishment in New France», *CHR*, vol. III, n° 1, mars 1971, p. 8-10.
104. Nos compilations sont basées sur les données fournies dans P.G. Roy, *Inventaire des jugements et délibérations du Conseil supérieur de la Nouvelle-France de 1717 à 1760* (IJDCS), Beauceville, L'Éclaireur, 1935, vol. 6, p. 159-181; J.B. Gareau, «La prévôté de Québec, ses officiers, ses registres», *RAPQ*, 1943-1944, p. 60-125; André Lachance, *La justice criminelle du Roi au Canada au XVIIIe siècle*, Québec, PUL, 1978, p. 27-51.
105. Le statut social du «seigneur» sous le Régime français est contesté par les historiens. Pour Louise Dechêne, (*Habitants et marchands*, p. 381 et 409-410), et pour R.C. Harris, (*The Seigneurial System in Early Canada*, p. 44-45), la seigneurie n'est pas un critère de regroupement social, et son acquisition ne représente pas une ascension sociale. Pour Fernand Ouellet, («Propriété seigneuriale et groupes sociaux dans la vallée du Saint-Laurent (1663-1840)», *Revue de l'Université d'Ottawa*, vol. 47, n° 1-2, janvier-avril 1977, p. 210), la propriété seigneuriale est un attribut presque essentiel du noble. Nos données sur la recherche avide de seigneuries par les nobles proviennent essentiellement de la lecture de biographies de membres de la noblesse dans le *DBC*.
106. Fernand Ouellet, («Propriété seigneuriale et groupes sociaux dans la vallée du Saint-Laurent (1663-1840)», p. 189) est de l'avis que la noblesse n'est probablement pas si pauvre que peut laisser croire l'étude des inventaires après décès. De fait, les inventaires des nobles de Québec au XVIIIe siècle sont généralement très incomplets et englobent rarement leurs biens à l'extérieur de la ville.

107. André Charbonneau, Yvon Desloges et Marc Lafrance, *Québec, ville fortifiée du XVIIe au XIXe siècle*, p. 255-260, 303-305; Yvon Desloges, *L'habitat militaire à Québec au XVIIIe siècle*, Travail inédit n° 431, Parcs Canada, 1980, p. 44-45, 153-155; P.G. Roy, «Les chicanes de préséance sous le Régime français», *Les cahiers des Dix*, 1941, p. 67-81.
108. Guy Frégault, *Le XVIIIe siècle canadien*, p. 188-194; André Lachance, *La justice criminelle du Roi*, p. 33-40.
109. Les gens de robe suivants font des affaires considérables: Denis Riverin, Pierre André de Leigne, Jacques de Lafontaine Belcour, Nicolas Lanouiller de Boisclerc, François-Étienne Cugnet, Guillaume Estèbe, Joseph Perthuis, Jacques Michel Bréard. Voir le *DBC*, volumes I à IV.
110. Voir à ce sujet l'article de J.F. Bosher, «Government and private interests in New France», *Canadian Public Administration*, Toronto, 1967, p. 244-257.
111. Voir les biographies suivantes: Fernand Grenier, «Charles Bazire», *DBC*, I, p. 87; S. Dale Standen, «Nicolas Lanouiller de Boisclerc», *DBC*, III, p. 380-381; André Lachance, «Jacques Imbert», *DBC*, III, p. 322-323; Cameron Nish, «François Étienne Cugnet», *DBC*, III, p. 162-165; J.F. Bosher, «Jacques Michel Bréard», *DBC*, IV, p. 99-100.
112. André Vachon, *Histoire du notariat canadien*, 1621-1960, Québec, PUL, 1962, p. 42-46.
113. Jean Hamelin, *Économie et société en Nouvelle-France*, p. 132-133; W.J. Eccles, *Canada under Louis XIV, 1663-1701*, p. 209-210; Donald Horton, *Gilles Hocquart, Intendant of New France, 1729-1748*, thèse de doctorat, Montréal, McGill University, 1975, p. 54-62; Jacques Mathieu, *Le commerce entre la Nouvelle-France et les Antilles*, p. 70-71.
114. Sur l'activité des principales maisons de commerce françaises dans la colonie, James Pritchard, *Ships, Men and Commerce, passim*. J.F Bosher («French Protestant Families in Canadian Trade, 1740-1760», *Histoire sociale*, vol. VII, n° 14, novembre 1974, p. 179-201) analyse le réseau des entreprises protestantes françaises faisant le commerce avec le Canada; voir aussi Dale Miquelon, «Denis Goguet», *DBC*, IV, p. 329-330; J.F Bosher, «A Quebec Merchants Trading Circles in France and Canada: Jean André Lamaletie before 1763», *Histoire sociale*, vol. X, n° 19, mai 1977, p. 24-44.
115. Marc-André Bédard, *Les protestants en Nouvelle-France*, Québec, La Société historique de Québec, 1978, p. 26-38; Claude de Bonnault, «Les protestants au Canada avant 1760», *BRH*, vol. 63, n° 1, 1957, p. 20-21; J.F. Bosher, «French Protestant Families in Canadian Trade, 1740-1760», p. 179-201.
116. Dale Miquelon, *Dugard of Rouen, French Trade to Canada and the West Indies*, p. 70-72 et «François Havy», *DBC*, III, p. 300-304. Même les communautés religieuses, tout en admettant qu'elles abhorrent les protestants, peuvent faire affaire avec les négociants huguenots. Jean Mathieu Mounier est considéré comme huguenot des plus «entêtés» mais aussi comme «honnête homme» par la mère Duplessis de Sainte-Hélène, qui le charge d'ailleurs de ravitailler l'Hôtel-Dieu de marchandises de France. Claude de Bonnault, «Les protestants au Canada avant 1760», p. 18.
117. Voir Jean Hamelin, *Économie et société en Nouvelle-France*, p. 127 et 136.
118. Nos données sur la fortune des Québécois sont basées sur l'étude de leurs inventaires après décès. Nous remercions Yvon Desloges, qui prépare une étude sur Québec au XVIIIe siècle à partir des inventaires après décès, pour sa collaboration étroite et l'accès à ses données.
119. AN, Col. C[11]A 37:202-203, Mathieu B. Collet au Conseil de la marine, 11 mai 1717; 204-205, «Projet d'arrest qui permet aux Négocians de Québec et de Montréal de s'assembler», 1717. Les négociants, sur l'initiative de Charles Perthuis et de Nicolas Pinaud,

se cotisent dès 1708 pour louer une maison pour servir de lieu de «Bourse». AN, Col. C[11]G3:193v, Raudot au Ministre, 15 novembre 1708.

120. Jacques Mathieu, *Le commerce entre la Nouvelle-France et les Antilles au XVIII*e *siècle*, p. 64-66; voir les requêtes des négociants dans AN, Col. C[11]A 40:264 (1719); 46:51-53 (1724); 49:52 (1727); 49:166 (1727); 50: 77-78 (1728).

121. Voir José Igartua, «Pierre Trottier Desauniers», *DBC*, III, p. 683-684 et «François Martel de Brouage», *DBC*, III,p. 467-469; P.G. Roy, «La famille Martel de Brouage», *BRH*, vol. 40, 1934, p. 513-549; Roland Auger, «Étienne Charest», *DBC*, IV, p. 152-153.

122. En 1744 on dénombre quelque 200 cabaretiers, navigateurs et charretiers à Québec. Ces gens ne sont pas proprement des artisans mais au niveau social et économique, ils se rapprochent plus de ces derniers que du groupe des marchands et négociants.

123. Sur la question des associations de gens de métier: J.P. Hardy et D.T. Ruddel, *Les apprentis artisans à Québec, 1660-1815*, p. 18-21; et Peter N. Moogk, «In the Darkness of a Basement, Craftsmen's Associations in Early French Canada», *CHR*, vol. LVII, nº 4, décembre 1976, p. 404-417.

124. Voir Marise Thivierge, «Les artisans du cuir au temps de la Nouvelle-France, Québec, 1660-1760», dans *Les métiers du cuir*, sous la direction de Jean Claude Dupont et Jacques Mathieu, Québec, PUL, 1981, p. 26-33; A.J.H. Richardson, Geneviève Bastien, Doris Dubé et Marthe Lacombe, *Quebec City: Architects, Artisans and Builders*, Ottawa, Musée national de l'Homme et Parcs Canada, 1984, *passim*; Russell Bouchard, *Les armuriers de la Nouvelle-France*, Québec, MAC, 1978, *passim*; Réal Brisson, *La charpenterie navale à Québec sous le Régime français*, p. 139; Jean Trudel, *L'orfèvrerie en Nouvelle-France*, Ottawa, Galerie nationale du Canada, 1974, p. 33-36.

125. C'est ce que nous laisse entendre l'intendant Bigot par son ordonnance du 21 avril 1749, ANQQ, NF2, cahier 36:70.

126. Marise Thivierge, *Les artisans du cuir au temps de la Nouvelle-France*, p. 19-20 et 41; Peter Moogk, *The Craftsmen of New France*, thèse de doctorat, University of Toronto, 1973, p. 231; J.P. Hardy et D.T. Ruddel, *Les apprentis artisans à Québec*, p. 49 à 65; Réal Brisson, *La charpenterie navale à Québec*, p. 14-15; 83-88; A.J.H. Richardson *et al.*, *Quebec City...*, p. 2-3.

127. J.P. Hardy et D.T. Ruddel, *Les apprentis artisans à Québec*, p. 29, 66; Eileen Marcil, *Les tonneliers du Québec*, Ottawa, Musée national de l'Homme, 1983, p. 70-76; Marise Thivierge, *Les artisans du cuir au temps de la Nouvelle-France*, p. 33-36.

128. Marise Thivierge, *Les artisans du cuir au temps de la Nouvelle-France*, p. 14 à 21.

129. Rémi Chénier, *L'urbanisation de la ville de Québec, 1660-1690*, p. 117-142; André Charbonneau, Yvon Desloges et Marc Lafrance, *Québec, ville fortifiée du XVII*e *au XIX*e *siècle*, p. 244-253; Peter N. Moogk, *Building a House in New France*, p. 88-107.

130. Réal Brisson, *La charpenterie navale à Québec*, p. 115-119, 181-182.

131. Sur les prérogatives de rang dans les métiers en France: Roland Mousnier, *Les hiérarchies sociales de 1450 à nos jours*, p. 62-63 et Pierre Goubert, *Cent mille provinciaux au XVII*e *siècle*, Paris, Flammarion, 1968, p. 302-312. Il n'y a pas de doute que l'ordonnance des métiers, d'ailleurs variable d'une région française à une autre, est beaucoup simplifiée et aplanie par la nature même de la colonisation française du Canada, mais il reste qu'elle subsiste dans une certaine mesure. Voir Peter N. Moogk, *The Craftsmen of New France*, p. 260-284, et «Rank in New France: Reconstructing a Society from Notarial Documents», *Histoire sociale*, vol. VII, nº 15, mai 1975, p. 33-50.

132. Voir note 118.

133. Voir entre autres: AN, Col. C[11]A 5:51, Duchesneau au Ministre, 10 novembre 1679; APC, MG2, B[1], vol. 19, p. 171-177v, lettre de l'évêque de Québec, 7 octobre 1716, C[11]A 93:399-400v, Bigot au Ministre, 2 novembre 1749.
134. AN, Col. C[11]A 56:166v-167, Evêque de Québec au Ministre, 4 septembre 1731.
135. Sixte Le Tac, *Histoire chronologique de la Nouvelle-France ou Canada*, p. 26.
136. JDCS, I, p. 18-19, 10 octobre 1663; p. 126, 1er mars 1664; Henri Raymond Casgrain, *Histoire de l'Hôtel-Dieu de Québec*, Québec, Brousseau, 1878, p. 262-265.
137. Les mendiants sont particulièrement nombreux à partir de 1676; on en dénombre alors 300 à Québec qui vivent de la charité d'une population d'un peu plus de 1000 habitants (JDCS, II, p. 30, 31 août 1676). Les références à la pauvreté générale de la population à la fin du XVIIe siècle sont nombreuses. Voir entre autres: AN, Col. C[11]A 6:59-61, La Barre au Ministre, 1682; 7:94v, Denonville au Ministre, 13 novembre 1685; 106:275, «Mémoire touchant l'établissement d'un second couvent ou hospice des Récollets dans Québec», C. 1685; B 12:27v, Mémoire du Roi à Denonville, 31 mai 1686; Laval au Ministre, 12 novembre 1682, *BRH*, vol. XLVI, n 3, mars 1940, p. 67; «Mémoire instructif sur le Canada», 12 mai 1691, *RAPQ*, 1939-1940, p. 299.
138. Allana G. Reid, «The First Poor Relief System of Canada», *CHR*, XXVII, 4, (décembre 1946), p. 425-430; Micheline D'Allaire, *L'Hôpital Général de Québec, 1692-1764*, p. 3-6; André Lachance, «Le Bureau des Pauvres de Montréal», 1698-1699, *Histoire sociale*, 4, (novembre 1969), p. 100-107.
139. La misère au XVIIIe siècle est évoquée dans Guy Frégault, *La civilisation de la Nouvelle-France*, p. 20-23, 54-56, 70-72; Terence Crowley, «Thunder Gusts: Popular Disturbances in Early French Canada», *Communications historiques*, Saskatoon, La Société historique du Canada, 1979, p. 11-32, aborde la question des émeutes et soulèvements populaires.
140. AN, Col. C[11]A 18:120, Callières et Champigny au Ministre, 10 octobre 1700; 19:25, Callières et Champigny au Ministre, 31 octobre 1701; JDCS, IV, p. 394, 15 février 1700; p. 506, 22 novembre 1700; p. 563, 25 avril 1701; *BRH*, XXII, 7, juillet 1916, p. 218-219, Mémoire de Le Roy de la Potherie, 1701-1702; Jean Elizabeth Lunn, *Économic Development in New France, 1713-1760*, p. 95; Jean Hamelin, *Économie et société*, p. 61; Vaudreuil et Bégon au Ministre, 20 septembre 1714, *RAPQ*, 1947-1948, p. 286; ANQQ, NF2, cahier 6:147[v]148, ordonnance de Bégon, 4 janvier 1715, AN, Marine, B[1], 8:489, Délibération du Conseil de la marine sur la lettre de Saint-Vallier du 30 octobre 1715; APC, MG5, B[1], vol. 7, p. 57-58, La Martinière au duc de Saint-Simon, 20 octobre 1715.
141. AN, Col. C[11]A 60:40-44, Hocquart au Ministre, 3 octobre 1733; 131-132, Hocquart au Ministre, 18 octobre 1733.
142. AN, Col. C[11]A, 68:237, Michel au Ministre, 19 octobre 1737; 69:191-199, Hocquart au Ministre, 12 mai 1738. Selon mère Duplessis de Sainte-Hélène, il y aurait eu des habitants qui seraient morts de faim en 1737. Lettre à Mme Hecquet, 17 octobre 1737, *Nova Francia* III, 4, avril 1928, p. 229.
143. AN, Col. C[11]A 80:246-248, Hocquart au Ministre, 30 octobre 1743; 78:308, 410, 431-432v, lettres de Pontbriand au Ministre, 22 et 25 août 1742 et 4 novembre 1743; 35:36, La Jonquière au Ministre, 5 mai 1751; 98:111-113, Bigot au Ministre, 8 mai 1752; 141v, Bigot au Ministre, 9 septembre 1752. Voir aussi les lettres de mère Duplessis de Sainte-Hélène du 30 octobre 1744 et du 30 septembre 1750, *Nova Francia* III, n° 5, juin 1928, p. 294-295 et n° 6, août 1928, p. 355-356.
144. Mère de Sainte-Hélène à Mme Hecquet, 20 octobre 1758, *Nova Francia* IV, 2 avril 1929, p. 215.
145. ASQ, manuscrit n° 139, «Rôle de l'imposition pour l'entretien des Ca-

zernes pour l'année 1755». Nous insistons sur les limites de cette analyse car les métiers des personnes recensées dans le rôle ne sont données que dans de rares exceptions. De 1037 chefs de ménage énumérés, les métiers ou professions ont été identifiés dans environ 55% des cas grâce à différents recoupements avec d'autres sources. D'ailleurs, pour la catégorie de cotisation inférieure (3 à 9 livres) le pourcentage d'identification baisse à seulement 37,7%. Une première analyse de ce rôle de cotisation se trouve dans Yvon Desloges, *L'habitat militaire à Québec au XVIIIe siècle*, p. 135-161.

146. Voir les inventaires suivants dans ANQQ, greffe Barolet #3232, 16 février 1756 (Papie Lafleur); #3128, 10 avril 1755, (Marie Anne Caron — Jean Rasset); greffe Saillant #624, 24 janvier 1759 (Travers); greffe Sanguinet #845, 12 novembre 1756 (Charlant); greffe Dulaurent #1103, 29 janvier 1750 et #2063, 29 mars 1758 (Giraudet). D'autres inventaires de gens de métier cotisés à 3 livres en 1755 et décédés avant 1760 témoignent du même dénuement: greffe Barolet #3261, 31 mai 1756 (Louis Mainville dit Duchesne, boucher); greffe Dulaurent #1838, 22 avril 1755 (Paul David, boulanger); greffe Sanguinet #1155, 3 juillet 1758 (René Fourré dit Vadeboncoeur, menuisier).

147. ANQQ, greffe Decharnay #592, 23 avril 1759 (Thibault). Voir aussi greffe Sanguinet #860, 3 janvier 1757 (François Cliche, journalier).

148. Le rôle d'imposition de 1755 porte sur seulement 1003 ménages car il comporte plusieurs exemptions. Nous avons évalué la proportion de ménages cotisés à trois livres à partir de la population totale de la ville en 1755 (7215 habitants) ce qui représenterait environ 1443 ménages (PRO, CO42, vol. 24:16-16v).

149. ASQ, fonds Séminaire 7 n° 72A, «Journal (par M. Récher, ptre)», novembre 1757.

150. Cette partie sur le soldat provient essentiellement de Gilles Proulx, *Soldat à Québec*, étude résumée dans *RHAF*, vol. 32, n° 4, mars 1979, p. 535-563. Voir aussi, sur la criminalité du soldat: André Lachance, *Crimes et criminels en Nouvelle-France*, Montréal, Boréal Express, 1984, p. 105-112.

151. Cette partie sur les engagés est tirée de Louise Dechêne, *Habitants et marchands*, p. 63-73. Sur les esclaves à Québec voir Marcel Trudel, *L'esclavage au Canada français. Histoire et condition de l'esclavage*, Québec, PUL, 1960. Le nombre d'esclaves dans la colonie augmente à partir du début du XVIIIe siècle mais l'esclavage demeure néanmoins limité. Le recensement de 1744 énumère seulement 50 esclaves à Québec, 18 noirs et 32 amérindiens, chiffres sans doute en dessous de la réalité, mais qui, même corrigés, demeureraient très restreints.

152. Francine Barry, «Familles et domesticité féminine au milieu du 18e siècle», p. 231-235. Jacques Mathieu, «Un pays à statut colonial, 1701-1755», dans Jean Hamelin (dir.), *Histoire du Québec*, p. 225.

153. Voir les inventaires après décès de domestiques aux ANQQ, greffe Dubreuil, 10 mai 1715, (Vincent Chataignier), 31 mars 1750 (Anne Gagnon); greffe Dulaurent, 6 juin 1746 (Cécile Guimond); greffe Pinguet, 28 novembre 1735 (Nicolas Charest); greffe Panet, 28 avril 1746 (Catherine Laville); greffe Barolet, 13 mars 1753 (Charlotte Terrien).

154. Nous renvoyons pour l'ensemble de cette partie à André Charbonneau, Yvon Desloges et Marc Lafrance, *Québec, ville fortifiée* ....

155. AN, Col. C^11A7: 136-137, De Meulles au Ministre, 28 septembre 1685.

156. Les plans de Jean Bourdon de 1660 et 1663 montrent une soixantaine de maisons à la Basse-Ville. Entre 1663 et 1681, on érige 53 maisons. Voir Rémi Chénier, *L'urbanisation de la ville de Québec, 1660-1690*, p. 89, 113-115 et 393.

157. AN, Col. C[11]A57: 160-164, Beauharnois et Hocquart au Ministre, 15 octobre 1732; F3, 6:293, concession des battures au Séminaire, 29 octobre 1687; Outre-Mer, DFC, n° d'ordre 388, Mémoire de Beaucours, 14 novembre 1713; ANQQ, NF7, aveux et dénombrements, fief du Sault-au-Matelot, 20 octobre 1737; ASQ, fonds Lettres M, n° 59, Mémoire de M. Tremblay aux Messieurs du Séminaire, 1728; Honorius Provost, «La Canoterie, Essai de petite-histoire», *Le Canada français*, vol. 28, n° 10, juin 1941, p. 1064.
158. Jacques Mathieu, *Le commerce entre la Nouvelle-France et les Antilles au XVIIIe siècle*, p. 78; *La construction navale royale à Québec 1739-1759*, p. 21-24; AN, Col., F3, 13:262; Acquisitions d'emplacements au Cul-de-Sac, 15 mars 1747; AN, Outre-Mer, DFC, n° d'ordre 422 et 423, plans du Cul-de-Sac.
159. Michel Gaumond, *La Place Royale, ses maisons, ses habitants*, Québec, MAC, 1976, p. 15-17.
160. Groupe de recherche en histoire du Québec rural Inc., *Portraits du site et de l'habitat de Place Royale sous le Régime français: 1608-1760*, Québec, MAC, 1984, p. 44-53.
161. Louis Armand de Lom D'Arce de Lahontan, *Nouveaux voyages de M. le baron de Lahontan dans l'Amérique septentrionale ...*, La Haye, frères l'Honoré, 1704, tome I, p. 15-17.
162. Le groupe de recherche en histoire du Québec rural Inc., *Portraits du site et de l'habitat de Place Royale*, p. 73-79, 99-103.
163. ANQQ, NF7, aveux et dénombrements, fief du Sault-au-Matelot; ANQQ, NF7, aveux et dénombrements, censive du roi, 1743-1746; AN, Outre-Mer, DFC n° d'ordre 423, plan de 1744.
164. J.-C.B. *Voyage au Canada fait depuis l'an 1751 jusqu'en l'an 1761*, Aubier, Montaigne, 1978, p. 29. En 1755, on dénombre 31 ménages à Près-de-Ville. ASQ, manuscrit n° 139, «Rôle de l'imposition pour l'entretien des Cazernes pour l'année 1755».
165. AN, Col. C[11]A7: 136-137, De Meulles au Ministre, 28 septembre 1685.
166. Voir P.G. Roy (dir.), *Papier Terrier de la Compagnie des Indes Occidentales 1667-1668*, Beauceville, L'Éclaireur, 1931, p. 7 à 282; AN, Outre-Mer, DFC, n° d'ordre 343, «La ville Haute et Basse de Québec ...» 1670.
167. Archives du Monastère des Ursulines de Québec, plan d'une partie du terrain des Ursulines (lotissement et alignements approuvés par Frontenac), 25 juin 1674; AN, Col. C[11]A3: 235, Frontenac au Ministre, 2 novembre 1672; APC, MG5, B, 1, vol. 5(2), p. 98-99, Frontenac au Ministre, 13 novembre 1673.
168. ASQ, tiroir 213 n° 27, Plan du fief de la Fabrique Notre-Dame, paraphé Chartier de Lotbinière, 9 février 1674; AN, Outre-Mer, DFC, n° d'ordre 349 «Plan de la ville et Chasteau de Québec fait en 1685 ... », Robert de Villeneuve; n° d'ordre 434B, «Plan et Élévation de la ville de Québec [Beaucours]», 1693; Honorius Provost, *La censive Notre-Dame de Québec*, Québec, Société historique de Québec, 1954, p. 18-21; ANQQ, NF 10, cahier A pièce 4, procès-verbal d'alignement du 30 octobre 1681; Archives du Monastère de l'Hôtel-Dieu, pièce n° 2, procès-verbal d'alignement du 30 avril 1692.
169. ASQ, Seigneuries 13 n° 55, 57 et 63, ventes et concessions, fief du Sault-au-Matelot; ANQQ, NF 10, cahier A, pièces 51 et 52, alignements du 20 août 1696, 16 juin 1698.
170. Antoine Silvy, «Relation par lettres de l'Amérique septentrionale ...», 1709 dans P.G. Roy, *La ville de Québec sous le Régime français*, vol. II, p. 51-52.
171. ASQ, Seigneuries 13, n° 55-57 et 60-63, ventes et concessions, fief du Sault-au-Matelot; AN, Col. C[11]A57: 191, Beauharnois et Hocquart au Ministre, 15 octobre 1732; ANQQ, NF7, aveu et dénombrement, fief du Sault-au-Matelot, 20 octobre 1737.
172. ANQQ, NF7, aveu et dénombrement, fief du Cap-aux-Diamants, 17 mars

1740; André Charbonneau *et al.*, *Québec, ville fortifiée*, p. 358-362.

173. Voir Rémi Chénier, *L'urbanisation de la ville de Québec*, p. 436-437, tableau 39.

174. P.G. Roy, *Papier Terrier de la Compagnie des Indes Occidentales 1667-1668, passim*; Honorius Provost, *La censive Notre-Dame de Québec*, p. 18-21; Rémi Chénier, *L'urbanisation de la ville de Québec*, p. 142-176; Norma Lee et Marthe Lacombe, *Profil des maisons de la Côte du Palais*, Québec, Travail inédit n° 179, Parcs Canada, Ottawa, p. 4-9; Doris Dubé et Marthe Lacombe, *Inventaire des marchés de construction ..., passim.* Sur un total de 29 marchés passés à Québec entre 1663 et 1700 pour la Haute-ville, 23 (79%) sont en colombage. G.P. Léonidoff («L'habitat de bois en Nouvelle-France: son importance et ses techniques de construction», *Bulletin d'histoire de la culture matérielle»*, printemps, 1982, p. 33), signale que, dans la vallée laurentienne, ce type de construction (colombage) est essentiellement limité à la région de Québec et se développe surtout dans la ville de Québec au XVIIe siècle.

175. Sur un total de 92 marchés de construction passés pour des maisons en Haute-Ville entre 1700 et 1760, répertoriés dans Doris Dubé et Marthe Lacombe, *Inventaire des marchés de construction*, 84 (91%) sont des maisons en pierre.

176. Description basée sur ANQQ, NF7, aveux et dénombrements, Québec 1733-1746.

177. Marcel Trudel, *Le terrier du Saint-Laurent en 1663*, p. 241-244; AN, Col. C^11^A54: 183, Mémoire concernant les Récollets, 22 mars 1695.

178. Doris Dubé et Marthe Lacombe, *Inventaire des marchés de construction*, n°s 355-356, 845, 850, 1716 et 1722; ANQQ, NF7, aveux et dénombrements, Jésuites, 20 février 1733. Sur le passage de la rivière Saint-Charles et le droit exclusif des Jésuites: P.G. Roy, *Toutes petites choses du Régime français*, vol. I, p. 142-143. Au XVIIIe siècle, le passage de la rivière se fait à la Pointe-aux-Lièvres.

179. Jacques Mathieu, *La construction navale royale à Québec 1739-1759*, p. 17-20; Réal Brisson, *La charpenterie navale à Québec sous le Régime français*, p. 44-45; André Charbonneau *et al.*, *Québec, ville fortifiée*, p. 370-372.

180. ANQQ, NF7, aveux et dénombrements, Jésuites, 20 février 1733; Hôtel-Dieu, 3 juillet 1739.

181. Réal Brisson, *La charpenterie navale à Québec*, p. 122-123; André Charbonneau *et al.*, *Québec, ville fortifiée*, p. 373-375.

182. AN, Col., F3, vol. 2:358, Mémoire de Catalogne, 1715.

183. AN, Col., F3, vol. 13:193, ordonnance du roi, 28 avril 1745.

184. P.G. Roy (dir.), *Inventaire des concessions en fief et seigneurie ...*, vol. II, p. 54 et 95-96; *Papier terrier de la compagnie des Indes occidentales 1667-1668*, p. 169-173.

185. ANQQ, NF7, aveux et dénombrements, Pauvres de l'Hôtel-Dieu, 12 décembre 1739; ANQQ, greffe Jacques Pinguet n° 3553, inventaire après décès de Louise Lefebvre, épouse de Joachim Girard, 10 juin 1745. Girard retire alors 440 livres de rentes annuelles des ventes qu'il a consenties.

186. Il s'agit d'une évaluation à partir du rôle de cotisation de 1755 alors que 31 chefs de ménage sont cotisés. Il est à noter que la cartographie de Québec représente très mal le faubourg Saint-Jean après 1745 alors que les plans n'illustrent que 4 ou 5 maisons sur le chemin Saint-Jean. Seul un plan de 1759 donne une représentation vraisemblable de l'état du faubourg. (British Museum, Kings' Maps CXIX 27 plan 1, «Plan of Quebec with the Positions of the British and French Army's in the Heights of Abraham, 13th of Septr 1759»).

187. AN, Col. G2, vol. 215, contrôle de la Marine, Québec, n°s 143 à 268; ANQQ, NF7, extraits du papier terrier du Domaine du roi, juin 1726; aveux et dénombrements, Pauvres de l'Hôtel-

Dieu, 1739; APC, Collection nationale de cartes et plans, [Plans de propriétés sur la Grande Allée], 1er février 1734; AN, Col. C^11^A103: 528-570 et 592-602, extraits des registres du Bureau du Domaine à Québec, 1758, *passim*. Le rôle de cotisation de 1755 ne fait état que de neuf chefs de famille. Il faut ajouter par contre que quelques familles d'officiers du roi sont exemptées du rôle.

188. Marcel Trudel, *Le terrier du Saint-Laurent*, p. 244; ANQQ, greffe Chamballon, #869, inventaire de la communauté Aubert de la Chesnaye-Juchereau de la Ferté, 16 mai 1695.
189. Réal Brisson, *La charpenterie navale à Québec*, p. 45; André Charbonneau *et al.*, *Québec, ville fortifiée*, p. 424.
190. Voir Louise Dechêne, «La rente du faubourg Saint-Roch à Québec, 1750-1850», *RHAF*, vol. 34 n° 4, mars 1981, p. 572 et 582. Cet article explique toutes les subtilités du système des rentes foncières, rachetables et non rachetables en vigueur à Québec au XVIIIe siècle.
191. Les documents de l'époque mentionnent aussi les rues Sainte-Catherine, Saint-Jean-Baptiste, Sainte-Thérèse et Saint-Barthélemy. Honorius Provost, «Développement urbain de Québec jusqu'à 1760» dans F.X. Chouinard, *La ville de Québec, histoire municipale, I, Régime français*, Québec, La Société historique de Québec, 1963, p. 112.
192. Au rôle d'imposition de 1755, 131 chefs de famille du faubourg sont cotisés. Le papier terrier du Domaine en 1758 y dénombre 118 propriétaires. Louise Dechêne, «La rente du faubourg Saint-Roch», p. 572.
193. AN, Outre-Mer, DFC, n^o^ d'ordre 428, «Projet pour fortifier la basse-ville de Québec», Chaussegros de Léry, 20 octobre 1752.
194. Doris Dubé et Marthe Lacombe, *Inventaire des marchés de construction*, n°s 202, 332, 349, 358-359, 403 à 409, 896 à 904; AN, Col. C^11^A103: 528-570 et 592-02, Domaine d'Occident, 1758, *passim*; AN, Col. 52: 301-303V, Acte de vente d'Henri Hiché à Abel Olivier, 28 avril 1730.
195. ASQ, fonds Verreau, boîte 48, liasse 26 n 1 «A Description of the Town of Quebeck in Canada accompanied with a plan», Patrick Mackellar [1757].
196. Jeannine Laurent et Jacques St-Pierre, *Les forts et châteaux Saint-Louis 1620-1760*; Jacques Rousseau et Guy Béthune (dir.), *Voyage de Pehr Kalm au Canada en 1749*, Montréal, Pierre Tisseyre, 1977, p. 318; Bacqueville de la Potherie, *Histoire de l'Amérique septentrionale ...*, Paris, Nion et Didot, 1722, vol. 1, p. 242-243.
197. Voir P.G. Roy, *La ville de Québec sous le Régime français*, vol. 1, p. 179-180, 219-220, 231-232, 341-342 et 529-530; vol. II, p. 181-182; Luc Noppen, Claude Paulette et Michel Tremblay, *Québec trois siècles d'architecture*, Québec, Libre Expression, 1979, p. 156-157, 217-225. F.X. de Charlevoix, *Journal d'un voyage*, vol. III, p. 75; Jacques Rousseau et Guy Béthune (dir.), *Voyage de Pehr Kalm*, p. 239-240 et 318.
198. Bacqueville de la Potherie, *Histoire de l'Amérique septentrionale*, p. 233-234. Le pavillon ouest ne sera pas construit. Voir Raymonde Landry-Gauthier, *L'architecture civile et conventuelle à Québec 1680-1726*, mémoire de maîtrise, Université Laval, 1976, p. 80-84, 87-89, 92-94; et Henri Têtu, *Histoire du Palais épiscopal de Québec*, p. 32-35.
199. Honorius Provost, «Le Séminaire de Québec, terrains et constructions 1663-1700», *Revue de l'université Laval*, vol. XX, n° 1, septembre 1965, p. 3-23; Raymonde Landry-Gauthier, *L'architecture civile et conventuelle*, p. 73-75; F.X. Charlevoix, *Journal d'un voyage*, p. 74.
200. Raymonde Landry-Gauthier, *L'architecture civile et conventuelle*, p. 25-34; P.G. Roy, *La ville de Québec*, p. 159-160; Luc Noppen *et al.*, *Québec trois siècles d'architecture*, p. 208-209.
201. A.J.H. Richardson, «Guide to the architecturally and historically most significant buildings in the old city of Quebec ...», *Bulletin de l'APT*, vol. II,

nos 3-4, 1970, p. 17; Raymonde Landry-Gauthier, *L'architecture civile et conventuelle*, p. 118-126; Luc Noppen *et al.*, *Québec trois siècles d'architecture*, p. 34-35. La reconstruction du palais après l'incendie de 1725 marque aussi l'architecture notamment par les transformations prévoyant de protéger l'édifice contre le feu; le toit en mansarde disparaît en faveur d'un nouvel étage en maçonnerie et d'un toit à deux versants.

202. Sur l'urbanisme militaire à Québec: André Charbonneau *et al.*, *Québec, ville fortifiée*, p. 321-380. Sur les rues: Rémi Chénier, *L'urbanisation de la ville de Québec*, p. 107-108.

203. JDCS, III, p. 10, 4 février 1698; III, p. 327, 18 avril 1689; *Édits et ordonnances*, vol. II, p. 319, 7 juin 1727; ANQQ, NF10, cahier A, pièces 6 et 7, 5 et 8 septembre 1682; *Ordonnances et commissions*, vol. II, p. 158-160, ordonnance de l'intendant Demeulles, 28 juillet 1686; AN, Outre-Mer, DFC, no d'ordre 388, Mémoire de Beaucours, 14 novembre 1713.

204. *Ordonnances et commissions*, vol. 1, p. 130, 28 mars 1673; JDCS, III, p. 110, 27 mars 1687; III, p. 327, 18 avril 1689; III, p. 385, 30 janvier 1690; IV, p. 159, 22 février 1698; AN, Col. C11A66: 123v., Lanouiller Boisclerc au ministre, 28 octobre 1736; *RAPQ*, 1931-1932, LaPause «Description de Québec», p. 10; *RAPQ*, 1923-1924, Bougainville, «Mémoire sur l'état de la Nouvelle-France», p. 64; *RAPQ*, 1926-1927, p. 28, Frontenac au Ministre, 13 novembre 1673; AN, Col. C11A64: 265-266, Lanouiller de Boisclerc au Ministre, 31 octobre 1735; 96:42-42v Bigot au Ministre, 16 octobre 1740; Doris Dubé et Marthe Lacombe, *Inventaire des marchés de construction*, p. 49, marchés de pierre de pavage, 25 janvier 1750.

205. ASQ, fonds Faribault nos 129A, 129B et 130, requêtes des habitants au sujet du cours d'eau qui descend de la Haute à la Basse-Ville, 11 avril 1684, 10 avril 1687.

206. *Édits et ordonnances*, vol. II, p. 389, ordonnance du 14 août 1744; Jacques Rousseau et Guy Béthune (dir.), *Voyage de Pehr Kalm*, p. 317; AN, Col. C11A49:349, Dupuy au Ministre, 20 octobre 1727; 64:265-266. Boisclerc au Ministre, 31 octobre 1735.

207. Les recensements du XVIIIe siècle ne distinguent pas la ville de la banlieue. On ne peut donc pas évaluer le nombre d'animaux en ville.

208. JDCS, I, p. 187, 26 avril 1664; p. 355, 29 mai 1664; p. 395, 28 avril 1667; II, p. 63, 11 mai 1676; III, p. 66, 19 août 1686; p. 206, 1688; p. 870, 2 avril 1694; IV, p. 159, 22 février 1698; V, p. 233, 1er février 1706; P.G. Roy, *Inventaire des ordonnances des intendants*, III, p. 38, 8 avril 1743; *Édits et ordonnances*, I, p. 135, 20 avril 1714; II, p. 57, 30 avril 1730, III, p. 423, 8 mai 1706; ANQQ, NF19, vol. 51:93, ordonnance de Rouer d'Artigny, 22 octobre 1715; AN, Col. C11A55:8v-9, ordonnance de Hocquart, 7 mai 1731.

209. JDCS, II, p. 63, 11 mai 1676; III p. 110, 27 janvier 1687, V, p. 233, 1er février 1706; IV, p. 154, 22 février 1698; AN, Outre-Mer, DFC no d'ordre 388, 14 novembre 1713.

210. JDCS, II, p. 63, 11 mai 1676; V, p. 233, 1er février 1706; V, p. 336, 28 juin 1706; p. 344, 19 juillet 1706; p. 353, 2 août 1706; Doris Dubé et Marthe Lacombe, *Inventaire des marchés de construction*, p. 191, marché du 17 mars 1698; ANQQ, NF19, 95:10, ordonnance du 2 juin 1751; NF20, 13, no 1798, 16 décembre 1751.

211. JDCS, II, p. 63, 11 mai 1676; III, p. 870, 2 avril 1694.

212. Selon l'ingénieur Beaucours, la neige dans les rues de la Basse-Ville «amasse ordinairement six ou sept pieds de haut ce qui fait qu'il ne reste qu'un fort petit passage le long des maisons pour pouvoir y entrer et voir par les fenêtres». AN, Outre-Mer, DFC, no d'ordre 388, 14 novembre 1713.

213. AN, Col. C11A45: 401-403v, André DeLeigne au Ministre, 6 octobre 1723; ANQQ, NF25, 11 no 491, ordonnance

de Rouer d'Artigny, 8 mai 1714; P.G. Roy (dir.), *Inventaire des ordonnances des intendants*, II, p. 38, 8 avril 1743.

214. ANQQ, greffe Chamballon, 3 août 1701, marché pour nettoyer les rues de la Basse-Ville; P.G. Roy (dir.), *Inventaire des ordonnances des intendants*, I, p. 100, 16 avril 1700; ANQQ, NF2, 22, ordonnance du 8 mai 1734; AN, Col. C[11]A55:8v-9, ordonnance de Hocquart, 7 mai 1731; *Édits et ordonnances*, II, p. 380, 26 avril 1739; p. 403, 17 mai 1750; III, p. 471, 21 avril 1751. ANQQ, NF20, n° 1446, ordonnance de Daine, 13 avril 1746.

215. ANQQ, NF25, pièce 2742, requête d'Augustin Gilbert et autres, s.d.; AN, Col. C[11]A45: 401-403, André de Leigne au Conseil de la Marine, 6 octobre 1723; 64:265-266, Lanouiller de Boisclerc au Ministre, 31 octobre 1735.

216. Gustave Lanctot, «Le régime municipal en Nouvelle-France», *Culture*, vol. 9, 1948, p. 260-269.

217. Voir Pierre Goubert et Daniel Roche, *Les Français et l'Ancien Régime*, Paris, Armand Colin, 1984, vol. I, p. 152-154 et 262-265.

218. Gustave Lanctot, «Le régime municipal en Nouvelle-France», p. 114-125; Rémi Chénier, *L'urbanisation de la ville de Québec*, p. 27-34.

219. Cette analyse de la réglementation de police est basée sur le dépouillement des jugements et de délibérations du Conseil souverain, des ordonnances des intendants et de celles du lieutenant général de la prévôté. Pour la réglementation de la vie économique voir aussi Rémi Chénier, *L'urbanisation de la ville de Québec*, p. 212-218; Peter N. Moogk, *The Craftsmen of New France*, p. 37-68; Gustave Lanctot, «Le régime municipal en Nouvelle-France», p. 272-275; et F.X. Chouinard, *La ville de Québec histoire municipale, I, Régime français*, p. 46 à 55 et 91 à 98.

220. P.G. Roy, «Les exécutions capitales et les charretiers de Québec», *BRH*, vol. XXIX, n° 6, juin 1923, p. 187-188; JDCS, V, p. 233, 1er février 1706; AN, Col. F3, 11:67, ordonnance du 21 mai 1727; C[11]A 92:17, ordonnance du 27 avril 1747; *Édits et ordonnances*, vol. II, p. 399, 28 décembre 1748; ANQQ, NF2, cahier 36 fol. 70-77, 21 avril 1749.

221. Voir P.G. Roy, «La protection contre le feu à Québec sous le régime français», *BRH*, vol. XXX, n° 5, mai 1924, p. 129 à 140; et «Les conflagrations à Québec sous le Régime français», *BRH*, vol. XXXI n° 3, mars 1925, p. 65 à 76 et 97 à 103.

222. JDCS, II, p. 63, 11 mai 1676; IV, p. 159, 22 février 1698, V, p. 233, 1er février 1706; *Édits et ordonnances*, III, p. 424, 22 août 1708; p. 446-449, 22 novembre 1726; II, p. 399, 20 avril 1749; *Inventaire des ordonnances*, I, p. 53, 25 mars 1708; p. 97, 22 mars 1710. Voir aussi Raymond Boyer, *Les crimes et châtiments au Canada français du XVII*e *au XX*e *siècle*, p. 315-410; André Lachance, *Crimes et criminels en Nouvelle-France*, p. 53-65.

223. Nous avons analysé près d'une trentaine de règlements ou ordonnances concernant les cabarets aux XVIIe et XVIIIe siècles.

224. JDCS, I, p. 966, 5 août 1675; p. 978, 26 août 1675; p. 985, 28 août 1675; III, p. 12, 11 février 1686; p. 870, 2 avril 1694; IV p. 506, 22 novembre 1700; V p. 281, 22 mars 1706; Rémi Chénier, *L'urbanisation de la ville de Québec*, p. 56-58.

225. Nous n'avons relevé que 16 convocations d'assemblées de police entre 1677 et 1712. Gustave Lanctot (*L'administration de la Nouvelle-France*, Montréal, Éditions du Jour, 1971, p. 145) est de l'avis que ces réunions avaient lieu à peu près annuellement dans les années 1677-1690. D'après les règlements de police de 1676, le lieutenant général de la prévôté était tenu de faire deux assemblées de police générale par année. JDCS, I, p. 63, 11 mai 1676.

226. JDCS, IV, p. 542, 30 mars 1701; p. 563, 25 avril 1701; VI, p. 1055, 28 novembre 1715; IJDCS, II, p. 53, 21 mai 1729; p. 54, 27 juin 1729, p. 62, 1 août 1729; *Inventaire des ordonnances des intendants*, III, p. 31-32, 30 octobre 1742; p. 49,

11 octobre 1743; p. 59, 3 juillet 1744.

227. Sur le grand voyer à Québec: Rémi Chénier, *L'urbanisation de la ville de Québec*, p. 53-70. Il faut dire que le rôle du grand voyer est parfois contesté par l'ingénieur qui est responsable du plan urbain. Voir André Charbonneau *et al.*, *Québec, ville fortifiée*, p. 345.
228. Cette description du rôle de la prévôté dans l'administration de la ville relève de la lecture des registres de la prévôté, des jugements et délibérations du Conseil souverain et des ordonnances des intendants. Nous avons aussi consulté: Rémi Chénier, *L'urbanisation de la ville de Québec*, p. 46-53; John Dickinson, *Justice et justiciables, la procédure civile à la Prévôté de Québec 1667-1759*, Québec, PUL, 1982, p. 35-76; Gustave Lanctot, «Le régime municipal en Nouvelle-France», p. 271-273.
229. JDCS, IV, p. 164, 22 février 1698; AN, Col. $C^{11}A$ 94:51, Lanouiller au Ministre, 26 octobre 1749. Le lieutenant général André de Leigne fait la moitié des 53 alignements de maisons effectués en 1727-1728. Voir P.G. Roy, *Inventaire des procès-verbaux des grands voyers conservés*, vol. 2, p. 223-234.
230. JDCS, III, p. 327, 18 avril 1689; IV, p. 159-164, 22 février 1698; *Inventaire des ordonnances des intendants*, II, p. 51, 6 mars 1730; II, p. 208, 1er août 1736; III, p. 131, 16 juin 1749; p. 158, 25 avril 1751; Gustave Lanctot, «Le régime municipal en Nouvelle-France», p. 271-272.
231. Denonville au Ministre, 20 août 1685, *BRH* vol. XXI, n° 3, mars 1925, p. 74-75.
232. *Inventaire des ordonnances des intendants*, I, p. 10, 4 février 1706; JDCS, V, p. 233, 1er février 1706; p. 256, 1er mars 1706; p. 472, 13 décembre 1706; AN, Col. $C^{11}A$45: 401-403v, André de Leigne au Conseil de la Marine, 6 octobre 1723; 96:42, Bigot au Ministre, 16 octobre 1750.
233. Sur la maréchaussée: André Lachance, *La justice criminelle du roi au Canada au XVIIIe siècle*, p. 29-30; et Rémi Chénier, *L'urbanisation de la ville de Québec*, p. 35-38.
234. AN, Col, $C^{11}A$ 77:135-136v, Beauharnois au Ministre, 22 octobre 1742.
235. Le bourreau de la colonie réside à Québec et les tribunaux de Montréal et Trois-Rivières envoient ordinairement leurs criminels se faire exécuter à Québec. Les habitants de Québec voient donc tous les ans et parfois à deux, trois et quatre reprises des exécutions de haute justice à la place Royale et aux carrefours ordinaires de la ville. Voir à ce sujet: André Lachance, *Le bourreau au Canada sous le Régime français*, Québec, La Société historique de Québec, 1966, 132 pages.
236. Sur les écoles primaires à Québec: Amédée Gosselin, *L'instruction au Canada sous le Régime français (1635-1760)*, Québec, Laflamme et Proulx, 1911, p. 33-52, 145-194 et 226-244; L.-P. Audet, *Le système scolaire de la province de Québec*, tome II, *L'Instruction publique de 1635 à 1800*, Québec, *PUF*, 1951, p. 3-19; Lionel Groulx, *L'enseignement français au Canada*, Montréal, Granger frères, 1934, vol. I, p. 20-30; Allana G. Reid, *The Development and Importance of the Town of Quebec, 1608-1759*, p. 347-353; Nadia Fahmy-Eid, «L'éducation des filles chez les Ursulines de Québec sous le Régime français», dans Nadia Fahmy-Eid et Micheline Dumont, *Maîtresses de maison et maîtresses d'école*, p. 49-76; Noël Baillargeon, *Le Séminaire de Québec de 1685 à 1760*, p. 166-168; Micheline D'Allaire, *L'Hôpital Général de Québec 1692-1764*, p. 171-172.
237. Selon les statistiques établies par Michel Verrette, 49,5% des hommes et 36,8% des femmes sont alphabétisés à Québec entre 1750 et 1759 («L'alphabétisation de la population de la ville de Québec de 1750 à 1849», *RHAF*, vol. 39, n° 1, été 1985, p. 51 à 76). Ce niveau d'alphabétisation ne sera pas atteint à nouveau par la population francophone de Québec avant la deuxième moitié du XIXe siècle. L'alphabétisation à la campagne à la fin

du Régime français atteint des taux de 4,9% à 16%. Voir Allan Greer, «The Pattern of Literacy in Quebec 1745-1899», *Histoire sociale/Social History*, vol. XI, n° 22, novembre 1978, p. 299.

238. Amédée Gosselin, *L'instruction au Canada*, p. 250-313; Gérard Filteau, *La naissance d'une nation: Tableau de la Nouvelle-France en 1755*, Montréal, 1937, L'Aurore, 1978, p. 139-141; Allana G. Reid, *The Development and Importance of the Town of Quebec*, p. 337-341; Noël Baillargeon, *Le Séminaire de Québec de 1685 à 1760*, p. 209-213; Guy Frégault, *La civilisation de la Nouvelle-France 1713-1744*, p. 202-204.

239. Louis-Philippe Audet, «Hydrographes du Roi et cours d'hydrographie au collège de Québec, 1671-1759», *Cahiers des Dix*, n° 35, Montréal, 1970, p. 13-37; Amédée Gosselin, *L'instruction au Canada*, p. 389; Noël Baillargeon, *Le Séminaire de Québec de 1685 à 1760*, p. 209-210; Guy Fregault, *La civilisation de la Nouvelle-France*, p. 205-206; Antoine Roy, *Les lettres, les sciences et les arts au Canada sous le Régime français*, p. 29-32.

240. François Rousseau, *L'œuvre de chère en Nouvelle-France. Le régime des malades à l'Hôtel-Dieu de Québec*, p. 21-44. Entre 1689 et 1759, 41 344 malades ont profité des soins des Hospitalières, soit en moyenne 589 patients par année.

241. Sur les chirurgiens: Sylvio Leblond, «La législation médicale à la période française», dans *Trois siècles de médecine québécoise*, Québec, La Société historique de Québec, 1970, p. 24-29; P.N. Moogk, «Simon Soupiran» *DBC*, II, p. 640-641; Gabriel Nadeau, «Gervais Baudouin», *DBC*, I, p. 83; Charles-Marie Boissonnault, «Jean Demosny», *DBC*, I, p. 263; P.N. Moogk, «Jourdain Lajus», *DBC*, III, p. 371-372; P.G. Roy, *La ville de Québec sous le Régime français*, vol. I, p. 251-255, vol. II, p. 95-96; Allana Reid, *The Development and Importance of the Town of Quebec*, p. 356-357.

242. Hélène Laforce, «L'univers de la sage-femme aux XVIIe et XVIIIe siècles», *Cap-aux-Diamants*, vol. 1, n° 3, automne 1985, p. 3-6. On dénombre quatre sages-femmes à Québec en 1744. Sur la protection des enfants illégitimes et abandonnés: De la Broquerie Fortier, «Les 'enfants trouvés' sous le Régime français», dans *Trois siècles de médecine québécoise*, p. 113-126.

243. Jacques Rousseau, «Michel Sarrazin», *DBC*, II, p. 620-626; Bernard Boivin, «Jean-François Gaultier», *DBC*, III, p. 731-736.

244. JDCS, III, p. 219, 8 avril 1688; IV, p. 159, 22 février 1698; Micheline D'Allaire, *L'Hôpital Général de Québec 1692-1764*, p. 3 à 27; André Lachance, «Le Bureau des Pauvres de Montréal, 1698-1699», p. 99 à 110; Allana Reid «The first poor-relief system of Canada», p. 424-431. Selon Reid, le Bureau des pauvres de Québec disparaît quelque temps après l'année 1700.

245. Micheline D'Allaire, *L'Hôpital Général de Québec*, p. 20 à 40, 120-124; Allana Reid, *The Development and Importance of the Town of Quebec*, p. 364-370; «Mémoire touchant l'Hôpital-Général» 1700, *BRH*, vol. XXX, 1924, p. 191.

246. AN, Col. C^11^A 78:405-406v, Evêque de Québec au Ministre, 22 août 1742; AN, Col. F3, 13:194, Ministre au curé Jacrau, 15 mai 1745. Micheline D'Allaire, *L'Hôpital Général de Québec*, p. 124-125.

247. P. de Charlevoix, *Journal d'un voyage*, p. 79.

248. Sur les arts à Québec et dans la colonie: Antoine Roy, *Les lettres, les sciences et les arts*, p. 169-189; Gérard Morisset, *Coup d'œil sur les arts en Nouvelle-France*, Québec, Charrier et Dugal, 1941, *passim*; Marcel Trudel, *Initiation à la Nouvelle-France*, p 285-289; P.G. Roy, *La ville de Québec sous le Régime français*, vol. 1, p. 263-264; 519-520; vol. 2, p. 39-40; F.M. Gagnon, *Premiers peintres de la Nouvelle-France*, Québec, ministère des Affaires culturelles, 1976, 2 volumes, *passim*; Jean Trudel, *L'orfèvrerie en Nouvelle-France*, *passim*;

Margaret M. Cameron, «Play-acting in Canada during the French Regime», *CHR*, vol. XI, n° 1, mars 1930, p. 9-19; Alfred Rambaud, «La querelle du Tartuffe à Paris et à Québec», *Revue de l'université Laval*, vol. VIII, 1954, p. 421-434; L. Spell, «Music in New France in the Seventeenth Century», *CHR*, vol. VIII, n° 2, juin 1927, p. 119-131; Baudouin Burger, «Les spectacles dramatiques en Nouvelle-France (1606-1760)», *Archives des lettres canadiennes*, tome V, *Le Théâtre canadien-français*, Montréal, Fides, 1976, p. 33-57.

249. Jacques Rousseau, «Michel Sarrazin», *DBC*, II, p. 620-626; Bernard Boivin, «Jean-François Gaultier», *DBC*, III, p. 731-736; Joseph Cossette, «Joseph-Pierre de Bonnécamps», *DBC*, IV, p. 83-84. Voir aussi Roland Lamontagne, «La contribution scientifique de la Galissonnière au Canada», *RHAF*, vol. XIII, n° 4, mars 1960, p. 509-524 et Jean-Claude Dubé, *Claude Thomas Dupuy...*, p. 339-353.

250. «Mémoire de Bougainville», *RAPQ*, 1923-1924, p. 61; Antonio Drolet, «La bibliothèque du Collège des Jésuites», *RHAF*, vol. XIV, n° 4, mars 1961, p. 487-544; André Beaulieu, *La première bibliothèque canadienne: la bibliothèque des Jésuites de la Nouvelle-France 1632-1800*, Ottawa, Bibliothèque nationale du Canada, 1972, p. 7-13.

251. Nos informations sur la bibliothèque québécoise proviennent de l'étude en préparation de Gilles Proulx, *Les Québécois et le livre 1690-1760*, manuscrit classé, Parcs Canada, Québec, 1985.

252. Allana Reid, *The Development and Importance of the Town of Quebec*, p. 379-381; Guy Frégault, *Le XVIIIe siècle canadien*, p. 124-126; Jacques Rousseau et Guy Béthune, *Voyage de Pehr Kalm*, p. 183, 232, 281-282 et 315-316; Chevalier de La Pause, «Mémoire et observations sur mon voyage en Canada», *RAPQ*, 1931-1932, p. 10; P. De Charlevoix, *Journal d'un voyage*, p. 80; AN Col. F3, 6:272, 22 octobre 1686.

253. Cette partie sur la «bonne chère» s'inspire d'une recherche en cours de Marc Lafrance et d'Yvon Desloges.

254. Allana Reid, *The Development and Importance of the Town of Quebec*, p. 384-385; P. de Charlevoix, *Journal d'un voyage*, p. 79; J.C.B., *Voyage au Canada*, p. 32; AN, Col., C^11A 52:42-49. «Relation de ce qui s'est passé à Québec à l'occasion de la naissance de Monseigneur le Dauphin», 15 octobre 1730; «Journal de M. de Bougainville», *RAPQ*, 1923-1924, p. 244; Bacqueville de La Potherie, *Histoire de l'Amérique septentrionale*, vol. I, p. 279.

255. Bacqueville de La Potherie, *Histoire de l'Amérique septentrionale*, vol. I, p. 279; J.C.B., *Voyage au Canada*, p. 32, 40, 77-78, 140; «Journal de M. de Bougainville», *RAPQ*, 1923-1924, p. 247; P.G. Roy, *La ville de Québec sous le Régime français*, vol. I, p. 359-362; Marie-Aimée Cliche, *La confrérie de la Sainte-Famille à Québec*, p. 17-18 et 65; Guy Frégault, *Le XVIIIe siècle canadien*, p. 124-126; C. J. Jaenan, *The Role of the Church in New France*, p. 126-129; H. Têtu et C.O. Gagnon, *Mandements*, vol. I, p. 169-170, 1686, p. 395-396, 8 octobre 1700.

256. H. R. Casgrain (dir.), *Journal du Marquis de Montcalm*, p. 145, 325, 493-495, 510-511; *Lettres du marquis de Montcalm au chevalier de Lévis*, p. 65, 79, 92-93, 97, 102, 111-113, 124-125, 129-130, 151-155, 160-161; H. Têtu et C.O. Gagnon, *Mandements*, vol. 2, p. 134-136, 18 avril 1759; Guy Frégault, *François Bigot*, p. 234-236.

257. *Édits et ordonnances*, vol. II, p. 398, 24 décembre 1748; ANQQ, NF 2, cahier 36:70-77, 21 avril 1749; NF19, 54:9v 10, 10 août 1717; JDCS, I, p. 342, 4 mai 1665; p. 932, 6 mai 1675; III, p. 868, 31 mars 1694; VI, p. 480-481, 22 août 1712.

258. JDCS, I, p. 389, 26 avril 1667; p. 443, 20 août 1667; ANQQ, NF 19, 11:53, 5 avril 1687 et 10 avril 1687. Voir aussi: Gilles Proulx, *Soldat à Québec 1748-1759*, p. 110-111; André Lachance, *Crimes et criminels en Nouvelle-France*, p. 56-57;

Raymond Boyer, *Les crimes et les châtiments au Canada français*, p. 349-352.

259. Ces renseignements sur les activités dans les cabarets proviennent d'une étude en préparation de Gilles Proulx, *Les héritiers de Jacques Boisdon...*, manuscrit non classé, Québec, Parcs Canada, 1986, 145 p. Il évalue un aubergiste ou un cabaretier pour 100 à 130 personnes à Québec en 1716 et en 1744.
260. AN, Col. C[11]A 56:167, Dosquet au Ministre, 4 septembre 1731.
261. J.C.B., *Voyage au Canada*, p. 38; *Édits et ordonnances*, III, p. 427, 20 août 1709; p. 438, 7 mai 1721; p. 473, 27 août 1754; *Inventaire des ordonnances des intendants*, II, p. 187, 22 septembre 1735; III, p. 73, 3 août 1745; AN, Col. F3, 11:96, 8 août 1727.
262. Marcel Trudel, *Initiation à la Nouvelle-France*, p. 272-275; Guy Frégault, *Le XVIIIe siècle canadien, études*, p. 122-123; AN, Col. C[11]A, 45:142-143, Vaudreuil au Ministre, 5 octobre 1723; J.C. B., *Voyage au Canada*, p. 33-34.

2 – Changement de régime, 1760-1790

1. Voir Fernand Ouellet, *Histoire économique et sociale du Québec, 1760-1850*, Montréal, Fides, 1966, p. 52; Antonio Drolet, *La Ville de Québec. Histoire municipale II. Le Régime anglais jusqu'à l'incorporation (1759-1833)*, Québec, Société historique de Québec, 1965, p. 17-23.
2. «Mémoire concernant les facultés de la province de Québec», 1er mai 1765 (APC, MG 11, Q.2: 434). Jean Hamelin étudie la politique monétaire de la colonie pendant cette période dans un chapitre du livre de F. Ouellet, p. 56-70. Il évalue la perte réelle des Canadiens à plus de 300 000 livres.
3. Sur le rôle des commerçants britanniques, voir F. Ouellet, *Histoire économique* et Michel Brunet, *Les Canadiens après la Conquête, 1759-1775*, Montréal, Fides, 1969, et David T. Ruddel, *Quebec City, 1765-1832: The Evolution of a Colonial Town*, Ottawa, MCC, 1987, chap. I.
4. «Statistics of the Trade of Quebec, 1768-1783», *RAC*, 1888.
5. F. Ouellet, *Histoire économique*, p. 100-101.
6. Voir Marie Tremaine, *A Bibliography of Canadian Imprints 1751-1800*, Toronto, University of Toronto Press, 1952, n° 400; Michel Verrette, «L'Alphabétisation de la population de la ville de Québec de 1750 à 1849», *RHAF*, vol. 1, n° 1, 1985, p. 51-76.
7. F. Ouellet, *Histoire économique*, p. 162s.
8. Arthur Lower, *The North American Assault of the Canadian Forest*, Toronto, Ryerson, 1938, p. 91-94; W. A. Macintosh, «Canada and Vermont. A Study in Historical Geography», *CHR*, vol. 8, n° 1, 1927, p. 9-30.
9. Arthur Lower, *Great Britain's Woodyard. British America and the Timber Trade, 1763-1867*, Montréal, McGill University Press, 1973, p. 36-37. On expédie aussi quelque 200 tonnes de potasse provenant surtout du Vermont. Voir Samuel Williams, *The Natural and Civil History of Vermont*, Burlington, Mills, 1809, t. 2, p. 362.
10. «Statistiques of the Trade of Quebec, 1768-1783», *RAC*, 1888.
11. *La Gazette de Québec*, le 25 déc. 1777.
12. Voir les proclamations du 7 nov. 1778 et du 17 mai 1779, dans *RAC*, 1918; sur le commerce des céréales, voir F. Ouellet, *Histoire économique*, p. 81-87; sur l'agriculture en général, voir John McCallum, *Unequal Beginnings. Agriculture and Economic Development in Quebec and Ontario until 1870*, Toronto, University of Toronto Press, 1980.
13. F. Ouellet, *Histoire économique*, p. 127-132.
14. Ivanhoë Caron, *La Colonisation de la Province de Québec. Débuts du Régime anglais, 1760-1791*, Québec, L'Action sociale, 1923, p. 170-171.
15. *La Gazette de Québec*, le 12 sept. 1820. Texte cité par F. Ouellet, *Histoire économique*, p. 125.
16. Voir Jean-Pierre Hardy et David Thiery Ruddel, *Les Apprentis artisans à Québec, 1660-1815*, Montréal, Presses de l'Université du Québec, 1977, p. 186; Pierre

Dufour, «La Construction navale à Québec 1760-1825: sources inexplorées et nouvelles perspectives de recherches», *RHAF*, vol. 34, n° 2, 1981, p. 231-251.

17. Analyses faites à partir des recensements. Sur les recensements, voir la note bibliographique en appendice.
18. Sheldon S. Cohen, dir., *Canada Preserved. The Journal of Captain Thomas Ainslie*, Toronto, Copp Clark, 1968, p. 24.
19. Ce chiffre inclut un certain nombre de soldats et de marins de passage. En 1792, le curé de la paroisse recense 5655 catholiques. Nous avons calculé le chiffre de 1790 en enlevant l'excédent des naissances. Sur la population de langue anglaise, voir Honorius Provost, *Les Premiers Anglo-Canadiens à Québec. Essai de recensement (1759-1775)*, Québec, IQRC, 1982.
20. Cité par P.-G. Roy dans le *BRH*, vol. 49, 1943, p. 213.
21. Lynda Price, *Introduction to the Social History of Scots in Quebec (1780-1840)*, Ottawa, Musée national de l'Homme, 1981, p. 1.
22. *Number II of the Directory for the City and Suburb of Quebec; containing the Names of the Housekeepers*, colligé par Hugh Mackay, Quebec, William Moore, 1791, 40 p.
23. Sur les dénombrements, voir la note bibliographique en appendice.
24. Sur la population militaire de Québec, voir Christian Rioux, *L'armée britannique à Québec au XVIIIe siècle: organisation et effectifs*, Travail inédit n° 418, Ottawa, Parcs Canada, 1980, p. 92-96. Sur la milice: *Blockade of Quebec in 1775-1776 by the American Revolutionists*, Québec, Literary and Historical Society of Quebec, 1905, p. 269-292. Le rôle de la milice britannique a disparu.
25. Voir l'analyse du dénombrement de 1792 dans Fernand Ouellet, *Le Bas-Canada, 1791-1840*, Ottawa, Éditions de l'Université d'Ottawa, 1976, p. 62-63.
26. Voir les chiffres du recensement dans William Kingsford, *The History of Canada*, Toronto, Briggs, 1894, vol. 7, p. 204.
27. Hélène Dionne, *Les Contrats de mariage à Québec, 1790-1812*, Ottawa, Musée national de l'Homme, 1980.
28. J.-P. Hardy et T. Ruddel, *Les Apprentis artisans*, p. 155.
29. Luc Noppen *et al.*, *Québec. Trois siècles d'architecture*, Québec, Libre Expression, 1979, p. 45-48.
30. A. J. H. Richardson *et al.*, *Quebec City: Architects, Artisans and Builders*, Ottawa, Musée national de l'Homme, Parcs Canada, 1984.
31. A. J. H. Richardson, «Guide to the Buildings in the Old City of Quebec», *Bulletin of the Association for Preservation Technology*, vol. 2, n°s 3-4, 1970, p. 71-95; Gérard Morisset, «Le sculpteur Pierre Emond», *MSRC*, 1946, p. 91-99.
32. François-Joseph Cugnet, *Traité de la police*, Québec, G. Brown, 1775, p. 17.
33. Au moins 50 maisons dans Saint-Roch et 36 dans Saint-Jean, voir John F. Roche, «Quebec under Siege, 1775-1776: The Memorandums of Jacob Danford», *CHR*, vol. 50, n° 1, 1969, p. 68-85. D'autres mémorialistes prétendent qu'on avait détruit plus de 200 maisons dans les faubourgs, voir Hospice-A. Verreau, *L'Invasion du Canada*, Montréal, Senécal, 1873, t. 1, p. 123.
34. Voir Michel Desgagnés, *Les Édifices parlementaires depuis 1792*, Québec, Assemblée nationale du Québec, 1978, p. 11-18.
35. Luc Noppen *et al.*, *Québec. Trois siècles d'architecture*.
36. Luc Noppen, *Notre-Dame de Québec*, Québec, Éditions du Pélican, 1974, chap. 6 et 8.
37. A. Drolet, *La Ville de Québec. Histoire municipale*, t. 2, p. 92-95.
38. Voir le poème de Pierre-Florent Baillairgé, distribué sur une feuille volante à travers la ville, dans John Hare, *Anthologie de la poésie québécoise du XIXe siècle (1790-1890)*, Montréal, Hurtubise HMH, 1979, p. 36-37.
39. Luc Noppen et Marc Gagnon, *L'Art et l'architecture. Trois siècles de dessins d'architecture à Québec*, Québec, Musée du

Québec, Université Laval, 1983, p. 143-147.

40. André Charbonneau, Yvon Desloges et Marc Lafrance, *Québec, ville fortifiée du XVIIe au XIXe siècle*, Québec, Éditions du Pélican, 1982, chap. 12.
41. Sur l'évolution des faubourgs, voir Marc Lafrance et D.T. Ruddel, «Physical Expansion and Socio-Cultural Segregation in Quebec City, 1765-1940», dans Gilbert A. Stelter et Alan F.J. Artibise, dir., *Shaping the Urban Landscape*, Ottawa, Carleton University Press, 1982, p. 153-159.
42. *BRH*, vol. XXVII, 1923, p. 218-224,247-252.
43. Voir le projet Vondenvelden dans *Québec. Trois siècles d'architecture*. Sur la carte dressée par Mann et Bagly en 1791, on voit déjà les rues d'Aiguillon et Saint-George; les autres rues, Richelieu, Saint-Olivier, Saint-François, Saint-Martin et Saint-Augustin, s'ouvrent au début du XIXe siècle.
44. Texte cité par I. Caron, *La Colonisation de la Province*, p. 38.
45. «Les Seigneurs de Québec au Roi, 1766», *RAC*, 1888.
46. *Documents constitutionnels 1759-1791*, p. 223-226, 232-235.
47. APC, MG 22, collection Baby, p. 2212.
48. La meilleure étude des confrontations des deux groupes linguistiques autour de la liste civile demeure celle de Gilles Paquet et Jean-Pierre Wallot, *Patronage et Pouvoir dans le Bas-Canada (1794-1812)*, Montréal, Presses de l'Université du Québec, 1976. Voir aussi Elisabeth Arthur, «French-Canadian Participation in the Governement of Canada, 1775-1785», *CHR*, vol. 32, n° 4, 1951, p. 303-314.
49. *Documents constitutionnels 1759-1791*, p. 208.
50. Notre propos s'appuie sur le chapitre V de D.T. Ruddel, *Quebec City, 1760-1832*.
51. F.-J. Cugnet, *Traité de la police*, p. 17.
52. *Ibid.*, p. 18, 20-21.
53. *RAC*, 1914-15, appendice C, p. 39-43, 84-88.
54. *La Gazette de Québec*, le 20 juin et le 10 oct. 1765; le 11 août 1785; A. Drolet, *La Ville de Québec, Histoire municipale II*, p. 56.
55. *Mrs. Simcoe's Diary*, Toronto, Macmillan, 1978, p. 199.
56. Ces règlements adoptés lors d'une réunion régulière des juges de paix en avril 1780, sont publiés dans *La Gazette de Québec* du 11 mai et dans une édition à part. Le texte de ces règlements se trouve dans A. Drolet, *La Ville de Québec. Histoire municipale II*, p. 137-140. Voir aussi D. T. Ruddel, *Quebec City*, chap. 5.
57. *La Gazette de Québec*, le 16 mai 1765; A. Drolet, *La Ville de Québec. Histoire municipale II*, p. 104
58. *Documents constitutionnels 1759-1791*, p. 926-928. Voir D. T. Ruddel, *Quebec City*, chap. 5.
59. *Documents constitutionnels* 1759-1791, p. 907.
60. *Ibid.*, p. 907, 918.
61. D. T. Ruddel, *Quebec City*, chap. 5.
62. *An Englishman in America, 1785. Being the Diary of Joseph Hadfield*, sous la direction de Douglas S. Robertson, Toronto, Hunter-Rose Co., 1933, p. 124, 150-151.
63. Voir Claude Galarneau, «La Vie culturelle au Québec, 1760-1790», dans *L'Art du Québec au lendemain de la Conquête*, Québec, Musée du Québec, 1977, p. 91.
64. Sur la situation de l'instruction à cette époque, voir Lionel Groulx, *L'Enseignement français au Canada*, tome 1, Montréal, Lévesque, 1931.
65. Voir le «Plan d'éducation» (1790), dans Honorius Provost, *Le Séminaire de Québec. Documents et biographies*, Québec, 1964, p. 278-282; aussi Noël Baillargeon, *Le Séminaire de Québec de 1760 à 1800*, Québec, Presses de l'Université Laval, 1981.
66. *La Gazette de Québec*. Il y a des réimpressions de ces alphabets en 1771, 1774, 1775, 1771, 1782, 1785, 1795 et 1800. Claude Galarneau poursuit des recherches sur l'imprimerie et sur la diffusion de l'imprimé depuis plusieurs années. Voir C. Galarneau, «Livre et

Société (1760-1859): état des recherches», dans *L'Imprimé au Québec. Aspects historiques (18e–20e siècles)*, Québec, IQRC, 1983, p. 127-143.

67. Voir l'étude de B.Dufebvre (Émile Castonguay), dans *Cinq femmes et nous*, Québec, Belisle, 1950, p. 7-58. Aussi Frances Brooke, *The History of Emily Montague*, sous la direction de Mary Jane Edwards, Ottawa, Carleton University Press, 1985, p. xviii-lxxi.
68. Sur les villas, voir James M. Lemoine, *Picturesque Quebec*, Montréal, Dawson Bros., 1882, p. 273-434; André Bernier, *Le Vieux Sillery*, Québec, Ministère des Affaires culturelles, 1977, p. 55-110.
69. Sur les peintres, voir J. Russell Harper, *La Peinture au Canada des origines à nos jours*, Québec, Presses de l'Université Laval, 1969.
70. *Mrs. Simcoe's Diary*, cité par B. Dufebvre, *Cinq femmes et nous*, p. 129-140.
71. *Lord Selkirk's Diary, 1803-1804*, Toronto, The Champlain Society, 1958, p. 220.
72. *An Englishman in America*, p. 125-126.
73. Claudette Lacelle, *La Garnison britannique dans la ville de Québec, d'après des journaux de 1764 à 1840*, Ottawa, Parcs Canada, 1978, p. 27-28.
74. *La Gazette de Québec*, le 9 juillet 1767; Donald Guay, *Les Courses de chevaux au Québec. Chronologie commentée (1647-1900)*, Québec, Université Laval, 1981, 129 p.
75. Voir C. Galarneau, «La Vie culturelle à Québec», p. 92.
76. *DBC*, vol. 5, p. 648.
77. *Mémoires*, Ottawa, Desbarats,1866, p. 462-463; John Hare, «Panorama des spectacles au Québec: de la Conquête au XXe siècle», dans *Le Théâtre canadien-français*, Montréal, Fides, 1976, p. 70-71.
78. C. Galarneau, «La Vie culturelle à Québec», p. 93.

3 – Nouvelles perspectives socio-économiques, 1791-1814

1. *La Gazette de Québec*, le 29 déc. 1791.
2. Gilles Paquet et Jean-Pierre Wallot, «International Circumstances of Lower Canada, 1786-1810: Prolegomenon», *CHR*, vol. 53, nº 4, 1972, p. 371-401.
3. Pour une liste des exportations de Québec entre 1793 et 1808, voir Gilles Paquet et Jean-Pierre Wallot, «Aperçu sur le commerce international et les prix domestiques dans le Bas-Canada (1793-1812)», *RHAF*, vol. 21, nº 3, 1967, p. 454-456.
4. Pour la période 1801-1806, voir les chiffres publiés par Hugh Gray, *Letters from Canada*, London, 1809, p. 172-174; pour l'année 1810 voir le feuillet *Exports in 1810 from the Port of Quebec*, (Québec, 1811).
5. Cité par Joseph-Edmond Roy, *Histoire de la seigneurie de Lauzon*, Lévis, 1897, t. 3, p. 302.
6. Sur l'agriculture voir Gilles Paquet et Jean-Pierre Wallot, «La Crise agricole et les tensions socio-ethniques dans le Bas-Canada, 1802-1812: éléments pour une ré-interprétation», *RHAF*, vol. 26, nº 2, 1972, p. 185-237; aussi John McCallum, *Unequal Beginnings. Agriculture and Economic Development in Quebec and Ontario until 1870*, Toronto, University of Toronto Press, 1980.
7. John Lambert, *Travels through Lower Canada [...]*, Londres, 1810, t. 1, p. 246.
8. *Description topographique de la Province du Bas-Canada*, Londres, 1815 (Montréal, Éditions Élysée, 1978), p. 84. Voir aussi Arthur Lower, *Great Britain's Woodyard. British America and the Timber Trade, 1763-1867*, Montréal, McGill University Press, 1973, p. 45-49.
9. Chiffres rapportés par *The Montreal Gazette*, le 9 sept. 1811.
10. *Travels through the Canadas*, Londres, 1807, p. 73.
11. Narcisse Rosa, *La Construction des navires à Québec et dans les environs*, Québec, Brousseau, 1897.
12. Pierre Dufour, «La Construction navale à Québec 1760-1825: sources inexplorées et nouvelles perspectives de recherches», *RHAF*, vol. 34, nº 2, 1981, p. 231-251.
13. Voir Jean-Pierre Hardy et David Thiery Ruddel, *Les Apprentis artisans à Québec,*

1660-1815, Montréal, Presses de l'Université du Québec, 1977, p. 137.

14. Jean Benoît, *La Construction navale à Québec au XIXe siècle: bilan et nouvelles perspectives de recherche*, Rapport sur microfiche n° 79, Québec, Parcs Canada, 1983, p. 24-25.
15. *Ibid.*, p. 27.
16. Ivan Brookes, *The Lower Saint Lawrence*, Cleveland, Freshwater Press, 1974, p. 9-10.
17. Aubert de Gaspé décrit un voyage à bord du *Caledonia* à l'automne de 1818. (*Mémoires*, Ottawa, Desbarats, 1866, p. 362.) En 1820, lord Dalhousie fait le trajet Montréal-Québec en 30 heures (*The Dalhousie Journals*, Toronto, Oberon Press, 1978, p. 150).
18. Sur la navigation entre Québec et Montréal, voir James Croil, *Steam Navigation and its relation to the commerce of Canada and the United States*, Toronto, Briggs, 1898, p. 310-316; aussi Alfred Dubuc, «Montréal et les débuts de la navigation à vapeur sur le Saint-Laurent», *Revue d'histoire économique et sociale*, vol. 45, n° 1, 1967, p. 105-118.
19. Roger Bruneau, *La Petite Histoire de la traverse de Lévis*, Québec, Ministère des Transports, 1983, p. 17-22.
20. *La Gazette de Québec*, le 16 mai 1805. Ce nom n'est qu'un calque de l'institution similaire de Londres qui s'appelle «Trinity House», du lieu où se tiennent les réunions.
21. John Hare et Jean-Pierre Wallot, *Les Imprimés dans le Bas-Canada, 1801-1810*, Montréal, les Presses de l'Université de Montréal, 1967, p. 146-147.
22. *Journal du voyage de M. Saint-Luc de la Corne, écuyer, dans le navire l'*Auguste *en l'an 1761*, Montréal, Fleury Mesplet, 1778, 36 p. (Aussi dans *Revue de l'histoire littéraire du Québec et du Canada français*, n° 2, 1982, p. 136-161); S.W. Prenties, *Narrative of a Shipwreck on the Island of Cape Breton, in a voyage from Quebec in 1780*, Londres, 1782, (Toronto, Ryerson Press, 1968); Robert Sands, *The Shipwreck; or the Stranding of the Warrens of London, on the coast of Labrador, on the morning of the 25th October, 1813; with part of the 70th Regiment on board, bound from Cork to Quebec*, Québec, 1814.
23. Joseph-Octave Plessis en prépare quatre: en 1792, en 1795, en 1797 et en 1805; Joseph Signay en prépare deux: en 1815 et en 1818. Voir *RAPQ* 1948-49, p. 1-250; *Recensement de la ville de Québec en 1818 par le curé Joseph Signay*, Québec, Société historique de Québec, 1976.
24. Thiery Ruddel et Marc Lafrance, «Québec 1785-1840: problèmes de croissance d'une ville coloniale, *HS*, n° 36, 1985.
25. *Ibid.*
26. John Hare, «La Population de la ville de Québec, 1795-1805», *HS*, n° 13, 1974, p. 23-47; Louise Dechêne, «Quelques aspects de la ville de Québec au XVIIIe siècle d'après les dénombrements paroissiaux», dans *Cahiers de géographie du Québec*, vol. 28, n° 75, 1984, p. 485-505.
27. Voir le catalogue de l'exposition *François Ranvoyzé, orfèvre, 1739-1819*, Québec, Ministère des Affaires culturelles, 1968.
28. J.-P. Hardy et T. Ruddel, *Les Apprentis artisans*, p. 96-101.
29. *Ibid*, p. 149-155 et 166-169.
30. Voir John Hare, «Joseph Quesnel et l'anglomanie de la classe seigneuriale au tournant du XIXe siècle», *Co-Incidences*, vol. 6, n° 1, 1976, p. 23-31.
31. J.-P. Hardy et T. Ruddel, *Les Apprentis artisans*, p. 190-193.
32. M. Edgar, *Ten Years in Upper Canada, 1805-1815*, Toronto, 1890, p. 38.
33. Marc Lafrance et Thiery Ruddel, «Physical Expansion and Socio-Cultural Segregation in Quebec City, 1765-1840», dans Gilbert A. Stelter and Alan F. J. Artibise, dir., *Shaping the Urban Landscape*, Ottawa, Carleton University Press, 1982, p. 151-153.
34. André Charbonneau, Yvon Desloges et Marc Lafrance, *Québec, ville fortifiée du XVIIe au XIXe siècle*, Québec, Éditions du Pélican, 1982, chap. 12 et 14.
35. *Ibid.*, p. 65-69.
36. *Ibid.*, p. 433-435.

37. Luc Noppen, «François Baillairgé, architecte», dans *François Baillairgé et son œuvre (1759-1830)*, Québec, Musée du Québec, 1975, p. 67-84.
38. Voir la description de ces maisons et d'autres de l'époque par A. J. H. Richardson, «Guide to the Buildings in the Old City of Quebec», *Bulletin of the Association for Preservation Technology*, vol. 2, n°s 3-4, 1970, p. 67-84; aussi A. J. H. Richardson *et al.*, *Quebec City: Architects, Artisans and Builders*, Ottawa, Musée national de l'Homme, Parcs Canada, 1984.
39. Nous nous inspirons ici du texte de Marc Lafrance et D.T. Ruddel, «Physical Expansion», p. 148-166.
40. Lettre citée par M. Lafrance et T. Ruddel, «Physical Expansion», p. 159.
41. Claudette Lacelle, *La Propriété militaire dans la ville de Québec, 1760-1871*, travail inédit, n° 253, Ottawa, Parcs Canada, 1978, p. 6-26; A. Charbonneau, Y. Desloges et M. Lafrance, *Québec, ville fortifiée*, p. 428-430.
42. William Grant, propriétaire des terrains de Saint-Roch depuis 1764, concède à peu près 180 emplacements avant 1805, surtout à partir de 1795. Voir Louise Dechêne, «La Rente du faubourg Saint-Roch de Québec, 1750-1860», *RHAF*, vol. 34, n° 4, 1981, p. 585 et la carte p. 586.
43. La succession de Grant concède 152 emplacements entre 1805 et 1810, *ibid.*
44. *Ibid.*, p. 584. En 1810, le gouvernement concède à John Richardson, conseiller législatif, tout le littoral de la rivière Saint-Charles au nord de Saint-Roch, *Ibid.*, p. 574, note 9.
45. Document dans les archives de J. Hare. Voir aussi L. Dechêne, «La Rente du faubourg Saint-Roch», p. 587.
46. La situation après 1763 ne fait qu'entretenir la confusion qui s'installe pendant le Régime français. Voir Marcel Trudel, *Les Débuts du régime seigneurial au Canada*, Montréal, Fides, 1974, p. 175-190.
47. *Journal du Conseil législatif du Bas-Canada*, vol. 43, 5, ii, 34, p. 205.
48. Robert Christie, *A History of the Late Province of Lower Canada*, t. 1, p. 168-169.
49. L. Dechêne, «»La Rente du faubourg Saint-Roch», p. 582-584.
50. *Description topographique*, p. 481.
51. M. Lafrance et T. Ruddel, «Physical Expansion», p. 155.
52. Jean-Jacques Jolois, *Joseph-François Perrault (1753-1844) et les origines de l'enseignement laïque au Bas-Canada*, Montréal, Presses de l'Université de Montréal, 1969, p. 89.
53. Cet événement inspire au poète montréalais Joseph Quesnel une élégie sous le titre de «Discours de S...L... au lit de la mort», voir *Le Canadien*, le 19 sept. et le 3 oct. 1807.
54. *Le Vrai-Canadien*, le 18 juillet 1810.
55. *Travels...*, t. 1, p. 156-157.
56. John Hare, *Anthologie de la poésie québécoise du XIXe siècle (1790-1890)*, Montréal, Hurtubise HMH, 1979, p. 65.
57. Fernand Ouellet, *Histoire économique et sociale du Québec 1760-1850*, Montréal, 1966, p. 617.
58. *Le Vrai-Canadien*, le 18 juillet 1810.
59. Sur les conséquences des bouleversements sur la moralité publique, voir Jean-Pierre Wallot, *Un Québec qui bougeait*, Montréal, Boréal Express, 1973, p. 198-210.
60. *Description of a tour thro' the Province of Lower and Upper Canada, in the course of the years 1792 and 1793*, Montréal, 1912, p. 15.
61. *La Gazette de Québec*, le 24 janv. 1811.
62. *La Gazette de Québec*, le 2 mai 1811.
63. Voir les textes signés «Cosmopolitus» dans *The Quebec Mercury*, déc. 1808 et janv. 1809.
64. Ces renseignements sont tirés de J.-P. Wallot, *Un Québec qui bougeait*, p. 198-210.
65. Il y avait 5107 naissances dont 295 illégitimes. Voir le *Recensement du Canada, 1871*, vol. 5.
66. J. Lambert, *Travels through Lower Canada*, t. 2, p. 49.
67. Renseignements fournis par un descendant de Sauvageau qui prépare une généalogie de la famille.

68. J.-P. Wallot, *Un Québec qui bougeait*, chap. 2.
69. *La Gazette de Québec*, le 17 mai 1810.
70. «Rules and Regulations for the conduct of the nightly patrol of the inhabitants of the town who have voluntarily offered their services for that purpose» (1803), APJQ. Renseignements tirés de D.T. Ruddel, *Québec City 1760-1831* chap. 4. Voir aussi Ruddel et Lafrance, «Québec, 1785-1840», p. 325.
71. *La Gazette de Québec*, le 2 juillet 1798 et le 18 août 1812.
72. D. T. Ruddel, *Quebec City*, en appendice.
73. J.-P. Hardy et T. Ruddel, *Les Apprentis*, p. 171.
74. Antonio Drolet, *La Ville de Québec. Histoire municipale II. Le Régime anglais jusqu'à l'incorporation (1759-1833)*, Québec, Société historique de Québec, 1965, p. 82-83. En 1808-1809, les cotisations s'élèvent à 1700 livres dont 216 (12,7%) proviennent de Saint-Roch et 183 (10,8%) de Saint-Jean.
75. A. Drolet, *La Ville de Québec*, p. 106-110.
76. *Mémoires*, Ottawa, Desbarats, 1866, p. 229-230.
77. Cité par Pierre Tousignant, «La Première Campagne électorale des Canadiens en 1792», *HS*, n° 15, 1975, p. 120-148.
78. Voir Claude Galarneau, *La France devant l'opinion canadienne (1760-1815)*, Québec, Presses de l'Université Laval, 1970, p. 330-339.
79. Marie Tremaine, *A Bibliography of Canadian Imprints, 1751-1800*, Toronto, University of Toronto Press, 1951, p. 426-427.
80. J.-P. Wallot, *Un Québec qui bougeait*, p. 266-276.
81. *Les Anciens Canadiens*, Québec, 1863, p. 359-360.
82. Voir John Hare, *La Pensée socio-politique au Québec, 1784-1812*, Ottawa, Éditions de l'Université d'Ottawa, 1977.
83. Voir J.-P. Wallot, *Un Québec qui bougeait*, chap. IV.
84. *Notice biographique de Mgr Signay* (1850), cité dans *BRH*, vol. 13, n° 1, 1907, p. 12-13.
85. Joseph Trudelle, *Les Jubilés et les églises et chapelles [...] de Québec, 1608-1901*, vol. 2, Québec, Le Soleil, 1904, p. 303-305.
86. J.-Charles Gamache, *Histoire de Saint-Roch de Québec et de ses institutions 1829-1929*, Québec, Charrier & Dugal, 1929, p. 39-43.
87. *Description topographique*, p. 452.
88. *Québec. Trois siècles d'architecture*, Québec, 1979, p. 162-173.
89. Voir Lynda Price, *Introduction to the Social History of Scots in Quebec (1780-1840)*, Ottawa, Musée national de l'Homme, 1981, p. 86.
90. *Ibid.*, p. 24-27, 33-34; *DBC*, vol. 5.
91. J. Trudelle, *Les Jubilés*, vol. 2, p. 343.
92. Lionel Groulx, *L'Enseignement français au Canada*, Montréal, Lévesque, 1931, t. 1, p. 109 et 112.
93. *Mémoires*, p. 354-356, 512.
94. *DBC*, vol. 5, p. 648.
95. Sur les activités théâtrales voir John Hare, «Panorama des spectacles au Québec: de la Conquête au XXe siècle», dans *Le Théâtre canadien-français*, Montréal, Fides, 1976.
96. *La Gazette de Québec*, le 21 mars 1805.
97. J. Hare, «Panorama des spectacles», p. 72-74.
98. *The Quebec Herald*, le 12 mai 1791; Helmut Kallmann, *A History of Music in Canada*, Toronto, University of Toronto Press, 1960, p. 37-61.
99. Baudouin Burger, *L'Activité théâtrale au Québec (1765-1825)*, Montréal, Parti Pris, 1974, p. 158-164.
100. *Ibid.*, p. 305-313.
101. Claudette Lacelle, *La Vie militaire à Québec...*, p. 45.

4 – Les années de grande croissance, 1815-1854

1. Voir Serge Gagnon et Louise Lebel-Gagnon, «Le Milieu d'origine du clergé québécois 1775-1840: mythes et réalités», *RHAF*, vol. 37, n°3, 1983, p. 373-397.

2. Voir le mémoire de maîtrise de François Drouin, *Québec 1791-1828 : une place centrale?*, Université Laval, 1983, 170 p.
3. *The Quebec Mercury*, le 4 oct. 1825. Toute la documentation sur les difficultés du creusage d'un chenal dans le lac Saint-Pierre se trouve dans un rapport des commissaires du port de Montréal, *Official Documents and other Information relating to the Improvements of the Ship Channel between Montreal and Quebec*, Montréal, 1884, xv, 352 p.
4. Voir Jean Hamelin et Yves Roby, *Histoire économique du Québec, 1851-1896*, Montréal, Fides, 1971.
5. *Le Journal de Québec*, le 8 avril 1853.
6. Raoul Blanchard, *L'Est du Canada français*, tome 2, p. 206.
7. New York : 548 336 t., Nouvelle-Orléans : 260 970 t., Boston : 206 736 t. Voir Peter R. Knights, *The Plain People of Boston, 1830-1860 : A Study in City Growth*, New York, Oxford, 1971, p. 11.
8. Ces renseignements sont tirés d'un feuillet publié en 1830, *Exports & Imports at Quebec in 1829 as published by the Customs Officiers*.
9. *Journal du Conseil législatif du Bas-Canada*, 1836, appendice C. Cette proportion peut varier, mais le commerce du bois compte pour 64% de la valeur des exportations entre 1829 et 1835.
10. Renseignements tirés d'un rapport préparé par Joanne Burgess et Margaret Heap du Groupe de recherche sur la société montréalaise au XIXe siècle. À partir de 1838, les droits de douane sur les marchandises déchargées à Montréal sont perçus à Montréal et non plus à Québec. (Jean Hamelin et Yves Roby, *Histoire économique du Québec, 1851-1896*, p. 109.)
11. Voir la longue description dans Joseph Bouchette, *The British Dominions in North America*, Londres, 1832, t. 1, p. 263-264.
12. J. E. Alexander, *Transatlantic Sketches*, Londres, 1833, p. 226.
13. Voir la carte publiée par Alfred Hawkins en 1835. (*La Ville de Québec, 1800-1850 : un inventaire de cartes*, n° 212.)
14. Alfred Hawkins, *The Quebec Directory, 1847-8*, Montréal, 1847, p. 202.
15. *Picture of Quebec*, Montreal, 1828, p. 114.
16. Voir l'*Almanac de Québec pour l'année 1807; Almanac de Québec pour l'année 1830; The Quebec Directory, 1847-8.*
17. Voir la description du chemin et des anses par Paul Lamontagne, «Le Chemin des Foulons et ses souvenirs», dans *Mosaïque québécoise*, Québec, Société historique de Québec, 1961, p. 67-71.
18. Sur le commerce du bois, voir l'étude très documentée de Jean Benoît, *Les Relations d'affaires dans le commerce du bois au XIXe siècle à Québec*, Québec, Parcs Canada, 1983.
19. Arthur Lower, *Great Britain's Woodyard...*, Montréal, 1973, p. 146-151.
20. Voir Normand Lafleur, *La Vie traditionnelle du coureur du bois aux XIXe et XXe siècles*, Montréal, Leméac, 1973, p. 221-232.
21. Albert Jobin, *La Petite Histoire de Québec*, Québec, 1947, p. 183. La meilleure description des diverses opérations demeure celle de D.D. Calvin, *A Saga of the St. Lawrence. Timber and Shipping through Three Generations*, Toronto, Ryerson, 1945, p. 88-108.
22. Lower distingue cinq périodes entre 1815 et 1846: 1ère – la crise de l'après-guerre qui entraîne une chute de la demande, 1815-1822; 2e – la prospérité croissante, 1823-1836; 3e – la crise à la suite de la panique financière de 1837; 4e – la période de redressement, à la suite des reformes de sir Robert Peel en 1842; 5e – la grande prospérité jusqu'en 1846, suivie de nouveau par une crise (Arthur Lower, *Great Britain's Woodyard*, p. 67).
23. F. Ouellet, *Histoire économique et sociale du Québec*, p. 316s.
24. P. G. Roy, *Les Petites Choses de notre histoire*, 7e série, Québec, Garneau, 1944, p. 249-251. Voici ce qu'en dit Papineau : «Cet honnête homme avait, à son arrivée de la campagne, été en service. Il est aujourd'hui celui de tous les citoyens de Québec qui a l'air de vivre dans le plus grand luxe.» (*Lettre à sa femme*, le 6 janv. 1836, *RAPQ*, 1953, p. 379.)

25. *Report of the Select Committee of the House of Commons on the Timber Duties*, Parliamentary Papers of Great Britain, # 519, XIX, 1835.
26. *Journal du Conseil législatif du Bas-Canada*, 1836, appendice C.
27. Voir Jean Hamelin et Yves Roby, *Histoire économique du Québec, 1851-1896*, p. 212-213; aussi R. M. Breckenridge, *The Canadian Banking System 1817-1890*, New York, Macmillan & Co., 1895, p. 129-130.
28. Voir la description de Michel Bibaud dans la *Bibliothèque canadienne*, août 1825; aussi Marjorie Whitelaw, dir., *The Dalhousie Journals*, vol. 2, Ottawa, Oberon Press, 1982, p. 168-169.
29. Sur la question de la main-d'œuvre et de la production des chantiers, voir Pierre Dufour, «La Construction navale à Québec, 1760-1825: sources inexplorées et nouvelles perspectives de recherches», *RHAF*, vol. 34, n° 2, 1981, p. 231-251; aussi Jean Benoît, *La Construction navale à Québec au XIXe siècle: bilan et nouvelles perspectives de recherche*, Québec, Parcs Canada, 1983, p. 24-25. Marius Barbeau raconte les souvenirs des anciens charpentiers et constructeurs de navires dans une série d'articles sous le titre «Construction de navires», *Le Canada français*, vol. 28, n°s 8 et 9, 1943, p. 805-814, 899-902.
30. *Le Canadien*, le 12 avril 1841, aussi *The Quebec Mercury*, le 10 avril 1841.
31. *Le Canadien*, le 18 oct. 1841.
32. *The Quebec Mercury*, le 22 fév. 1842.
33. Voir F. Ouellet, *Histoire économique*, p. 505.
34. Le recensement de 1851-1852 donne 1338.
35. Voir le répertoire des contrats de construction préparé par Geneviève Bastien *et al.*, *Inventaire des marchés de construction des archives civiles de Québec, 1800-1870*, Ottawa, Direction des Parcs et des Lieux historiques nationaux, 1975, 3 vol.
36. Les statistiques proviennent des recensements. Sur cette industrie, voir *Les Métiers du cuir*, sous la direction de Jean-Claude Dupont et Jacques Mathieu, Québec, Les Presses de l'Université Laval, 1983, 448 p.
37. M.-A. Bluteau *et al*, *Les Cordonniers, artisans du cuir*, Montréal, Boréal Express, 1980, 155 p.
38. Cette discussion vient de la conclusion du livre de Jean-Pierre Hardy et D. T. Ruddel, *Les Apprentis artisans à Québec*; Ruddel examine un aspect de la production artisanale et pré-industrielle dans son article «The Domestic Textile Industry in the Region and City of Quebec, 1792-1835», *Bulletin d'histoire de la culture matérielle*, n° 17, 1983, p. 95-125.
39. T. H. Gleason, *The Quebec Directory for 1822*, Quebec, 1822, xi, 141 p.; John Smith, *The Quebec Directory, or Stranger's Guide in the City for 1826*, Québec, 1826, 98 p.
40. James Le Moine, *Quebec Past and Present*, Quebec, 1876, p. 425-416. Le capital autorisé par l'Acte d'incorporation (1 Geo. IV, cap. 26) n'est que de 75 000 livres. D'ailleurs en 1826, il n'y a que 59 127 livres de souscrites (voir le *Journal de la Chambre d'Assemblée du Bas-Canada*, 1826, appendice K).
41. En 1847, les règlements de cette banque permettent des dépôts maximums de 150 livres portant intérêt à 4½% sur les premiers 50 livres et à 4% sur le reste. Elle n'ouvre ses portes que les mardis et samedis, d'onze heures à treize heures.
42. Cette banque, fondée à Londres en 1836, ouvre une succursale à Québec en 1837; elle est incorporée au Canada en 1840.
43. Sur l'histoire de cette société, voir James Le Moine, *Quebec Past and Present*, p. 414.
44. Voir Narcisse Rosa, *La Construction des navires à Québec et dans les environs*, Québec, 1897, 203 p.
45. *Rapport annuel du trésorier de la cité de Québec pour l'année 1853*, Québec, 1854, p. 4.
46. Claudette Lacelle, *La Garnison britannique dans la ville de Québec, d'après des journaux de 1764 à 1840*; Elinor Kyte Senior, *British Regulars in Montreal, an Im-*

perial Garrison, 1832-1854, Montréal, McGill-Queen's University Press, 1981, p. 218-220.

47. E. A. Talbot, *Cinq années de séjour au Canada*, Paris, 1825, vol. 1, p. 41-42.
48. Des chiffres sur les matelots ont été publiés dans les rapports des travaux publics en 1861 et en 1884-1885. Pierre Dufour a complété et analysé ces chiffres dans *Esquisse de l'évolution physique du port de Québec*, Québec, Parcs Canada, 1981, p. 63-72. Dufour considère que les chiffres publiés sont encore en-deçà de la réalité puisqu'ils n'incluent pas le cabotage.
49. APC, RG 1, L3L, vol. 187, p. 89728-29, *Pétition de Mountain à James Kempt*, 14 sept. 1829. Pour plus de renseignements, voir D.T. Ruddel et Marc Lafrance, «Québec, 1785-1840», p. 320 et 321.
50. Mary Hughes, *Something New from Aunt Mary*, Londres, Lafrance, 1820, 109 p.
51. James Le Moine, *Picturesque Quebec*, Montréal, 1882, p. 113.
52. *Journal de l'Assemblée législative du Canada*, 1852-53, appendice CCCC; aussi George Gale, *Historic Tales of Old Quebec*, Québec, 1923, p. 151-153; aussi Judith Fingard, *Jack in Port : Sailor Towns of Eastern Canada*, Toronto, University of Toronto Press, 1982, 292 p.
53. *Annuaire du commerce et de l'industrie de Québec pour 1873*, Québec, 1873, p. 130. Les chiffres peuvent varier; les *Parliamentary Papers of Great Britain* ne donnent que 49 830 immigrants. La meilleure étude sur les problèmes de l'immigration demeure celle de Helen I. Cowan, *British Emigration to British North America, the First Hundred Years*, Toronto, University of Toronto Press, 1961, xiv, 321 p.
54. *The Dalhousie Journals*, vol. 1, Ottawa, Oberon Press, 1978, p. 151.
55. *La Gazette de Québec*, 1 fév. 1830.
56. Chiffres cités par Lucien Lemieux dans sa biographie de Charles-François Baillargeon, curé de Québec de 1831 à 1850, *DBC*, vol. 9, p. 19.
57. Charles Lever, *Confessions of Con Cregan*, New York, The Athenaeum Society, s.d., p. 203-204.
58. Fernand Ouellet, *Histoire de la Chambre de commerce de Québec, 1809-1959*, Québec, Les Presses de l'Université Laval, 1959, 104 p.
59. Voir Alfred Hawkins, *The Quebec Directory ... 1847-48*, p. 141-144. Six de ces hommes d'affaires se trouvent au bureau de direction de deux banques. À partir de 1828, on accuse de plus en plus fréquemment les banques de favoriser leurs directeurs par des emprunts excessifs. Et les rapports publiés en 1831 et en 1834 indiquent qu'un tiers des prêts de la Banque de Québec sont consentis à ses directeurs (voir R. M. Breckenridge, *The Canadian Banking System 1817-1890*, New York, 1895, p. 40-41).
60. *DBC*, vol. 9.
61. *Ibid.*
62. Cité par Fernand Ouellet, «Papineau et la rivalité Québec-Montréal (1820-1840)», *RHAF*, vol. 13, nº 3, 1959, p. 318-319.
63. La meilleure étude sur les rapports ethniques dans le monde du travail demeure celle de Fernand Ouellet, dans *Éléments d'histoire sociale du Bas-Canada*, Montréal, HMH, 1972, p. 177-202.
64. Voir Odette Condemine, *Octave Crémazie. Œuvres*, vol. 1, Ottawa, Éditions de l'Université d'Ottawa, 1972, p. 19-218.
65. «Discours prononcé devant la Société pour la fermeture de bonne heure des magasins de Québec», dans *Le Journal de Québec*, le 24 janv. 1852. Sur les hommes d'affaires canadiens-français, voir P.-G. Roy, *Les Petites Choses de notre histoire*, 7e série, Québec, Éditions Garneau, 1944, p. 244-267.
66. Voir Clare Pentland, *Labour and Capital in Canada, 1650-1850*, Toronto, Lorimer & Co., 1981.
67. Voir Fernand Ouellet, *Le Bas-Canada, 1791-1840*, Ottawa, 1976, p. 277-281.
68. *Recensement du Canada, 1851-1852*, vol. 1, tableau 4. Dans les autres emplois, on trouve 34 tenancières de maisons de

pension, 25 laveuses, 13 institutrices et 2 sages-femmes.

69. Les domestiques représentent 13% de la population active, le même pourcentage qu'en Angleterre lors du recensement de 1851 (Theresa M. McBride, *The Domestic Revolution*, Londres, Croom Helm, 1976, p. 36). Voir aussi Claudette Lacelle, «Les Domestiques dans les villes canadiennes au XIXe siècle: effectifs et conditions de vie», *HS*, n° 29, 1982, p. 181-207.
70. ANQ, *Acte de Félix Têtu*, 22 janv. 1811.
71. David T. Ruddel, «La Main-d'œuvre engagée à Québec: conditions et relations de travail, 1790-1835», *RHAF*, à paraître.
72. ANQ, Actes de Roger Lelièvre, 5 mai et 20 juin 1810.
73. *The Quebec Mercury*, le 3 août 1830. Sur la *Société typographique de Québec*, voir Jean Hamelin, dir., *Les Travailleurs de Québec*, 1851-1896, Montréal, Les Presses de l'Université du Québec, 1975, p. 244-267.
74. *The Quebec Mercury*, les 25, 28 et 30 avril 1835. (Les renseignements sur les grèves proviennent en partie d'un travail de recherche fait pour le Musée de l'Homme par Jean-Pierre Charland.)
75. *Le Fantasque*, le 10 déc. 1840.
76. *Le Canadien*, le 21 déc. 1840. Joseph Laurin (1811-1888), un authentique fils de Québec, a une carrière mouvementée depuis une première tentative de se faire élire comme député en 1837. Voir l'étude de Réal Bertrand dans *Mosaïque québécoise*, p. 5-15.
77. *Le Canadien*, le 28 déc. 1840. Voir Robert Tremblay, «La Grève des ouvriers de la construction navale à Québec (1840)», *RHAF*, vol. 37, n° 2, 1983, p. 227-239.
78. Albert Jobin, *La Petite Histoire de Québec*, p. 142. Voir aussi Jean Hamelin et Yves Roby, *Histoire économique du Québec, 1851-1896*, p. 25.
79. *L'Artisan*, le 12 déc. 1842. En 1844, les charpentiers de navire ont un salaire quotidien égal au prix d'un pain, soit 40 sous, (Jean Hamelin et Yves Roby, *Histoire économique du Québec, 1851-1896*, p. 25).
80. *L'Artisan*, le 5 janv. 1843.
81. Le recensement de 1842 dénombre 125 veuves vivant seules ou ayant charge de familles.
82. *Le Canadien*, le 23 janv. 1837.
83. P.-G. Roy, «L'Hôpital des Émigrés du faubourg Saint-Jean à Québec», *BRH*, vol. 44, 1938, p. 200-203.
84. Voir Jean-Jacques Jolois, *J.-F. Perrault, 1753-1844, et les origines de l'enseignement laïque au Bas-Canada*, Montréal, Les Presses de l'Université de Montréal, 1969, 268 p.
85. *La Gazette de Québec*, le 28 nov. 1833.
86. Helen I. Cowan, *British Immigration to British North America*, p. 56-57.
87. Liliane Héroux, «Des femmes en gris», *RSCHEC*, 1969, p. 49-56.
88. *L'Asile du Bon-Pasteur d'après les annales de cet institut*, Québec, 1896, p. 57-65.
89. Thérèse Boucher, «Le Bon-Pasteur de Québec», *RSCHEC*, 1969, p. 57-65.
90. Ch. J. Magnan, *Le Dr Joseph Painchaud, fondateur de la Société Saint-Vincent de Paul au Canada, 1819-1919*, Montréal, 1919, 16 p.
91. *Rapport du comité spécial de l'Assemblée législative nommé pour s'enquérir des causes et de l'importance de l'émigration qui a lieu tous les ans du Bas-Canada vers les États-Unis*, Montréal, 1849, p. 9.
92. William Kelly, «On Medical Statistics of Lower Canada (1834)», dans *Transactions of the Literary and Historical Society of Quebec*, vol. 3, 1837.
93. George Gale, *Historic Tales of Old Quebec*, p. 208.
94. En 1867, l'abbé Mailloux, curé de la paroisse Notre-Dame, publie un livre rempli d'exemples des méfaits de l'intempérance: *L'Ivrognerie est l'œuvre du démon, mais la sainte tempérance de la croix est l'œuvre de Dieu*, Québec, 1867, viii, 440 p.; voir aussi René Hardy, «Note sur certaines manifestations du réveil religieux de 1840 dans la paroisse Notre-Dame de Québec», *RSCHEC*, 1968, p. 81-89.
95. *City Treasurer's Accounts and other Documents of the Corporation of Quebec for the year 1860*, Québec, 1861, p. 92-93.

96. *Trois Siècles de médecine québécoise*, Québec, Société historique de Québec, 1970, p. 174-181.
97. Joseph Trudelle, *Les Jubilés et les églises et chapelles de la ville et de la banlieue de Québec, 1608-1901*, vol. 2, Québec, 1904, p. 287.
98. Selon Jean-Marie Fecteau, cette population plus ou moins en marge de la société, fait l'objet de la quasi-totalité des procès criminels à cette époque, «Régulation sociale et répression de la déviance au Bas-Canada au tournant du 19e siècle (1791-1815)», *RHAF*, vol. 38, nº 4, 1985, p. 512-513.
99. Voir la confession de George Waterworth rapportée par F.-R. Angers, *Les Révélations du Crime ou Cambray et ses complices. Chronique canadienne*, Québec, 1837, chap. 7.
100. *Ibid.*, chap. 3.
101. Voir John Hare, «Présentation», dans la réédition du roman d'Angers, Montréal, Rééditions-Québec, 1969.
102. Claudette Lacelle, *La Garnison britannique dans la ville de Québec*, p. 37.
103. Thiery Ruddel et Marc Lafrance, «Québec 1785-1840: problèmes de croissance d'une ville coloniale», *HS*, nº 36, 1985.
104. William Kelly, «On Medical Statistics of Lower Canada (1834)», *Transactions of the Literary and Historical Society of Quebec*, vol. 3, 1837, p. 209-210.
105. François-Xavier Garneau, *Histoire du Canada*, livre 16, chap. 1.
106. Selon le curé de la paroisse Notre-Dame, le choléra emporte 2486 victimes à Québec en 1832. René Hardy, «L'Activité sociale du curé de Notre-Dame de Québec», *HS*, nº 6, 1970, p. 8-10. Voir Geoffrey Bilson, *A Darkened House: Cholera in Nineteenth Century Canada*, Toronto, University of Toronto Press, 1980, 222 p. ; aussi P.-G. Roy, «Les Épidémies à Québec», *BRH*, vol. 39, 1943, p. 214-215.
107. Thiery Ruddel et Marc Lafrance, «Québec 1785-1840: problèmes de croissance d'une ville coloniale», p. 329-331.
108. Le curé de la paroisse Notre-Dame donne les chiffres suivants: 1034 décès en 1849, 280 en 1850 et 221 en 1854.
109. Ernest Hawkins, *Annals of the Diocese of Quebec*, Londres, 1849, p. 265. Voir aussi Enid Mallory, «Canada's First Boat People», *Canadian Weekend*, le 17 nov. 1979, p. 10-12.
110. Sur les cimetières de la ville voir George Gale, *Historic Tales of Old Quebec*, p. 308-322 et James Le Moine, *Quebec Past and Present*, p. 440-444.
111. Voir Jean Hamelin, dir., *Les Travailleurs de Québec, 1851-1896*, p. 45s.
112. P.P. Carpenter, *On the Relative Value of Human Life*, Montréal, 1859, p. 5. Le taux de mortalité des jeunes en France par période quinquennale se situe à 180 par mille naissances jusqu'en 1831-1835, pour diminuer à 166 et 156 respectivement au cours des périodes quinquennales suivantes. André Armengaud, *La Population française au XIXe siècle*, Paris, Presses Universitaires de France, 1971, p. 17-18.
113. William Kelly, «On Medical Statistics of Lower Canada (1834)», p. 211.
114. *Originaux et Détraqués*, Montréal, 1892, p. 144-145.
115. Odette Condemine, *Octave Crémazie. Œuvres*, vol. 1. Une analyse du *Quebec Directory* de 1826 indique que seulement 40% des chefs de ménage habitent à la même adresse qu'en 1818 et que 50% se sont installés à Québec depuis cette date.
116. AVQ, *Rôle d'évaluations*. (Analyse effectuée par Guy Cloutier et Jean-Charles Hare, grâce à une subvention du Musée national de l'Homme.) Louise Dechêne remarque aussi l'extrême faiblesse de l'évaluation des propriétés à Saint-Roch: en 1821, les deux tiers des immeubles se situent en dessous de 11 livres («La Rente du faubourg Saint-Roch à Québec», *RHAF*, vol. 34, nº 4, 1981, p. 577).
117. E. Dahl *et al.*, *La ville de Québec, 1800-1850*, p. 41 et 42 et M. Lafrance et D.T. Ruddel, «Physical Expansion», p. 157.

118. Alyne Lebel, «Les Propriétés foncières des Ursulines et le développement de Québec (1854-1940)», *Cahiers de géographie du Québec*, vol. 25, n° 64, 1981, p. 120-121.
119. Cité par A. Drolet, *La Ville de Québec. Histoire municipale III*, p. 113.
120. APC, MG 24, D 11, vol. 2, Lettre du 20 sept. 1845, cité dans *La ville de Québec, 1800-1850*, p.42. Voir aussi D.T. Ruddel et M. Lafrance «Québec, 1785-1840», p. 328-329.
121. *Québec, ville fortifiée*, chap. 14.
122. *Ibid.*
123. Alyne Lebel, «Les Propriétés foncières des Ursulines», p. 121-123.
124. Sur la fonction militaire de Québec, nous nous sommes inspirés de André Charbonneau *et al.*, *Québec, ville fortifiée*, p. 69-72 et p. 409-440.
125. James Le Moine, *Monographies et Esquisses*, Québec, 1885, p. 341; pour une description des villas, p. 157-320; aussi André Bernier, *Le Vieux Sillery*, Québec, Ministère des Affaires culturelles, 1977, p. 55-110.
126. ANQ, *Greffe Joseph Plante*, marché n° 7592, le 30 juin 1818.
127. AVQ, *Bas-Canada, Juges de paix*, vol. A. # 527, le 16 juin 1819, p. 291; ANQ, *Greffe Jos Petitclair*, marché n° 733, le 2 déc. 1835; AVQ, Règlements, corporation de Québec, # 65 (34), le 17 oct. 1848.
128. Voir M. Lafrance et D.T. Ruddel «Physical Expansion», p. 153-155 et p. 157-159; Louise Dechêne, «La Rente du faubourg Saint-Roch», p. 585s.; aussi Jean-Pierre Hardy, «Niveau de richesse et intérieurs domestiques dans le quartier Saint-Roch à Québec, 1820-1850», *Bulletin d'histoire de la culture matérielle*, n° 17, 1983, p. 63-94.
129. APC, *Recensement de 1842*. (Analyse faite par Guy Cloutier et Jean-Charles Hare.) En 1821, il y a au moins 780 ouvriers sur les 900 hommes énumérés dans le rôle d'évaluation (86,7%). Voir aussi l'analyse de Louise Dechêne, «La Rente du faubourg Saint-Roch», p. 576-577.
130. Cité par J.-Charles Gamache, *Histoire de Saint-Roch de Québec et de ses institutions, 1829-1929*, Québec, 1929, p. 155.
131. J. Porter, «L'Hôpital Général de Québec et le soin des aliénés (1717-1845)», *RSCHEC*, 1977, p. 27. Voir aussi André Cellard et Dominique Nadon, «Ordre et désordre: le Montréal Lunatic Asylum et la naissance de l'asile du Québec», *RHAF*, vol. 39, n° 3, 1986, p. 345-368.
132. Serge Lambert, *La Stratégie foncière des religieuses de l'Hôpital Général de Québec (1846-1929)*, mémoire de maîtrise en histoire, Université Laval, 1985, 116 p.
133. Gabriel Bernier, «Des pauvres à évangéliser...», *RSCHEC*, 1933, p. 24-25.
134. Jean Hamelin et Yves Roby, *Histoire économique du Québec, 1851-1896*, p. 142-145.
135. A. Drolet, *La Ville de Québec. Histoire municipale II*, p. 68-91; *III*, p. 86-87.
136. *Ibid.*, p. 92-95.
137. APC, MG 24, vol. 1, lettre du 11 sept. 1845.
138. Voir la description dans Joseph Trudelle, *Les Jubilés*, vol. 2, p. 361-363.
139. *Le Canadien*, le 29 mai 1845.
140. Eugène Leclerc a réuni les descriptions de tous les grands incendies qui ont ravagé la ville dans *Statistiques rouges*, Québec,1932, 206 p.
141. *Le Journal de Québec*, le 12 juil. 1845.
142. James Le Moine, *Quebec Past and Present*, p. 283-286.
143. John C. Weaver and Peter de Lottinville, «The Conflagration and the City: Disaster and Progress in British North America during the Nineteenth Century», *Histoire sociale*, n° 26, 1980, p. 417-449.
144. AVQ, *Règlements de la Corporation de Québec*, n° 38, le 8 juil. 1845.
145. A. Drolet, *La Ville de Québec. Histoire municipale II*, p. 36.
146. D. T. Ruddel et M. Lafrance, «Québec, 1785-1840», p. 327 et 333; Marcel Plouffe, *Quelques particularités sociales et politiques et du personnel politique de la cité de Québec, 1833-1867*, mémoire

de maîtrise en histoire, Université Laval, 1971, chap. 1.
147. Voir Robert Christie, *A History of the Late Province of Lower Canada*, vol. 3, p. 241s.
148. *Journal de l'Assemblée législative du Bas-Canada*, 1830.
149. A. Drolet traite en détail de ces questions dans *La Ville de Québec. Histoire municipale II*, p. 32-36.
150. Voir la charte de 1832 dans A. Drolet, *La Ville de Québec. Histoire municipale III*, p. 121-130.
151. *Rapport annuel du trésorier de la cité de Québec pour l'année 1855*, Québec, 1856, p. 7.
152. *Rapport des commissaires nommés pour faire enquête sur la conduite des autorités de la police lors de l'émeute de l'église Chalmers, le 6 juin 1853*, Québec, 1854, p. 83.
153. Marcel Plouffe, *Quelques particularités*, p. 123; D.T. Ruddel, *Quebec City*, chap. 5.
154. Statistiques compilées à partir du mémoire de Marcel Plouffe.
155. D. T. Ruddel, *Quebec City*, p. 213-215.
156. Thiery Ruddel et Marc Lafrance, «Québec 1785-1840: problèmes de croissance d'une ville coloniale», p. 326 et 327.
157. *Ibid.*
158. P.-G. Roy, «Les premiers hommes de guet à Québec», *BRH*, vol. 30, 1924, p. 97-101.
159. D. T. Ruddel, *Quebec City*, chap. 5.
160. *Ibid.*
161. Robert Sylvain, «Séjour mouvementé d'un révolutionnaire italien à Toronto et à Québec», *RHAF*, vol. 13, 1959, p. 183-229.
162. *Rapport de commissaires... 1854*, p. 36.
163. Voir la liste des députés de 1792 à 1904 avec des notes biographiques dans Joseph Trudelle, *Les Jubilés...*, p. 402-422.
164. *Lettre à sa femme*, le 6 janv. 1836, *RAPQ* 1953, p. 379.
165. *Trois siècles de médecine québécoise*, p. 50-51, 65.
166. Antoine Roy, «Les Patriotes de la région de Québec», *Cahiers des Dix*, vol. 24, 1959, p. 241-254,
167. James Le Moine, «The Quebec Volunteers 1837», *Maple Leaves*, Quebec, 1873, p. 251-270.
168. Joseph Trudelle, *Les Jubilés*, vol. 2, p. 258-278; *Québec. Trois siècles d'architecture*, p. 155-195.
169. John A. Gallagher, «Saint Patrick's Parish - Quebec», *RSCHEC* 1947-48, p. 71-80; aussi Marianna O'Gallagher, *Saint-Patrice de Québec*, Québec, Société historique de Québec, 1979, 126 p.
170. Gabriel Bernier, «Des pauvres à évangéliser...», *RSCHEC*, 1933, p. 24-25.
171. *Québec. Trois siècles d'architecture*, p. 155-195.
172. Joseph Trudelle, *Les Jubilés*, vol. 2, p. 350-354.
173. Ivanhoë Caron, «Le collège classique de Saint-Roch de Québec», *BRH*, vol. 45, 1939, p. 97-100.
174. *DBC*, vol. 9.
175. Jacques Bernier, «François Blanchet et le mouvement réformiste en médecine au début du XIXe siècle», *RHAF*, vol. 34, n° 2, 1980, p. 223-244.
176. Jacques Bernier, «Vers un nouvel ordre médical: les origines de la corporation des médecins et chirurgiens du Québec», *Recherches sociographiques*, vol. 22, n° 3, 1981, p. 307-330.
177. *Trois siècles de médecine québécoise.*
178. Dalhousie dans son journal mentionne plusieurs fois des bals au château (voir *The Dalhousie Journals*, vol. 2, p. 55, 59, 108, 122, 135, 143, 167, 175).
179. *Le Fantasque*, le 7 juil. 1838.
180. «Le Bal» (1843), dans John Hare, *Anthologie de la poésie québécoise du XIXe siècle*, Montréal, HMH, 1979, p. 155-156.
181. «French Canadian Quadrille Club at Quebec in 1848-49», *Maple Leaves*, Quebec, 1906, p. 185-189.
182. *The Dalhousie Journals*, vol. 2, p. 19.
183. Cité par B. Dufebvre, *Cinq femmes et nous*, Québec, 1950, p. 224.
184. Voir Donald Guay, *Les Courses de chevaux au Québec. Chronologie commentée*

(1647-1900), Québec, Université Laval, 1981, 129 p.

185. *The British Dominions in North America*, t. 1, p. 417.
186. John Smith, *The Quebec Directory, or Strangers' Guide in the City for 1826*, Quebec, 1826; George Bourne, *The Picture of Quebec*, Québec, 1829; James Cockburn, *Quebec and its Environs; being a picturesque guide to the stranger*, Québec, 1831; Alfred Hawkins, *Hawkin's Picture of Quebec with Historical Recollections*, Québec, 1834.
187. John Smith, *The Quebec Directory... 1826*, p. 50-51; aussi George Gale, *Historic Tales of Old Quebec*, p. 29-216.
188. Ginette Bernatchez, «La Société littéraire et historique de Québec (The Literary and Historical Society of Quebec) 1824-1890», *RHAF*, vol. 35, n° 2, 1981, p. 179-192.
189. Alphonse Désilets, *Les Cent ans de l'Institut canadien de Québec*, Québec, L'Institut canadien, 1949, 252 p.
190. Cité par Joseph Trudelle, *Les Jubilés*, vol. 2, p. 354-356.
191. James Le Moine, *Quebec Past and Present*, p. 278-279.
192. *Le Fantasque*, le 19 août 1842.
193. *Mémoires*, Ottawa, 1867, p. 334-335.
194. F.-R. Angers, *Les Révélations du crime...*, p. 21.
195. *Ibid.*, p. 22-23.

5 – Consolidation et déclin, 1855-1871

1. *Recensements des Canadas, 1851-1852.*
2. Frederick W. Wallace, *Wooden Ships and Iron Men*, Boston, C. F. Lauriat & Co., 1937, p. 73-74.
3. Voir Albert Faucher, «La Construction navale à Québec au XIXe siècle: apogée et déclin», *Histoire économique et Unité canadienne*, Montréal, Fides, 1970, p. 227-254. La meilleure source documentaire demeure l'étude de Jean Benoît, *La Construction navale à Québec au XIXe siècle: Bilan et perspectives de recherche*, Québec, Parcs Canada, 1983, 101 p. À partir de ces chiffres, on constate que la meilleure année fut 1864 suivie de 1863 et de 1853.
4. En 1864, les chantiers de la ville produisent 68 bâtiments jaugeant 56 000 tonneaux; en 1867, 29 navires; en 1870, 26, jaugeant 15 268 tonneaux; en 1877, 25, jaugeant 15 053 tonneaux (Jean Benoît, *La Construction navale à Québec au XIXe siècle*).
5. *Rapport du comité...*, Montréal, 1849, p. 34.
6. Les revenus des douanes établies dans les principaux ports du Canada pour 1869 s'établissent comme suit: Montréal: 3 608 254 $; Toronto: 918 987 $; Halifax: 892 032 $; Saint-Jean (N.-B.): 677 528 $; Québec: 567 324 $. Voir Jean Hamelin et Yves Roby, *Histoire économique du Québec 1851-1896*, Montréal, Fides, 1971, p. 361.
7. *Ibid.*, p. 116.
8. Sur les changements dans le commerce du bois, voir *ibid.*, p. 214-217.
9. *Annuaire du commerce et de l'industrie pour 1873*, Québec, 1873, p. 5-6. Notre propos s'appuie sur Raoul Blanchard, *L'Est du Canada français*, t., p.205-222.
10. *Ibid.*, et *Recensements du Canada, 1870-1871*.
11. Voir David B. Knight, *Choosing Canada's Capital. Jealousy and Friction in the Nineteenth Century*, Toronto, McClelland & Stewart, 1977, ix, 228 p.
12. *Le Canada sous l'Union 1841-1867*, Québec, 1872, t. 2, p. 315-316.
13. Mémoire reproduit par David B. Knight, *Choosing Canada's Capital.*, p. 165-169.
14. *Les Comptes publics...*, Québec, 1865.
15. James M. Le Moine, *Quebec Past and Present*, Québec, 1876, p. 306. Entre 1862 et 1866, la garnison de Québec compte en moyenne 1865 soldats, voir Christian Rioux, *Quelques aspects des effets sociaux et urbains de la présence d'une garnison britannique à Québec*, p. 138.
16. *Le Journal de Québec*, le 26 mai 1870. Voir E. Leclerc, *Statistiques rouges*, p. 86.
17. Voir l'excellente description dans Hubert Larue, *Étude sur les industries de Québec*, Québec, 1870, p. 5-13.

18. Raoul Blanchard, *L'Est du Canada français*, t. 2, p. 228.
19. Marc-André Bluteau *et al.*, *Les Cordonniers, artisans du cuir*, Montréal, Boréal Express, Musée national de l'Homme, 1980, p. 83.
20. Pour Raoul Blanchard, le maintien de l'économie de la ville s'explique par le dynamisme des hommes d'affaires canadiens-français (*L'Est du Canada français*, t. 2, p. 226). Jean Benoît dans sa thèse «Le Développement des mécanismes de crédit et la croissance économique d'une communauté d'affaires. Les marchands et les industriels de la ville de Québec au XIXe siècle», soutenue à l'Université Laval en 1985, présente une étude intéressante du rôle des hommes d'affaires britanniques pendant cette période de restructuration.
21. Hubert Larue, *Étude sur les industries de Québec*, p. 34. Voir les études d'Albert Faucher ainsi que le livre de John McCallum, *Unequal Beginnings. Agriculture and Economic Development in Quebec and Ontario until 1870*, Toronto, University of Toronto Press, 1980, chap. 7.
22. Voir André Lemelin, «Le Déclin du port de Québec et la reconversion économique à la fin du XIXe siècle», *Recherches sociographiques*, vol. 22, n° 2, 1981, p. 155-186.
23. *Recensement du Canada, 1870-1871*, tableau LIV.
24. Il y a 7250 ouvriers industriels (*ibid.*). Ces ouvriers représentent à peu près 40% de la main-d'œuvre recensée: dans les produits de cuir, ils sont de l'ordre de 29%, soit 1836 employés dans les cordonneries et 259 dans les tanneries; dans l'équipement de transport, ils sont environ 20%, soit 1281 employés dans les chantiers navals, 142, dans les fabriques de carrosses et 50, dans les corderies.
25. Les salaires moyens à Québec en 1870, selon une enquête faite pour le gouvernement américain, (les chiffres entre parenthèses représentent les salaires moyens en Ontario) s'établissent ainsi: maçons: 1,62 $ (2,37 $); charron: 1,50 $ (2,25 $); forgeron: 1,25 $ (1,75 $); peintre: 1,25 $ (1,70 $); plâtrier: 1,12 $ (2,19 $); charpentier: 1,00 $ (1,81 $); cordonnier: 0,90 $ (1,31 $); journalier: 0,90 $ (1,00 $). Voir J. G. Snell, «The Cost of Living in Canada in 1870», *HS* n° 23, 1979, p. 186-191.
26. Voir l'étude d'Edward J. Chambers et Gordon W. Bertram, «Urbanization and Manufacturing in Central Canada, 1870-1890», dans S. Ostrey et T.K. Rymes, *Papers on Regional Statistical Studies*, Toronto, University of Toronto Press, 1966, p. 242-253.
27. On estime que la population du Québec, du Bas-Canada, recensée en 1860-61, est surévaluée d'au moins 5% et même jusqu'à 9% (voir Yolande Lavoie, *L'Émigration des Canadiens aux États-Unis avant 1930*, Montréal, Presses de l'Université du Québec, 1972, p. 28). En comparant le recensement de 1860-1861 à ceux qui précèdent et à celui de 1870-1871, il paraît évident que la population du quartier Saint-Louis est surévaluée en 1860-1861. Il est probable que les recenseurs ont compté soit les militaires britanniques soit des immigrants de passage. Il y a plusieurs indications de cette surévaluation: 1) l'indice population/maison se chiffre à 12,51 soit deux fois la moyenne de la ville, 6,18; 2) l'indice population/famille se chiffre à 8,45 et celui de la ville à 3,17; 3) des 1478 hommes de la ville dont l'âge est inconnu, 1310 habitent le quartier Saint-Louis. Si l'on utilise les mêmes rapports population/maison et population/famille que ceux du quartier du Palais, on peut estimer que la population du quartier Saint-Louis se chiffre à quelques 3000 personnes et non à 5530, en 1860-1861.
28. De 1862 à 1871, il y a un excédent de 8874 catholiques, une fois les décès enlevés; puisqu'il n'y a que 3719 catholiques de plus en 1871, il y aurait une perte de 5155 (voir le *Recensement du Canada, 1870-1871*, vol. V).
29. Parmi les emplois à forte majorité féminine, on compte 2084 domestiques,

1758 femmes dans les manufactures, 393 religieuses, 361 modistes et coiffeuses, 331 couturières, 106 blanchisseuses et 3 sages-femmes. Dans certaines fabriques par ailleurs, comme la manufacture de souliers de Bresse, les femmes travaillent dans des salles complètement séparées des hommes (Marc-André Bluteau *et al.*, *Les Cordonniers, artisans du cuir*, p. 81).

30. *Report of the Royal Commission on the Relations of Capital and Labour in Canada*, Ottawa, 1889, p. 741s.
31. *The Quebec Mercury*, le 11 nov. et le 12 déc. 1857. Voir Jean Hamelin *et al.*, *Répertoire des grèves dans la province de Québec au XIXe siècle*, Montréal, École des Hautes Études commerciales, 1970, p. 13-14. Albert Jobin, *La Petite Histoire de Québec*, p. 142-143.
32. Il y avait au moins 2500 débardeurs dans la région de Québec en 1860 (*Commission royale d'enquête sur les rapports qui existent entre le capital et le travail au Canada*, Ottawa, A. Sénecal, 1889, t. II, p. 1212). Hamelin et Roby parlent même de 6000 en 1860 (*Histoire économique du Québec 1851-1896*, p. 309). Sur la Société bienveillante des débardeurs, voir J. I. Cooper, «The Quebec Ship Labourer's Benevolent Society», *CHR*, vol. 25, déc. 1949, p. 336-343; Jean Hamelin, dir., *Les Travailleurs québécois, 1851-1896*, Montréal, Presses de l'Université du Québec, 1975, p. 67-70.
33. *Ibid.*, p. 340-341. Le *Répertoire des grèves*, p. 16-17, soutient que les «maîtres de navires» refusent d'accorder une hausse de salaire. Le conflit entre les débardeurs de Québec et ceux de Lauzon s'explique aussi par les différences ethniques. Des débardeurs canadiens-français fondent leur propre association dès 1865 (Jean Hamelin et Yves Roby, *Histoire économique du Québec 1851-1896*, p. 310).
34. Selon le *Morning Chronicle*, le 26 sept. 1867, la Ship Labourer's Society avait l'appui secret de l'International Association of Carpenters and Caulkers (Jean Hamelin et Yves Roby, *Histoire économique du Québec 1851-1896*, p. 310).
35. *Le Journal de Québec*, le 6 sept. 1869, cité dans le *Répertoire des grèves*, p. 26.
36. Le *Répertoire des grèves*, p. 19-20. Voir aussi Jean Hamelin et Yves Roby, *Histoire économique du Québec 1851-1896*, p. 310-311.
37. Jean Hamelin et Yves Roby, *Histoire économique du Québec 1851-1896*, p. 38.
38. Le cadastre de toute l'agglomération en 1875, excluant cependant Saint-Roch nord (Limoilou), indique encore davantage l'importance de Saint-Roch et du village de Saint-Sauveur. Voici le nombre de propriétés: Haute-Ville: 540 (8%); Basse-Ville: 606 (9%); Saint-Jean: 1221 (18%); Saint-Roch: 1995 (29%); Saint-Sauveur: 2340 (34%); enfin 115 dans le futur quartier du Belvédère (ville Montcalm). Sur l'évolution de la banlieue, on peut consulter des albums et des histoires populaires comme celle du R. P. Alexis, *Histoire de Limoilou*, Québec, 1921, 130 p. et celle du Père Bernier, *Le Quartier Saint-Sauveur de Québec. Jalons historiques*, Québec, 1978, 39 p.
39. Adolphe-Basile Routhier, *Québec et Lévis à l'aurore du XXe siècle*, Montréal, 1900, p. 277; Paul Larocque, «Aperçu de la condition ouvrière à Québec (1896-1914)», *Labour/Le Travailleur*, vol. 1, 1976, p. 123.
40. *Rapport annuel ... pour l'année 1853*, Québec, 1854, p. 4.
41. P.-G. Roy, «Les Portes de Québec», *BRH*, vol. 46, 1940, p. 33-36.
42. Voir Michel Desgagnés, *Les Édifices parlementaires depuis 1792*, Québec, Assemblée nationale du Québec, 1976.
43. *Rapport général du commissaire des travaux publics, 1866-1867*.
44. *Maple Leaves*, Quebec, 1906, p. 131.
45. Voir *Québec. Trois siècles d'architecture*, *passim*.
46. *Recensements du Canada* de 1861 et de 1891.
47. En 1861, 1500 des 8269 maisons; en 1911, 636 des 11 066 maisons. Voir Alyne Lebel, «Les Facteurs du développement urbain», dans *La Ville de Québec. Histoire municipale, IV*, Québec,

Société historique du Québec, 1983, p. 41-47.
48. *Québec. Trois siècles d'architecture*, p. 198-199.
49. *Ibid.*, p. 365. Voir aussi J. Le Moine, *Quebec Past and Present*, p. 386-387.
50. *Québec. Trois siècles d'architecture*, p. 369.
51. Voir le plan de lotissement, *ibid.*, p. 98.
52. *Rapport annuel ... pour l'année 1852*, Québec, 1853, p. 4-5.
53. *Rapport annuel ... pour l'année 1855*, Québec, 1856, p. 7; voir Antonio Drolet, *La Ville de Québec...*, t. 3, p. 97.
54. *City Treasurer's Accounts and other Documents ... 1860*, Québec, 1861, p. 97.
55. *Recensement des Canadas, 1860-1861*, vol. 2, tableau 16.
56. Cité par E. Leclerc, *Statistiques rouges*, p. 71.
57. *Ibid.*, p. 73.
58. Selon *Le Journal de Québec* du 15 oct. 1866, l'incendie se serait déclaré dans un *grog shop* (débit de boisson).
59. E. Leclerc, *Statistiques rouges*, p. 77-79.
60. Il est difficile de bien établir le nombre d'habitations détruites: *Le Canadien* du 15 oct. 1866 parle de près de 3000; une liste rue par rue, donne 1317 à Saint-Roch et 1155 à Saint-Sauveur, soit 2472 habitations détruites (Joseph Trudelle, *Les Jubilés et les églises ...*, vol. 2, p. 365-367).
61. Voir à ce sujet Pierre Camu, «Le Paysage urbain de Québec», *Bulletin géographique*, n° 10, 1957, p. 24-25. Cette partie sur les voies de communication s'inspire largement des études de Blanchard et de Drolet.
62. *The Quebec Directory ... 1847-8*, p. 147.
63. Voir Honorius Provost, «Corporations de service publics», dans *La Ville de Québec. Histoire municipale, IV*, p. 202-205.
64. *Ibid.*, p. 195-198. Voir Roger Bruneau, *La Petite Histoire de la traverse de Lévis*, Québec, Ministère du Transport, 1983, 99 p.
65. Antonio Drolet, *La Ville de Québec*, t. 3, p. 93-94. *Rapport sur un pont suspendu pour le passage d'un chemin de fer et pour la traverse du fleuve Saint-Laurent*, Québec, 1852, 70 p.
66. En 1851, la ville paie la moitié des dépenses pour l'exploration de la route ainsi qu'une partie du traitement de l'arpenteur, soit 700 livres (*Rapport ... pour l'année 1851*, p. 6, cité dans Drolet, t. 3, p. 88).
67. Dans ce paragraphe, nous nous inspirons de Raoul Blanchard, *L'Est du Canada français*, t. 2, p. 220 et 221.
68. *Procédés du Comité général du Chemin de fer du Nord*, Québec, 1852, 24 p.
69. A. Drolet, *La Ville de Québec...*, t. 3, p. 88. Voir aussi Brian J. Young, *Promoters and Politicians: The North-Shore Railways in the History of Quebec, 1854-1885*, Toronto, University of Toronto Press, 1978, xiii, 193 p.
70. R. Blanchard, *L'Est du Canada français*, p. 220-221.
71. Antonio Drolet a apporté une première analyse de l'action du Conseil municipal à Québec entre 1833 et 1867 (*La Ville de Québec*, t. 3, p. 88-93). Marcel Plouffe analyse plus particulièrement la composition du conseil et la portée de sa démocratisation (*Quelques particularités...*, p. 44-119). Le volume IV de l'histoire municipale de Québec, cahiers de la Société historique de Québec, apporte un nouvel éclairage sur l'administration du conseil pendant les dernières années (1867-1871) qui nous concernent ici.
72. A. Drolet, *La Ville de Québec*, t. 3, p. 93-94.
73. *Ibid.*, p. 28 et 29; voir aussi Ginette Noël, «Les Travaux publics», dans *La Ville de Québec. Histoire municipale IV*, p. 106-115.
74. *Rapport annuel ... 1855*, p. 7.
75. A. Drolet, *la Ville de Québec...*, t. 3, p. 35 et 36.
76. *Ibid.*
77. Sur les finances de la ville, voir Marc Vallières, «Les Finances municipales», dans *La Ville de Québec. Histoire municipale IV*, p. 71-88.
78. Lettre communiquée par le projet Garneau, Centre de recherche en civilisation canadienne-française, Université d'Ottawa.

79. 57% en 1840, 75% en 1850, 53% en 1860 et 57% en 1870.
80. *Comptes et états du trésorier ... 1869-1870*, p. 196-197. Les taxes personnelles touchent toutes les corporations ainsi que des professionnels.
81. Voici les montants des cotisations réellement versées en 1869-1870 par les propriétaires des quartiers différents: Saint-Pierre: 50 251 $ (37,5%); Saint-Louis: 21 693 $ (16,2%); du Palais: 12 877 $ (9,6%); Jacques-Cartier: 11 876 $ (8,8%); Champlain: 11 225 $ (8,3%); Montcalm: 9418 $ (7%); Saint-Jean: 9352 $ (6,9%); Saint-Roch: 6759 $ (5%).
82. Voir Hubert Larue, *Les Corporations religieuses catholiques de Québec et les nouvelles taxes qu'on veut leur imposer*, Québec, 1876, 28 p.
83. *City Treasurer's Accounts... 1860*, p. 19.
84. *Le Journal de Québec*, 4 déc. 1858.
85. Andrée Désilets examine les enjeux de cette première élection à la mairie dans sa biographie de Langevin; elle voit dans la lutte Langevin-Joseph une continuation de la confrontation entre les conservateurs et les libéraux (*Hector-Louis Langevin. Un père de la confédération canadienne (1826-1906)*, Québec, Presses de l'Université Laval, 1969, p. 72-76).
86. André Duval, «La Situation juridique en 1867», dans *La Ville de Québec. Histoire municipale IV*, p. 15-30.
87. *La Gazette de Québec* du 17 déc. 1869 rapporte les résultats du vote ainsi: Tourangeau: 278, Blanchet: 180.
88. *Le Journal de Québec*, le 6 avril 1870.
89. *L'Opinion publique*, le 26 mai 1870.
90. Les statistiques relatives au nombre d'écoliers catholiques de la ville et de la banlieue donnent les comptes suivants: pour 1855: 4583; pour 1858: 5644; pour 1864: 8184; pour 1869: 8581. Sur l'alphabétisation, voir Allan Greer, «L'Alphabétisation et son histoire au Québec. État de la question», dans Yvan Lamonde, dir., *L'Imprimé au Québec. Aspects historiques (18e – 20e siècle)*, Québec, IQRC, 1983, p. 25-51.
91. *DBC*, vol. 9, p. 127-132.
92. Voir la description des édifices dans *Québec. Trois siècles d'architecture*, p. 353-359.
93. *DBC*, vol. 9, p. 279-282.
94. *Originaux et Détraqués*, Montréal, 1892, p. 188.
95. Isabella Bird, *An Englishwoman in America*, Londres, 1856, (Toronto, University of Toronto Press, 1966), p. 265.
96. *Ibid.*, p. 260-261. Mlle Bird, de mœurs sévères, critique ce laisser-aller. Or, il semble que les jeunes femmes de Québec ont surchargé le tableau afin de choquer légèrement cette visiteuse un peu prude.
97. J. Russell Harper, *Krieghoff*, Toronto, University of Toronto Press, 1979, p. 59-144.
98. Cité par N. LeVasseur, dans *La Musique* (Québec), 3e année, no 28, 1921, p. 52-53.
99. Voir Henri Cangardel, «Voyage de *La Capricieuse* au Canada», *Revue de l'Université Laval*, vol. 10, no 5, 1956, p. 379-395; Jacques Portes, «*La Capricieuse* au Canada», *RHAF*, vol. 31, no 3, 1977, p. 351-370.
100. Hubert LaRue, *Voyage sentimental...*, Québec, 1879, p. 97-99.
101. Réjean Robidoux, *Les Soirées canadiennes et le Foyer canadien dans le mouvement littéraire québécois de 1860*, mémoire de D.E.S., Université Laval, 1957, xvi, 148 f.
102. Voir *L'Opinion publique*, 8 janvier 1870, cité par Albert Faucher, *Québec en Amérique au XIXe siècle*, Montréal, Fides, 1973, p. 70.
103. Donald Guay, «Le Cyclisme québécois au XIXe siècle», *Vélo-Québec*, vol. 2, no 7, 1982, p. 5-9.
104. *Le Canadien*, 10 mars 1869, p. 3, cité dans *ibid*.

BIBLIOGRAPHIE SOMMAIRE

Les ouvrages et les documents sur la ville de Québec sont d'une quantité et d'une diversité inouïes et les sources se trouvent dispersées à travers des dépôts d'archives en France, en Angleterre, à Québec et à Ottawa. Dans cette bibliographie sommaire, nous n'avons voulu retenir que les plus importantes monographies.

SOURCES

Pour le Régime français, plusieurs documents clés se rapportant à l'histoire de la ville de Québec se trouvent dans les grands fonds de correspondance officielle (notamment les séries B, $C^{11}A$, $C^{11}G$, DFC et F3) conservés aux Archives nationales de France et disponibles sur microfilms à Ottawa et à Québec. Ce sont cependant les archives à caractère judiciaire et administratif (Prévôté, Conseil souverain, Intendants, Voirie, Terriers, Aveux et dénombrements) conservées aux Archives nationales du Québec à Québec qui contiennent l'essentiel de la documentation ayant trait à l'histoire de la ville. Les archives paroissiales et notariales ont néanmoins permis différentes reconstitutions de l'histoire sociale de Québec; celles des communautés religieuses, notamment celles du Séminaire de Québec, nous ont fourni des documents fondamentaux sur le paysage urbain.

La constitution de véritables archives municipales remonte surtout à la période qui suit la première incorporation en 1832. Avant cette date nous ne trouvons que quelques fonds provenant de l'administration des magistrats sous le Régime britannique et conservés aux Archives de l'Hôtel de ville. Ce sont les procès-verbaux des juges de paix, les rapports de l'inspecteur des chemins et les registres des cotisations qui constituent ici les documents les plus importants. Il y a aussi des plans et des procès-verbaux des arpenteurs aux Archives de la ville, aux Archives publiques du Canada (Ottawa) et aux Archives nationales (Québec). Les comptes-rendus des séances des juges de paix et les procès-verbaux de la voirie de Québec, conservés aux Archives nationales (Québec), se sont également avérés fort précieux. Les documents du Colonial Office (MG11, série «Q»), ainsi que la correspondance officielle et privée (RG2, 4 et 8, et MG22 à 24), déposés aux Archives publiques du Canada, contiennent de nombreux renseignements concernant l'histoire de la ville sous le Régime britannique.

Enfin, les imprimés, (journaux, *Comptes publics, Rapports annuels* de la ville, et documents publiés par divers organismes: RAC, RAPQ), nous ont été d'une grande utilité. Les chercheurs qui s'intéressent à l'histoire de Québec après 1840 ont, en effet, un grand choix d'imprimés concernant tous les aspects de la vie urbaine.

ÉTUDES

1. Histoires générales

Parmi les histoires publiées au XIXe siècle, celles de James M. LeMoine sont encore utiles: *Quebec Past and Present*, Québec, A. Côté & Co., 1876, 466 p.; *Picturesque Quebec: A Sequel to Quebec Past and Present*, Montréal, Dawson Brothers, 1882, xiv, 535 p. Il y a aussi des histoires populaires de J.-Charles Gamache, *Histoire de Saint-Roch de Québec et de ses institutions, 1829-1929*, Québec, Charrier & Dugal, 1929, 336 p. ; d'André Jobin, *La Petite Histoire de Québec*, Québec, Institut St-Jean Bosco, 1948, 366 p.; d'André Duval, *Québec romantique*, Montréal, Boréal Express, 1978, 285 p.; *Id., La Capitale*, 1979, 315 p.; ainsi que la revue *Cap-aux-Diamants*. La véritable histoire urbaine commence avec Raoul Blanchard, «Québec. Esquisse de géographie urbaine», dans *L'Est du Canada français*, t. 2, Paris/Montréal, Masson & Cie/Beauchemin, 1935, p. 157-292. Cet ouvrage demeure essentiel pour l'histoire de la ville de Québec; d'ailleurs il nous a été très utile. Clément Brown fait un résumé de Blanchard: *Québec. Croissance d'une ville*, Québec, PUL, 1952, 79 p. Signalons également David-T. Ruddel, *Quebec City, 1765-1832, The Evolution of a Colonial Town*, Hull, Musée canadien des civilisations, 1987, 296 p., notamment les chapitres 4 (Commission des juges de paix) et 5 (Paysage urbain).

2. Les origines et l'établissement de la ville

André Charbonneau, Yvon Desloges et Marc Lafrance, *Québec, ville fortifiée du XVIIe au XIXe siècle*, Québec, Pélican, 1982, p. 321-334; Marcel Trudel, *Histoire de la Nouvelle-France I — Le comptoir 1604-1657*, Montréal, Fides, 1966, 544 p.; *Histoire de la Nouvelle-France III — La seigneurie des Cents-Associés*, tome 1, *Les événements*, 1979, 489 p.; Tome 2, *La société*, 1983, 669 p.; *Les Débuts du régime seigneurial au Canada*, Montréal, Fides, 1974, 312 p.; Lucien Campeau, *Les Cents-Associés et le peuplement de la Nouvelle-France (1633-1663)*, Cahiers d'Histoire des Jésuites, n° 2, Montréal, Bellarmin, 1974, 174 p.

3. Le développement économique

Études générales

Sur la Nouvelle-France: Allana Reid, *The Development and Importance of the Town of Quebec 1608-1763*, thèse de Ph.D., McGill, 1952, 475 p. On peut aussi lire: Guy Frégault, *Le XVIII*[e] *siècle canadien. Études*, Montréal, HMH, 1970, p. 242-364; Jean Hamelin, *Économie et société en Nouvelle-France*, Québec, PUL, 1960, 137 p.; Jean Elizabeth Lunn, *Economic Development in New France, 1713-1760*, thèse de Ph.D., Université McGill, 1942, 475 p. (cette étude, traduite par Brigitte Monel-Nish, a été publiée par les Presses de l'Université de Montréal sous le titre: *Le développement économique de la Nouvelle-France*); Jacques Mathieu, *Le Commerce entre la Nouvelle-France et les Antilles au XVIII*[e] *siècle*, Montréal, Fides, 1981, 276 p.; Dale Miquelon, *Dugard of Rouen, French Trade to Canada and the West Indies 1724-1770*, Montréal, McGill — Queen's University Press, 1978, 282 p.; James Pritchard, *Ships, Men and Commerce: A Study of the Maritime Activity in New France*, thèse de Ph.D., Toronto, 1971, 533 p. ; Pierre-Georges Roy, *La Ville de Québec sous le Régime français*, Québec, R. Paradis, 1930, 2 vol.

Sur le XIXe siècle, on peut lire les histoires économiques du Bas-Canada et de la province de Québec par Albert Faucher, Jean Hamelin et Yves Roby, Arthur Lower, Fernand Ouellet, Stanley Ryerson, Gilles Paquet et Jean-Pierre Wallot. Parmi les études spécialisées, on peut consulter: Jean Benoît, *Les Relations d'affaires dans le commerce du bois au XIX*[e] *siècle à Québec*, travail inédit, Québec, Parcs Canada, 1983, 197 p.; Jean Benoît, *Le Développement des mécanismes de crédit et la croissance économique d'une communauté d'affaires. Les Marchands et les industries de la ville de Québec au XIX*[e] *siècle*, thèse de Ph.D., Université Laval, 1985, 735 p.; Georges Bervin, *Les Marchands à Québec au tournant du XIX*[e] *siècle; analyse socio-économique de leurs principaux réseaux*, thèse de M.A., Montréal, 1981, 233 p.; *Id.*, «Aperçu sur le commerce et le crédit à Québec, 1820-1830», *RHAF*, vol. 36, n° 4, 1983, p. 527-533; Louise Dechêne, «Les entreprises de William Price, 1810-1850», *HS*, avril 1968, p. 16-52; François Drouin, *Québec, 1791-1821: une place centrale?*, thèse de M.A., Université Laval, 1983, 170 p.; John Keyes, «La diversification de l'activité économique de T. Hibbard Dunn, commerçant de bois à Québec, 1850-1898», *RHAF*, vol. 35, n° 3, 1981, p. 323-337; Andrée Lapointe, *Sillery et l'industrie du bois au XIX*[e] *siècle*, thèse de M.A., Laval, 1982, 159 p. ; André Lemelin, «Le déclin du port de Québec et la reconversion à la fin du XIXe siècle. Une évaluation de la pertinence de l'hypothèse du *staple*», *Recherches sociographiques*, vol. 22, n° 2, 1981, p. 155-186; Fernand Ouellet, *Histoire de la Chambre de commerce de Québec, 1809-1959*, Québec, Université Laval, 1959, 105 p. ; David-Thiery Ruddel, «The Domestic Textile Industry in the Region and City of Quebec, 1792-1835», *Bulletin d'histoire de la culture matérielle*, n° 17, 1983, p. 95-126.

La construction navale

Jean Benoît, *La Construction navale à Québec au XIXe siècle: bilan et nouvelles perspectives de recherche*, rapport sur microfiche n° 79, Ottawa, Parcs Canada, 1983, 101 p.; Réal Brisson, *La Charpenterie navale à Québec sous le Régime français*, Québec, IQRC, 1983, 318 p.; Luc Guinard, *La Localisation de chantiers navals sur la rivière Saint-Charles, 1840-1870*, thèse de M.A., Université Laval, 1972, 57 p.; Pierre Dufour, *Esquisse de l'évolution physique du port de Québec des origines à 1900*, rapport sur microfiche n° 23, Ottawa, Parcs Canada, 1981, 137 p.; *Id.*, «La Construction navale à Québec, 1760-1825: sources inexplorées et nouvelles perspectives de recherches», *RHAF*, vol. 34, n° 2, 1981, p. 231-251; *Id.*, *La Construction navale à Québec des débuts à 1825*, rapport sur microfiche n° 138, Ottawa, Parcs Canada, 1983, 351 p. ; Jacques Mathieu, *La Construction navale royale à Québec, 1739-1759*, Québec, La Société historique de Québec, 1971, 110 p.

4. Population et société

Les sources démographiques

Le premier recensement connu est de 1666. C'est à partir de cette date que les recensements s'effectuent à intervalles réguliers. Si nous ne conservons que quelques recensements nominatifs (1666, 1667 et 1681) avant le XIXe siècle, en contrepartie, les compilations générales des intendants sous le Régime français (AN, Col. G1, 460-461, Canada, 1666-1739) permettent de combler les lacunes. Nous présentons toutefois les données de ces recensements généraux sous toute réserve: on connaît mal les méthodes de compilation, on y retrouve des erreurs de calcul, et les données, même annuelles avant 1739, paraissent parfois contradictoires. Par ailleurs, les démographes nous ont bien démontré les problèmes relatifs aux recensements nominatifs, notamment au niveau des doubles comptes, du sous-enregistrement des naissances et des variations dans les territoires recensés. (Voir Hubert Charbonneau et Yolande Lavoie, «Introduction à la reconstitution de la population de Canada au XVIIe siècle», *RHAF*, vol. 24, n° 4, 1971, p. 485-511.) Il existe aussi les dénombrements des curés: en 1716 (édité par L. Beaudet en 1887); en 1744 (dans *RAPQ*, 1939-1940); en 1792, en 1795, en 1798 et en 1805 (dans *RAPQ*, 1948-1949); en 1818 (publié par la Société historique de Québec en 1976). Ces dénombrements comportent aussi des inexactitudes et doivent être utilisés avec précaution. Dans l'ensemble, pour les périodes qui précèdent 1831 nous avons retenu les chiffres qui nous semblaient les plus sûrs après diverses vérifications intercensitaires. Pour le XIXe siècle (après 1831), les recensements nominatifs périodiques (10 ans) sont d'une grande utilité. Ceux de 1831, 1842, 1851 et 1861 donnent le nom du chef de famille, le nombre de personnes, les groupes d'âge, le type de logement, le lieu de naissance, les infirmités, la religion, le type d'occupation ainsi que des informations d'ordre économique sur la production agricole. Enfin, le recensement de 1871 ajoute des précisions sur les établissements industriels.

Les chiffres que nous présentons, bien qu'approximatifs, surtout pour la période avant 1851, nous paraissent assez fiables pour saisir la dynamique de la croissance de Québec. D'ailleurs, nous avons corrigé quelques lacunes dans les données. Par exemple, afin de compléter le dénombrement paroissial de 1716, nous nous sommes référés au recensement général de la même année. De plus, une estimation du nombre des membres du clergé (197 personnes) a été ajoutée pour 1744. Les totaux pour la banlieue de Québec en 1666 et 1692 englobent la population des côtes Saint-Jean, Saint-François, Saint-Michel et Petite-Rivière. Pour 1666, nous avons fait une estimation de la population de la Petite-Rivière (52 personnes). Le chiffre de 1755 provient d'une note signée par James Murray au bas du tableau récapitulatif du recensement qu'il a effectué en juillet 1761 (PRO, CO42, 24:16 «Return of the Number of Souls in the Several Parishes belonging to the Government of Quebec, July 1761»). Murray signale qu'il avait alors en sa possession le recensement du gouvernement de Québec pour l'année 1755 et que la population de la ville de Québec se chiffrait alors à 7215 habitants. Ce chiffre nous paraît vraisemblable et se rapproche sensiblement d'une estimation de 8000 habitants établi en 1754 dans le cadre d'un projet de capitulation (AN, Col., C[11]A99:529-531).

Les études démographiques

Hubert Charbonneau, *Vie et mort de nos ancêtres, étude démographique*, Montréal, PUM, 1975, 267 p. (un bilan critique des études sur le mouvement migratoire); Louise Dechêne, «Quelques aspects de la ville de Québec au XVIIIe siècle d'après les dénombrements paroissiaux», *Cahiers de géographie du Québec*, vol. 28, n° 75, 1984, p. 485-505; John Hare, «La Population de la ville de Québec, 1795-1805», *HS*, n° 7, 1974, p. 23-47; Olivier Lacamp, Gaël et J. Légaré, «Quelques caractéristiques des ménages de la ville de Québec entre 1666 et 1716», *HS*, n° 23, 1979, p. 66-78; Jean-Charles Poulin, *Les Métiers à Québec d'après le recensement de 1744*, thèse de M.A., Université Laval, 1965.

Les groupes ethniques

Fernand Ouellet, «Structures des occupations et ethnicité dans les villes de Québec et de Montréal (1819-1844)», dans *Éléments d'histoire sociale du Bas-Canada*, Montréal, HMH, 1972, p. 177-205; Lynda Price, *An Introduction to the Social History of Scots in Quebec (1780-1840)*, Collection Mercure, n° 31, Ottawa, Musée national de l'Homme, 1981, 152 p.

Les groupes sociaux

Francine Barry, «Familles et domesticité féminine au milieu du 18e siècle», dans Nadia Fahmy-Eid et Micheline Dumont, *Maîtresses de maison, maîtresses d'école, femmes, famille et éducation dans l'histoire du Québec*, Montréal, Boréal Express, 1983, p. 223-237; Georges Bervin, «Environnement matériel et activités économiques des conseillers exécutifs et législatifs à Québec, 1810-1830», *Bulletin d'histoire de la culture matérielle*, no 17, 1983, p. 45-62; J.F. Bosher, «Government and Private Interest in New France», *Canadian Public Administration*, vol. 10, 1967, p. 244-257; *Id.*, «French Protestant Families in Canadian Trade, 1740-1760», *HS*, no 14, 1974, p. 179-201; Yvon Desloges, *L'habitat militaire à Québec au XVIIIe siècle*, Travail inédit no 431, Ottawa, Parcs Canada, 1980, 180 p.; *Id.*, *Une ville de locataires, Québec au XVIIIe siècle*, manuscrit classé, Québec, Parcs Canada, 1987, 431 p.; Hélène Dionne, *Contrats de mariage à Québec (1790-1812)*, collection Mercure, no 29, Ottawa, Musée national de l'Homme, 1980, 173 p.; Silvio Dumas, *Les Filles du roi en Nouvelle-France, étude historique avec répertoire biographique*, Québec, La Société historique de Québec, 1972, 382 p.; William J. Eccles, «The Social, Economic and Political Significance of the Military Establishment in New France», *CHR*, vol. 3, no 1, 1971, p. 1-22; Jean-Pierre Hardy, «Niveaux de richesse et intérieurs domestiques dans le quartier Saint-Roch à Québec, 1820-1830», *Bulletin d'histoire de la culture matérielle*, no 17, 1983, p. 63-94; *Id.*, «Quelques aspects du niveau de richesse et de la vie matérielle des artisans de Québec et de Montréal, 1740-1755», *RHAF*, vol. 40, no 3, 1987, p. 339-373; Claudette Lacelle, *La Garnison britannique dans la ville de Québec d'après les journaux de 1764 à 1840*, travail inédit no 183, Ottawa, Parcs Canada, 1976, 167 p.; Fernand Ouellet, «Propriété seigneuriale et groupes sociaux dans la vallée du Saint-Laurent (1663-1840)», *RUO*, vol. 47, nos 1-2, 1977, p. 182-214; Gilles Proulx, *Soldat à Québec 1748-1759*, travail inédit no 242, Ottawa, Parcs Canada, 187 p.; *Id.*, *Les héritiers de Jacques Boisdon. Portrait de l'hôtellerie québécoise sous le Régime français*, manuscrit classé, Québec, Parcs Canada, 1986, 145 p.; Christian Rioux, *Quelques aspects des effets sociaux et urbains de la présence d'une garnison britannique à Québec entre 1759 et 1871*, rapport sur microfiche no 112, Ottawa, Parcs Canada, 1983, 281 p.

Les artisans et gens de métier

M.-A. Bluteau *et al.*, *Les Cordonniers, artisans du cuir*, Montréal, Boréal Express/ Musée national de l'Homme, 1980, 155 p.; Jean-Claude Dupont et Jacques Mathieu, dir., *Les Métiers du cuir*, Québec, PUL, 1981, 432 p.; Jean-Pierre Hardy et David-Thiery Ruddel, *Les Apprentis artisans à Québec, 1660-1815*, Montréal, PUQ, 1977, 220 p.; Eileen Marcil, *Les Tonneliers du Québec*, collection Mercure, no 34, Ottawa, Musée national de l'Homme, 1983, 122 p.; Peter Moogk, *The Craftsmen of New France*, thèse de Ph.D., Toronto, 1973, 321 p.; *Id.*, *Building a House in New France*, Toronto, McClelland and Stewart, 1977,

144 p.; A.J.H. Richardson *et al.*, *Quebec City: Architects, Artisans and Builders*, collection Mercure, n° 37, Ottawa, Musée national de l'Homme, Parcs Canada, 1984, 583 p.; Jean Trudel, *L'orfèvrerie en Nouvelle-France*, Ottawa, Galerie nationale du Canada, 1974, 239 p.

L'Église

Marie-Aimée Cliche, *La Confrérie de la Sainte-Famille à Québec, 1663-1763*, thèse de M.A., Université Laval, 1976, p. 38-82; Cornelius J. Jaenan, *The Role of the Church in New France*, Toronto, McGraw-Hill Ryerson, 1976, 182 p.; Allana G. Reid, «The First Poor Relief System of Canada», *CHR*, vol. 27, n° 4, 1946, p. 425-430. Sur les communautés: Noël Baillargeon, *Le Séminaire de Québec de 1695 à 1760*, Québec, PUL, 1977, 459 p.; *Id.*, *Le Séminaire de Québec de 1760 à 1800*, 1981, 297 p.; Micheline D'Allaire, *L'Hôpital Général de Québec, 1692-1764*, Montréal, Fides, 1971, 254 p.; James Lambert, *Monseigneur, the Catholic Bishop. Joseph-Octave Plessis. Church, State and Society in Lower Canada: Historiography and Analysis*, thèse de Ph.D., Université Laval, 1981, 1300 p.; Sr Marianne O'Gallagher, *Saint-Patrice de Québec*, Québec, La Société historique de Québec, 1979, 126 p.; Georges Rioux, *Les Presbytériens à Québec de 1760 à 1860*, thèse de M.A., Université Laval, 1986; Robert Stewart, *St.Andrew's Church. An Historical Sketch of the Church and its Ministers*, Québec, Quebec Chronicle, 1928, 92 p.

La santé

Jacques Bernier, «François Blanchet et le mouvement réformiste en médecine au début du XIXe siècle», *RHAF*, vol. 34, n° 2, 1980, p. 223-245; Geoffrey Bilson, *A Darkened House. Cholera in Nineteenth-Century Canada*, Toronto, University of Toronto Press, 1980, 222 p.; Sylvio Leblond, «L'Hôpital de la marine à Québec», *L'Union médicale du Canada*, vol. 80, 1951, p. 1-11; J.R. Porter, «L'Hôpital Général de Québec et le soin des aliénés (1717-1845)», *RSCHEC*, vol. 44, 1977, p. 23-35; François Rousseau, *L'Œuvre de chère en Nouvelle-France. Le régime des malades à l'Hôtel-Dieu de Québec*, Québec, PUL, 1983, 447 p.; *Trois siècles de médecine québécoise*, Québec, La Société historique de Québec, 1970, 204 p.

L'éducation

Nadia Fahmy-Eid, «L'Éducation des filles chez les Ursulines de Québec sous le Régime français», dans Nadia Fahmy-Eid et Micheline Dumont, *Maîtresses de maison, maîtresses d'école, femmes, famille et éducation dans l'histoire du Québec*, Montréal, Boréal Express, 1983, p. 48-76; Amédée Gosselin, *L'Instruction au*

Canada sous le Régime français (1635-1760), Québec, Laflamme et Proulx, 1911, 501 p.; Marc Lebel, Pierre Savard et Raymond Vézina, *Aspects de l'enseignement au Petit Séminaire de Québec (1765-1945)*, Québec, Société historique de Québec, 1969, 168 p.

La criminalité et les groupes marginaux

André Lachance, *Le Bourreau au Canada sous le Régime français*, Québec, Société historique de Québec, 1966, 132 p.; *Id.*, *Crimes et criminels en Nouvelle-France*, Montréal, Boréal Express, 1984, 187 p.; Marcel Trudel, *L'esclavage au Canada français. Histoire et condition de l'esclavage*, Québec, PUL, 1960, 432 p.

5. Le paysage urbain

Nos articles sur l'expansion physique de Québec et la commission de la paix ont servi de point de départ à l'élaboration de ce sujet. Voir Marc Lafrance et David-Thiery Ruddel, «Physical Expansion and Socio-Cultural Segregation in Quebec City, 1765-1840» dans Gilbert A. Stelter et Alan F.J. Artibise (dir.), *Shaping the Urban Landscape, Aspects of the Canadian City-Building Process*, Ottawa, Carleton Library series, 1982, p. 148-171; David-Thiery Ruddel et Marc Lafrance, «Québec, 1785-1840: problèmes de croissance d'une ville coloniale», *HS*, vol. XVIII, n° 36, nov. 1985, p. 315-333; et Edward H. Dahl, Hélène Espesset, Marc Lafrance et Thiery Ruddel, *La ville de Québec, 1800-1850: un inventaire de cartes et plans*, collection Mercure n° 13, Ottawa, Musée national de l'homme, 1975, 410 p. Toute la question de la fonction militaire de Québec et ses rapports avec la croissance urbaine s'inspire de André Charbonneau, Yvon Desloges, Marc Lafrance, *Québec, ville fortifiée du XVIIe au XIXe siècle*, Québec, Éditions du Pélican, 1982, 491 p.

En Nouvelle-France

Lucien Campeau, *L'Évêché de Québec (1694)*, Québec, Société historique de Québec, 1974, 160 p.; Rémi Chénier, *L'urbanisation de la ville de Québec, 1660-1690*, travail inédit, Québec, Parcs Canada, 1979, 519 p.; D. Dubé et M. Lacombe, *Inventaire des marchés de construction des Archives nationales à Québec, XVIIe et XVIIIe siècles*, Ottawa, Parcs Canada (Histoire et Archéologie), 1977, 459 p.; Michel Gaumond, *La Place Royale, ses maisons, ses habitants*, Québec, Ministère des Affaires culturelles, 1976, 52 p.; Jeannine Laurent et Jacques St-Pierre, *Les Forts et Châteaux Saint-Louis 1620-1760*, rapport sur microfiche n° 40, Ottawa, Parcs Canada, 1982, 455 p.; Groupe de recherche en histoire du Québec rural, inc., *Portraits du site et de l'habitat de Place Royale sous le Régime français, 1608-1760*, Québec, Ministère des Affaires culturelles, 1984,

2 vol.; Honorius Provost, *La censive Notre-Dame de Québec*, Québec, La société historique de Québec, 1954, 80 p.

Au XIXe siècle

G. Bastien, D. Dubé et C. Southam, *Inventaire des marchés de construction des archives civiles de Québec, 1800-1875*, Ottawa, Parcs Canada (Histoire et Archéologie), 1975, 3 vol.; Jacques Bernier, *Les intérieurs domestiques des menuisiers et charpentiers de la région de Québec 1810-1819*, collection Mercure, n° 23, Ottawa, Musée national de l'Homme, 1977, 85 p.; C. Cameron et Jean Trudel, *Québec au temps de James Patterson Cockburn*, Québec, Garneau, 1976, 176 p.; André Charbonneau, *La maquette de Québec*, Québec, Parcs Canada, 1981, 48 p.; George-H. Dagneau, dir.; *Québec 1800-1835. Rapport de la semaine d'histoire tenue à Québec du 10 au 16 mai 1976*, Québec, Société historique de Québec, 1977, 237 p.; Louise Dechêne, «La rente du faubourg Saint-Roch à Québec — 1750-1850», *RHAF*, vol. 34, n° 4, 1981, p. 569-596; Claudette Lacelle, *La propriété militaire dans la ville de Québec, 1760-1871*, travail inédit n° 253, Ottawa, Parcs Canada, 1978, 139 p.; Bernard Pothier, *La maquette de Québec*, Musée canadien de la guerre, dossier n° 9, Ottawa, Musées nationaux du Canada, 1978, 106 p.

L'architecture

Christina Cameron et Monique Trépanier, *Vieux Québec, son architecture intérieure*, collection Mercure, n° 40, Ottawa, Musée national de l'Homme/ Parcs Canada, 1986, 537 p.; Georges Gauthier-Larouche, *Évolution de la maison rurale traditionnelle dans la région de Québec*, Québec, PUL, 1974, 321 p.; Raymonde Landry-Gauthier, *L'architecture civile et conventuelle à Québec 1680-1726*, thèse de M.A., Université Laval, 1976, 194 p.; G.P. Léonidoff, «L'habitat de bois en Nouvelle-France: son importance et ses techniques de construction», *Bulletin d'histoire de la culture matérielle*, printemps 1982, p. 13-40; Gérard Morisset, *Québec et son évolution*, Québec, Société historique de Québec, 1952, 32 p.; Luc Noppen, *Notre-Dame de Québec: son architecture et son rayonnement, 1647-1922*, Québec, Editions du Pélican, 1974, 283 p.; Luc Noppen, Claude Paulette et Michel Tremblay, *Québec. Trois siècles d'architecture*, Québec, Libre Expression, 1979, 440 p.; A.J.H. Richardson, «Guide to the Buildings in the Old City of Quebec», *Bulletin of the Association for Preservation Technology*, vol. 2, n°s 3-4, 1970, 120 p.; R. Traquair, *The Old Architecture of Quebec*, Toronto, MacMillan, 1947, 324 p.

6. L'administration municipale

Études générales

La Société historique de Québec a déjà publié quatre volumes dans la série «La Ville de Québec, histoire municipale»: F.X. Chouinard, *I. Régime français*, 1960, 113 p.; Antonio Drolet, *II. 1759-1833*, 1965, 140 p.; *Id.*, *III. De l'incorporation à la Confédération (1833-1867)*, 1968, 144 p.; Georges Henri Dagneau *et al.*, *IV. Jusqu'à 1929*, 1983, 246 p. Les livres de Drolet en particulier nous ont servi beaucoup dans l'étude de la communauté urbaine, notamment pour le chapitre 5.

En Nouvelle-France

Rémi Chénier, *L'urbanisation de la ville de Québec, 1660-1690*, travail inédit, Québec, Parcs Canada, 1979, 519 p.; John Dickinson, *Justice et justiciables, la procédure civile à la Prévôté de Québec 1667-1759*, Québec, PUL, 1982, 289 p.; Gustave Lanctot, «Le régime municipal en Nouvelle-France», *Culture*, vol. 9, 1948,p. 260-269; Pierre-G. Roy, «La protection contre le feu à Québec sous le Régime français», *BRH*, vol. 30, n° 5, 1924, p. 129-140.

Au XIXe siècle

Marcel Plouffe, «Quelques particularités sociales et politiques de la charte, du système administratif et du personnel politique de la cité de Québec, 1833-1867», thèse de M.A., Université Laval, 1971; Marc Lafrance et David-Thiery Ruddel, «Québec, 1785-1840: problèmes de croissance d'une ville coloniale», *HS*, n° 36, 1985, p. 315-333.

7. La vie culturelle

Sur la vie culturelle sous le Régime français, les études d'Antoine Roy, *Les lettres, les sciences et les arts au Canada sous le Régime français*, Paris, Jouve, 1930, 292 p., et de Gérard Morisset, *Coup d'œil sur les arts en Nouvelle-France*, Québec, Charrier et Dugal, 1941, 171 p., sont encore utiles. Pour la fin du XVIIIe siècle, il faut consulter Claude Galarneau, «La vie culturelle au Québec 1760-1790» dans *L'art du Québec au lendemain de la Conquête*, Québec, Musée du Québec, 1977, p. 89-99.

Le théâtre

Beaudoin Burger «Les Spectacles dramatiques en Nouvelle-France (1606-1760)» et Alonzo Leblanc «La tradition théâtrale à Québec (1790-1973)», dans

Paul Wyczynski *et al.*, *Archives des lettres canadiennes*, t. V., *Le Théâtre canadien-français*, Montréal, Fides, 1976, p. 33-57, 203-238. Sur les bibliothèques: Ginette Bernatchez, «La Société littéraire et historique de Québec, 1824-1890», *RHAF*, vol. 35, n° 2, 1981, p. 179-193; Antonio Drolet, «La bibliothèque du Collège des Jésuites», *RHAF*, vol. 14, n° 4, 1961, p. 487-544; Égide Langlois, *Livre et lecteurs à Québec, 1760-1799*, thèse de M.A., Université Laval, 1984; Yvan Morin, *Les niveaux de culture à Québec, 1800-1819. Étude des bibliothèques privées dans les inventaires après décès*, thèse de M.A., Université Laval, 1979; Gilles Proulx, *Les Québécois et le livre, 1690-1760*, manuscrit classé, Québec, Parcs Canada, 1985, 132 p.

INDEX

— A —

— B —

— C —

— D —

— E —

— F —

— G —

— H —

— I — J — K —

— L —

— M —

— N — O —

— P —

— Q —

— R —

— S —

— T —

— U — V —

— W — Y —

TABLE DES MATIÈRES

Achevé d'imprimer à Montmagny
par les travailleurs des ateliers Marquis Ltée
en juin 1987